외상장애 아동을 위한 놀이치료

규정적인 접근 방법

Paris Goodyear-Brown 저
유미숙 · 이상희 · 홍라나 · 김세영 공역

학지사

Play Therapy with Traumatized Children
by Paris Goodyear-Brown

역자 서문

역자가 패리스 굿이어-브라운(Paris Goodyear-Brown)을 처음 만난 것은 6년 전쯤이다. 캐나다 토론토에서 열린 학회에 참석하던 중 그녀가 주관하는 '외상을 경험한 아동을 위한 놀이치료 워크숍'을 신청하여 만나게 되었다. 불과 며칠간의 만남이었지만, 따뜻하고 분명하며 열정적인 그녀에게 나는 매료되고 말았다. 아름다운 외모만큼 그녀의 이론은 참신하고 역동적이며 에너지가 넘쳐 매력적이었다. 워크숍이 끝난 후, 나는 그녀에게 다가가 '당신의 이론에 크게 공감한다.'며 찬사를 보냈고, 우리는 서로 다시 연락하자며 명함을 교환하고 헤어졌다.

그 후 시간이 흘러 2010년 *Play Therapy with Traumatized Children*을 출간한 그녀를 책을 통해 다시 만났다. 참으로 반가웠다. 더욱이 이 책이 출간되자마자 미국에서 저자와 홍라나가 한국판으로 번역되기를 바란다는 소식을 공동 역자들을 통해 전해 왔다. 학지사 김진환 사장님의 도움으로 번역 작업은 쉽게 시작되었다. 그러나 여러 명의 역자가 함께 작업을 하다 보니 역서로 출간되기까지는 오랜 시간이 걸려 두 해를 넘겨 세상에 내놓게 되었다.

이 책을 간단히 소개하면 '외상을 경험한 아동을 위한 놀이치료'가 체계적으로 정리되어 있다고 볼 수 있다. 심리적 외상이 아동에게 어떤 변화를 가져오는지 신체적 증상에서부터 사고, 인지기능, 놀이, 일상의 행동에 이르기까지 잘 이해할 수 있도록 안내하고 있다. 아울러 외상 후 장애 증상의 이해와 진단 · 평가부터 치료 효과까지 설명하고 있으며, 외상을 경험한 아동들을 치료하기 위한 다양한 영역을 소개하고, 양육자들이 이 아동들을 위해 해야 할 역할까지 짚어 주고 있다. 즉, 아동들의 심리적 외상을 치료하기 위해서 순차적으로 무엇부터 어떻게 해야 하는지를 12장에 걸쳐 자세히 안내하고 있다.

무엇보다 돋보이는 점은 저자가 직접 치료하는 장면을 마치 생생한 동영상을 보듯이 그 내용을 소개하고 있어, 임상 현장에 있는 전문가는 물론 놀이치료를 배우는 학생들에게도 좋은 교과서가 될 것이라는 점이다.

역자가 패리스 굿이어-브라운에게 반한 것처럼, 많은 분들이 이 책을 통해 그녀를 느끼고, 그녀의 작업을 교감하기 바란다. 아울러 이 책을 통해 만난 임상전문가들을 통해 외상을 경험한 아동들이 행복해지기를 염원한다.

이 책이 세상에 나오기까지 지원해 주시고 기다려 주신 학지사 김진환 사장님과 특히 부족한 역서를 꼼꼼히 점검해 주신 김선우 선생님께 다시 한번 감사를 드린다.

많은 이들이 진정으로 행복해지기를 바라며…….

2012년 7월

역자를 대표하여 유미숙

저자 서문

나의 첫 번째 치료 관련 직업은 위기에 처한 아동들을 위한 방과 후 집단치료 프로그램의 밴 운전사였다. 이 프로그램에 참여한 아동들은 오랫동안 외상 경험의 발달력을 가진 6~16세의 아동이었다. 이때 외상 경험이 있는 아동들과 일하는 것이 쉽지 않다는 것을 배웠다. 특별한 아동들과 함께 일하는 동안 나는 그들이 새로운 발달단계로 성장하고 변화하며, 때로는 알 수 없는 퇴행에 이르는 모습을 보게 되었다. 집으로 데려다 주는 도중에 아동이 아무 이유도 없이, 과학적인 용어로 설명하자면 '용해되는(melt down)' 수많은 경우를 보았고, 이를 통해 외상의 유형이나 정도에 상관없이 외상을 유발하는 계기가 있을 수 있음을 배웠다. 나는 이러한 아동들을 도울 수 있는 방법을 알고 싶었고, 이를 마음속 목표로 삼아 학교로 돌아갔다. 졸업 후 내가 살고 있는 지역에서 치료적 유치원 프로그램(Therapeutic Preschool Program)의 치료 구성 요소 계획 요청을 받았다. 이것은 극도로 위험한 행동 때문에 보육시설에서 퇴출된 3~5세의 아동을 위한 프로그램이었다. 다시 말하면, 이 아동들 대부분은 아주 어릴 때부터 외상을 경험한 것이다. 그 당시 이러한 종류의 치료 프로그램에 적용되는 주요 접근은 행동주의 치료였는데, 행동주의는 아동들의 행동을 관리하는 데는 효과적이었으나 아동들의 심오한 심리적 욕구는 만족시킬 수 없었다.

그러던 중 나는 놀이치료협회(APT)에서 주최하는 연간 콘퍼런스를 소개하는 팸플릿을 받았다. 그해 나는 콘퍼런스에 참여해서 개리 랜드레스(Gary

Landreth), 엘리아나 길(Eliana Gil), 찰리 섀퍼(Charlie Schaefer), 케빈 오코너(Kevin O' Conner) 그리고 에반젤린 먼스(Evangeline Munns) 등 몇몇 사람의 강의를 들었다. 그리고 이 분야에 대해 매우 깊은 애정과 관심을 갖게 되었다. 나는 우리가 치료하는 아동들이 말로는 표현할 수 없는 고통을 놀이를 통해서는 표현할 수 있다는 사실에 다시 한 번 놀랐다. 여러 가지 놀이치료 접근에 대해 알아 갈수록 다양한 이론과 실용적 모델을 어떻게 통합할 수 있는지 좀 더 알게 되었다. 지금은 이 분야에서 다양한 접근의 통합을 지향하고 있지만, 그 당시에는 놀이치료가 비지시적 접근과 지시적 접근으로 크게 분리되어 있었다. 나는 내가 접한 다양한 접근 모두 나름의 공헌을 인정하고 있었기 때문에, 각각에 가장 적합한 적용을 시험해 보았다.

역사적으로 임상학자들은 특정 이론 모델이나 개입으로 자신들을 규정해 왔다(이 책의 1장에서 자세히 다룸). 그러나 경직된 자기 정의에만 매달린다면, 우리가 치료하는 아동들의 독특한 욕구에 융통성 있게 대처하지 못한다. 임상 현장에서 이러한 문제들과 씨름하면서 나는 규정적 놀이치료사로 진화되었다. 규정적 접근은 다양한 이론적 패러다임과 개입 모델에 훈련되어 있는 놀이치료사가 내담자의 현재 특정한 상황에 기초하여 그에 적절한 접근법을 선택하는 것이다. 아동의 증상, 진단, 발달적 욕구 그리고 자연스러운 경향에 적합한 치료 목표를 정하고, 가장 도움이 되는 개입법을 찾는 것이다. 적절한 개입은 비지시적 접근부터 지시적 접근에 이르기까지 각각의 전략에 따라 문자 그대로 다양한 치료 단계, 치료 시간 그리고 융통성 있게 임상가들이 인식하고 있는 순서를 규정하는 것이다. 이러한 접근법은 다양한 놀이치료 모델을 고려하고, 각각의 장점을 통합하는 방법과 답을 알려 준다.

나의 임상 작업은 외상 경험이 있는 아동들에게 초점이 맞추어져 있기 때문에, 이들을 치료하는 데 규정적 시각을 가지고 있는 것은 당연하다. 우리 내담자들에게 최선의 서비스를 적용하기 위해 각 모델을 취사선택하는 기본적인 신념과 더불어, 나는 이론적 구상과 개입 목적 또는 치료적 통찰력을 갖고 특정 아동의 성장을 촉진하는 놀잇감에 근거한 놀이치료 개입을 전파하는 데 매우 큰 기쁨을 갖게 되었다. 몇 년간 내가 개발하고 나눈 기법은 숙련된 임상가들이나 초보 임상가들 모두에게 환영을 받았다. 여행하고 연설하고 글을 쓰는 동안 이 기술을 사용하는 수많은 전문가와 그 전문가들이 도와주고 있는 수많은 아동들을 만나며 겸손해졌다. 많은 임상가들은 종종 외상을 경험한 아동들에게 도움을 주고 있다는 실용적인 개입에 고무되고 활력을 얻으면서도 자신의 임상 작업에 사용하는 데는 불안을 느낀다는 피드백을 준다. 그러나 그들은 치료 과정에서 치료의 지속 시기와 방법에 관한 틀을 가지고 있지 않았다. 외상을 다루는 작업은 복잡하기 때문에 숙련된 임상가들조차도 부담을 느낄 수 있고, 과도한 놀이치료 기법에서는 더더욱 그렇다. 따라서 개입의 바다에서 떠도는 듯한 느낌을 받기가 쉽다.

이러한 어려움에 맞서 나는 이 책에 설명된 모델을 고안했다. 15년의 임상 경험과 최신 연구로 완성된 이 모델은 외상 경험 아동을 치료하는 데 체계적이면서도 융통성 있는 접근을 펼치고 있다. 치료의 목표는 놀이의 영향을 최대화하면서 내담자의 진료로 생기는 위험성을 최소화하는 데 목적을 두고 느슨하게 체계화하였다. 비지시적 접근에 의거해 치료의 목표를 설정하게 되면 아동들의 자기-적정적 치유가 흐려질 것이고, 지시적 접근에 의거한 치료 목표를 설정하면 특수한 개입만 두드러지게 보일 것이다. 나는 이 모델, 즉 FSPT(유연 순차적 놀이치료)가 초보 치료사들에게는 상세한 경로를 안내해 주는 한편, 숙련된 치료사들에게는 보다 효과적인 개입을 사용하는 발판이 되기를 희망한다. 이러한 명확한 모델은 쿠키 찍는 판이 될 위험성이 있지만, 나는 외상 경험이 있는 아동들 각각의 독특한 욕구를 충족시키는 방법에서 임상가들이 이 모델을 탄력적으로 적용할 수 있을 것이라 믿고 있다. 겸허하게 이 책을 여러분께 바친다.

패리스 굿이어-브라운(Paris Goodyear-Brown), LCSW, RPT-S

추천사

미국의 경우, 약 20%의 아동들이 진단 가능한 정신장애를 가지고 있으며, 이들 중 10%는 극단적인 기능적 손상을 경험하고 있다. 수치로 보면 심각한 손상으로 고통받는 6,300만 명이 넘는 아동들 중 약 1,100~1,400만 명이나 된다. 아동 학대와 유기로 정부기관에 보고된 아동들의 수는 해마다 계속 증가하고 있다. 지난 몇 년간 300만 명 이상의 아동들이 학대를 받았다고 주정부 아동학대 핫라인에 보고하였다. '전국 아동학대와 유기 보고자료(National Child Abuse and Neglect Data System)'에 의하면, 2005년 한 해에만 89만 9,000명의 아동들이 학대받은 것으로 보고되었고, 그중 약 10%가 성폭행을 당하였다. 하지만 아직 많은 사례들이 보고되지 않고 있는 실정이며, 이러한 사실은 일부 아동들이 선생님이나 학교상담가 그리고 치료사와 같은 자신에게 안전감을 주거나 돌봐 주는 어른들에게 폭로한 결과로 알려지게 되었다.

1995년도 전국 설문조사에서는 6%의 어머니들과 3%의 아버지들이 자녀들을 신체적으로 학대한 경험이 한 번 이상 있다고 인정했다. 그리고 매년 약 1,000만 명의 미국 아동들이 가정폭력에 노출되고 있는데, 이것은 실로 엄청난 숫자다.

아동치료사나 놀이치료사들인 우리는 아동들이 당한 말 못할 인류의 만행—가정 내의 폭력적인 범죄, 아동기의 신체적 및 성적 폭력, 극단적인 상실, 테러리즘—에 관한 이야기의 증인이 된다. 많은 아동치료사나 놀이치료사들은 수많은 학대, 유기, 가족과 지역사회의 폭력으로부터 외상장애를 입게 된 아동들과 일하고 있다. 이 중 약 1/3의 아동들은 외상 후 스트레스 장애(PTSD)의 진단 기준에 해당되며, 전국적으로 50% 이상의 아동들이 이러한 장애로 고통받고 있다. 우리는 많은 아동과 청소년 내담자에게서 가족 간의 신뢰를 잃고, 전반적으로 어른을 불신하고, 자신이 쓸모없다고 느끼는 것은 물론, 우울하고, 의기소침하고, 소외되고, 불안해하고, 화내고, 반항적이고, 극도의 경계심을 가지는 등의 수많은 증상이 나타난다는 것을 알 수 있었다. 그들은 낮은 자존감과 자신의 욕구를 채우지 못했을 때 이를 견딜 만한 힘의 부족, 학업장애, 발달 지체, 부족한 사회적 기술 그리고 정서 조절의 어려움과 더불어 수면 문제나 악몽을 꾸는 등의 고통을 받고 있다. 어떤 이들은 반사회적이고 성적인 행동으로 세상에 분노를 표출하기도 하고, 또 어떤 이들은 의기소침해하면서 세상에서 멀어진다. 우리에게 치료받고 있는 많은 아동들이 충격적인 사건으로 인해 고통받을 뿐 아니라 반복적이고 지속적인 학대 경험 때문에 힘겨워하고 있다. 종종 외상은 애착에 있어서 초기의 상실이나 반복적인 상실을 포함하고 있다. 또한 정서적 토대가 약하게 형성되고, 아동의 안전감과 안정감을 손상시킨다. 이처럼 복잡한 외상은 장기적이고 광범위한 정서적 손상을 초래한다. 아동의 주요한 능력인 자기 위로와 자기 조절 그리고 대인 관계 능력이 손상된다. 그것의 심각성은 그 충격적 사건이 어느 발달단계에 일어났느냐에 따라 다르다. 외상—그리고 특히 복합적인 외상—은 아동의 정서적 · 발달적 · 사회적 기능에 영향을 미칠 뿐 아니라 아동의 뇌기능의 변화에도 깊이 파고든다. 브루스 페리(Bruce Perry), 댄 시겔(Dan Siegel), 베셀 반 데르 콜크(Bessel Van der Kolk) 그리고 앨런 쇼(Allan Shore)와 같은 애착 및 외상 연구자들의 연구에 따르면, 외상은 아동들의 두뇌 발달에 치명적이고도 부정적인 영향을 미친다. 다행스러운 점은, 이러한 손상은 전환될 수 있으며, 전환하는 데 도움이 되는 놀이가 있다는 것이다.

우리가 치료하는 많은 아동들을 보면, 자신의 충격적인 경험에 관해 심리적으로 가장 안전하고 보호받는 환경에서도 말하지 못하거나 말하지 않으려고 한다. 특히, 자신이나 가족 또는 애완동물에게 신체적인 해를 입힌다는 경고나 위협, 체벌을 함께 받은 아동들은 학대에 관한 폭로를 끔찍이 무서워한다. 어떤 아동들은 외상의 위협에 시달리다가 끔찍한 꿈을 꾸기도 한다. 아동들은 자신을 위협했던 사람이 사랑하는 사람들을 전멸시킬지 모른다는 공포 때문에 두려워하는데, 이는 다시 예전처럼 자신이 큰 상처를 입을 것이라는 저항감으로 나타난다. 놀이치료나 놀이에 근거한 개입은 아동이 비언어적 방법으로 그들 내면의 상처나 공포와 의사소통하게 만들어 준다. 놀이치료는 발달을 기초로 긍정적 결과를 보여 주는 경험적인 기반의 연구와 함께 탄탄한 철학과 이론적인 토대하에 발달하였다. 이렇게 아동과 청소년들은 치료로서의 놀이와 치료상의 놀이로 치유받을 수 있었다.

성적 학대, 유기 그리고 외상을 경험한 아동들과 25년 이상 임상 장면에서 치료를 해 오면서 놀이의 치료적이고 치유적인 힘을 줄곧 경험했다. 내가 놀이의 치유의 힘에 관해 굳이 고마움을 표현한다면, 2001년 9월 11일 테러리스트들에 의해 파괴된 뉴욕 월드 트레이드 센터(The World Trade Center) 때문일 것이다. 나는 뉴욕시티 피어 94(Pier 94)에 있는 키즈 코너(Kids Korner)에서 5개월간 주말마다 자원봉사를 했다. 아동들은 부모님이 거대한 창고에서 사망증명서를 받거나 단기 재정적 · 정서적 보조를 받기 위한 서비스를 찾아보는 동안 10시간가량을 혼자서 기다려야 했다. 이 아동들에게 인형의 집, 인형, 블록, 장난감 차, 비행기, 비상시 운송차, 미술 공예품과 같은 전형적인 상징적 놀이치료 장난감이 지원되는 환경이 주어졌다. 이 공간에는 보통 최대 40명의 아동들과 놀이를 이용해 치료하는 실력 있는 상담가, 심리학자 그리고 사회복지사들이 가득했다. 일대일로 아동들을 만나서 그들을 보살피고, 공감하고, 이해해 주었으며, 놀이와 미술을 통해 표현되는 은유와 상징에 반응하면서도 말없이 공포, 질문, 걱정에 휩싸인 그들의 아픔을 공유했다. 아동들은 슬픔에 빠져 있었기에 하루하루를 겨우 지탱해 가는 부모님의 마음을 살필 겨를은 없었다. 아동들은 자신의 마음을 공감하고 보살펴 주는 아동치료사나 놀이치료사들과 놀이를 하면서 치유되기 시작했다. 그들은 고통, 환상, 쇠약해진 과거의 이미지를 떨쳐 버리기 시작했다. 아동들은 놀이와 놀잇감을 통하여 자신의 생각이나 감정과 의사소통하였고, 내면에 감춰진 소리를 들을 수 있었다. 당신은 여전히 아동들이 상처받은 가슴을 움켜쥐고 있다고 생각했을 때 그들이 치유된 것을 보고는 안도했을 것이다. 성폭행을 당한 아동들도 외상을 입은 아동들과 다르지 않다.

우리는 다른 사람들을 의미 있게 돕고자 하는 열망을 가지고 이 분야에 입문했다. 초기의 훈련과 기술은 상담실과 기관을 찾는, 증가하는 외상 관련 사례에 대한 시험과 긴장의 연속이었다. 이에 효과적으로 대응하면서, 재정을 지원하는 단체로부터 치료 효과성을 입증하기를 요구하는 압력을 받게 되면 프로그램 내용과 치료의 효과성을 입증해야만 한다. 또한 전문가로서 기본적 훈련과 기술은 시험에 들게 되고, 한계에 다다르면 다른 것을 찾게 된다. 몇 년간 나의 비지시적 정신역동적 놀이치료 기술은 성폭행과 외상을 경험한 아동들과 일하면서 시험되었다. 나는 모든 것에 딱 맞는 효과적인 한 가지 치료 접근법은 없다는 것을 알게 되었다. 자신의 학대 이야기를 공개하고 싶지 않거나 자신들의 분노를 말하려고 하지 않는 아동들은 비지시적 놀이 장면에서 자신을 감춘 채 놀이로 표현했다. 내가 그곳에 가지 않으면 아동들도 가지 않았다. 우리는 떨어져 있었고, 이런 경우 치유는 더뎠다.

여기에는 다른 방법이 있다. 워크숍과 놀이치료협회 콘퍼런스를 통해 보다 기술적이고 통합적인 방법으로 접근하는 놀이치료의 혼합에서 그 답을 찾을 수 있다. 경험적이고 증거에 기반한 외상 치료 접근으로부터 얻은 지식과 놀이에 기반을 둔 기술과 짝을 이룬 인지행동의 구성 요소들을 사용하여(특히 아동의 외상 이야기가 창작인 경우) 좀 더 깊은 치유가 시작되었다. 이것은 외상에 관한 신경생물학적 · 심리학적 연구들이 최신 정보와 함께 애착과 인지행동치료 같은 다른 이론적 토대를 이용하는 유연성이 필요했다. 아동과 청소년은 느낌을 표현하는 어휘들을 증가시켰고, 감정의 방아쇠를 구별했으며,

자신을 위로하고 조절하는 방법을 배웠다. 퍼펫을 통한 역할극으로 유발물질에 점차 덜 민감해지면서 다른 많은 장소에서 일반화될 수 있는 대안전략을 익힐 수 있었다. 나는 비지시적 놀이가 아동들에게 안전한 환경의 장을 제공하고, 아동들의 민감한 감정을 다루는 데 구조화시키는 방법을 알게 되었다. 즉, 아동들에게 언제 비지시적이어야 하고, 언제, 어떻게 지시적이어야 하는지를 알게 되었다.

부모님들은 아동에게 도움이 되는 실제 기술과 안전한 환경을 제공하는 과정에 이용된다. 최근 가장 효과적인 외상 치료 방법은 아동을 위해 부모를 가르치고 기술을 연습하도록 하는 것이다.

그런데 치료사는 아동의 관점에서 아동의 성장 과정을 도와줄 수 있는 책을 어디서 찾을 수 있을까? 어떻게 하면 외상을 경험한 아동과 청소년들을 치료하는 데 도움을 주는 상담기술을 찾을 수 있을까?

기쁘게도, 패리스 굿이어-브라운(Paris Goodyear-Brown)은 임상가들이 통합적이고도 규정적으로 접근할 수 있는 책을 발간하였다. 이 책은 외상을 경험한 내담자들을 치료하는 데 독자가 저자의 접근법을 체계적으로 따를 수 있도록 단계별로 구성하였다. 저자는 외상을 경험한 아동들을 치료하는 '유연 순차적 놀이치료' 모델을 가르쳐 준다. 이 모델은 지시적 · 비지시적 접근의 통합과 함께 융통성과 미묘한 차이를 알고 적용하도록 한다. 저자는 모델의 발달과 개념 및 아동기 외상의 종합적 증상과 기초적 관점에 관해 토론한 후, 우리가 놀이치료실에서 아동에게 안전감과 안정감을 갖도록 도움을 주는 방법을 제안한다. 아동이 긍정적 대처기술을 향상시키고, 스트레스에 대한 반응을 관리하고, 정서적으로 당면한 문제들을 조정하는 등 이와 같은 능력을 증가시키기 위한 목적으로 특정 외상 작업의 단계를 설정한다. 저자는 아동이 외상 내용에 관해 천천히 탐색하고 개방하면서 자기통제를 할 수 있도록 하는 '천천히 개방하기'를 자세히 설명해 준다. 어떻게 이것을 달성할 수 있는지를 보여 주는 구체적 기술과 상담 사례도 함께 제시한다. 그리고 나서 아동들에게 '경험적 숙달놀이'를 사용할 수 있도록 옮겨 간다. 또한 아동들이 보호된 놀이 공간에서 많은 놀이 도구들을 활용하여 유능감을 향상시키는 방법이 소개되어 있다. 굿이어-브라운은 아동들이 놀이와 표현 매체를 통해 작업할 수 있는 잘 고안된 방법을 독자에게 제안한다. 치료가 끔찍한 이미지나 외상 기억의 독성을 줄이는 방향으로 향하면서, 아동은 자신의 외상 이야기를 명확히 말하는 데 도움을 받는다. 놀이의 힘과 놀이에 기반을 둔 기법은 사건에 관한 아동의 감각 인식을 조정하는 데 도움을 준다. 사건에 대한 감각적 인식이 결여된 채 아동들에게 계속 사건의 내용을 되풀이해서 이야기하게 하는 것은 아동의 증상을 없애 주지 못하며, 경험에 대한 인식을 통합하는 것을 방해한다. 아동을 회복시키고 생리학적으로 암호화된 기억에 접근할 수 있도록 돕는 것은 진정 놀이의 치유적 힘이다.

이 모델은 다루기 어려운 생각을 해결하도록 하여 아동이 심리적 외상을 긍정적인 자아상에 통합하도록 격려한다. 이 책 전반에 걸쳐, 저자는 임상가들이 FSPT 모델로 목적을 달성할 수 있는 창조적이고, 실질적이며, 쉽게 반복해서 사용할 수 있는 개입을 할 수 있도록 해 준다.

독자는 치료 장면에서 실제 기법을 사용한 면담의 대화 내용을 통해 최선의 적용 방법을 배우게 될 것이다. 가끔 예로 든 끔찍하고 충격적인 사건을 다룬 그림은 독자의 마음을 동요시킬 것이다. 우리는 치료사의 공감 반응뿐 아니라 다이론적 접근을 통해 근본적인 통찰력과 사고를 얻게 될 것이다. 또한 외상 치료와 제시된 기술을 사용하기 전에 아동의 대처기술과 환경적 자원을 평가하는 것이 중요하다는 사실에 주의해야 한다. 더불어 치료는 아동이 생리기능을 효과적으로 조절할 수 있도록, 동반 조절자 역할을 하는 부모나 양육자들이 외상 작업에 협력할 수 있도록 이끌어야 한다. SOOTHE 전략에 관한 토론은 부모가 언제 효과적인 동반 조절자로서 이바지할 수 있을지에 관한 새로운 개념을 제시한다. 6장 '동반자로서의 부모'의 장에서 저자는 양육자들이 아동과 물 흐르듯 유연하게 조율하는 기법을 배울 수 있도록 치료가 아동의 발달에 민감해야 한다는 것을 강조한다. 먼저, 아동이 반응하도록 권하고, 그다음 그들이 어디에 있는지 소개하고, 마지막으로 그들이 외상 경험을 증언하는 첫 단계에 들어서도록 도와야 한다.

이 책의 백미는 종결 과정의 중요성을 강조한 것이다. 우리는 관계와 관계의 치유적 요소를 높이 평가하고, 아동이 치료를 '졸업'하는 것을 축하해 준다.

이 책을 읽고 나자, 벌써 스스로 더 깊은 수준에서 풍부해지고 인정받으며 지지받는 숙련된 외상 놀이치료사가 되어 있음을 느꼈다. 이제 나의 일은 아동들의 사례연구의 정곡을 찌르는 지혜와 치료적 제언 그리고 창조적이고 쉽게 적용할 수 있는 풍부한 개요에 대해 더 많이 알아 가는 것이다. 그러므로, 독자들이여 편히 앉아서 책을 통해 경이로운 경험을 맞을 준비를 하기 바란다.

– 아테나 A. 드레우스(Athena A. Drews), PSYD, RPT
APA 공인 인턴십 및 임상훈련 감독자

감사의 글

이 글을 쓰는 동안 끊임없이 조언자의 역할을 맡아 격려해 주고, 그들의 방대한 임상학적 지식과 실용적인 도움을 준 나의 동료들, 특히 찰스 섀퍼(Charles Schaefer)와 엘리아나 길(Eliana Gil) 그리고 아테나 드류스(Athena Drewes)에게 가장 먼저 고마움을 전하고 싶습니다. 여러분이 제 개인으로서 그리고 전문가로서 저의 정체성을 풍부히 해 준 데 대해 진심으로 감사를 표명합니다.

또한 최초로 저에게 발표할 수 있는 장소를 제공해 주고, 계속적으로 이 책의 아이디어를 제공해 준 캐시 레비(Kathy Lebby), 테리 크룰(Teri Krull) 그리고 놀이치료협회의 임원들에게 감사의 마음을 전합니다. 제가 시작하기 전에 이미 계약을 완료하고 계속적으로 믿어 주심에 감사합니다.

제가 확신이 없을 때 담당 편집자인 이사벨 프랫(Isabel Pratt)이 초기 출판에 필요한 전반적인 관련 사항에 대해 지속적인 도움을 주어서 무척 고맙게 생각합니다. 저의 세 번째 아이가 예정일보다 일찍 나와 마감일을 재조정하는 수고를 해 준 편집원 일동에게도 감사를 전합니다.

또한 저의 일을 지지해 주고 생각을 넓히는 데 도움을 준 소중한 친구이자 친절한 영혼의 소유자인 자닌 셸비(Janine Shelby), 스콧 리비에르(Scott Riviere)와 리아나 로벤슈타인(Liana Lowenstein)에게도 감사를 전합니다. SOOTHE 전략을 창안하고 적용하는 데 적극적으로 협력해 주신 밴더빌트(Vanderbilt) 대학 동료인 패티 반 아이(Patti van Eys)와 린다 애시퍼드(Linda

Ashford)에게는 특별한 감사를 전합니다.

마지막으로 이 책은 제 가족의 무한한 지지 없이는 쓰일 수 없었을 것입니다. 먼저 저의 계속적인 치어리더이자 힘들 때마다 버팀목이 되어 주는 기법에 관한 조언자인 남편 포레스트(Forrest)와 이 책의 막바지에 얼마나 많은 장을 내가 재검토해야 하는지를 밤마다 일깨워 준 여덟 살 된 아들 샘(Sam), 빛과 같은 매디슨(Madison) 그리고 이 책과 함께 제 안에서 자라 이제 막 태어난 니콜라스(Nicholas), 끝으로 필요할 때마다 음식을 챙겨 주고 내가 피력하려는 본질을 찾을 수 있도록 북돋워 주고, 원고를 쓸 수 있게 도와주신 저의 어머니께 진심으로 감사합니다. 전에도 말했고 다시 말하겠지만, 저의 잔은 진실로 넘쳤습니다.

차 례

02 외상의 정의와 증상 55

03 아동의 안전감 증진 89

서론: 외상을 경험한 아동을 위한 치료의 차원

01

서론: 외상을 경험한 아동을 위한 치료의 차원

"내 마음이 아파요.
내 마음이 아파요.
내 마음이 정말 너무 아파요."

위의 노랫말은 밤새 현관 앞에서 홀로 잠을 잔 일곱 살 된 라켈(Racquel)이 부른 노래의 후렴구다. 라켈은 전날 입었던 옷을 그대로 입은 채 학교에 와서는 배가 고프다고 호소하였다. 선생님은 라켈이 교실에서 통제가 잘 되지 않고 친구들에게 공격적이며 다른 아이들을 방해한다고 보고하였다. 그렇게 내 사무실로 오게 된 라켈은 팔짱을 낀 채 소파에 앉아서 반항적으로 나를 노려보았다. 아이는 차오르는 슬픔을 참으며 "말하고 싶지 않아요."라고 말했다. 나는 가끔씩 느낌을 말로 이야기하는 것이 어려울 때 음악이나 그림으로 감정을 표현할 수 있다고 설명했다. 라켈은 나를 뚫어지게 쳐다보더니 장난감 기타를 잡고 격렬한 리듬으로 위의 노랫말을 최고음에 오를 때까지 반복해서 서툴게 치기 시작했다. 그러더니 한숨을 쉬고 기타를 옆에 둔 후에 앉았다. 라켈은 눈물을 흘리며 이야기를 시작했다. 어머니가 생계를 유지하기 위해 몸을 파는 일을 하는데 매트 밑에 열쇠를 두고 가는 것을 잊었다고 했다.

외상을 경험한 아동들은 내면에 깊은 상처를 입는다. 그 깊은 상처 때문에 이따금씩 행동 문제가 밖으로 표출된다. 어떤 기법에서든 아동치료사는 치료사 자신과 물리적 환경을 통해 아동의 상처를 담아내는 좋은 그릇이 된다. 이 책은 치료사들이 발달적으로 민감하게 개별화된 치료 과정을 진행하면서, 외상 경험이 있는 아동을 다루는 다양한 방식을 강조하고 있다.

이 책의 목적

이 책은 다음과 같은 세 가지 목적이 있다. 첫 번째 목적은 외상치료에 관한 나의 접근인 유연 순차적 놀이치료(Flexible Sequential Play Therapy: FSPT)의 개요를 그리는 것이다. 아동들은 각자 독특하고 사례 또한 각각 다르며, 어느 때든 숙련된 임상가의 개별적 전략이 필요하지만, 일련의 기초적인 치료의 목적은 외상 아동을 위한 상담 진행 과정이 항상 동일하며, 그 목적은 다음과 같다.

- 아동이 놀이치료실 안과 치료사와의 관계를 통해서 안전감과 안정감을 느끼게 하는 것
- 대처기술을 평가하고 증진시키는 것
- 생리기능을 조절하는 것
- 부모님과 함께 협력하는 것: 양육자들이 치료 과정에서 효과적인 협력자가 되고, 아동의 정서와 관련하여 효과적인 공동 조절자임을 확실히 하는 것
- 정서적 능력을 키우는 것

- 신체적 감각의 내용과 함께 언어적 이야기를 통합하는 일관된 외상 이야기를 창작하는 것
- 부적응적 인지를 재구성하고, 적응적 사고를 구성하고 연습하면서 잘못된 속성과 인지적 왜곡에 도전하는 등 사고 세계를 이야기하는 것
- 외상을 경험한 후에 자기(self)에 대한 긍정적인 이미지를 만드는 것

이상의 치료 목적과 더불어 놀이치료실의 풍부한 환경은, 내가 아동들과 외상 작업을 하는 중에 반복적으로 보았던 두 개의 다른 과정을 촉진한다. 첫 번째는 아동이 적정 수준에서 천천히 자기를 개방하고 외상 내용을 드러내는 것이다. 두 번째는 경험적 숙련놀이(Experiential Mastery Paly: EMP)로, 이것은 아동이 한때 외상으로 잃었던 유능감을 회복하기 위해 놀이 공간과 유아기에 사용하는 여러 가지 도구를 이용하는 무수한 방법을 말한다. 놀이와

[그림 1-1] FSPT의 구성 요소

표현의 매개체를 기초로, 여러 다른 기술에 기반한 작업이 전반적으로 짜인 이 한 쌍의 과정은 각 장에 예로 제시한 외상 아동들과 함께 전달된다.

FSPT 모델은 다양하고 구체적인 놀이에 기반한 기술을 통해 전달되고, 용이한 놀이의 힘과 치료사가 자신을 놀이치료실에서 이용하는 것을 이해하도록 해 주면서 명확한 치료 목적을 서술한다. 아동들은 각자 특정한 욕구를 지니고 있고, 증상도 다양하기 때문에, 치료 모델이 융통성 있고 미묘한 차이에 따라 적용할 수 있어야 하며, 동시에 비지시적 접근과 지시적 접근이 통합될 수 있는 여지가 있어야 한다. 또한 각각의 목적을 달성하기 위해 연령에 따른 순서와 시간에 있어 융통성이 있으며, 그 목적은 순차적이다. 이 서술은 각각의 목적이 하나의 틀 안에 맞게 짜여야 하고, 모든 내담자들과 이렇게 정렬된 형태로 진행된다는 잘못된 인상을 줄 수 있다. 그러나 진실은 그 반대다.

기술이 소개된 순서와 상관없이, 많은 목적이 동시에 추구되는 경우가 흔하다. 예를 들어, 외상 이야기 작업은 아동이 긍정적 대처의 강한 기초를 다지고, 긴장 해소 전략을 연습하고, 부모님의 협조가 증진된 후에 제시되었더라도, 아동은 임의로 외상에 대한 이야기를 시작할 수 있다. 치료사는 이 내용을 담아내는 용기가 되고, 이야기의 부분을 어떤 형식으로든 기록하며, 필요하면 아동을 다시 안전한 영역으로 초대하는 역할을 한다.

만약 아동 또는 가족이 다르게 적용될 수 있는 치료 내용에 대해 잘 이해하고 있다면, 본질적으로 FSPT는 융통성이 있기 때문에 순서를 무시하고 단계를 건너뛸 수도 있다. 예를 들어, 큰 교통사고를 경험하고 상담을 시작한 아동은 치료의 모든 단계를 거치지 않을 수도 있다. 아동에게 이미 치료에서 키우고자 하는 내면의 능력이 있을 수 있기 때문이다. 아동이 강하고 양육자가 전적으로 반응적인 양육자라면, 그 아동은 이미 예전에 부모가 달래 주었던 과거의 경험으로 인해 자신을 달래는 내면의 능력을 가지고 있기 쉽다. 더불어 부모가 자신의 외상 반응에 빠지지 않고 아동에게 건강한 지지자로서 기능한다면, 생리기능과 연결된 자기 조절을 위한 치료적 요소와 부모의 역할을 극대화하는 요소는 최소화될 것이다. 주의 깊은 평가와 임상적 판단을 통해, 모델의 가장 두드러진 치료 목적은 각각의 사례에 따른 계획을 면밀하게 세우는 것이다.

FSPT를 적용하는 데는 폭넓은 지식과 다양한 치료기술의 섬세함이 필요하다. 대처 능력, 정서적 능력 그리고 인지적 재조정에 관한 목표를 위해서는 인지행동주의 이론에 관한 이해와(Beck, 1975, 1979, 2005) 그것을 아동과 청소년을 위해 적용하는 방법론(Asarnow, Tompson, & Berk, 2005; Cohen, Deblinger, Mannarino, & Steer, 2004; Cohen, Mannarion, & Deblinger, 2006) 그리고 인지행동 놀이치료가 필요하다(Knell, 1993, 1998). 생리기능을 달래기 위해서는 외상이론과 발달적 외상학의 이해(Briere & Scott, 2006; Cicchetti & Tucker, 1994; DeBellis et al., 1999; DeBellis & Putnam, 1994; Perry & Azad, 1999; Solomon & Siegel, 2003), 생리 스트레스 반응(Bremner et al., 2003; DeBellis & Thomas, 2003; Van der Kolk, 1994), 신체치료의 이론적 지지(Rothschild, 2000) 그리고 마음챙김(mindfulness) 연습(Kabat-Zinn, 1990, 2005; Segal, Williams, & Teasdale, 2002)이 필요하다.

아동의 치료에서 협력자로서 부모의 역할을 최대화하는 것은 가족제도이론과 애착이론 그리고 최근의 양자 관계에 정통한 부모-자녀 상호작용 치료(Herschell & McNeil, 2007; Urquiza & McNeil, 1996), 치료놀이(Jernberg & Booth, 2001; Martin, Snow, & Sullivan, 2008; Munns, 2009), 부모-자녀 관계치료(Filial Therapy)(Guerney, 1964; Guerney, Guerney, & Andronico, 1999; VanFleet, Ryan, & Smith, 2005), 자녀-부모 심리치료(Lieberman, Van Horn, & Ippen, 2005, 2006), 자녀-부모 관계치료(Bratton, Landreth, Kellan, & Blackard, 2006; Landreth & Bratton, 2006) 그리고 보안 프로젝트의 원(Circle of Security Project by Cooper, Hoffman, Powell, & Marvin, 2005; Hoffman, Marvin, Cooper, & Powell, 2006; Marvin, Cooper, Hoffman, & Powell, 2002; Powell, Cooper,

Hoffman, & Marvin, 2007)이 필요하다. 이 모델들을 모두 숙달할 필요는 없지만, 현대 임상가들의 도구상자에서 건강한 양자 관계의 개입과 부모들을 위한 심리교육 요소는 필수다.

또한 아동들의 발달적 욕구는 임상가들이 놀이를 치료로 사용하고(Landreth, 1991; Schaefer, 1993; Schaefer & Drewes, 2009), 놀이치료가 치료 모델을 효과적이라고(Bratton, Ray, Rhine, & Jones, 2005; Ray, Bratton, Rhine, & Jones, 2001) 인식하도록 만든다. 이 모든 지식의 영역에서 중복적으로 나타난 것은 아동의 개별성에 대한 존중과 외상을 치유할 수 있는 아동의 자가치유 능력에 대한 깊은 믿음이다.

이 책 저변에 있는 두 번째 목적은 각각의 FSPT 모델의 목적을 이루기 위해 임상가들에게 창조적이고, 실질적이며, 쉽게 반복할 수 있고, 개입에 필요한 것을 갖추게 하기 위해서다. 내가 임상가들에게 듣는 가장 일반적인 걱정은 외상에 관한 기술과 이론적 정보는 쉽게 찾을 수 있지만, 기술이 가미된 믿을 만한 이론적 기초 작업을 찾기는 힘들다는 것이다. 각각을 어디에 배치해야 하는지가 설명된 종합적 치료 모델의 정확한 토대 없이 특정한 기술 또는 개입을 적용한다면, 그것은 아마 병을 만드는 결과를 초래할 것이다. 마지막 부분에 놀잇감에 기반을 둔 개입(Prop-Based Intervention: PBI)에 관한 설명이 있다. 모든 장은 목적을 갖고 쓰였으며, 그 목적을 달성하기 위해 사용되는 특정한 놀잇감에 기초를 둔 개입의 예를 추가로 제시하였다.

이 책의 세 번째 목적은 아동이 능숙하고 분명하게 표현하고, 놀이나 미술 이야기를 통해 외상 경험을 해소하는 다양한 방법들을 명확하게 조명하는 것이다. 이 책은 외상이 발생하는 하나의 형식에 국한되어 있지 않다. 각각의 사례에는 신체 학대, 성폭력, 가정폭력, 이혼, 사랑하는 사람의 죽음, 비극적 사고, 만성적 질병 그리고 자연재해를 경험한 내담자들이 포함되어 있다.

통합의 필요

"외상 후 아동에게 있는 불안 문제를 어떻게 개념화해야 하나요? 신경생리학적 견해에서 시작하나요? 정신역동적 견지에서 시작하나요? 행동주의 견해에서 시작하나요? 가족제도의 견해에서 시작하나요? 인지주의 견해에서 시작하나요?" 이는 내가 콘퍼런스에서 자주 받는 질문들이고 이에 대한 나의 답변은 태연하게 "맞습니다. 맞습니다. 맞습니다. 맞습니다. 그리고 맞습니다."다. FSPT는 기능적 외상치료를 위해 폭넓고 다양한 패러다임의 귀중한 업적을 포괄적으로 인정하면서 동시에 치료를 계획할 때는 아동의 삶의 모든 면(발달적, 사회적, 인지적, 부모-자녀 관계, 신경생물학적 등)을 전체적으로 고려한다. 다음의 예는 치료의 복합성을 구체화하는 데 도움을 줄 것이다. 아버지가 폭력적으로 어머니를 공격하는 것을 목격한 후 치료에 의뢰된 열 살의 줄리(Julie)는 극도의 분리불안으로 고통받고 있었다. 이 사건 전에 줄리는 어머니와 분리되는 데 아무런 어려움이 없었으므로, 이 경우 어머니로부터 분리를 거부하는 것은 외상과 직접적인 관련이 있다고 가정한다. 줄리는 낮에 집에 있을 때조차도 어머니에게 같은 방에 머무르기를 강요했다. 어머니는 딸의 행동에 지쳐 갔고 당황했으며, 딸에게 소리치거나 안 좋은 상황을 만든다고 비난하다가도 자녀의 고통에 대한 죄책감으로 인해 그녀가 그렇게 의존하는 것을 받아들였다. 이 경우, 아동과 부모는 외상의 영향과 불안 그리고 그것과 싸우는 과정에서 최선의 심리 과정 기제에 관한 심리교육이 필요하다. 어머니는 딸이 불안을 떨쳐 내도록 노력하는 동안 딸을 달래는 방법에 관해 특정한 훈련이 필요하다. 부모와 아동은 그 공격에 대한 일관적인 이야기를 함께 만들어 가야 하고, 그 사건과 관련된 독소를 내보내야 한다. 아동은 대처기술을 증가시키고, 이완기술을 배우고, 불안을 지배하도록 훈련받고, 잘못된 인지를 분별하고 재조정하는 성과를 거두기 위해 개별화된 놀이에 기초한 개입이 필요하다. 천천히 자기를 개방하는 과정은 아동에게 보상이 주어지는 강화를 통해 더 큰 효과를 볼 것이다. 이에 더해 아동은 놀이치료실에 있는 놀잇감을 통해 외상을 자발적으로 재연할 수 있을 것이다. 이러한 이유로 앞의 질문들에 관한 모든 답은 "맞습니다"가 된다.

다른 전문 분야에 있는 아동 임상가들에 의해 발달된 통합에 관한 경향은 놀이치료사들을 통해서 널리 알려지고 있다(Gil, 2006; Kaduson, Gangelosi, & Schaefer, 1997; Shelby & Felix, 2005). 최근에 많은 이론적 방향과 작업 모델들은 놀이치료의 범위에 속한다. 물론 각각의 방향은 나름대로 훌륭하지만, 임상가들은 다른 접근을 배제한 하나의 이론적 접근만을 옹호하는 것에 반대하면서 각 내담자의 독특한 욕구에 맞게 개입 모델을 선택하고, 용도에 맞추는 것이 결정적으로 중요하다.

임상가들은 역사적으로 자신의 이론적 방향에 연결해서 자신을 정의해 왔다. "나는 정신분석 치료사야." "나는 인지행동 치료사야." "나는 아동중심 놀이치료사야." "나는 애착중심 치료사야." 이처럼 각각의 이론적 방향은 각 이론들을 실질적으로 적용할 수 있는 많은 기술들을 산출했다. 이 기술들은 내담자에게 적용하는 미리 계획한 반응의 방법, 개별적 경험의 특정한 부분을 탐색하기 위해 의도적으로 고안된 질문, 심리교육적 활동 또는 그 모델을 지지하는 경험적 연습 등이다. 이 모든 모델들이 아동치료 영역에 지대한 공헌을 했을지라도, 단 하나의 치료가 우리를 찾는 모든 아동들을 낫게 한다고 주장할 수는 없다. 임상가가 단지 하나의 방법에 너무 깊이 몰입되면, 실제로 많은 내담자들을 도와줄 수 없게 된다. 이런 경우 결과적으로 아동이 도움받지 못하는, 정확히 말하면 아동을 도울 수 있는 가장 효과적인 방법을 찾지 못함으로써 임상 실패의 위험성을 증가시킨다. 이런 위험을 염두에 둔다면, 현대의 아동치료사들은 여러 가지 개입 모델에 능숙해질 의무가 있다.

외상치료사로서 성장한 나의 과정은 아마도 많은 다른 상담자들의 여정을 반영한 것일 수도 있다. 원래 나는 아동중심 놀이치료(Child-Centered Play

Therapy: CCPT)와 그것의 파생물인 부모-자녀 관계치료를 훈련받았다. 이 두 접근 방법을 통하여 비지시적 접근과 아동 주도적 능력의 중요성을 깨달았다. 이 책 전반에는 아동기의 언어인 놀이를 아동이 사용할 수 있게 되면, 자신의 외상 경험을 작업하기 시작하는 많은 마술과 같은 사례들이 담겨 있다. 나는 놀이, 미술, 모래 등을 통해서 능숙하게 자신의 경험을 묘사하면서 자발적으로 자신이 필요한 곳으로 향하는 아동들의 능력에 감탄하곤 한다. 그와 동시에 외상 경험이나 학대받은 과거가 어떻게 아이의 자발성을 빼앗아 가는지를 보고는 놀란다. 오로지 비지시적 접근 방법만으로 구성된 나의 치료실의 한계를 인식하면서 추가적인 도구를 찾게 되었다.

이 장의 시작 부분에 거론된, 현관 앞에서 잠을 잤던 일곱 살 난 라켈이란 아이는 오전 내내 감정 조절에 곤란을 겪으면서 꼼짝하지 않고 있었다. 그 아이의 꽉 낀 팔짱은 자신을 단단히 통제하고 있다는 증거였다. 그는 움직이는 데 특별한 개입이 필요했다. 나는 음악, 그리기 또는 모래놀이 중에서 아이에게 고를 수 있는 선택권을 주었다. 이 본질적으로 지시적인 초대는 아이가 '내 마음이 아파요.'라는 자기주도적 주문을 창작할 수 있는 문을 열도록 도와주었다. 이 사례에서 라켈은 처음에 시도하는 데 도움이 필요했었다는 것을 알 수 있다. 또한 외상치료의 다른 측면에서도 치료사의 많은 지시적 개입이 필요하다. 아동의 특정한 외상 사건에 관련된 심리교육과 기술을 형성하는 측면은 놀이라는 매개체를 통해 이룰 수 있지만 반드시 의도적으로 추구되어야 한다. 반복적이고 목적 없이 외상 재경험 역할놀이를 시작한 아동들은 종종 의미 있는 생각, 감정 또는 힘 있는 움직임에서 멀어진다. 길(Gil, 2006)은 이 수렁에 빠진 놀이 형태를 '정체적 외상놀이'라 칭했다. 이러한 상황에서 치료사는 아동이 수렁에서 빠져나오도록 도와주기 위한 일련의 목적 있는 초대를 해야 한다.

또 다른 외상 회복의 측면은 양육자와의 파괴된 애착 관계의 회복과 관련이 있다. 어떤 사례에서 외상 사건은 공동 조절 관계를 재성립하는 데 지시적인 도움이 부모와 자녀 또는 둘 모두에게 필요하다. 또는 심각한 학대 때문에 아동이 완전히 새로운 양육자와 관계를 형성하는 것이 필요한 사례도 있다. 두 가지 모두 지시적인 개입이 이들의 연결을 쉽게 이끌 수 있다. 이처럼 다양한 필요성을 염두에 두고, FSPT 모델은 치료에 지시적이고 비지시적인 접근을 함께 취하면서 각각을 융통성 있게 적용하는 것을 강조한다.

요약하면, FSPT 모델은 다양한 지식에서 구한 도구와 이론적 구성 개념의 체계적인 통합을 나타낸다. 비지시적인 접근은 특정 목표에 관련해 사용된다. 놀이치료실 안에서 안전감과 안정감의 형성은 아동이 주도하는 과정으로, 치료사는 단지 강화할 뿐이다. 내가 '점진적 자기 개방' '경험적 숙련놀이' 그리고 '외상 이야기 작업'이라 칭한 폭넓은 과정은 아동이 주도하는 경향이 있다. 지시적 접근은 이들 항목에서 행해진 작업을 증진하고 구체화하기 위해 실행되며, 아동과 양육자 모두를 위한 기술 형성과 심리교육을 할 때 일차적 관문이 된다.

FSPT에서 놀이의 촉진적 힘

FSPT는 발달적으로 민감한 치료를 하기 위해서 놀이의 치료적이고 촉진적인 힘에 많이 의존한다. 놀이의 촉진적인 힘은 FSPT 모델에서 묘사되고 있는 모든 증거에 기반한(evidence-based) 방법을 적용하는 데 기초가 된다. 놀이가 다른 개입 모델들의 전달 수단으로 통합되면, 이 모델의 발달적 민감성은 극대화된다. 예를 들어, 최근 논문들은 아동과 청소년에게 미묘한 차이가 있는 인지행동치료(CBT)의 적용을 강조하고 있다(Gravea & Blisset, 2004; Weisz, Southam-Gerow, & McCarty, 2001). CBT가 아동과 청소년들의 외상 후 스트레스 장애(PTSD)와 우울증 치료에서 증거에 기반한 상담법 가운데 최상일지라도, 어린 아동들의 인지적 한계와 관련한 어려움이 있다. 8세 이하의 아동들은 CBT의 영향에 효과(Holmbeck et al., 2003)를 줄 만한 고급 인지 능력(초인지 과정)이 없다. 아동과 청소년들을 치료한 CBT 관련 두 가지 메타분석에 의하면, 고학년 아동들이 어린 아동들보다 CBT에 많은 도움을 받는다(Weisz, Weiss, Han, Granger, & Morton, 1995; Durlak, Fuhrman, & Lampman, 1991). 따라서 놀이와 인지행동 기법을 통합하면 치료의 효과성이 향상될 것이다. 외상치료에서 놀이가 변화의 기제로 기능하는 방법을 다음에 제시하였다.

독성에 맞서는 놀이

외상 사건은 아동들에게 독성과 같은 작용을 한다. 아동들이 독성이 있고 압박을 받는 것에 노출되지 않으려는 것은 당연하다. 그러나 아동들은 노는 데는 자연스럽게 끌린다. 놀이는 원래 재미있는 것으로서 아동들에게는 숨쉬는 것만큼 자연스러운 일이다(Schaefer & Drewes, 2009). 아동의 놀이에 대한 자연스러움은 놀잇감으로 꽉 찬 놀이치료실에서 활발해질 것이고, 이 놀이는 아동이 외상 경험을 탐색할 때 감지하는 독성에 맞서게 한다. 다시 말하면, 놀이 자체가 외상 물질의 효력을 누그러뜨리는 과정이다. 아동들은 대개 물체를 조작하고, 창조하고, 상상력을 표출하고, 다른 사람과 관계를 맺고, 스트레스를 방출하는 단순한 기쁨을 통해서 강화된다.

많은 연구 논문에서 놀이의 치료적 힘을 말하고 있다(Schaefer, 1993, 1999; Schaefer & Drewes, 2009; Landreth, 1991, 1993). 이 중 두 가지 힘은 부정적 정서의 반대 조건 부여와 아동의 힘과 조절감의 재성립이다. 이 두 힘은 아동이 외상 내용에 위험을 덜 느낀 채 접근하도록 하고, 훼방 놓는 상황의 독성을 없애기 위해 함께 작동한다. 놀이 안에 내재된 기쁨은 아동이 압박감과 두려움 속에 머무를 수 있도록 용기를 북돋우면서 외상 내용의 독성에 맞설 수 있게 한다.

예를 들어, 가족 구성원 중 남자 두 명에게 성적으로 학대당한 여덟 살 된 여자아이 클라라(Clala)는 회피하는 증상에 정체된 채로 치료를 시작했다. 아이는 어느 누구라도 성폭력 주제에 접근하면 부담을 가졌다. 어느 날 아이가 놀이치료실에서 종이에 풀을 바르기 시작했다. 아이는 많은 풀을 짜면서 "만지고 싶지 않아요."라고 말했다. 나는 풀과 촉각적인 접촉을 피하고 싶어 하는 아이의 소망을 반영하면서 "혹시라도 네가 끈적한 것을 만질 준비가 되면, 네가 알 거야."라고 말했다. 클라라는 잠시 나를 보고는 손가락으로 풀을 칠하기 시작했다. 드디어 아이의 손이 끈적한 물질로 덮였다. 내가 이 끈적한 것이 어떤 생각을 떠오르게 했는지 묻자, 아이는 자신에게 나쁜 짓을 한 두 사람의 이름을 말했다. 나는 놀이치료실에서는 아이가 끈적한 물질을 조정할 수 있다는 확신을 아이에게 주었다. 아이는 계속 여러 장의 종이에 풀을 칠하면서 자신에게 강제로 만지도록 했던 남자들의 사정과 정자에 관해 이야기했다. 이야기를 하면서 아이는 자신이 주도가 되어 실제와 비슷한 외상 상기물에 노출되었고, 이것은 아이가 외상 사건에 점차 둔감해지는 과정의 시작이었다. 몇 분 후, 아이는 풀을 가지고 끈적거림의 의미를 자신이 효과적으로 통제할 수 있는 미술품으로 재창작하면서 그림을 그리기 시작했다.

언어 사용 이전의 의사소통으로서의 놀이

이 책 전반에서 다루고 있는 또 다른 주제는 비언어적 의사소통으로서의 놀이의 기능이다. 아동들이 걷고 말할 수 있게 되면, 성인들은 "말로 표현해 봐."라는 제안을 한다. 그러나 말은 아동들의 첫 번째 언어가 아니다. 아동들은 주로 행동으로 의사소통하고, 그다음은 놀이로 한다. 플라토(Plato)는 "당신은 평생 대화하는 것보다 한 시간 동안의 놀이로 그 사람에 관해서 더 많은 것을 발견할 수 있다."(*The Republic*, B.C. 360)라고 말했다. 이것은 우리가 만나는 아동 내담자에게 특히 맞는 말이다.

더욱이 우리가 만나는 많은 아동들은 언어 사용 이전의 외상, 다시 말하면 언어가 발달되기 이전에 외상을 경험했다. 외상이 발생할 당시 아무 말도 없었기 때문에 그 경험을 정확히 표현할 단어는 없다. 이런 경우, 비언어적인 감각의 통로로 외상에 접근할 수 있게 해 주는 놀이치료가 아동에게는 최상의 모델이다. 아동은 놀잇감의 조작을 통해 외상의 일부를 묘사할 것이다. 언어 사용 이전의 외상은 우리의 몸에 스며들어 있기 때문에(Rothschild, 2000), 아동 내담자들은 외상의 중요한 감각적인 부분을 놀이치료실의 도구와 운동감각적으로 연결하면서 표현할 수 있다. 아동의 긍정적 대처 형태인 놀이는 압도적이면서 함축적이고 명백한 외상의 기억과 평행선으로 실행된다. 또한 놀이와 외상의 교차점에서 놀이는 좀 더 구체화되어야 할 기본 장치로서 작동한다.

소화를 돕는 효소로서의 놀이

이 책에 기술된 각각의 놀이에 기반을 둔 개입에서, 놀이는 아동이 치료 내용을 잘 소화할 수 있도록 돕는 소화 효소의 역할을 한다. 아동들은 놀이를 통해서 개념적 정보를 가장 잘 흡수할 수 있다. 아동의 외상 경험을 담아내는 것과 더불어, FSPT 모델은 기술 형성과 심리교육에 초점을 맞추고 있다. 성분은 달라도 함께 복용하면 좋은 비타민이 있는 것처럼, 아동들에게는 놀이를 동반하는 것이 정신치료의 효과를 증진시킨다.

치료적 학습을 위한 고정장치로서의 놀잇감의 힘

나는 외상을 경험한 아동들에게 치료적으로 접근하는 데 놀잇감을 많이 사용한다. 완벽한 놀이치료실은 아동들의 치유를 돕는 다양한 놀잇감들로 꽉 차 있다. 치료사가 아기 인형에게 밴드를 붙임으로써 아동은 보살핌받는 대리 경험을 한다. 또한 아동은 아기 인형을 돌보면서 자신을 보살필 수 있는 능력을 부여받게 된다. 쉽게 조작해 볼 수 있는 수갑은 감옥으로 간 부모의 이야기를 그리게 할 수 있다. 인형 집은 외상을 경험한 아동들로부터 많은 놀이 형태를 이끌어 내고, 가족의 기능을 탐색하거나 또는 가정의 희망에 관한 환상을 투영하게 하는 등 다채로운 놀이를 할 수 있게 하는 놀잇감이다. 아동이 임의적이고 지시적으로 사용할 수 있는 놀잇감과 더불어, 나는 수년간 내가 창작해 온 지시적 개입의 고정장치로서 놀잇감을 사용해 왔다(Goodyear-Brown, 2001, 2002, 2003a, 2003b, 2005). 이 일련의 기술은 아동 발달에 민감성을 가지고 있는 가장 효과적인 교육장치면서, FSPT 모델의 치료목적을 달성하는 데 시도장치로 진화했다. 우리는 학습 방법과 지능의 형태에 관한 논문들을 보며, 인간이 어떻게 배우는지에 관해 이해할 수 있었다(Fleming & Mills, 1992; Gardner, 1993). 플레밍과 밀스(Fleming & Mills)에 의하면, 인간은 학습하는 데 있어서 시각, 청각, 읽고/쓰기 또는 운동감각적 범주에 속하는 선호성을 갖고 있다고 한다. 발표자로부터 강의 내용을 배울 때, 어떤 사람들은 앞줄에 앉아서 발표자의 관점을 이해한다. 이런 사람들은 시각적 학습자다. 또 책과 같은 형태로 정보의 읽기를 우선시하는 사람도 있다. 어떤 사람들은 단지 녹음된 내용을 들으면서 필요한 정보를 얻는다. 그리고 정보를 이해하기 위해서는 물건을 손으로 만지고 실제로 기술을 연습하는 것이 필요한 사람들이 있는데, 이들은 운동감각적 학습자들이다.

우리는 아동들이 처음에는 모두 운동감각적 학습자라고 알고 있다. 피아제(Piaget, 1954)의 인지적 발달단계는 감각운동 단계에서 시작하고, 발달적으로 민감한 시기에 좀 더 복잡한 인지 과정으로 발달한다. 또한 아동들은 2차적으로 시각적이거나 청각적인 학습을 하도록 구조화될 것이다. 새로운 정보가 가장 효과적으로 전달되는 방법으로 이 세 가지 경험(감각, 시각, 청각)을 교대로 한다는 말은 정말 사실이다. 놀잇감을 개입의 핵심으로 사용하는 것은 아동이 세 가지 학습 방법을 모두 이용할 수 있게 해 주기 때문이다.

뿐만 아니라 놀잇감은 치료적 내용을 위한 고정장치가 된다. 덧붙여, 집으로 가져갈 수 있는 놀잇감이 주어지면, 아동은 이행기 대상—놀이치료실과 놀이치료사가 주는 안전감을 가정환경으로 연결시켜 주는—으로서 놀잇감의 기능을 갖는 추가 혜택을 받을 수 있다.

나는 이러한 개입을 설계하는 데 다음의 세 단계를 거친다. 놀잇감을 선택하는 것이 첫 번째 단계다. 놀잇감의 환경을 꼼꼼히 살피면서, 다음의 두 가지를 찾는다. 놀잇감의 잠재적이고 상징적인 가치를 평가하는 동시에 아동의 주목을 얼마나 끌 수 있을지를 중요시한다. 물론 이것은 완전히 주관적인 기준이지만 놀잇감은 반드시 재미있는 면이 있어야 한다. 최고의 놀잇감은 아동에게 보여 주자마자 아동이 집으면서 "멋진데!"라고 말하며 살피게 되는 놀잇감이다. 그러고 나서 나는 그 놀잇감의 기능을 생각한다. 이 놀잇감으로 무엇을 창작할 수 있을 것인가? 놀잇감의 기능을 정한 다음에는 이 기능을 치료에서 비슷한 과정으로 병행한다. 예를 들어, '긍정적 느낌의 극대화'는 부정적인 혼잣말을 없애고, 자아존중감을 향상시킬 수 있도록 아동들을 돕기 위해 몇 년 전에 내가 고안한 개입법이다. 어느 날 장난감 가게를 지나가다가 정교하게 만들어진 확대경을 보았다. 이것은 아동들이 매혹되는 놀잇감이었지만, 난 이 놀잇감의 기능에 대해 자문해 보았다. 명백하게 확대경은 작은 것을 크게 보이게 한다. 나는 내가 치료하는 아동들의 무엇을 확대할 수 있을까? 나는 아동들의 긍정적인 혼잣말을 늘리고 싶었으며, 이는 이 개입법을 만들게 된 출발점이 되었다.

놀잇감의 활용성에 관한 이론적 구축(아동의 학습에 고정장치가 되고, 이행기 대상의 기능을 하며, 치료적 숙제를 완성하도록 격려하는)과 함께 이러한 놀이 기반 활동을 고안하는 절차에는 내가 놀잇감에 기반을 둔 개입(PBI)으로 구분했던 치료 모델이 포함되었다. PBI는 FSPT 모델에서 설명된 각각의 치료 목적을 이루는 데 사용된 놀이에 기반한 기술을 창작하는 기제다.

아동들은 본질적으로 놀잇감을 조작함으로써 보상을 받는다. 또한 어려운 치료 내용을 재미있는 놀잇감 조작에 연결함으로써 어려운 주제를 대하는 데 인내심을 키운다. 최근에 열 살 된 여자아이와의 상담에서 이 역동이 일어난 예가 있다. 아이의 불안 문제로 어머니가 의뢰해 왔는데, 내가 걱정되는 것이 무엇인지 묻자, 아동은 "글쎄요, 포포나무가 작년에 죽었는데, 나도 죽을까 봐 너무 무서워서 잠을 잘 못 잤어요. 그래서 딴생각이 들게 책을 읽었고 지금은 잘 자요. 그게 전부예요."라고 답했다. 이 특정 문제에 관한 짧은 서술과 그것을 궁극적으로 해결하는 것은 아동의 걱정을 최소화시키는 것이었다. 어머니가 아동의 불안을 보여 주는 다른 예들을 말해 주었고, 나는 아동이 불안을 유발하는 내용물을 보는 데 스스로 적절하게 접근하도록 하면서 더 많은 정보를 재미있게 이야기하는 게임을 하기로 정했다.

나는 방 안에 근심 벌레 인형을 숨기면 아동이 그것을 찾아야 한다고 설명해 주었다. 아동은 미소를 지으면서 활동적이고, 재미있어 하며, 친숙한 것을 한다는 생각 때문인지 금방 안도하는 것 같았다. 나는 또한 아동이 각각의 근심 벌레를 찾는 동안 아동이 생각하고 있는 걱정을 하나씩 말해야 한다고 이야기했다. 게임을 통해 아동의 12가지 걱정을 들을 수 있었고, 아동의 많은 걱정들은 '만약에'로 시작되었다. '만약에 어머니가 밤에 죽으면 어떻게 해요? 만약에 아버지가 밤에 죽으면 어떻게 해요? 만약에 내가 수영하는 동안 물에 빠지면 어떻게 해요?' 이 특별한 생각은 여름 내내 아동을 공격했다. 아동은 수영장에서 보내는 날들을 즐거워했지만 밤에 자면서는 익사에 대해걱정했다. 뿐만 아니라 도전과 보상 그리고 숨겨진 놀잇감을 찾는 재미로 이 참기 힘든 생각을 큰 소리로 나와 공유하는 것을 견뎠다. 아동에게는 숨바꼭질로 보인 게임이 안전한 놀잇감을 근거로 실제로 아동에게 불안을 야기한 내용에 적절하게 노출시키는 것이었다. 재미있는 소품을 더함으로써 상담 중에 나누게 되는 치료적 내용을 기하급수적으로 늘릴 수 있다.

놀잇감 조작을 통한 유능감 증진

외상을 경험한 아동에게, 외상 내용과 관련된 것의 외현화는 아동이 재연하기 위해 사용하는 놀잇감 속에서 구체적인 모습을 띤다. 아동이 통제할 수 없는 큰 외상을 통제할 수 있는 작은 상자들로 조작하면서, 힘과 통제의 의미를 재생할 수 있다. 외현화 과정이 작동하는 하나의 방법은 상담 전에는 외상의 어떤 사항도 나누기를 원치 않거나 할 수 없었던 아동이 놀잇감을 사용하여 자신의 이야기를 한 조각씩 드러내거나 그려 나가는 것에 동의하는 것이다. 놀이치료실에 남겨진 내용은 나중에 다양한 방법으로 다시 이야기하거나 조작된다.

가해자의 상징물과 자기 상징물

외현화의 또 한 가지 방법은 아동이 가해자의 상징물이나 자기 상징물(self-object)을 선택하는 것이다. 가해자 상징물은 아동이 자신에게 상처를 준 사람들을 나타내는 특정 모래 소품, 손 인형(puppet), 미술 창작물 또는 장난감을 선택하는 것을 말한다. 아동은 가해자 상징물을 선택하고 상담 내내 그것을 사용한다. 시간이 지남에 따라 아동은 가해자 상징물을 바꾸거나 치료 도중 일관성 있게 가해자의 다른 면을 나타내는 두세 개의 다른 상징물을 선택하기도 한다. 나의 놀이치료실에서 가해자 상징물로 가장 많이 사용되는 것은 배트맨처럼 두 얼굴을 지닌 물건이다. 두 개의 머리를 가진 공룡과 함께 이 상징물은 성적으로나 육체적으로 학대당한 아동 또는 감정 기복이 큰 부모를 가진 아동들이 자주 사용한다. 이 상징물은 한 사람의 두 가지 본성을 잘 표현한다. 두 얼굴은 때로는 매력적인 신사가 되지만 때로는 괴물이 된다. 한 사람이 가지고 있는 두 가지 본성을 경험한 아동들이 이 물건을 상징으로 사용한다.

일단 가해자 상징물이 선택되면, 이것은 유능감을 빼앗겼던 사람들과 관련해서 유능감을 다시 찾는 수많은 방법으로 조작될 수 있다. 아동은 가해자를 그린 후에 그림을 구기고, 찢고, 태운다. 또는 모래 소품을 선택하여 수갑을 채우고 감옥에 집어넣기도 한다. 아동들이 가해자 상징물을 놀이치료실에서 대하는 방법은 천차만별이다. 제9장 '경험적 숙련놀이'에서 많은 아동들이 어떻게 가해자 상징물을 가지고 놀고 조작하면서 치유 과정에 이르는지 예를 들어 설명하였다.

자기 상징물은 아동들이 자신을 표현하기 위해 선택하는 놀잇감이다. 어떤 아동은 초영웅이나 마법사 인형을 자신의 대용물로 선택한다. 이러한 경우 아동은 자신이 천하무적이 된 것에 대한 재확신이 필요하다. 이에 반해 자신의 취약함을 상징하는 아기 인형과 같은 놀잇감을 고르는 아동들도 있다. 직접적인 양육을 받을 준비가 되어 있지 않은 아동들의 경우, 치료사가 자기 상징물을 양육하는 것을 통해 양육을 대신 경험할 수도 있다.

놀이 공간에서 치료사의 자기 사용의 차원

담아내는 용기 역할의 치료사

아동들은 종종 외상 사건과 관련된 억압된 감각적 정보나 혐오적 인지 그리고 압도된 감정을 조심스럽게 전한다. 몸과 마음이 성장 중인 아동들은 외상을 동반한 공포스러운 이미지, 토할 것 같은 냄새나 맛, 위압적인 소리 그리고 촉각적인 감각을 담아낼 수 없다. 끔찍한 경험을 견뎌 온 아동은 다른 사람들이 그것을 알았을 때 감당하기 어렵다는 것을 알고 있다. 그러므로 매일 만나는 양육자들과 외상 경험의 끔찍한 부분을 나누는 위험을 택하는 것이 쉽지 않다. 이 아동들은 부모님과 자세한 외상 이미지를 나눌 때 자신의 위태로운 처지를 깨닫게 되며, 스스로 위험에 빠진 상태로 발가벗겨진 최악의 경험을 할 수 있다. 하지만 아동들은 언제나 강하고 안정적이며 보살핌과 위안을 즉시 제공해 주는 양육자가 필요하다.

그러나 끔찍한 역설은, 어른의 필사적인 보살핌과 위안이 필요한 아동들이 자신을 진정시키는 방법을 아는 어른들에게 외상에 대해 말하지 않는다는 것이다. 아동은 어떻게 이 역설에 대처할 수 있을까? 아동은 외상에 대한 기억을 마음속에 숨기고, 단단히 가두어 이를 억누른다. 말 못한 이미지와 냄새 그리고 감각은 소중한 발달적 에너지를 소모하면서 아동의 내면세계를 잠식한다. 따라서 훌륭한 치료사는 충분히 강하고 안전하고 지혜로워서, 아동이 드러내야 하는 어떤 정보나 이미지도 담아낼 수 있는 아동의 저장 탱크가 되어야 한다.

가끔씩 저장은 실용적 형태를 가진다. 아동은 수많은 혐오적 생각이나 이미지를 품은 채 놀이치료실에 올 수도 있다. 치료사는 아동이 문제의 이미지나 생각을 버릴 수 있는 근심 상자 또는 그것들을 담을 수 있는 신체적 용기(container)와 같은 저장도구를 만들어 낼 수 있도록 도와야 한다. 외현화된 생각은 아동이 치료실을 떠나면서 치료실에 남게 되고, 비로소 아동은 짐을 내려놓고 집에 가는 느낌을 받는다. 각각의 이미지와 생각은 다음 방문 때 놀이치료실에서 함께 다루어진다.

어떤 때는 치료사가 "네가 보여 주려는 것이 무엇인지 알겠다."라는 말로 용기를 만든다. 얼핏 드러난 아동의 외상이 치료사를 통해 평정을 찾으면서, 아동은 자신의 내면세계를 더 보여 줄 수 있을 만큼 대담해진다. 치료사의 용기는 아동에게 짐이 되는 내면 세계와 외상 경험을 묘사하는 이미지, 감각 그리고 이야기의 외현화 사이에서 다리 역할을 한다. 이때 전에 감추어 왔던 내용에 관해 물어볼 필요가 있다. 이 점진적 노출 과정은 외상 기억의 독성을 없애고, 아동이 통합을 향해 나아가도록 한다.

(외상 작업의) 춤을 출 때 협력자로서의 치료사

외상 작업 중에 아동들은 춤—외상 내용에 다가가다가 어느새 멀리 도망가려 하는 춤추는 것 같은 모습—을 출 때가 있다. 지혜로운 치료사는 이 과정에서 협력자가 되는 방법을 안다. 아동들은 놀이치료실에서 자신을 압박하는 내용에서 벗어날 수 있는 자유가 있어야 한다. 민감한 치료사는 이러한 쉬는 시간이 아동이 내적 평정 상태로 돌아가는 데 반드시 필요한 부분임을 안다. 나는 상담 회기를 설명하는 도중에 아동이 쉽게 산만해지고, 활동을 지속하는 데 어려움이 있다고 말하는 상담가들을 슈퍼비전한 적이 있다. 우리는 확실히 아동들이 집중하는 데 어려움이 있는 것을 보았다. 그 아동들은 집중하는 시간이 짧고, 충동적인 행동을 통제하는 힘이 약했다. 상담가가 아동의 행동을 산만함으로 규정하면, 나는 항상 더 많은 탐색을 한다. 아동이 과거에 외상 경험이 있는 것으로 판별되었을 때, 산만함으로 감지된 것은 사실상 내적 평온함을 유지하기 위해 외상의 기억에서 벗어나려는 하나의 행동 양식일 수도 있다.

일반적으로 아동들은 공을 던지거나 손가락 사이로 모래를 흘리는 것같이 해가 없는 활동을 하면서 외상의 기억에서 벗어나려고 하는 고유의 성질이 있다. 아동은 외상 기억을 자극하지 않는 놀잇감을 찾는 것이다. 경험이 적은 임상가들은 '상담 작업을 지속하기 위해서' 이 과정에 있는 아동을 상담자의 의도대로 이끄는 오류를 범한다. 그러나 나의 경험상 상담가가 잠시 자신의 생각을 멈추고 아동이 관심 있는 놀잇감에 집중해 주면 나중에 훨씬 쉽게 외상 내용으로 돌아갈 수 있다.

외상 내용으로 다가가다가 멀어지는, 춤추는 듯한 아동의 행동에 대한 상담가의 반응은 상호작용적 조화의 또 다른 형태로 볼 수 있다. 이 책 전반에 걸쳐 외상을 춤에 비유하였다. 상호작용적 조화는 일차 양육자와 영아의 반응 여부를 기술하는 데 사용된 개념이다. 어머니의 고정된 얼굴 패러다임

(Still-Face Paradigm: SFP)을 이용한, 집중할 만한 실험들은 어머니들이 기대되는 표정으로 반응하지 않았을 때 영아들이 보이는 조절 곤란을 살펴보았다(Haley & Stansbury, 2003; Moore & Galkins, 2004; Tronick, Als, Adamson, Wise, & Brazelton, 1978; Tronick & Cohn, 1989).

비슷하게 상황을 설정하여 어머니에게 영아와 놀이를 하도록 요청했다. 연구가들은 어머니와 영아가 같이 놀기 시작했을 때 영아가 간헐적으로 머리를 돌려 벽을 보는 것을 발견했다. 어떤 어머니는 영아가 다른 곳을 보는 동안 인내심 있고 주의 깊게 기다리다가 영아가 상호작용을 하고 싶어 할 때 다시 관계를 이어 나갔다. 이에 반해 영아의 주의를 다시 집중시키기 위해 즉각적으로 열심히 노력한 어머니도 있었다. 영아가 벽을 보려는 욕구는 자신을 평온하게 하려는 시도다. 어머니와의 놀이는 흥미진진하지만 때로는 성장기 영아의 자동 신경계가 감당하기 힘들 때도 있다. 어머니로부터 고개를 돌리는 영아의 선택은 강한 관계로부터 코드를 뽑아 자신의 내면 상태를 재조정한 후 다시 어머니와 관계를 맺으려는 것이다. 이와 같이 외상 과정으로 다가가고 멀어지는 아동의 춤을 보면 일정한 리듬이 있다. 이때 치료사는 외상으로부터 멀어진 거리를 인식해야 할 뿐만 아니라, 외상 작업에서 아동이 자신을 진정시키기 위해 계속적으로 분투하는 필수적인 부분으로서 그들의 행동을 높이 사야 한다.

적정 대리인으로서의 치료사

이 책을 처음 읽다 보면 외상 이야기가 처음 한두 회기 안에 부드럽고 명확한 순서로 표현되는 것으로 오해할 수 있다. 물론 어떤 아동들—특히 하나의 외상을 경험한 것 외에는 건강하고 지지적인 환경에서 살고 있는—은 그럴 수 있다. 그러나 우리가 만난 많은 아동들은 과거에 경험한 복잡한 외상의 기억과 계속적인 방임과 학대 속에서 지내고 있다. 외상 경험을 이야기하는 것은 아동들에게 결코 쉽거나 단순한 것이 아니다. 그들이 이야기를 하는 것은 갑작스럽게 일어난 것이지 순차적인 것이 아니므로, 이야기의 각 부분은 서로 상반될 수 있다. 나는 이 모든 것을 큰 걸음에서 파악해야 한다는 것을 배웠다. 실제로, 아동들이 폭로한 외상은 불규칙하여 조각조각 난 것을 맞춰야 하는 본질에 익숙해지다 보니 부분적으로 제공되는 외상 내용을 기록하는 새로운 방법을 창작할 수 있었다. 나의 상담실에는 다양한 모양과 종류의 '포스트 잇'이 있다. 아동이 외상 내용의 새로운 부분을 말할 때 나는 아동이 선택한 메모지에 내용을 적으면서 크게 반복한다. 대부분의 경우 아동들이 미리 기본적인 시간 연대표를 만들도록 도와주었다. 그리고 새로운 정보가 발견되면, 말과 글로 목격된 그것을 시간 연대표에 붙인다. 아동의 경험을 추가하고 기록하는 것이다. 그러나 대개 부분적 정보의 순서는 치료 후반부에 정해진다.

FSPT에 요약된 목적의 기초가 되는 이론적 근거

FSPT 모델의 적용에 놀이와 놀잇감 그리고 치료사의 많은 기본적 역할을 기술하면서, 우리는 이제 FSPT 모델의 진행에 따른 각 장의 흐름을 살피고자 한다. 이것의 마지막 부분에 첫 번째 목적인 놀이치료실에서와 놀이치료사를 통한 아동 내면의 안전감과 안정감 형성에 관한 부분을 다루었다. 아동의 상담 작업이 이루어지는 공간에서의 안전감과 임상가에게서 안정감을 발달시키지 못한다면, 아동의 외상 경험과 관련된 어떤 의미 있는 작업도 하기 어렵다.

놀이치료실은 아동이 자신의 내면세계를 공개하는 위험을 감수할 만큼 충분히 안전한 첫 번째 환경이다. 치료실 안의 네 벽면과 모든 도구들은 그 안에서 모든 것이 가능한 장소가 되도록 한다. 환상을 통해 소원을 이행하는 것은 치유의 크나큰 도구이고, 놀이치료실은 아동에게 놀이를 통해 자신의 소원을 성취할 수 있는 수많은 기회를 제공한다. 아동의 발달단계를 평가하고, 발달에 적합한 방법으로 아동을 만나는 치료사의 능력은 놀이치료실 안에서 아동의 안전감을 증가시킨다. 치료사는 아동을 수용하고, 아동과 의사소통하며, 아동을 고유한 개인으로서 좋아해야 한다. 놀이치료사는 아동이 치료실 안에서 앞으로의 개입에 발판이 될 안정감의 기초를 충분히 형성하도록 해 주어야 한다. 제3장 '아동의 안전감 증진' 에서는 임상가가 예전에는 접근하지 못한 내용이 다루어질 수 있는 안전한 환경을 만들기 위해 아동의 상징어를 사용하는 특정한 방법의 예를 제시하였다.

안전감과 안정감이 갖추어지면, 다수의 목표들이 치료의 잠재적 표적으로 문을 연다. 아동들은 대부분 치료 초기에는 외상 기억에 부딪칠 장비를 갖추고 있지 않다. 외상 내용을 바라보는 것은 아동에게 많은 스트레스를 주기 때문에, 아동을 이 작업에 초대하기 전에 어떻게 아동이 스트레스를 다루는지 평가하는 것이 중요하다. 대처기술은 아동이 스트레스를 다루는 방법으로 행동적 · 인지적 · 신체적 방법이 포함된다. 그러므로 안전감과 안정감을 제공한 뒤에 치료사의 첫 번째 일은 아동의 긍정적 대처기술을 증가시키고, 부정적 대처기술을 없애거나 최소화하는 관점에서 아동의 현재 대처기술을 평가하는 것이다. 제4장 '긍정적 대처기술의 평가와 증진' 에서 이 문제에 관한 평가와 개입에 관해 자세히 기술하였다.

스트레스 관리기술은 대처 적응의 결정적 요소다. 생리적 과민반응은 외상에 대한 아동의 반응을 동반하므로 특정한 기술은 아동이 생리기능을 단계적으로 줄이는 데 도움을 준다. 스트레스 예방접종 기술에는 심호흡 연습(deep breathing exercises), 초점화 연습(centering exercises), 점진적인 근육 수축과 이완법(progressive muscle tension and relaxation), 유도 심상법(guided imagery), 바이오피드백(biofeedback) 등이 있다. 이 모든 활동들은 놀이에 기반한 개입으로 전달될 수 있다. 의사소통과 연습의 매개체로 놀이를 사용하는 것은 이 기술들을 단순히 설교하듯이 가르치는 것보다, 더 효과적인 통합된 학습이 되도록 할 것이 확실하다. 제5장 '생리기능 조절하기'는 스트레스 예방기술을 자세히 다루고 있다.

제6장 '동반자로서의 부모'는 보통은 부모가 초기에 조절 대리인이면서 아동들의 심리적 정서(affect)와 증가된 각성의 공동 조절자라는 사실 때문에 아동의 자기 조절에 집중한 장의 바로 뒤에 나온다. 때로 부모와 자녀의 작업은 공동 조절자의 건강한 관계를 회복하는 것이 핵심이 된다. 부모의 참여에는 다른 많은 형태가 있다. 부모들에게는 종종 아동의 외상의 영향과 회복의 다양한 단계에서 최선의 양육을 위한 접근 등에 관한 심리교육이 필요하다. 때로는 작업의 초점이 부모와 자녀의 긍정적인 관계의 향상이 된다. 또는 외상과 관련된 일관된 가족 이야기의 형성이다. 놀이에 기반을 둔 다양한 개입들이 이 장의 사례들을 통해 기술되고 확장된다.

긍정적 대처의 한 부분은 자신의 느낌이나 상태에 대해 정확하게 식별하고 언어화하는 것이다. 제7장 '정서적 영역'은 아동들이 자신의 감정을 이해하고, 식별하며, 적절하게 표현하는 데 도움을 주는 것에 대한 내용을 다루고 있다. 긍정적 대처의 또 다른 중요한 부분은 친구 관계나 어른 세계에서 성공적으로 사회적 지지를 사용하는 것과 관련 있다. 운동감각적 관여를 향상시키는 놀이에 기반을 둔 비언어적 개입과 활동이 이 장에서 다루어진다.

그다음 세 장은 아동들이 지시적 방법과 비지시적 방법을 통해서 외상에 적합한 접근을 취하는 다양한 방법들에 주목한다. 일단 아동들이 앞선 치료 목적에 맞게 의도적으로 짜인 안전망을 갖게 되면, 그들은 단편적으로 자신의 이야기를 말하기 시작한다. 이 과정에 관해서는 제8장 '천천히 자기 개방하기'에서 자세히 설명된다. 또한 아동들은 외상 사건에 익숙해지는 동안 실제적인 노출을 하게 됨으로써 더욱더 직면적으로 외상 내용에 맞선다. 이 현상의 예는 제9장 '경험적 숙련놀이'에서 묘사된다. 외상은 종종 해체되고 일시적인 사건들의 상기 기억을 초래한다. PTSD 반응에서, 몸이 외상 사건의 스트레스에 반응하는 동안 방출되는 신경화학물질은 사건의 언어적 서술을 중요한 감각적 정보로부터 분리시키는 단절을 초래하기도 한다(Siegel, 2003). 이 두 종류의 정보가 조합되기까지 수많은 외상 증상이 아동에게 어려움을 줄 것이다. 제10장 '외상 이야기 작업하기'는 외상 이야기가 형성되는 다양한 방법을 보여 주면서 '언제, 어떻게 아동의 이야기 작업에 부모를 참여시켜야 하는가?'라는 의문을 낳는다.

사고 세계를 다루는 것은 치료의 또 다른 중요한 목적이다. 비록 내가 이 부분을 외상 이야기 작업 뒤에 서술했지만, 그 순서는 이 작업이 치료 초기에 시작될 수 있다는 사실을 부정하는 것이라기보다는 왜곡된 인지가 종결 전에 재구성되어야 하는 필요성과 관련된다. 이것은 아동이 적응과 부적응의 생각에 관해 처음으로 살피는 것이 대처기술의 평가와 증가의 부분으로 발생하는 것과 같다. 그러나 치료 초기에 아동이 가장 힘들어하는 외상 유발적 생각을 밝히는 것은 어렵다. 초기 치료에서 아동의 왜곡된 속성이나 삐뚤어진 인지에 접근하는 것은 두 배로 어렵다. 치료 초기에는 아동이 심한 수치심 또는 무가치감을 유발할 만한 생각을 나누기에 충분히 안전하다고 느끼지 않을 것이다. 또한 아동은 치료의 도입부에서 외상을 유발하는 왜곡된 인지를 잘 알아채지 못할 것이다. 외상 이야기가 성립되는 협력 과정에서 아동의 잘못된 책망, 마술적 사고, 왜곡된 인지와 같은 외상과 관련된 자세한 내용이 나타난다. 요약하면, 사고 세계의 문제들이 치료 전반에 언급될지라도 치료 종결 전에 마지막으로 왜곡된 인지를 깨끗이 정리하는 것이 중요하다. 이 목적들을 다룰 구체적인 기술이 제11장 '아동의 사고 세계에 관한 연설'에 나타나 있다.

마지막으로 이 모든 목표들이 성공적으로 달성되면, 아동과 지지적인 성인들은 아동의 치유 여정을 축하해 주어야 한다. 아동은 외상 후 자기(post-trauma self)에게 긍정적 경험과 개인적 이야기를 할 만한 공간이 필요하다. 더불어 치료사는 의도적으로 의미 있는 작별을 구성해야 한다. 사례에 따라,

치료사와의 의미 있는 작별은 아동이 경험하는 최초의 의미 있는 이별일 수도 있으므로, 이것은 아동의 소중한 권리가 된다. 종결 과정을 돕는 실천적인 놀이에 기반한 개입과 끝맺음이 지시적 공간에서 이루어진 장면의 예가 12장 '외상 후 자기에 대해 긍정적 의미 만들기' 에 제시되어 있다.

마지막 기록

이 책의 사례의 고유한 내용은 사실이지만, 그들의 치유 여정을 차세대 아동치료사들을 위한 학습 자료로 사용할 수 있도록 관대하게 허락해 준 가족들의 절대 비밀보장을 위해 이름이나 사례를 알아볼 수 있는 구체적인 내용은 수정을 했다.

외상의 정의와 증상

02

외상의 정의와 증상

"당신은 외상으로부터 아이를 빼낼 수 있다.
그러나 아이로부터 외상을 빼내는 것은 더욱 어렵다."
–치글러(Ziegler, 2002), p. 40

외상(trauma)이라는 단어는 사람에 따라 다른 의미를 가진다. 원래 그리스어에서 외상은 '신체적 부상' 이라는 뜻이었다. 그러다가 1800년대에 들어와서 심리적 부상을 묘사하는 데 이 언어가 대중적으로 사용되었다. 근대의 사전에서, 외상이라는 단어는 아주 단순한 상황인 교통 체증이나 손톱 주위에 살갗이 벗겨진 것에 관련하여 무심코 사용된다.

나는 커피숍에서 한 젊은 여성이 다른 여성에게 "지난주에 머리가 형편없게 됐어. 정말 충격(traumatic)이 컸어."라고 말하는 것을 종종 듣는다. 그 말을 하고 있는 여성은 생각한 대로 머리가 잘 되지 않아 감정이 상한 것을 표현한 것이지만 그 여성의 진술로 나는 '외상에 해당되는 것은 무엇인가?' 라는 질문을 떠올린다. 아동이 외상 후 스트레스 장애(Posttraumatic Stress Disorder: PTSD), 급성 스트레스 장애(Acute Stress Disorder), 우울증, 범불안장애

(Generalized Anxiety Disorder), 또 그 밖의 외상 후 스트레스와 관련된 많은 장애들의 항목에 해당되는지 확인 및 평가하는 데 사용되는 여러 가지 점검표들이 있다.

어른에게 학대받거나 유기된 아동들의 경우 그 복잡성으로 인해 현 진단체계 안에서 아동의 상태를 정확하게 진단하기는 매우 어렵다. 이러한 한계를 고려하여 반 데르 콜크(Van der Kolk, 2005)는 아동들, 특히 복잡한 외상 경험이 있는 아동들의 외상 증상과 과정을 이해하기 위한 새로운 패러다임이 도입된 발달적 외상장애라는 새로운 진단명을 제시했다. 또 다른 개념적 틀은 작은 외상(Small t)과 큰 외상(Large T) 간의 구분이다(Nebrosky, 2003; Shapiro, 1995; Shapiro & Maxfield, 2003). 큰 외상은 절박한 해로움으로 위협하고 너무나 강력해서 쉽게 움직일 수 없는 감정을 남기는 일련의 사건이다. 작은 외상은 회복되지 않은 불안, 수치심, 죄책감 그리고 공포와 같은 감정을 불러일으키는 어린 시절의 다양한 사건들이다.

하지만 아동들의 외상에 관해 우리가 파악하고 있는 것은 현 분류체계를 훨씬 능가하며, 외상 이후 앞서 언급된 어떤 장애의 기준에도 맞지 않는 많은 아동들이 치료에 의뢰되는 결과를 낳는다. 이 아동들은 변덕스럽고 비정상적인 행동을 보이거나 외상 전에는 없던 새롭고 기이한 공포심을 가지고 있다.

프랭크 파킨슨(Frank Parkinson)은 외상의 특성을 "다소 특이하고 비정상적인 사건에 대한 보통 사람들의 정상 반응"(Parkinson, 2000, p. 29)이라고 정의했다. 이 정의는 외상에 대한 아동의 반응을 병리화하지 않는 데 도움을 준다. 우리의 신체가 자주 노출되는 끔찍한 잔학성을 담아내는 용기(container)는 아니다. 지뢰, 폭음 소리 그리고 팔다리가 절단된 시체가 널린 전쟁터 속의 아동들에게는 섬뜩한 이미지와 고약한 냄새나 굉음이 일상이다. 가족에게 성폭행을 당하고 견뎌 낸 아동들은 찢길 듯한 신체적 고통, 종종 강요되는 끈적하고 미끈한 비밀스러움, 사건 이후 드는 배신감과 당혹감 등을 이해할 수 있는 틀이 없다. 불이 난 자동차에 갇힌 아동은 그 강렬한 열기, 화상으로 인한 극심한 통증 또는 살이 타는 소름 끼치는 냄새를 표현할 만한 단어를 가지고 있지 않다. 감각기관을 맹습한 이 강력한 힘은 아동에게 안전 패러다임을 발달시키고 대처 구성물(coping constructs)을 급성장시키면서 세상에 대한 신뢰감을 위협할 수 있다. 외상 사건을 통해 아동의 기본적인 신뢰감이 무너지면, 아동은 부적응적인 대처 양식과 외상 유발적 사고 양식 그리고 행동적 증상을 나타내기 시작한다. 외상 증상이 드러나는 방법을 철저하게 이해하면 다양한 외상의 형태를 구별하고 치료하는 것을 도울 수 있다.

비벌리 제임스(Beverly James, 1989)의 외상의 개념화는 나의 진료적 패러다임에 가장 많은 영향을 주었다(p. 1). 그녀는 "피해자에게 무기력감, 취약감, 안전과 조절의 손실감 같은 감정을 일으키며, 심리적으로 영향을 주는 압도적이고 조절할 수 없는 사건" 이라고 외상을 정의했다.

반대로 건강한 아동을 상징하는 것은 자기 효능감과 자신이 세상에 긍정적으로 영향을 미치고, 양육자가 자신의 안전을 지켜 준다는 신뢰감을 포함한다. 이 논제는 초기 애착행동의 산물이다. 갓난아이가 세상에 나왔을 때, 어머니를 찾고 "가가 구구."라고 말할 때, 대부분의 어머니들은 기뻐하며 아기에게 정답게 속삭여 준다. 이 아기는 자신이 세상에 영향을 미친다고 배운다. 아기와 부모 사이 그리고 훗날 성장한 아동과 그가 매일 경험하는 확장된 미시체계(Microsystems) 사이의 수천 또는 수만의 우연히 반응하는 의사소통은 세상이 안전하고 사람들이 믿을 만하다는 개념을 강화한다. 발달의 첫 번째 위기는 신뢰 대 불신(trust vs. mistrust)으로서 초기 발달 시기의 성공은 양육자(그리고 확대 해석하여 세상까지)를 신뢰할 수 있다는 아동의 믿음을 수반한다(Erikson, 1950).

그러나 아동에게 충격적인 일이 발생했을 때, 이 초기의 믿음은 흔들린다. 무엇보다 안전감과 안정감이 사라진다. 외상의 결과로서 아동은 유능감을 뺏기는 것 같은 압박감과 함께 홀로 남겨진다. 외상 후의 많은 증상들은 아동이 세상에서 자기통제나 안전감을 다시 얻으려는 역기능적인 시도로 개념화될 수 있다. 그러므로 외상 치료의 초기 목적은 내담자가 최소한 사람들과 일정한 장소에서 안전감과 안정감을 다시 얻을 수 있도록 도와주는 것이다. 놀이치료실에서 이 목적을 추구하는 특정 기술을 다음 장에서 토의하였다.

외상이 아동에게 미치는 신체적 영향

얼굴에 주근깨가 많은 네 살의 제이크(Jake)는 외상 후 불안증을 "내 배 속의 회오리 폭풍"이라고 이야기한다. 외상 아동들은 수많은 정신적 · 신체적 증상에 휩싸인다. 공립학교에서 일하고 있는 외상 치료사들은 학교 간호사를 중요한 상담 의뢰자로 본다. 양호실에서 두통, 복통, 어지러움 및 가쁜 숨을 호소하는 아동들은 중요한 경보를 울리는 것이다. 아동이 같은 신체 증상을 일정하게 나타낸다면, 임상가는 반드시 이 아동이 종합의료검사를 받도록 의뢰해야 한다. 가끔 이런 평가들은 신체에 숨어 있는 비정상성이나 생리적 문제를 발견하기도 하지만 대부분 의사나 전문가들은 이에 관한 신체적 원인을 찾지 못하고, 불편함이 외상의 정신적 · 신체적 증상이라고 설명한다. 정신적 · 신체적 증상은 외상 후 스트레스에 대해 신체가 불편함을 호소하는 방식이다(Rothschild, 2000; Van der Kolk, 1994; Van der Kolk et al., 1996).

불안의 신체적 증상은 서서히 드러날 수 있다. 처음에 아동은 과식 후에 복통을 호소한다. 부모는 증상의 원인을 가장 최근에 있었던 사건 탓으로 돌려, 아동이 너무 많이 먹었거나 방과 후에 뛰어다니다가 흥분했을 것이라고 추측한다. 진실은 아마도 식사 후 발생한 외상 유발물—아동이 잠자리에 든 후에 생기는 학대의 행동 양식과 관련된 복합적인 외상 후 불안 반응을 야기하는—이었을 것이다. 아동은 장시간 차를 탔을 때 두통을 호소할 수 있다. 이에 대해 부모는 차멀미 때문이라고 설명할 수 있지만, 사실은 차 안에서의 비구조화된 시간이 아동의 마음에 심리적 불안을 야기하는 충격적 사건을 기억나게 했을지도 모른다.

정신적 · 신체적 증상은 특정 외상에 관한 아동의 생각과 이미지를 찾아가는 이정표라는 측면에서 아동의 회복에 대해 어떤 희망을 가질 수 있고, 회복에 이르는 길이 될 수도 있다. 아홉 살의 수지(Suzy)는 빠른 심장박동과 호흡 곤란을 호소한 후 치료를 받게 되었다. 부모는 아이의 증상이 사소한 공황 발작 같다고 설명했다. 초기 면접을 마쳤을 때, 최근에 충격적인 일은 없었음을 알렸다. 그들은 의뢰 전에 외할아버지의 죽음을 몇 번 언급했지만, 그의 죽음은 모두 호상이었다고 믿고 있었다. 그는 부자였고, 최고의 인생을 살았으며, 고령에 따른 자연사였기 때문이다.

수지가 상담실에 왔을 때, 하루에 여러 번 호흡 곤란이 발생했다고 설명했다. 나는 호흡 곤란 시 무슨 생각이 들었는지 물었다. 수지는 내 질문에 깜짝 놀라며 "내가 숨을 쉴 수 없을 것 같아요."라고 말했다. 내가 전에도 이런 일이 있었는지 물어보자, 수지는 "네, 외할아버지가 작년 여름에 돌아가셨는데, 어머니에게 어떻게 돌아가셨는지 물어보니 외할아버지가 저녁에 숨 쉬는 것을 멈췄다고 말했어요."라고 이야기했다. 할아버지의 죽음 이후에 수지는 아이를 달래려는 어머니의 설명을 기이한 공포로 해석한 것이다. 정확하게 그 공포는, '난 밤에 숨이 멈출지도 몰라.'였다. 이 생각은 미처 어떠한 검증도 거치지 않은 채 점차 수지에게 자동적으로 생리적인 호흡 곤란을 유발했다. 수지가 숨이 멈출지도 모른다는 생각이 들 때마다 호흡은 변하기 시작했다. 호흡 곤란은 비이성적인 공포를 강화했고 악순환되었다.

나는 수지가 공포와 싸우는 데 도움이 될 만한 두 가지 접근을 사용했다. 첫째, 우리 몸이 어떻게 작동하고 보통은 아동들이 얼마나 사는지에 관한 심리교육에 기초해서 비이성적인 사고를 찾아낸 다음, 대체할 인지를 만들었다. 대부분의 사람들은 오래 살다가 죽는다. 그래서 우리는 '나는 죽을 거야. 나는 숨이 멈출 거야.'와 같은 문제 있는 생각의 대체 진술을 만들었다. 이 새로운 생각은 '나는 나이 들 때까지 오래 살 거야. 내 몸이 어떻게 숨 쉬는지 알고, 내 몸은 내가 잘 때도 자동으로 숨을 쉬지.'라는 내용이 포함되었다. 우리는 재구조화된 인지를 연습하는 데 인지행동 놀이치료의 개입을 이용했다(제11장 '아동의 사고 세계에 관한 연설'에 왜곡된 인지에 도전하기 위한 유용한 놀이치료 개입에 관한 더 자세한 설명이 있다). 나는 또한 수지와 놀이에 근거한 이완 활동 연습을 시작했다. 놀이를 통한 신체적 작업과 인지 작업은 수지에게 공포에 맞서 싸울 수 있는 힘을 주었다. 수지의 정신적 · 신체적 증상은 2, 3회기 안에 가라앉았다. 이처럼 정신적 · 신체적 증상은 우리에게 숨어 있는 문제에 관한 중요한 피드백과 그것에 맞서 싸울 수 있는 최선의 전략을 제공한다.

경고 역할의 편도체

대뇌 변연계 안의 부분인 편도체는 중뇌(두뇌의 각 측면에 하나씩) 안에 위치한 아몬드 모양 세포군의 두 개의 엽으로 되어 있다(Siegel, 2003). 이 편도체는 투쟁 도피 반응과 밀접하게 관련이 있고, 고조된 심리적 경험에 관련하여 신체가 지각한 기억을 검열하는 역할을 한다(Schore, 2003; Rothschild, 2000). 대뇌 변연계 안의 다른 중재적 구조들과 함께 이 편도체는 좋거나 혹은 나쁜, 강렬한 경험에 관한 감각기억을 부호화하며, 증가된 각성, 부정적 자극(Garavan, Pendergrass, Ross, Stein, & Risinger, 2001) 그리고 새로운 정서적 자극(Wright et al., 2001)을 탐지하는 데 특수화되었다. 아마도 자기 품에 아이가 처음으로 안겼던 순간, 첫 키스 또는 학위 수여식에서 자기 이름이 불릴 때의 박수 소리와 같이 손에 닿을 듯 선명하게 다시 재연할 수 있는 즐거운 기억을 가지고 있을 것이다. 그러나 우리가 이처럼 정확하게 끔찍한 사건에 관한 세부 감각을 기억한다면, 그것은 문제가 된다. 편도체는 압도적이고, 위험에 빠지는 사건에 관련된 감각 정보를 부호화하도록 만들어졌다. 이것은 우리가 일상생활을 하러 밖으로 나갈 때 환경을 정밀 검사하는데, 주변에서 과거 외상의 세부 자극과 비슷한 감각의 자극을 찾으면 기어(gear)를 높게 변속한다. 문제는 우리가 빠르게 반동하고 생명을 위협하는 순간에 적절히 반응하는 것을 도와주도록 고안된 편도체가 결함이 있는 부호기라는 것이다. 그러므로 편도체는 어떤 자극이 현시점에서 위험을 나타내지 않지만 과거에 긴박한 위험을 나타냈던 자극과 비슷하다면, 그것을 생존 반응을 유발하는 자극으로 처리할 수 있다.

나는 이 현상을 아동 내담자에게 다음과 같이 이야기해 준다. 아동에게 장난감 병사를 하나 주고 이렇게 설명한다. "자, 그러면 이 사람이 이라크에서 병역 의무를 하고 있다고 가정하자. 어느 날 이 사람은 탱크에 기름을 넣으려고 나갔다가 '빵' 하는 총소리를 듣고 바닥에 엎드렸어. 이것은 그의 목숨을 살렸지. 총소리를 듣자마자 바닥에 바로 엎드렸기 때문에 그 사람은 총에 맞지 않았어. 다음 날 그는 다른 사람과 탱크를 청소하기 위해 밖에 나갔다가 갑자기 발포 소리를 들었어. 빵! 다른 병사는 바닥에 엎드렸지만 조금 다쳤고 금방 나았지. 이 병사 역시 총소리를 듣자마자 바닥에 엎드렸기 때문에 안전했어. 이라크에 있는 동안 '빵' 소리와 함께 바닥에 엎드리는 일이 반복되었어. 그는 '빵' 하는 총소리를 들으면 곧장 바닥에 엎드렸지. 그 후에 그는 병역을 끝마치고 내슈빌(Nashville)에 있는 집으로 돌아왔어. 어느 날 오프리 밀(Opry Mills)에 쇼핑을 나갔어. 주차장에 차를 주차하는데 '빵' 하고 문이 닫히는 소리가 들렸어. 그가 어떻게 했을 것 같니?" 다섯 살 난 아동도 이 이야기를 들었을 때 그 남자가 엎드렸을 것이라고 말할 수 있다. 이와 같은 단순한 이야기를 통해, 나는 아동들에게 우리 몸이 위협에 어떻게 반응하고 어떻게 우리의 생존 반응이 습관화되며, 어떻게 잘못 해석되는지를 이해시키기 시작한다. 이 심리교육적 훈련은 아동들이 외상 유발에 대처하기 위해 외관상 낯선 것들을 왜 해야 하는지 그 이유를 이해할 수 있도록 도와준다.

왜 그 병사는 바닥에 엎드렸을까? 그의 몸은 외상과 관련된 어떠한 감각 경험에 대해 습관적인 반응이 발달되었다. 유감스럽게도 대뇌 변연계는 때로는 부정확한 분류에 이르는 빠르고 정확성이 떨어지는 정밀 검사를 하기 때문에, 문이 닫히는 소리인 '빵'이 이라크에서의 총소리와 비슷해 같은 생리적 반응을 촉진시켰다. 다니엘 골먼(Daniel Goleman, 1995)은 그러한 상황에서 편도체를 촉진시키는 첩경을 정서적 강탈로 분류하였다. 감각 정보는 전형적으로 시상(thalamus)에서 수용되어, 의미를 만들기 위해 대뇌의 신피질로 보내진다. 그러나 들어오는 감각 정보가 긴박한 위험과 관련된 신호를 보내고 있다면, 생각하는 뇌는 다른 경로로 우회하고 정보는 직접적으로 투쟁-도피-동결 반응을 유발시키는 뇌의 중심부로 보내진다. 만약 이라크 병사의 경우 대뇌의 신피질이 다른 경로로 우회하지 않았다면, 그는 속으로 이렇게 말했을 것이다. '자, 나는 지금 쇼핑몰에 있어. 여기는 이라크가 아니야. 그러니까 저것은 총소리가 아니라 자동차 문을 세게 닫는 소리야.' 그러나 정서적 강탈이 이미 유발되었기 때문에 이런 독백을 할 시간이 없었다. 이 병사는 생리학적으로 위험을 피하여 엎드리도록 자동화되었다.

이 경고 역할을 하는 편도체는 우리가 만났던 외상을 경험한 아동들과 어떤 연관이 있을까? 물론 밀접한 관련이 있다. 도시에 있는 학교에서 일할 때, 내가 상담을 맡은 아이들은 복잡한 외상 과거가 있었다. 이 아동들은 DSM-IV에 따른 진단 기준에 들어맞았고, 대부분 학습장애와 함께 진단되었다. 이 외상 증상과 학습장애의 이중고는 수업시간에 많은 문제 행동을 만들어 냈다. 이때 교사가 아동의 잘못된 행동을 어떻게 다루느냐에 따라 아동의 고통은 증가되거나 점차 줄어든다. 또한 교사, 학교행정가, 보육교사들은 잘 모르기 때문에 아동을 돌보는 중에 의도치 않게 아동들에게 외상 반응을 유발시키기도 한다. 따라서 외상을 경험한 아동들이 그들의 환경을 살필 때 일어나는 신경생리학 과정에 대하여 기초적으로 이해하고 있다면, 임상가들이 학교 내에서 적합한 개입을 하는 데 옹호해 주고 도움을 줄 수 있다. 말을 단계적으로 축소하는 기술(verbal de-escalation techniques)에 중점을 두고, 외상이 아동들의 행동과 발달에 미치는 영향에 관한 교육은 학교 교직원들에게 반드시 필요하다.

내가 교직원들에게 긍정적인 교실 관리와 말을 단계적으로 축소하는 기술을 이야기할 때 패러다임의 변화가 발생한다. 대부분의 교사들은, 말을 단계적으로 축소하는 기술은 의도적으로 진정된 자신을 이용하는 것이 아니라 아동에게 자신을 가라앉히라고 말하는 것으로 생각한다. 말을 단계적으로 축소하는 기술은 교사가 아동을 조절하는 데 목적을 두는 것이 아니라, 실제로는 교사 자신을 조절하는 데 목적을 둔다. 아동이 과잉각성되었을 때 통제할 수 있는 유일한 조건은 우리의 말, 행동, 표정 그리고 태도다. 의도적으로 만드는 우리의 반응은 아동을 진정시키는 데 사용할 고정장치(anchor point)가 된다. 우리는 신체적으로 아동을 억제하는 것을 제외하고는 통제 불능의 아동을 통제할 수 없다. 즉, 우리의 임무는 아동이 성공적으로 자신을 통제할 수 있는 환경을 만드는 것이다.

부드러운 목소리를 의도적으로 사용하는 것은 말을 단계적으로 축소하는 기술의 핵심이다. 부드러운 목소리는 우리 자신의 생리기능을 통제하면서 아동의 통제 불능 상태를 가라앉힌다. 나는 부모들과 교사들에게 부드러운 얼굴을 보이도록 권한다. 이 제안은 감정의 얼굴 표현에 대한 아동의 초기 경험의 영향에 관한 연구 결과에서 얻은 것이다(Pollak & Sinha, 2002). 연구자들은 일련의 사진을 신체 학대를 받은 아동 집단과 통제 집단에 보여 주었다. 각각의 틀에 정형화되어 있지 않고, 더 구조화된 일련의 표정 이미지를 보여 주기 위해 무작위 이미지 구조적 진화(Random Image Structure Evolution: RISE)라는 과학기술을 사용했다. 여러 번 다시 해도, 외상 아동들은 표정 이미지에서 통제 집단보다 빨리 화를 구별했다. 외상을 경험한 사람들은 일반적인 발달을 거친 사람들보다 표정에서 화의 지표에 좀 더 민감하다. 다른 연구에서는 불규칙한 감정을 경험한 아동들에게 화, 행복, 보통 얼굴을 보여 주었다. 이들은 학대받은 아동들과 다르게 화가 나거나 행복한 얼굴에 반응했고, 더 많은 인지적 자원(cognitive resources)을 사용해서 반응하는 것을 발견했다. 그들이 화나는 얼굴에 더 집중하는 것은 자신의 환경에서 이전 과제에 대한 구조화된 반응을 나타내는 것이라고 볼 수 있다. 그러나 이 과잉반응은 외상 아동들과 안전한 양육자 간의 비적응적인 상호작용을 낳기도 한다(Pollak, Cicchetti, Klorman, & Brumaghim, 1997; Pollak & Tolley-Schell, 2003).

지속적인 신체 학대를 받은 아동은 부모가 입을 꽉 다물고, 화난 표정을 짓고, "이 게으른 놈아!"라고 소리 지르며, 아동의 얼굴을 때리는 행동 양식에 익숙해진다. 몇 번의 반복 후에 편도체는 꽉 다문 입을 위험의 절대적 신호로 부호화한다. 이것은 아동이 얼굴을 맞을 것 같은 상황에서 도망가거나 숨거나 피하게 한다. 문제는 아동이 새로운 환경에 처했을 때도 위협이 아닐 수 있는 신호를 절박한 위험으로 계속 감지할 때 발생한다. 꽉 다문 입은 많은 사람들이 좌절할 때 하는 자연스러운 행동이다. 사실 이것은 사람의 자기통제를 나타낸다. 교사 역시 좌절감을 느꼈을 때 입을 꽉 다물 수 있으며, 이것은 깊은 숨을 내쉬게 하고, 행동에 문제가 있는 아동에게는 적절한 방식으로 대화를 시도하는 재편성의 시간을 준다. 앞서 기술한 외상 아동은 꽉 다문 입을 위험의 신호로 부호화하고 무의식적으로 반응하게 된다. 이 아동의 외상 유발 행동은 아동 스스로 확대한 것으로 보이지만, 사실은 선생님이 아동의 행동을 통제하려다가 발생한 것이다. 그러므로 감정이 솟구친 아동을 다룰 때 의도적으로 표정을 부드럽게 하는 것은 잠재된 지뢰를 제거하는 역할을 한다.

전형적인 교사의 행동과 외상 유발물과의 상호작용의 예는 다음과 같다. 가정폭력 속에서 자라고 학습장애가 있는 여덟 살의 조니(Johny)가 수학 시험을 치르고 있었다. 조니는 답을 몰라서 옆 친구의 답을 베꼈다. 할(Hall) 선생님이 조니가 커닝하는 것을 보고 그를 앞으로 불렀다. "조니, 네가 커닝하는 것을 보았다. 네 시험지를 당장 휴지통에 버려라." 여기서 선생님의 첫 번째 실수는 반 친구들 앞에서 조니를 망신 준 것이다. 조니는 일어서서 느긋하게 휴지통으로 간 다음 선생님을 조롱하듯이 반항적인 태도로 휴지통에 시험지를 걸쳐 놓았다. 할 선생님은 더 강하게 시험지를 버리라고 명령하면서 자리에서 일어나 조니에게 향했다. 조니는 반항적으로 선생님을 쳐다보았다. 할 선생님이 조니가 시험지를 버리는 것을 '돕기' 위해 조니의 등에 손을 대자, 조니는 주먹을 쥐고 머리를 치켜세운 채 빙빙 돌았다. 선생님은 그를 온몸으로 붙잡았다.

이것은 실제 사례다. 조니는 학교에서 10일간 정학을 처분받았다. 추가 회의에서, 몇몇 학교행정가들은 학교의 방침에 따라 조니를 퇴학시키는 데 동의했다. 이때 나는 학기 초에 했던 기능성 행동평가(Functional Behavior Assessment: FBA) 방법을 내놓았다. 이 평가에서는 조니의 외상 유발 행동이 고려되었고, 나와 교장 선생님 그리고 관련 선생님들이 서명하였다. FBA에는 훈육 시 접촉은 조니의 행동을 심화시킬 수 있으므로 해서는 안 된다고 분명히 명시되어 있었다. 조니에게 분쟁 상황에서의 접촉은 엄연히 위협이다. 이것은 자기방어를 부르는 가정폭력 상황과도 연결된다. 지침서에 글로 명시되어 있었기 때문에, 조니는 퇴학을 면할 수 있었다. 그의 외상 과거와 특정한 외상 유발물에 관해 이해했기에 FBA에 명시할 개입 지침을 알 수 있었다.

선생님이 조니를 복도로 끌어내고, 삿대질을 하고, 잘못된 행동을 멈추라고 말했을 때 발생할 수 있는 수많은 유발물(trigger)을 생각해 보라. 선생님의 언어적 · 비언어적인 행동은 전에 외상을 경험한 아동에게는 협박이었을 것이다. 다른 학생들로부터 자신을 분리시켰던 선생님의 최초 행동은 조니에게 과도한 경계를 일으켰을 것이다. 삿대질을 하는 것은 조니의 입장에서는 회피해야 할 신호로, 빠르고 침입적으로 움직이는 외상을 경험했던 두뇌에 위험 신호를 보냈을 것이다. 선생님의 격앙된 음성과 어조 모두 조니에게는 잠재적인 외상 유발물이었을 수 있다.

많은 교사들이 교실에서 방해되는 행동을 하는 아동들을 관리하기 위해서 더 다양한 방법을 사용하는 것에 전반적으로 동의한다. 교사들 자신이 도구가 된다는 것이 패러다임의 변화다. 신체언어, 행동, 어조 그리고 접근 방법은 양육자들이 항상 갖고 다니는 강력한 무기다. 임상가로서 우리는 외상을 경험한 아동들에게 적절하게 반응할 수 있는 옹호자, 중재자, 교육자로 보여야 한다.

외상을 경험한 아동들은 많은 단계에서 조절 곤란을 보인다. 이들은 시상하부 내하수체 부신피질(hypothalamic-pituitary-adrenal: HPA) 축의 조절 곤란과 갑작스러운 일에 대한 과민성 그리고 극도의 분노와 공격적인 폭발, 관계적인 측면에서 어려움을 경험한다. 이 아동들은 또한 떨칠 수 없는 생각, 악몽 그리고 환각의 재발도 경험할 것이다. 이 증상들은 아동이 스트레스 관리 기술과 자기 조절 경험 그리고 중요한 양육자가 그 조절을 도와주는 치료에 초점이 맞추어져야 한다.

다른 신체적 증상

언제든 나타날 수 있는 다른 신체적 증상에는 극도의 피곤함과 숨겨진 과도한 에너지가 있다. 식습관의 두드러진 변화 역시 하나의 증상에 속한다. 이때 아동의 식욕이 극단적으로 감소할 수 있다. 반대로 엄청나게 먹을 수도 있다. 급격한 체중 증가나 감소는 반드시 전체적으로 탐색되어야 한다. 또한 외상 후 퇴행 행동이 발생할 수도 있다. 6개월 이상의 대소변 훈련에 성공한 아동의 갑작스러운 퇴행은 외상 유발적 반응을 나타내는 적신호일 수 있다.

외상을 경험한 아동들은 접촉에 관해 민감하다. 이 민감함은 무의식적으로 움찔하는 반응을 동반할 것이다. 등을 두드리는 것 같은 접촉을 고통으로 지각할 수도 있다. 아동은 목욕 후 발라 주는 따뜻한 로션이 너무 차갑다고 주장할 수 있다. 때로는 감각통합장애 관련 문제와 외상 관련 신체 반응에 관해서 반드시 다른 설명을 해야 한다. '신경세포(neurons)는 함께 발포되고 전선(wire)을 이룬다.'는 사실은 우리에게 이 현상을 이해하는 데 도움을 준다. 신경계의 경로는 경험-의존적(experience-dependent)이다. 초기 발달 시 거칠고 지배적인 벌로 접촉을 경험했던 아동은 이 정보를 미래에 부호화하는 경향이 있는 신경망을 형성한다. 본질적으로 우리의 경험-의존적 신경학상의 발달은 경험에 근거를 둔다(Perry, Pollard, Blakely, Baker, & Vigilante, 1995; Schore, 2003; Siegel, 2003). 최근의 신경학적 연구의 급증에 앞서, 수십 년 전에 피아제(Piaget, 1954)는 동화와 조절(assimilation and accommodation)의 이원적인 과정을 기술했다. 뇌 분야의 연구가 발전하면서 고통을 주는 접촉의 반복적인 경험은 접촉이 아플 것이라고 예상하는 뇌를 어떻게 형성하는지 이해하는 데 도움을 주었다.

경험-의존적 경로는 혐오적 접촉의 경험에 의해서 강화되고 미래의 접촉에 관해 뇌의 예상을 만든다(Schore, 1998). 이것은 학대받은 아동들에게 강한 암시를 준다. 과거의 학대에 근거하여, 아동은 자신이 또 상처받을 것이라는 신경생리학적 예상을 하게 된다. 상처를 많이 받은 아동은 접촉은 나쁜 것이라는 인지 도식(cognitive schema)을 발달시킨다. 접촉을 나쁜 것으로 생각하기 때문에, 아동은 미래의 모든 거친 접촉 경험을 이 도식에 넣도록 동화되고 그것을 강화하기 쉽다. 이 잘못된 예상을 부정하려면, 오랜 기간 의도적이고 반대되는 반응을 경험해야 할 것이다. 아동은 반드시 안전한 관계에서 접촉은 좋은 것이고, 도움이 되며, 치유가 된다는 사실을 깨닫는 데 필요한 양육적 경험을 충분히 해야 한다. 외상을 경험한 아동들은 초기의 학대 경험과는 반대되는 교정된 정서적 경험과 신체적 반응이 필요하다.

특히, 외상으로 와해된 신체적 증상은 신체 부상에 관해 약한 반응이다. 신체 부상에 대해 대수롭지 않은 반응을 보이는 아동들이 내가 가장 걱정하는 부류다. 이들은 운동장에서 놀다가 다쳐도 자신의 상처를 알아채지 못한다. 양육자가 아동에게서 피가 흐르는 것에 관심을 보였을 때야 비로소 놀라움 또는 무덤덤한 표정으로 반응한다. 이 같은 외상을 경험한 아동은, 아픔이 둔감하게 느껴질 정도의 너무 심한 신체적 아픔을 경험했거나 방어하기 위해 자신의 마음을 몸과 분리하는 방법을 찾았을 것이다. 이 아동의 몸에 대한 양육자의 의도적인 보살핌을 통해 아동은 자신의 상처에 대한 인식을 증가시킬 수 있다. 학대받은 아동의 몸을 높이 평가함으로써 아동에게 자신을 높이 평가해도 된다는 허락을 해 주는 것이다.

어린 아동들을 위탁 또는 입양한 가정에 나는 잠들기 전에 정기적으로 작은 찰과상을 찾는 시간(Jernberg & Booth, 2001; Munns, 2009)을 갖도록 권한다. 양육자가 멍이나 베인 것 또는 할퀸 것 같은 상처를 찾기 위해 아동을 살펴본다. 그리고 상처의 정도에 따라 로션, 밴드 또는 붕대를 사용한다. 이처럼 아동의 신체적 상처를 보살피기 시작할 때 아동이 심하게 퇴행할 수 있다는 사실을 부모들에게 알려 준다. 전에 자신의 상처에 대해 아무런 관심을 받지 못했던 아동은 양육자에게 계속적으로 밴드를 달라고 요구할 수 있다. 나는 그것이 아주 하찮은 상처일지라도 부모에게 어쨌건 밴드를 붙여 주라고 권한다. 이 보살핌의 요청은 종종 아동의 이런 메시지다. '나는 당신이 보이지 않는 상처를 치유해 줄 것이라고 믿고 있어요.' 학대받은 아동의 현재 양육자는 '너의 몸은 매우 소중하다.'는 메시지를 받지 못했던 아동에게 이 메시지를 평생 느낄 수 있게 도와줘야 한다. 궁극적으로, 학대받은 자신을 위해 충분한 양육적 반응을 받은 아동들은 진짜 부상이 있을 때 신체적 관심을 건전하게 요구하는 정상 범주에 이르게 된다.

외상에 대한 행동주의적 효과

악몽과 야경증

외상을 경험한 아동들은 다양한 수면장애를 가지기도 한다. 악몽은 가장 일반적인 외상 반응이다. 어린 아동들은 악몽과 야경증을 별도로 진단할 필요가 있다. 악몽과 야경증은 다양한 DSM 진단을 위한 증상으로 명시되어 있고(Muris, Merckelbach, Ollendick, King, & Bogie, 2001), PTSD의 대표적인 증상 중 하나다(APA, 2000: Van der Kolk, 2003). 악몽이 급속 안구운동(rapid eye movement: REM) 수면 중에 발생하는 반면에, 야경증은 비급속 안구운동 시기와 서파수면(slow wave sleep)에 따른 갑작스러운 각성으로 형성되는 변환기인(Mindell, 1993), 보통 잠을 자기 시작한 지 두 시간 안에(DiMario & Emery, 1987) 발생한다. 악몽을 꾸면, 아동은 보통 혼자서 깨고, 악몽의 특정 내용을 기억하여 위안을 얻기 위해 양육자를 찾는다. 악몽을 꾼 아동은 쉽게 달래지고 일반적으로 곧 다시 잠든다. 악몽은 그것을 경험한 아동에게 불쾌감을 주는 반면, 야경증은 부모들을 더 괴롭힌다.

한 연구에서 3.5세 이전에 시작된 야경증은 일주일에 한 번의 빈도가 최고조를 이루었지만, 3.5~7.5세에 야경증이 시작된 아동들은 한 달에 한두 번의 빈도가 최고조임을 보고했다(DiMario & Emery, 1987). 야경증이 있는 아동을 보면 침대에 반듯이 앉아 위로할 수도 없을 정도로 소리 지르고 울면서 깨어 있는 듯하다. 그러나 사실은 깊이 잠들어 있는 아동을 부모가 의식이 있는 것으로 잘못 볼 수 있다. 야경증 아동을 달래기는 어렵기 때문에 그들을 깨우는 것은 권하지 않는다. 대개 야경증이 그대로 진행되도록 두는 것이 낫다. 야경증을 경험한 아동은 꿈의 내용을 기억하지 못한다. 야경증은 3.5세쯤 시작되어 청소년기에는 자연히 치유된다. 신경 시스템에 영향을 주는 스트레스를 유발하는 일상의 사건, 고열, 약물 모두 야경증의 원인이 될 수 있다. 수면 공포를 줄이는 데 사용되는 행동주의적 개입으로는 수면 공포가 예측되는 시기의 30분 전에 깨우는 계획이 있다(Duran & Mindell, 1999). 아동들은 일반적으로 스스로 야경증에서 벗어나지만 외상 관련 악몽을 경험한 아동은 외상 내용에 둔감해지거나 납득할 만한 외상 이야기로 통합될 때까지 계속 악몽을 꾼다.

악몽을 둔감하게 하는 과정 중 하나는 그림을 그리는 것이다. 그림을 그리는 행위는 여러 가지 과정이 필요하다. 먼저, 아동은 그리고 싶은 내용을 마음속에 이미지로 떠올린다. 악몽에 대한 마음속 이미지는 무서운 내용에 직면하는 역할을 한다. 이를 통해 아동의 불안이 가볍게 건드려질 것이다. 그림을 그리는 신체 활동을 하는 동안에는 아동의 마음에 악몽을 갖고 있어야 한다. 종이 위에 재창작하는 동안 이미지를 품고 있는 이 평행적 과정은 몸과 마음이 악몽의 힘을 약화시키는 데 힘쓰도록 한다. 그림이 완성되면, 아동은 여러 방식으로 그림을 조작할 수 있다. 이 연습 활동은 아동이 창의적으로 문제해결에 참여할 수 있고, 악몽 문제를 해결할 수 있는 기회가 된다. 이렇게 여기서 악몽의 내용에 적용시킨 이 과정은 경험적 숙련기술을 각색한 것이다(Shelby, 1997).

최근에 이 접근이 정교화된 이미지 재생치료(Imagery Rehearsal Treatment)(Schredl, 2009)는 아동의 공포에 직면하는 이미지를 그리도록 개념화한 것이다. 아동은 그림을 그린 뒤에 자신의 대처기술을 포함한 새로운 결말을 창작해야 한다. 무서운 이미지에 말대꾸하고, 괴물 입을 테이프로 봉하는 등의 적극적 대처기술이 권장된다. 다음 두 주 동안 아동은 하루에 약 5~10분간 새로운 결말을 시각화해야 한다.

나의 상담실에서는 이보다 한 단계 앞선 개입인 '채널 바꾸기(Change the Channel)'라 불리는 게임을 한다. 아동은 적극적인 대처기술을 이용한 하나 이상의 재배치할 결말을 그린다. 그런 다음 각각의 그림에 채널 명을 붙인다. 예를 들어, 어린 여자아이가 꿈에 나오던 무서운 괴물들이 넘치는 큰 물통 안에 그림을 그린다. 아동은 이 그림을 '찌그러진 채널(Squashing Channel)'이라고 표시한다. 그리고 커다란 부츠를 신고 괴물을 발로 밟으며 발 구르기 하는 곳에 두 번째 그림을 그린 다음 '발 구르는 채널(Stomping Channel)' 이라고 표시한다. 아동이 이 게임을 하는 동안 리모컨을 소품으로 준다. 나는 텔레비전 화면이 되고, 아동이 각각의 채널 명을 부를 때 각각의 다른 그림을 잡고 있다. 이 개입은 아동을 악몽 이미지에 간헐적으로 노출시키고, 아동이 창작한 '악몽이 모두 사라짐'이라는 새로운 이미지를 형성하도록 해준다. 더욱이 버튼을 누르고 자신의 눈앞에서 시각적 현실을 바꿀 수 있게 하는 신체적 행위는 아이에게 무서운 내용에 관한 자기통제감을 준다. 이 악몽 그림의 또 다른 조작으로는 이것을 구기거나, 던지거나, 갈기갈기 찢거나, 그 위에 낙서하는 것이 될 수 있다. 이런 것들은 확실히 자신에게서 악몽을 없애는 방법이 된다. 그 외에 다른 미술이나 놀이 개입으로는 악몽에 대한 이미지와 체계적 둔감법을 사용하는 것이다(Gil, 2006; Gordon, King, Gullone, Mursi, & Ollendick, 2007).

아홉 살의 페니(Penny)는 반복되는 악몽 때문에 의뢰되었다. 페니의 부모는 지쳤고, 그들의 이해심도 곧 바닥날 것만 같았다. 페니는 지난 7~8개월 동안 부모의 침대에서 같이 잤고, 그 누구도 숙면을 취하지 못했다. 페니가 악몽에서 깨면 부모는 무슨 꿈인지 물어봤고, 페니는 "말할 수 없어요."라고 말했다. 이 진술로 페니의 회피 반응이 그의 부모를 걱정시켰음을 알 수 있었다. 나는 페니를 상담실로 데려오게 했다. 초기 면접에서 페니는 박쥐가 자기 방에 들어와서 계속 자기를 무는 꿈에 관해 이야기했다. 나는 페니에게 그 악몽을 그려 보라고 했지만, 그는 너무 무서워서 할 수 없다고 했다. 나는 페니의 공포를 공감해 주면서 언젠가는 그가 그것을 바라볼 수 있을 만큼 강해질 것이라고 말해 주었다. 페니는 모래 위에서 안전한 장소의 이미지를 만들면서 회기를 마쳤다. 일주일 뒤에 두 번째 회기에 온 페니는 "나는 박쥐를 그릴 준비가 되었어요."라고 말하고는 침대에 자신과 박쥐를 그렸다. 그 장면은 정말로 무서웠다.

페니가 그림을 그리고 있을 때, 나는 그녀가 색깔을 선택하는 것과 그림을 그린다는 사실 자체에 주목했다. 페니가 마음속에 있는 악몽의 이미지를 그림으로 재창작하는 것 자체가 충분히 불안을 경험하는 것이었기 때문에, 그림의 내용에 관해서는 의도적으로 반응하지 않았다. 나는 페니가 노출(exposure) 작업을 하고, 그림을 완성하는 동안 기본적인 역할만 하였다. 그런 뒤에 "이 그림에 관해 이야기해 볼래?"라고 부추겼다. 페니는 자신의 악몽에 관해서 이야기하였다. 페니가 말로 기술하는 것은 꿈의 내용을 둔감화하는 또 다른 방법이었다. 그런 후에 나는 페니에게 박쥐 문제가 개선되도록 그림으로 그려 보라고 했다.

페니는 잠시 생각하더니 밖에서 바라본 그녀의 집을 그렸다. 그녀는 창문과 문을 다 막아서 박쥐가 들어가지 못하게 했다. 내가 이 두 그림을 어머니에게 보여 줄 수 있는지 묻자, 그녀는 기쁘게 고개를 끄덕였다. 나는 어머니를 상담실로 들어오게 했고, 페니는 그림을 어머니에게 설명했다. 나는 "가끔씩 아이들은 악몽 그림에 관해 무엇인가 해 보면서 기분이 나아지고 악몽을 없애는 방법을 찾아요."라고 두 사람 모두에게 이야기했다. 페니와 어머니는 머리를 맞대고 악몽에게 "꼼짝 마."라고 말하면서 그림을 갈기갈기 찢기로 했다. 이 경험적 숙련놀이의 요소는 양육자에게 지지받아 더욱더 효과가 있었다. 페니와 어머니 모두 놀이치료실에서 악몽의 파괴를 표적—그들이 모래에 나쁜 꿈을 통제할 수 있었던 때를 표시하는 선—으로 정했다. 우리는 또 페니가 점차 자기 방에서 자고, 가족 모두가 편안하게 잠을 잘 수 있도록 단계별 긍정적 강화 시스템을 고안했다. 이런 식으로 놀이에 기반을 둔 개입은 현재 수면장애가 있는 아동들에게 가장 효과적이라고 알려진 엄격한 행동주의적 접근을 양육과 훈련으로 확대할 수 있다(Gordon et al., 2007; Hiscock, 2008; Nielson & Levin, 2007; Phelps, Forbes, & Creamer, 2008; Sadeh, 2005).

과경계성

외상 후 아동들에게 나타나는 또 다른 증상은 과경계성이다. 상담실 환경에 대한 아동의 반응으로 이 증상을 비형식적으로 평가할 수 있다. 수년간 나의 상담실은 번화한 내슈빌(Nashville) 중심부에 위치해 있었다. 건물은 번잡한 세 개의 병원 사이에 있었고, 상담실 창문 밖의 먼발치에서 일정한 간격으로 사이렌 소리가 들렸다. 집중력 결핍 문제, 반항적 행동 또는 이혼 결정 문제에 관한 도움이 필요해서 의뢰된 아동들은 밖에서 무슨 소리가 나든지 신경 쓰지 않고 자신의 놀이에 집중했다. 반면에 급성 또는 만성적 외상력을 가진 아동들은 소리가 들리면 갑자기 놀이를 중단한다. 일반적으로 이 아동들의 소리에 대한 인식은 나보다 앞섰다. 이들은 (긴장으로) 얼어붙은 채 "저게 뭐죠? 패리스(Paris) 선생님, 뭐죠? 왜 사이렌 소리가 나죠?"라고 묻는다. 외상을 경험한 아동들은 항상 듣고, 살피는 경계 태세를 유지하는 것에 지쳐 있다.

한 어린 여자아이가 과경계성에 관해 설득력 있는 표현을 해 주었다. 나는 아동에게 성폭력을 당했을 당시의 느낌을 손 인형으로 보여 줄 수 있는지 물었다. 아동은 손 인형에 빨갛게 된 눈을 붙였다. 내가 많은 것들 중에서 왜 빨간색을 선택했는지 묻자, 아동은 가해자가 접근하는 신호인 삐걱거리는 소리나 자기 방문 아래쪽의 그림자를 긴장 속에서 살피기 위해 밤중에 눈을 뜨고 있느라 항상 눈이 빨갛게 충혈되었다고 말했다.

증가된 과민성

외상이 발생했다는 또 다른 지표는 증가된 과민성이다. 외상장애의 증상 중 하나인 과민성은 반드시 아동이 예전과는 상당히 다른 변화를 보여야 한다. 부모가 아동이 항상 짜증을 낸다고 하면 나는 우선 언제부터 과민성이 나타났는지 물어본다. 아동이 영아기 시절 배앓이를 할 때부터 계속 과민했었다면, 나는 이 증가된 과민성을 기질적인 것으로 여긴다. 반면에 예전에는 온순한 아이였는데 갑자기 쉽게 화를 낸다면, 이 과민성은 외상과 관련된 것이라고 볼 수 있다.

양육자에 대한 의존성의 증가

또 다른 외상 후 증상은 양육자에게 의존하는 경향이 커지는 것이다. 전에는 독립적이었던 아동이 우는 소리를 내고, 성가시게 붙어 있고, 분리를 어려워하는 등 부모에게 의존하는 퇴행 행동을 발달시킬 것이다. 어떤 사례를 보면 혼자 자유로이 집 안팎을 다녔던 아동이 부모가 옆에 있어 주기를 요구하기도 한다. 부모와 분리되는 생각, 심지어 학교에 가는 것조차도 아동을 몹시 힘들게 한다. 이 경우 장애의 진짜 범인이 외상인데도 때때로 학교 공포증으로 오해할 수도 있다.

아버지를 잃은 경험을 한 열 살의 제이크(Jake)는 양육자에 대한 증가된 의존성을 보여 주는 좋은 예다. 지역에서 유명한 조직폭력 집단의 우두머리였던 그의 아버지는 경쟁하는 폭력 집단과의 보복전에서 총을 맞고 죽었다. 제이크의 다른 가족들도 폭력 조직에 관여되어 있었다. 내가 제이크를 만났을 때, 그 아이는 다른 가족도 폭력적인 죽음을 맞지 않을까 하는 걱정으로 몹시 괴로워했다. 아버지가 사고로 죽기 전에 제이크는 학교에 잘 다니는 모범생이었다. 그는 아버지의 장례식이 진행되는 일주일간 학교를 쉬었다. 그다음 주 월요일에 어머니가 제이크를 학교에 데려다 주었을 때 그는 눈물을 글썽인 채로 화를 내면서 교실에 들어가지 않겠다며 버텼다. 그날은 학교 관계자가 배려해 주어서 제이크는 어머니와 집에 돌아올 수 있었다. 다음 날 어머니와 떨어져야 하는 시간에 비슷한 감정적 용해(meltdown)가 일어났다. 학교 안으로 들어가려는 순간 제이크는 몹시 불안해지면서 공황 상태가 되었다. 그는 불안해져 몸이 마비되고 건물 안으로 들어가는 것조차 거부했다. 학교

측의 입장은 분명했다. 제이크가 스스로 학교에 오거나 홈스쿨(home-bound program)로 옮겨야 한다는 것이었다. 학교는 제이크에 대해 의도적인 등교 거부 행동으로 판단했고, 그의 어머니는 아들의 그 같은 행동이 있은 지 일주일 만에 그를 상담실로 데려왔다.

나는 제이크의 행동을 외상 후 증가된 양육자에 대한 의존으로 재개념화하고 학교에 이 사실을 알렸다. 우리는 학교에 되돌아간 첫날 어머니가 제이크를 교실로 데려오게 한 다음 하루 종일 그와 같이 있는 고전적인 체계적 둔감화 프로그램을 고안했다. 다음 날 어머니는 제이크를 교실로 데려가 한 시간 동안 같이 있다가, 그다음 한 시간은 제이크가 어머니를 찾을 경우를 대비해 어머니를 복도에 있게 하였다. 셋째 날은 어머니가 학교 현관에서 인사한 다음, 제이크가 또다시 찾을 경우를 대비해서 학교 밖 자신의 차에서 대기하도록 했다. 제이크의 경우, 아버지를 잃은 공포를 다른 주요한 위안의 원천인 어머니에게 의존을 증가시키는 것으로 상쇄하려 했다. 강제적이고 연장된 어머니로부터의 격리는 제이크를 혼란스럽게 만들었고 학교에 대한 혐오를 강화시켰던 것이다. 점차적인 노출 시스템을 통해 교실로 되돌아가는 동안 제이크가 애착 대상을 접할 수 있도록 허락하면서 이 전략을 성공시켰다.

회 피

사람, 장소, 사물을 피하는 것이 PTSD의 일반적인 증상이다. 외상 사건을 경험한 아동들은 그 사건을 상기할 만한 모든 것을 피한다. 예를 들어, 심각한 교통사고 후에 급히 병원으로 옮겨졌던 아동은 병원 가까이 가지 않기 위해 부모에게 학교에 갈 때 다른 길로 돌아가자고 한다.

이는 마찬가지로 사고가 난 길에 적용되기도 한다. 폭력을 경험한 아동은 가해자와 비슷한 사람은 만나고 싶어 하지 않는다. 아동들은 또한 무슨 일이 발생했는지 이야기하기를 거부한다. 놀이치료실은 이런 아동들이 비언어적인 수단으로 외상을 상기시키는 물체에 접근할 수 있는 유일한 곳이다.

반복적 외상 후 놀이

반복적 외상 후 놀이는 외상을 경험한 아동에게서 나타나는 또 다른 증상이다(Gil, 2006; Malchiodi, 2008; Terr, 1993). 아동이 놀이치료실을 적극적으로 이용할 때, 그곳에는 집중되는 힘이 존재하고, 치료 과정에서 다양한 형태의 상징적인 내용이 나타난다. 피 또는 다른 체액이 흐를 정도의 폭력을 경험한 아동은 놀이치료실에서 정화 의식(cleansing rituals)에 참여한다. 실체가 없는 가해자로부터 힘과 통제감을 다시 얻고자 하는 아동은 가해자의 상징물을 선택하고 여러 방법으로 그것을 조작한다. 가정폭력을 목격한 아동은 부모를 상징하는 큰 곰을 선택하고, 자신을 상징하는 아기 곰을 선택하여 인형의 집에 놓는다. 아동은 큰 곰이 분노하며 가구를 넘어뜨리는 동안 울면서 몸을 웅크리고 있는 아기 곰을 가구 뒤에 놓는다. 이 인형으로 표현한 것은 폭력의 상징적 재현이다. 연속되는 회기에서 치료 환경을 적극적으로 사용하는 아동을 보면 표현하는 미술 활동과 언어적 서술에서 변화되는 상징성을 통해 내용을 드러내고 있다.

여섯 살의 티미(Timmy)의 사례가 이 점을 자세히 보여 준다. 티미는 우연한 자동차 사고로 몸의 70%가 화상을 입었다. 티미의 부모님이 티미와 두 살 된 여동생의 옷을 사기 위해 데리고 나갔다가 트럭 운전사의 부주의로 사고를 당했다. 그 트럭에 치여 티미네 가족을 태운 차는 전복되었다. 차는 도로에서 몇 번을 거칠게 굴렀고 이내 불이 붙었다. 응급차가 어머니와 티미를 꺼냈을 때 차는 불길에 휩싸였고, 아버지와 여동생은 차 안에 갇혀서 구하지 못했다. 의사가 화상을 치료하고 피부를 이식하는 몇 주 동안 어머니와 티미는 혼수상태에 빠져 있었다.

티미는 안전감과 안정감을 되찾기 위해 적극적인 방법으로 놀이치료실을 이용하였다. 라포(rapport)는 쉽게 형성되었고, 우리는 곧 아버지와 동생의 죽음에 관한 상실감 그리고 자신의 몸이 예전과 달리 형태와 기능을 잃은 것에 대한 상실감을 탐색하기 시작했다. 마지막으로 티미는 어머니가 자신의 부상을 회복시키는 데 돌봐 줄 수 없는 현실에 대해 상심했다. 티미는 이완 완화 기술을 받아들였고, 자신의 감정 언어를 발달시켰으며, 아버지와 동생의 삶을 기억하는 회고록을 만들었다. 8~10회기 동안, 티미는 고속도로상에서 18개의 바퀴가 달린 차가 어떻게 자신의 가족이 탄 차를 치었는지에 관해 외상 사건을 재현했다. 티미는 이 이야기에서 어떤 내용도 놓치지 않으려고 했고, 기억이 나지 않는 부분은 어머니의 도움을 받았다. 티미는 구급차를 선택해서 그 차가 어머니와 자신을 병원으로 데려가게 했다. 또한 어머니와 자신이 병원에서 치료받는 장면을 만들었다. 마지막으로, 티미는 공동묘지를 만들고 아버지와 동생의 묘지를 표시하는 비석이 무엇인지 나에게 보여주었다. 티미는 이 모든 것을 만화와 같은 형식으로 작업했다. 10회기 말에 티미는 내적으로 일관되고 지지해 주는 양육자와 함께 나눈 외상 이야기를 만들었다.

티미와 똑같이 18개의 바퀴가 달린 트럭에 차 사고를 당한 일곱 살의 애나(Anna)는 티미와 대조적인 놀이 모습을 보였다. 애나는 놀이치료실로 들어와서 소형차와 18개의 바퀴가 달린 차량을 선택하더니 "그리고 다 죽는다."라고 말하면서 부딪쳤다. 나는 이 내용을 그대로 받아들였다. 애나는 계속해서 소형차와 대형차를 떨어뜨려 놓았다가 "그리고 다 죽는다."라고 말하면서 부딪쳤다. 나는 이야기를 부연하도록 하면서 아무것도 덧붙이지는 않았다. 애나는 차와 트럭을 다시 떨어뜨려 놓더니, 무딘 표정과 단조로운 목소리로 그 차량들을 다시 부딪치면서 "그리고 다 죽는다."라고 반복해서 말했다. 이 표정 없고 진전되지 않는 동작의 반복적인 내용은 정체적 놀이(stuck play)로 개념화할 수 있다.

아동이 외상 후 놀이 장면에 정체되어 있을 때는 좀 더 직접적인 개입이 필요하다. 9 · 11 사태 이후 미국에 있는 대부분의 심리상담소에서는 불에 타고 있는 건물의 공포스러운 영상을 아동들이 보지 못하도록 하는 것이 중요하다고 강조했다. 임상가들은 부모들과 교사들에게 아동들이 텔레비전에 나오는 반복적인 영상에 노출되지 않도록 조언했다.

임상가들은 텔레비전에서 건물이 반복적으로 무너지는 영상을 보는 것이 부적응적이라는 일치된 견해를 보였다. 외상 후 정체적 놀이는 이 같은 3차원적 관점의 역동이 있다. 임상가로서 우리는 아동들이 정체되어 있는 장소에서 빠져나오도록 도와야 한다.

외상이론을 이해하면 외상 후 놀이에 관한 엄격한 비지시적 접근을 재평가해야 한다는 것을 알 수 있다. 비지시적 치료는 아동들이 자신의 통솔하에 자신을 치유할 수 있는 능력이 있다는 이론에 기반을 둔다. 자기실현의 과정은 아동의 과정을 목격하고 반영하는 치료사의 존재와 함께 깨닫게 된다. 하지만 외상 유발적 반응은 아동을 치유하는 아동의 정상적인 능력을 약화시킨다. 외상은 우리에게 뿌리 깊은 무기력감과 취약함을 준다.

통제의 상실과 자신을 보호할 수 있는 능력에 대한 의문은 외상의 핵심 증상이다. 외상 후 증상을 가진 아동들은 스스로를 치유로 이끌 수 있는 자신의 능력에 다가갈 힘이 없다. 따라서 그들은 대개 치료사의 적극적인 개입이 필요하다.

애나의 사례에서 정체되어 있는 놀이의 패턴에 대한 초기의 개입은 전혀 강제성 없이 이루어졌다. 애나가 다음 회기에 왔을 때, 나는 구급차량과 병원놀이 도구를 애나가 차 사고로 사람들이 사고를 당하는 놀이를 하는 곳에 배치했다. 이 개입은 애나에게 도움을 구할 수 있음을 전달하는 부드럽고 비언어적인 방식의 대화다. 애나가 이 미끼를 택하지 않는다면 나는 이 재현되는 딜레마를 "차와 트럭이 계속해서 서로 부딪히고 모든 사람들이 죽는구나. 난 서로 부딪히지 않고 이 사람들을 구하는 방법이 있을지 궁금하구나."라고 분명히 말할 것이다.

나는 아동들에게 놀이를 바꿀 수 있는 기회를 제공하고 또 그렇게 바꾸도록 요청했을 때, 아동들이 그 문제에 대해 창의적인 해결책을 만들어 내는 것에 놀라곤 한다. 만약 아이가 여전히 정체된 놀이 패턴에서 빠져나오지 못하면, 다른 두세 가지 개입을 제공한다. 나는 아마도 "여기 너를 도와줄 몇 가지 방법이 있어. 교통경찰 인형을 꺼내서 이 사람들이 좀 더 안전하게 운전할 수 있도록 교통학교에 보내자. 우리가 블록을 가지고 서로 부딪히지 않게 중앙선을 만들자. 또 둘 중 하나를 그날 집에 있게 해서 그 차가 길에 나오지 않게 할 수도 있어."라고 말해 줄 것이다. 보통 나는 가장 심하게 놀이에 정체된 아동에게 여러 방법을 설명해 주고 하나를 선택하게 한다. 안전한 놀이는 아동에게 다른 가능성, 놀이 형식의 다른 결말 또는 성과를 경험하게 해 준다.

위험 감수 행동

위험 감수 행동의 증가 또한 외상을 경험한 아동들에게서 볼 수 있다. 레노르 테르(Lenor Terr)는 『울기에 너무 무서운(Too Scared to Cry)』(1990)이라는 책에서 캘리포니아의 차우칠라(Chowchilla)에서 버스 한 대 분량의 학생 유기를 기록했다. 유괴범은 버스를 길에 멈춰 세워 아이들과 운전자를 밴(van)에 실었다. 이 유괴범은 미리 땅속에 묻어 둔 트럭의 트레일러 안에 아이들을 가두었다. 아이들은 깜깜하고 비좁은 공간에서 16시간가량을 보냈다. 아이들은 자신들이 죽을 것이라고 생각했다.

그러나 예상을 깨고 아이들은 구출되었다. 레노르 테르는 이 유괴된 아이들의 놀이 행동을 관찰하는 장기 연구를 시작했다. 그녀는 이 놀이 행동을 통제 집단 아이들의 놀이 행동과 비교하였다. 그녀가 발견한 놀이 양식 중 하나는 위험 감수 행동의 증가다. 그녀는 한 아이가 테이블 위 끝 쪽에 의자를 놓고 그 위에 앉아서 운전하는 듯한 놀이 장면을 묘사했다. 의자가 테이블 밑으로 떨어져 아이가 다칠 위험이 높았다. 통제 집단에 있는 아이들은 위험 감수 행동을 보이지 않았다.

외상을 경험한 아동들이 위험 감수 행동을 하는 이유에 대한 몇 가지 가설이 있다. 스트레스가 심한 환경에서 자란 아동은 생리학적으로 조건반사적이 된다. 아동은 높은 수치의 코르티솔(cortisol) 스트레스 호르몬을 갖게 되고, 뇌 자체는 생존 수단이 위협받았을 때 방출하는 특정 신경화학물질을 증가시킨다. 이 증가된 각성 수준은 스트레스 환경에 있는 아동들에게 일상이 된다.

직접적 스트레스를 주는 사건이 없어도 아동은 항상 느꼈던 느낌을 갖기 위해 위험 감수 행동을 의도적으로 만들 수 있다. 어떤 아동이 주기적으로 반복되는 학대나 혹사를 경험했다고 가정하자. 예를 들어, 성폭행을 당하고 나서 아동에게 몇 주간 폭행이 없었다고 하자. 이 아동이 편안해지고 이제 다시는 그런 일이 없을 것이라고 생각할 때쯤 성폭행이 다시 발생한다. 이런 아동들은 말할 수 없는 일들이 언제 다시 일어날지 걱정하면서 계속적인 과경계성의 상태로 살게 된다. 또한 폭력적인 에피소드 사이에서 자신을 위험하게 하면서 안심을 얻는다. 이 아동들은 성폭행이 발생한 바로 직후에는 오히려 안정을 찾는데, 이제 다시 그 일이 발생하려면 좀 더 시간이 지나야 한다고 이해하기 때문이다. 학대로부터의 휴식이 길어질수록 아동들은 이 학대가 다시 곧 올 것이라고 확신한다. 아동의 불안은 급속히 증가되고, 결국 아동들이 가장 두려워하는 것이 이 순환을 강화하며 다시 발생한다.

이처럼 순환적인 학대를 경험한 아동에게 탈출구가 주어졌다고 가정하자. 아동에게서 즉각적인 위험이 제거되었다. 아동을 돌보는 어른이 이제 아동에게 안전하다고 말할 것이다. 아동은 인지적으로 이를 받아들이거나 혹은 받아들이지 못할 것이다. 아동은 이 말을 자기 주위의 어른들에게 되풀이하거나 혹은 하지 않을 것이다. 그러나 아동의 생리적인 외상의 시계가 다시 맞춰지는 데는 훨씬 긴 시간이 필요하다. 아동의 몸은 학대의 리듬을 이렇게 기억하고 있다. '나쁜 일이 일어났어…… 이젠 끝났어…… 안전, 안전, 혼자 남겨졌고, 안전…… 한동안 난 나아질 준비가 되었는데…… 제발 그만, 제발 그만…… 나쁜 일이 또 일어날 거야…….'

표면상으로 '만들어진 안전'에 속했던 아동은 학대의 리듬에 객관적인 현실이 멈추는 상황에 직면한다. 그러나 아동의 몸은 여전히 기다리고 있다. 아동은 불안이 쌓이고, 나쁜 일이 다시 발생하기 전 외상 후의 잠잠함에 익숙해져 있다. 그러다가 나쁜 일이 일어날 때까지 기다리는 대신에, 아동은 나쁜 일이 생길 수 있는 위험 감수 행동에 참여한다. 이것은 모순적이지만, 학대를 경험하지 않는 시간이 길어질수록 아동의 교감과 부교감 체계는 그 사건에 더욱더 절박해지는 것이다. 이 확신이 만든 높은 불안은 아동을 탈진시키고, 그래서 아동은 새로운 방법을 찾는다. 이 위험 감수 행동은 나쁜 일이 곧 발생할 것이라는 가능성을 증가시킨다. 이를테면, 아동은 신발이 떨어질 것이라는 불안에 시달리다가 결국 일부러 자기가 가서 신발을 떨어뜨려 버린다.

나는 놀이치료실에서 청소년들이 계속해서 역동적인 노력을 하는 것을 본다. 성폭력과 가정폭력의 과거가 있는 열여섯 살의 소녀가 상담을 하러 왔다. 처음으로 그 소녀는 자신이 가치 있고, 예쁘고, 유능하다는 이야기를 듣는다. 이후 소녀는 친구를 만드는 데 크게 한 걸음 내딛게 된다. 방과 후에는 웨이트리스 일도 계속했다. 부모님은 최근 들어 자녀의 행동이 긍정적으로 변화하자, 더 많은 권리를 주고 칭찬을 해 주며 잘 지내기 시작한다. 그러던 어느 날, 소녀는 일하던 곳에 이삼일간 나타나지 않는다. 몰래 남자아이를 만나러 집을 빠져나가고, 시험 기간 중에 커닝을 한다. 이 자기 파괴적인 행동은 소녀의 위기에서 비롯된 무의식적인 해결책이자 모든 것이 잘 진행될 때 증가된 불안으로 구분된다.

인지적 영향 / 사고 세계의 문제

집중의 어려움, 산만함, 짧은 주의력 등 이 모든 것은 외상의 대표적 증상이다. 외상 유발적 불안은 전형적으로 주의력 결핍 및 충동 통제 불능이 함께 나타난다. 이 증상들의 복합성은 오진을 초래한다. 초기 면접에서 부모가 증상을 이야기하면, 임상가는 이 증상을 보이는 아동에게서 외상을 의심할 만한 아무런 이유가 없다면, 보통 주의력 결핍 및 과잉행동장애(Attention Deficit and Hyperactivity Disorder: ADHD)라고 진단한다. 나의 상담실로 의뢰되는 아동들은 대개 이전에 ADHD나 반항장애(Oppositional Defiant Disorder: ODD) 또는 양극성장애(Bipolar, 조울증) 진단을 받았다. 이 아동들은 이미 많은 약물을 복용했고, 어떤 것도 아동들의 증상을 감소시키지 못했다. 이런 사례의 경우에, 말하지 못했거나 처리되지 않았을 외상의 가능성을 고려해 보는 것이 중요하다. 이 복잡한 아동들의 치료 계획에 이완 훈련을 포함시키면, 부적절하게 진단된 조절 불능으로 표명된 불안을 경감시킬 수 있을 것이다.

아동들은 외상을 경험하기 전에는 문제가 되지 않았던 독특한 공포나 특정한 걱정을 발달시킬 수 있다. 더욱이 외상을 경험한 아동들은 외상의 어떤 면을 견디거나 외상 사건에 관하여 반복적으로 부적응적인 생각을 심화시킬 수 있다. 이러한 침입적 · 반복적 생각은 아동을 몹시 괴롭힌다. 아동들은 이러한 생각에 압도되어 자신을 돌봐 줄 방법이 없다고 느낄 것이다. 이 내용은 다음의 사례에서 잘 설명되고 있다.

윌리엄(William)이라는 열한 살의 소년은 이웃 소년에게서 성추행을 당했다. 윌리엄이 이 사실을 어머니에게 말한 후 성추행은 더 이상 발생하지 않았다. 그런데 그는 심각한 죄책감에 빠져들면서 여러 가지 생각이 들기 시작했다. 그는 어머니에게 성추행 사건을 하나하나 자세히 이야기했다. 그런 후에 어머니에게 또다시 이야기했다. 불안한 상태로 반복적으로 이야기한 뒤에 어머니에게 물었다. "그 부분은 내가 아직 이야기 안 했죠? 그 이야기를 안

[그림 2-1] 윌리엄의 '마지막 고백' 상자

한 것 같아서 죄책감이 느껴져요. 엄마, 그 부분을 다시 이야기해야겠어요."

어머니는 끊임없이 들어 줘야 하는 자신의 역할에 지칠 것이다. 윌리엄 집안의 종교는 가톨릭이었고, 이러한 가정의 종교적 전통은 그 가족의 중요한 부분이었다. 윌리엄은 신부님에게 자신에게 일어난 모든 일을 이야기했다. 신부님은 정보를 적절히 수용하고 그가 자책하지 않도록 최선을 다해서 도왔지만, 윌리엄은 '모든 것을 고백'하는 것을 확실히 하기 위해 계속 신부님을 찾아갔다. 윌리엄은 자신의 외상을 확실히 처리하기 위해 밀려드는 생각을 모두 외현화하고 싶었던 것이다. 나는 윌리엄에게 그가 원하는 대로 상자를 꾸미도록 했다([그림 2-1] 참조).

그는 상자 위에 십자가를 놓고 반짝이를 뿌렸다. 나는 여러 종류의 포스트잇을 펼쳐 놓았다. 2~3회기 동안 윌리엄은 자신이 경험한, 성적으로 부적절한 생각을 모두 적었다. 그는 하나씩 적으면서 그것을 큰 소리로 읽고 상자에 넣었다([그림 2-2] 참조).

우리는 이것이 일단 상자 안에 들어가면 그가 다시 상자에서 그것을 꺼낼 때까지 공개될 수 없다는 것에 동의했다. 하나씩 생각나는 것을 종이에 적는 것은 그가 받아들이기 곤란한 내용을 외현화할 수 있게 했다. 그것을 상

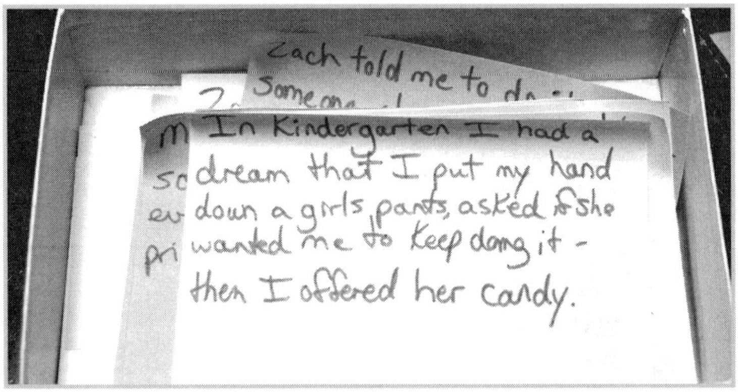

[그림 2-2] 포스트 잇에 적은 윌리엄의 부적절한 생각

자에 넣음으로써 그에게 자기 유능감과 자기가 실제로 그것을 치워 버렸다는 표식이 되었다. 우리는 각각의 생각을 꺼내고, 덧붙일 필요가 있는 신체가 감지한 내용을 처리하고 통합시켰으며, 외상의 성장 시간표에 포스트 잇을 붙였다.

그는 삽화적인 내용을 반복적으로 이야기할 때 떠오르던 죄책감과 불안감을 이야기를 목적적이고 일관성 있게 구조화함으로써 줄일 수 있었다. 우리는 또한 놀이를 근거로 한 생각 중지 게임, 비이성적인 생각과 싸우기 위한 인지 재조정 활동을 사용한다. 떨쳐 버리기 힘들고 반복적으로 떠오르는 부적응적인 생각을 하는 아동들은 그에 대항하는 능력을 기르는 동안 부정적인 생각이 지배하는 온몸에 운동적 경험을 제공하는 인지행동 놀이치료 기술을 통해 효과를 볼 수 있다. 제11장 '아동의 사고 세계에 관한 연설'은 이런 종류의 놀이에 기반을 둔 개입에 관해 자세히 설명하고 있다.

해리(dissociation)는 내담자에 따라 정도가 다른 외상 증상이다. 일반적으로 놀이치료 그 자체는 외상 후 아동들에게 이러한 경향을 완화시킨다. 아동의 몸은 놀잇감 자체에 의해 달라진다. 손가락 사이로 모래를 빠져나가게 하거나, 스트레스 볼을 쥐어짜거나, 그림을 그리는 것은 아동이 현재 치료 환경에 근거를 두고 있는 모든 활동이다. 자신의 몸이 모래를 손가락 사이로 빠지게 하는 것에 근거를 두고 자신을 달래면서 외상 내용에 접근한다. 이 리듬 있는 놀이 행동은 내담자가 해리 경향이 유발되지 않도록 외상 물질에 접근하는 것을 허용하면서 불안 반응을 조절하고 진정시킨다. 놀이치료실에서 해리 경향을 보이는 아동이 있다면, 미리 계획된 방법으로 현실에 머무는 것을 가르쳐야 할 것이다. 모든 사례에서, 나는 해리를 유발하는 활동이나 내용으로부터 초점을 바꾼다. 나는 아동에게 영웅적인 인물을 선택하라고 지시하고, 그 인물의 이름을 알려 달라고 한다. 나는 이 방에 있는 두 가지 물체를 그리고, 추측하는 게임을 한다. 가장 간단한 기초 활동은 매직아이(I Spy) 게임을 하는 것이다. 어떤 사례에서는 기본적인 접촉으로 아동이 현실에 머무르는 것을 도울 수 있다. 그러나 접촉을 포함한 이러한 개입은, 단지 손 위를 만지는 단순한 접촉일지라도 앞선 회기에서 아동이 심리적으로 편안한 상태에 있을 때 아동의 동의를 얻어야 한다.

많은 아동들이 그들의 외상 경험의 결과로 죄책감을 느낀다. 자연재해에서 생존한 아동들은 생존한 데서 오는 죄책감을 갖는다. 그들은 왜 그들만 목숨이 붙어 있게 되었는지 의아해하면서 못 견뎌 한다. 학대당한 아동들은 자신이 잘못된 것에 대한 책임감을 느낀다. 그들은 자신이 학대받을 만한 원인을 제공했을 것이라며 자책한다. 이러한 죄책감은 아동에게 비밀을 지키라고 요구할 때마다 느껴질 것이다. 비밀의 요구가 위협적이고 강압적인 것에 상관없이 아동은 비밀을 지켜야 한다는 죄책감을 느낀다.

마지막으로, 외상을 경험한 청소년은 전에 존재했던 패러다임에 대한 도전을 받는다. 청소년들은 외상 회복 과정의 부분으로 자신의 가치나 신념에 의문을 갖는다. 강한 종교적 신념을 기반으로 성장한 아동이나 청소년들 그리고 하느님이 자신들을 보호하고 사랑한다고 말해 왔던 사람들은 대인관계의 폭력, 자연재해 또는 성폭력의 결과로 이 같은 믿음에 혼돈과 회의를 갖게 된다. 청소년은 이전에 단순히 부모를 따라 갖게 되었던 신념을 외상을 통해 자신의 신념으로 심화시키기도 한다. 반면에 자신의 세계관에 더 이상 맞지 않는 신념 체계를 버리기도 한다.

결 론

아동들에게 나타나는 외상의 무수히 많은 증상을 이해하면, 놀이에 기반을 둔 개입의 선택과 유연 순차적 놀이치료 안에서의 각각의 목표에 적절한 시기와 기간을 알 수 있다. 이 모델이 가진 유연성으로 아동의 가장 혐오적인 증상을 적절한 시기에 처리할 수 있다.

아동의 안전감 증진

03

아동의 안전감 증진

아동과 함께하기

대부분의 아동들이 당연히 가지고 있는 안전감이 외상을 경험한 아동의 첫 번째 손상 요인이 된다. 치료사는 아동의 안전감을 다시 구축해 주는 것이 치료 계획의 중심이라는 것을 명심해야 한다. 아동이 당신을 안전하다고 느낄 때까지 외상 문제는 거의 다루지 말아야 한다. 비록 안전감을 확립하는 과정이 오래 걸린다 해도 놀이치료사는 놀이치료실을 도구로 사용하고, 아동이 안전하게 인식하는 사람으로서 특별한 태도를 유지해야 한다. 놀이치료사는 세상에서 아동의 안전을 충분히 보장해 주지는 못해도, 놀이치료실이 안전한 장소이며, 놀이치료사가 안전한 사람이라는 두 가지 메시지는 전할 수 있다.

초기에 치료사의 역할은 아동이 놀이치료실을 안전한 장소로 경험하도록 도와주는 것이다. 이것은 부분적으로 놀이치료실의 경계를 말로 명확히 표현해 줌으로써 완성된다. 놀이치료사는 놀이치료실에서 위협적인 것으로 인식된 유령, 괴물 또는 구체적인 대상을 제거하는 과정에서 능동적인 파트너가 되기도 한다. 우리는 종종 아동이 가해자 상징물을 붙잡거나 자신이 용기 있게 가해자에게 접근하는 것을 주목해 달라는 요청을 받을 수 있다. 치료사의 두 번째 역할은 아동이 놀이치료사를 안전한 사람으로 경험할 수 있는 기회를 증대시키는 것이다. 이러한 역할은 부분적으로 라포를 형성하는 전형적인 조율 과정을 통해 이루어진다. 그것은 보호자, 방어자, 악으로부터의 수호자 또는 필요한 다른 역할 속에서 아동이 즐거움을 느낄 수 있도록 확실한 도움을 준다. 아동이 요청하는 것을 정확하게 듣고, 그 욕구를 충족시켜 주는 치료사의 능력은 아동과의 신뢰를 다지는 데 많은 도움이 된다.

'이곳은 안전한 곳이야.' '나는 안전한 사람이란다.' 와 같이 언어적으로 표현하는 것은 분명 필요할 수 있지만, 그것은 많은 성인들의 말, 즉 아동의 경험상 공허한 말처럼 학대받은 아동에게는 아무 의미가 없을 수도 있다. 다른 삶의 장소에서처럼 치료 공간에 대해서도 아동은 그 공간 안에서 어떤 경험을 했는지에 따라 다르게 지각한다.

어린 시절 놀잇감으로 채워진 놀이치료실은 아동과 금방 친숙해질 수 있는 물건들이 있다는 점에서 전통적인 치료실에 비해 장점이 많다. 아동들은 놀이치료실을 '친절한 장소' 로 지각한다. 놀잇감 자체의 즐거움과 그것을 탐색하는 즐거움은 아동의 호기심을 자극하고, 주저함을 떨쳐 버리게 하여 아동을 놀이치료실로 불러들인다.

놀이치료실에 들어가면, 아동은 놀잇감을 어떻게 사용할지에 대한 가정과 자신의 모든 선행 경험을 가져온다. 아동이 놀이치료실에 들어가는 방식을 평가해 보면 내담자가 새로운 스트레스 요인을 어떻게 다루는지에 관한 정보를 알 수 있다. 버지니아 엑슬린(Virginia Axline)은 이러한 현상을 다음과 같이 설명하였다.

> 아동이 놀이치료를 받으러 올 때면, 일반적으로 성인이 치료 클리닉에 아동을 보내거나 데려다 준다. 아동은 모든 새로운 경험, 즉 열광, 두려움, 호기심, 저항 또는 새로운 상황에 반응하는 전형적인 방식의 또 다른 태도와 같은 독특한 경험 속으로 들어간다.
>
> – 엑슬린, 『놀이치료(Play Therapy)』, p. 74

아동을 위한 안전기지 되어 주기

아동이 놀이치료실에 처음 들어온 순간 주의 깊게 관찰하는 것은 치료사가 아동 개개인의 안전을 증진시키기 위한 치료사의 접근 방식이다. 어떤 아동들은 놀이치료실에서 자기 방식으로 탐색하고 자신이 리더처럼 주도권을 쥐었을 때 가장 편안함을 느낀다. 자신감을 투사한 아동은 그것이 진짜인지 외형적이든지 간에 놀이치료실 안에서 뛰고, 놀잇감 세트로 직접 이동하고, 탐색할 것이다. 이러한 탐색은 자발적 언어 표현을 동반한다. 이러한 아동의 안전감은 자신이 주도권을 쥐고 리드함으로써, 아동의 이야기를 반영하고, 아동의 놀이를 기술하고, 일반적으로 아동과 '함께 존재'하고, 의사소통을 조율해 주면서 증진된다.

어떤 아동들은 놀이치료실 안을 서성거리거나 경직된 자세로 있는다. 그들은 주머니에 손을 넣고, 눈은 계속 아래를 향해 있고, 놀이치료실 중앙에 얼어붙은 채로 있거나, 새로운 환경에 마치 표류하는 것처럼 보일 수도 있다. 이런 경우에 나는 처음에 아동의 불안감을 공감해 주고, 놀이치료실 공간을 마음껏 사용할 수 있다는 것을 알려 주면서 아동과 접촉하려고 한다. "때로는 새로운 장소에 와서 무엇을 해야 할지 아는 것은 어려운 일일 수 있단다.

이 시간은 너만의 특별한 시간이란다. 여기서는 네가 원하는 거의 모든 것을 할 수 있어. 네가 할 수 없는 것이 있다면 그때 내가 말해 줄게." 라고 이야기할 수 있다. 아동이 놀잇감을 쳐다보면, "너는 주변을 둘러보고 있구나. 어떤 놀이를 할지 결정하려고……." 라고 이야기할 수 있다. 그러나 이것은 엄격한 비지시적 접근과는 다른 나만의 방법이다. 전통적으로 비지시적 접근을 훈련받은 놀이치료사는 '아동이 이끄는 대로 따라가라.' 는 주문(mantra)을 받아들이는데, 이에 반해 나는 '아동의 욕구에 따라가라.' (Marvin, Cooper, Hoffman, & Powell, 2002)는 주문을 사용하고자 한다. 이 말은 아동이 의지하는 양육자가 아동의 욕구를 충족시켜 주고, 환경을 구조화해 주는 방식과 관련 있는 애착이론에 기초를 두고 있다. 나는 놀이치료실에서 아동과 단둘이 있을 때면, 아동과 양자 관계에서 양육자가 된다. 그리고 아동에게 반응적인 태도로 대하기 위해서는 더욱더 지시적인 접근이 필요할 수 있다.

아동의 안전감을 확립하기 위해서 내가 해야 할 첫 번째 역할은 아동에게 안전기지가 되어 주는 것이다. 나는 아동이 놀이치료실에 들어가는 순간 아동이 요구하는 것이 무엇인지 이해하려고 애쓴다. 아동은 태어나는 순간부터 자신을 둘러싸고 있는 환경과 양육자에게 맞춰 나가야 한다. 아동들에게는 확실한 두 가지 욕구가 있다. 즉, 탐색의 욕구와 자신이 위안받고자 할 때 되돌아와서 환영받고 편안해지고 싶은 욕구다. 아동이 안전하고 편안한 느낌을 갖게 되면, 선천적인 욕구인 탐색을 하기 위해 안전기지가 되는 부모의 곁을 떠난다. 만약 아동이 상처받고 안 좋은 느낌을 받거나 무언가 두려운 경험을 하게 되면, 아동은 재빨리 자신의 양육자에게 돌아올 것이다. 아동의 발달 과정에서 나타나는 이러한 순환적인(cycling) 두 가지 욕구는 '안전감 프로젝트 서클(circle of security project)' 이라고 간결하게 표현한다(Hoffman, Marvin, Cooper, & Powell, 2006; Cooper, Hoffman, Powell, & Marvin, 2005). 그 순환의 최종점은 아동이 탐색을 위해 부모를 떠나는 것이다. 아동이 탐색하는 동안 아동은 부모가 자신을 지켜보고, 기뻐하고, 도와주고, 함께 즐기기를 원한다.

그리고 아동은 부모에게 돌아왔을 때 부모가 자신을 보호해 주고, 안정시켜 주며, 기뻐해 주고, 자신의 감정을 진정시켜 주기를 원한다.

부모는 매 순간 자녀의 욕구에 정확히 반응해 줌으로써 아동의 안전기지가 될 수 있다. 이러한 조율(attunement)과 동일한 과정으로 아동을 보호해 주는 안전기지가 되는 것은 임상가의 필수 임무다. 놀이치료실에서 아동이 안전감을 증진시키는 것은 아동이 순환의 어느 지점에 있을 때 치료사가 접근하는 방법에 좌우된다. 일반적으로 아동들은 놀이치료실에 처음 들어가면 탐색의 욕구와 구조화의 욕구를 모두 가진다. 아동이 놀이 공간에서 자신감을 갖고 탐색하게 되면, 놀이치료사는 아동이 탐색하는 것을 기뻐해 주고, 관심을 가져 주고, 아동과 놀이치료실에서 즐겁게 놀이함으로써 최선의 라포를 형성할 수 있다. 그러나 외상을 경험한 아동은 외상 이전에 가지고 있던 자신감을 상실했을지도 모른다.

어떤 아동은 상처받고, 어리둥절하고, 구조화가 필요한 상태로 놀이치료실에 들어갈 수도 있다. 때로 놀이치료실에서 아동의 안전감을 증진시키는 가장 효과적인 방법은 추가적인 구조화를 제공하는 것이다. 안정애착 아동은 예측할 수 없는 상황이 벌어지면 자신의 양육자에게 돌아간다. 좋은 양육자는 그런 상황에서 아동에게 추가적인 구조화가 필요함을 인식하고 구조화를 제공해 준다. 결국 놀이치료사의 역할도 동일한 것이다.

아동이 놀이치료실의 한가운데에 홀로 버려진 것처럼 덩그러니 서 있는 경우, 아동을 놀이에 참여시키기 위해 나는 다음과 같은 말로 아이를 초대할 것이다. "지금 네가 무엇을 해야 할지 잘 모르는 것 같구나. 여기서 너는 처음에 무엇이든지 선택해서 놀이할 수 있고, 또 우리가 무엇을 할지 내가 선택해 줄 수도 있단다." 의사소통하는 데 추가적인 구조화가 필요한 아동에게는 치료사가 대안을 제시해 주고, 아동에게 그에 대한 의견을 묻는다. 나는 두세 가지의 분리된 활동, 즉 모래상자, 미술 재료, 조작 놀잇감을 포함한 활동 중에서 선택할 수 있도록 해 준다. 아동에게 안전하고 제한된 선택의 범위를 제공해 주면 대개 이 중에서 선택한다. 이러한 구조-추구(structure-seeking) 아동은 치료사가 이끌어 줄 때 즉시 변화한다. 아동의 닫힌 신체언어가 열리면서 수줍은 미소를 짓는다. 주저하던 눈 맞춤도 처음으로 하게 된다. 아동이 치료사 옆으로 와서 자신이 선택한 활동을 시작하면서 자발적인 언어 표현이 처음으로 나타날 수 있다. 아동이 치료사와 함께 참여하면, 자신의 특수한 외상 이력과 관련된 안전감의 욕구를 표면화하는데, 이는 좋은 징조다. 이것은 보통 다음의 두 가지 방식 중 하나로 나타난다. 첫 번째 방식은 아동이 위험을 상징하는 놀잇감을 선택하는 것이다. 학대당한 아동의 경우, 상징은 범죄자(perpetrator)로 나타난다. 다른 외상 사건을 경험한 아동에게 상징은 두려운 사건 자체, 침입적 생각 또는 문제 행동을 나타낼 수 있다. 두 번째 방식은 아동이 자신을 표현하는 놀잇감을 선택하는 것이다. 이 글에 따르면 아동이 자신을 표현하기 위해 선택한 놀잇감을 자기 상징물(self-object)이라고 부를 것이다. 놀이치료 작업 중에 많은 부분은 놀이치료실에서 아동의 안전감을 증진시키는 것과 연관되며, 그것은 아동이 범죄자 상징물과 자기 상징물을 선택하도록 치료사가 의도적으로 반응했을 때 이루어진다. 치료사는 아동이 빨리 범죄자 상징물을 잘 다루고, 가둘 수 있도록 촉진함으로써 아동에게 자신은 안전한 사람이라는 것을 확실하게 보여 줄 수 있다. 자기 상징물에 대한 치료사의 양육적이고 보호적인 반응도 이와 동일한 효과가 있다.

확성기로서의 치료사

내가 '확성기로서의 치료사' 라고 부르는 역할은, 아동에게는 어떤 방식으로든 안전을 위한 확성기 역할이 필요한데, 치료사가 그 역할을 맡는다는 것이다. 아동이 은유를 사용하면 나는 그것을 따라가면서, 아동이 놀이 재료를 상징적으로 사용함을 인식하고, 아동의 힘을 다시 찾게 하는 주제로 작업할 수 있다. 치료사는 놀이 공간에서 아동이 힘을 회복할 수 있는 행동을 하도록 제안할 수 있다. 예를 들어, 성폭행을 당한 어린 소녀가 자신을 성폭행한 삼촌을 표현하기 위해 머리가 두 개 달린 용을 선택했다. 머리가 두 개 달린 용은 이 소녀에게 가해자 상징물이다. 치료사는 머리가 두 개 달린 용을 다루고, 또 가두는 것이 가능하다는 것을 말해 줄 수 있다. 그리고 놀이치료실 안에 있는 감옥과 수갑 등 감금장치를 안내해 줄 수 있다. 아동들은 가해자 상징물을 가둘 수 있게 되었다는 것에 기뻐한다. 많은 경우 아동은 자기 결정적 방향(self-directed fashion)으로 감금장치를 선택하고, 치료사는 단지 아동이 놀잇감을 사용함으로써 갖게 되는 통제와 힘을 증대시켜 준 것뿐이다. 일곱 살의 남자아이인 제이크(Jake)는 학교에 있는 동안 아버지에게 납치될지도 모른다는 끊임없는 두려움 속에 살고 있었다. 첫 번째 회기가 시작되기 3개월 전에 제이크의 부모는 이혼을 했다. 아버지는 정신분열을 앓고 있었으며, 어머니를 폭행했다. 아버지는 곧 병원에 입원했지만, 가처분 명령을 신청한 상태였다. 그러다가 최근에 아버지의 석방으로 제이크는 무방비 상태에 놓여 있다고 느꼈다. 초기 회기에서 제이크는 아버지를 표현하는 소품을 선택하였고, 작은 옷장에 그 소품을 넣었다. 그리고 나서 끈으로 옷장 둘레를 묶어서 출입구를 완전히 막아 버렸다([그림 3-1] 참조).

[그림 3-1] 옷장에 갇힌 제이크의 아버지

[그림 3-2] 세 겹의 봉쇄

그는 아버지 상징물을 가두는 과정을 즐겼다. 그는 옷장의 둘레를 끈으로 묶은 다음에야 놀이치료실의 다른 쪽으로 가서 놀이 활동을 하였다. 그러나 제이크는 회기가 끝나기 바로 전에 다시 옷장으로 돌아와서 감옥 안에 그것을 넣고 세 겹의 장벽 뒤에 아버지를 완전히 가두었다([그림 3-2] 참조).

아동이 선택한 봉쇄 방법을 지지함으로써 안전감 확장하기

다음의 사례는 이러한 개념을 잘 설명해 준다. 다음은 어린 시절 내내 가정 폭력을 목격하며 지낸 세 살 된 남자아이 조시(Josh)와 함께했던 초기 회기를 기록한 내용이다. 조시는 아버지에게 여러 차례 신체적인 학대를 당했다. 회기 초기에 그는 모래상자 안에 감옥을 갖다 놓고, 그 안에 날카로운 집게를 가진 게를 놓은 다음 아기 인형을 선택해서 감옥 옆에 두었다. 그러고 나서 조시는 열쇠로 감옥을 열고, 그 안에 있는 게를 꺼내서 자신의 코를 무는 행동을 보였다. 또한 게를 집어서 게가 아기를 무는 기이한 행동도 보였다.

패리스: 게가 감옥에서 나와 너를 무는구나.

조시: 네.

조시가 열쇠를 집어서 감옥으로 가지고 왔다.

조시: 나는 열쇠를 봤어요.

패리스: 네가 열쇠를 봤구나. 네가 그것을 찾아냈구나.

조시: 네.

패리스: 지금 너는 감옥을 열 수도 있고, 잠글 수도 있겠네?

나는 아동의 말을 반영해 주고 아동의 발견을 사실 그대로 기술한 후에, 열쇠로 가해자를 통제할 수 있음을 강조함으로써 아동의 전능감을 확장시켜 주었다.

조시: 네. 음…… 거기에 제가 무엇을 넣죠?

패리스: 감옥 안에 무엇을 넣을지 결정하려고 주위를 둘러보고 있구나.

나는 아동에게 선택에 대한 책임감을 부여하면서 그의 의사결정 과정을 인식할 수 있도록 만들었다. 조시는 문어를 선택했고, 그 문어로 아기 인형을 문 다음 치료사를 쳐다보았다.

패리스: 문어가 아기를 잡았네. 무서운 모든 것들이 아기를 붙잡았어.

내담자가 이러한 가해자 상징물을 다루는 것은 힘을 갖게 된다는 의미다.

현실세계에서 조시는 위협에 직면하면 마비되고 무력감을 느낀다는 것이다. 현실세계에서 조시에게 가장 큰 위협의 대상이 되는 사람은 자신에게 신체적 학대를 가한 아버지이며, 최근 그런 아버지로부터 보호받지 못했다. 여기서 문어는 위협적인 아버지를 나타낸다고 가정할 수 있다. 어쨌든 조시는 자신이 선택한 상징물보다 더 크고 힘이 있다.

패리스: (손가락으로 문어를 가리키며) 너! 그 아기 잡아가면 안 돼!

이 순간 치료사는 가해자 상징물에 대해 아동이 대항할 수 있도록 적극적으로 아동의 편을 든 것이다. 조시는 치료사를 향해 미소 지었으며, 감옥을 가리키면서 치료사가 이야기한 것을 비언어적으로 지시하였다.

패리스: (문어를 향해) 너는 아기를 물었으니까 감옥에 가야 해.

조시는 활짝 미소를 짓고 문어를 감옥 안으로 집어넣었다. 위협적인 상징물을 가둘 수 있는 아동의 능력은 놀이 공간에서 안전감을 증진시키면서 소원을 이루게 한 것이다.

이 사례에서 놀이치료실 안에 있는 위험 요소는 놀이를 통해서 문어로 확인되었으며, 치료사가 위험을 상징하는 대상에게 직접적으로 말해 줌으로써 안전하다는 메시지를 더욱 확장시켰다. 이것은 치료사가 가해자 상징물에 대항하고, 적절한 제한 설정의 모델이 되며, 놀이를 통해 가해자 상징물의 불법적인 행동(신체적 학대)으로부터 아동을 보호해 주는 것을 아동이 받아들이도록 하는 것이다. 이러한 모든 과정은 놀이 시나리오의 맥락에서 수행되며, 치료사가 아동과 제휴해서 가해자에게 대항하고, 그렇게 함으로써 더욱더 크고, 강하고, 현명하며, 친절한 조력자의 구체적인 역할을 하게 되는 것이다.

조시: 이제 거기로 들어와! 거기에 들어와! 네 다리도 이리로 들어와! (조시는 감옥 안으로 문어 다리가 잘 들어갈 수 있도록 애쓰면서 씨름하고 있다.) 거기야!

조시는 활짝 웃으며, 자신의 성취에 대해 확실히 자랑스러워하고 있다.

패리스: (조시에게 이야기하며) 거기에 문어가 있구나. 모두 갇혔네. (상 징물에게 말을 걸며) 너는 아기를 물었으니까 감옥에 가야 돼!

조시: (자랑스럽게 씽긋 웃으며) 예!

패리스: (아동의 정서에 맞추면서) 얘, 너는 열쇠를 가지고 있어.

조시: 문어를 가둘 거예요.

패리스: 가둘 거구나! (문어에게 말을 걸며) 이제 너는 조시가 이야기할 때까지 나올 수 없어.

조시: 맞아.

조시는 놀이를 통해서 가해자를 통제하는 경험을 한다. 아동은 아버지를 언제, 어떤 방법으로 가둘 것인가를 결정한다. 조시가 감옥 문을 열기 시작한다.

패리스: 너, 그것을 풀어 주려는구나. 그러면 문어가 다시 무엇을 물지 않을까?

조시: 그러면 다시 감옥에 갈 거예요.

패리스: 아, 그렇구나!

조시는 조용히 앉아서 문어를 바라보다가 집어 들고서는 자신의 얼굴 가까이 가져간다.

조시: 이제 나를 물 거야.

패리스: 어? 너를 물 거라고?

조시는 주저하다가 문어로 대신 아기를 문다.

패리스: 아, 네 마음이 바뀌었구나.

조시: (문어를 감옥에 넣으면서 문어에게) 감옥에 들어가!

패리스: 감옥에 다시 들어갔네. (문어를 향해) 너는 이제 더 이상 아기를 물 수 없어! 아기들은 안전하게 보호받고 사랑받아야 해!

조시는 심술궂은 표정의 커다란 딱정벌레를 움켜잡았다.

조시: 아기를 물려고 해.

패리스: 누군가 아기를 또 물려고 한다고?

조시가 고개를 끄덕이며 씩 웃더니 딱정벌레로 아기를 문다.

패리스: (딱정벌레를 향하여) 너, 또 아기를 무는구나!

조시: (한숨을 쉬며) 네, 감옥에 딱정벌레를 집어넣으세요.

패리스: 딱정벌레도 감옥에 가야 해.

나는 위험의 상징물에 제한을 설정하면서 여전히 아동과 협력하여 같은 태도를 취했다. 아동은 이제 또 다른 위험스러운 요소가 계속해서 나타나고 있다는 새로운 이야기를 꺼내고 있다. 조시는 전에 아버지의 파괴적인 행동을 뚜렷이 목격하였으나, 그 결과는 거의 보지 못했다. 회기의 놀이 주제에서 아동은 소품에 대해 즉각적인 결과를 야기할 수 있는 힘을 가졌으며, 감옥에 그 소품을 넣어 버린다. 또한 아동은 그 결과와 감옥에 얼마나 있어야 할지도 결정할 수 있다.

신체적 지지를 통해 안전감의 메시지 전달하기

가끔씩 놀이치료실 안에서 안전감이 가장 잘 전달될 때는 운동감각적 단계에서 치료사가 아동에게 위험을 환기시키는 물건을 다루며 함께 활동할 때 나타난다. 예를 들어, 네 살 난 어린 소년 테즈(Taz)는 선택적 함묵증으로 치료사에게 의뢰되었다. 맨 처음 테즈가 놀이치료실에 들어섰을 때 그는 마치 나무토막처럼 경직되어 놀이치료실 가운데에 서 있었다. 나는 아동의 긴장을 풀어 주면서 그가 놀이치료실 안을 둘러보며 무엇을 해야 할지 망설이는 모습을 관찰했다. 테즈는 그 자리에서 눈을 내리뜨고 뻣뻣하게 고정된 자세로 서 있었다. 나는 놀이치료실에 적응하는 것을 어려워하고 있는 아동에게 가끔씩 "곧 이 방에 익숙해질 거야. 주변을 둘러보면서 무엇이 있는지 보고 무엇을 할지 생각해 봐."라고 말해 주었다. 오랜 시간 침묵한 후에 아동은 나를 보았다가 시선을 재빨리 선반 위의 화살 총으로 옮겼다. 아동은 조심스럽게 선반으로 다가가서 주황색 화살 총 두 개를 집어 들었다. 그러고는 나에게로 걸어와 내 손에 총을 하나 쥐어 주더니 내 옷의 소매를 잡아당겼다. 나는 아동을 따라가기 위해 일어났다. 그가 놀이치료실 안에서 제일 먼저 찾은 위험한 물건은 거미였고, 아동은 그것을 화살 총으로 쏘고 난 뒤에 나에게도 똑같이 하라는 시늉을 했다. 우리는 함께 방 안을 돌아다녔다. 아동은 무섭게 생긴 생물체를 가리키며 그것을 쏘았다. 그리고 나 또한 그것을 총으로 쏘기를 원했다. 나는 "테즈는 네가 여기에 있는 걸 원하지 않아. 그러니 너는 없어져야 해."라고 말하며 화살 총으로 그것을 쏘았다. 아동은 방 안을 돌며 위험한 것에 접근할 때면 자신의 몸을 내 옆으로 바싹 붙였다. 우리는 3회기 동안 이러한 행동을 몇 번이고 반복했다. 이러한 연속적인 행동을 더 많이 반복하여 연기할수록 테즈는 더욱 긍정적인 효과를 보여 주었다. 아동은 안정되어 보이고 더 자주 눈 맞춤을 하며, 우리가 모든 위험 요소를 없앴을 때는 환하게 웃었다. 세 번째 회기의 중간쯤에 우리가 할 수 있을 만큼 놀이치료실을 아주 안전하게 만들었을 때 아동은 화살 총을 내려놓고 나에게 말했다.

이 선택적 함묵증 아동은 치료사와 팀을 이루어 그의 삶의 다른 곳에서 자신이 제어하기에는 역부족이라고 느꼈던 실존하는 위험을 놀이치료실에서 통제하는 경험을 함으로써 그를 침묵하게 만든 불안감을 극복할 수 있었다. 지각된 위험 요소를 없애는 방법으로, 놀이치료실 안에서 준비된 경험을 제공해 준 것이다. 아동은 이제 그의 삶에서 인식된 위험을 어떻게 받아들이는가에 따라 변화될 수 있다는, 즉 공포심을 성공적으로 극복하는 경험을 갖게 된 것이다. 놀이치료실에서 자신의 안전을 확고히 하기 위해 참여한 활동에서 갖게 된 자신감은 집과 학교에서 일반화되기 시작했다. 아동은 놀이치료실 밖에서 언어적 모험을 여러 차례 받아들이고, 자신의 말이 다른 사람들에게 이해되고 환영받는 것을 즐기기 시작했다.

정화 의식

성학대, 심한 폭력 그리고 심각한 사고가 일어났을 때, 아동들은 혈액이나 정액 그리고 체액과 같은 물질에 접촉하게 된다. 심리적 외상 후 아동들이 놀이치료실에 방문했을 때 오염되고 더럽다고 느낄 것이다. 안전감과 통제감을 다시 찾기 위한 아동의 치료 과정 중 하나는 놀이치료실을 정화하는 의식에 관심을 갖게 하는 것이다. 이러한 역동적 놀이는 극심한 조절장애를 갖고 있는 네 살 난 소년 에릭(Eric)의 경우를 예로 들 수 있다. 에릭의 어머니와 아버지는 에릭이 치료를 시작하기 바로 전에 각자 다른 집으로 이사했다. 어느 날 그의 아버지가 그를 데리러 왔고 화장실을 사용할 수 있는지 물었다. 에릭의 아버지는 에릭과 함께 화장실에 들어가 자신의 머리에 총을 쏘고는 자살했다. 어머니가 화장실 문을 박차고 들어갔을 때, 그녀는 에릭이 벽과 바닥에 뿌려진 피와 뇌조직을 닦아 내고 있는 것을 보았다.

에릭과의 첫 번째 회기에서 그의 조절장애는 매우 심각해 보였다. 그의 말은 좀처럼 앞뒤가 맞지 않았고 정서도 불안정했다. 그의 몸놀림은 무거웠다. 하지만 놀잇감 하나를 집어 들자 재빨리 움직이더니 선반 위에 도로 가져다 놓았다. 그리고 방의 다른 곳으로 이동했다. 에릭은 조직화된 놀이 양식을 갖고 있지 않았고, 끊임없이 몸을 흔들었다. 나는 그의 최근 경험에 기초하여 감각적 소재를 주려는 의도에서 점토놀이를 하게 했다. 에릭은 탁자로 다가와 빨간색 점토를 골랐다. 그런 다음 그것을 곤죽으로 만들어 자신의 손 위에 덮어 씌웠다. 그리고 빨간색 핑거 물감통을 고른 후에 자신의 손을 뒤덮은 빨간 물감이 뚝뚝 떨어질 때까지 가지고 놀았다. 그러고 난 뒤 수돗가로 달려가 그것을 씻어 버렸다. 이 과정에서 나는 그의 놀이 행동에 대해 계속 이야기해 주었다. "너는 빨간 물감으로 네 손을 뒤덮었구나. 너무 많은 물감이 묻어서 옷과 마룻바닥에 떨어지고 있어." 그가 손을 닦고 있는 중에도 나는 그의 행동을 설명해 주었다. "너는 너에게 묻은 역겨운 물질을 닦아 내려고 문지르고 또 문지르고 있구나. 너는 더 이상 끈적거리는 물질이 네게 묻어 있는 것을 원하지 않아." 에릭의 손이 깨끗해졌을 때 나는 다시 말했다. "네가 아주 열심히 닦아 내서 이제 모든 것이 없어지고 깨끗해졌어." 이렇게 말로 표현한 것은 내담자가 자신을 깨끗이 할 수 있다는 유능감을 더욱 강하게 만들어 주었다. 나는 이 과정을 목격하는 동안 아동이 나에게 보여 주려는 무엇인가를 내가 다룰 수 있고, 아동 또한 그렇게 할 수 있다는 이중 메시지를 전달했다.

끈적거리는 빨간 물감을 다루는 에릭의 활동은 자신의 아버지가 남긴 끈적거리는 유해를 다루며 화장실에서 감각적으로 경험했던 것에 대한 자발적인 접근이다. 놀잇감을 통해 경험하고, 도움을 줄 수 있는 성인이 지켜보는 가운데 에릭은 충격적인 경험을 하는 동안 부호화된 감각적 느낌과 싸워 나갈 수 있었다. 에릭은 물감을 조금씩 덜 사용했고 덜 닦아 냈다. 에릭은 놀이에 기본을 둔 실제 상황 노출(in vivo exposure) 과정을 통해 충격적인 경험으로 가득한 감각적 내용물에 둔감해지는 치료를 받았다. 치료 과정이 끝날 때쯤 에릭은 놀잇감을 찾기 위해 다시 돌아왔다. 그는 처음부터 자신의 충격적인 경험을 나타내는 물건 쪽으로 접근했다. 또한 그것으로부터 자유로워지기 위해 몸부림치며 불쾌한 감정을 치료사에게 보였다. 에릭은 자신이 경험했던 혈액이나 뇌조직과 같은 끈적거리는 물질을 나타내는 것을 골랐다. 그는 이전보다 덜 강렬하게 정화 의식을 행했다. 이러한 모든 행위는 그를 진정시켜 주고 통제감을 부여해 주었다. 이러한 상징적 재현 속에서 아동과 함께할 수 있는 치료사의 능력은 충격적인 경험을 한 아동들에게 안전감의 발판을 마련해 준다.

가끔씩 아동들은 인형같이 작은 물건을 자신의 상징물로 선택한다. 그들은 인형을 열심히 더럽히고 나서 그것을 다시 깨끗하게 만든다. 이런 이유로 심리적인 외상을 경험한 아동들을 위해 놀이치료실에 욕조와 물, 비누 그리고 수건이 항상 준비되어 있는 것이다. 나의 치료실에 있는 조그만 욕조는 모래상자 안에서 사용되는 것이다. 조그만 소품을 자신을 가리키는 물건으로 선택하여 욕조에 담그고 상상의 물로 닦는다. 나는 큰 인형도 들어갈 수 있는 큰 욕조도 갖추고 있다. 내담자는 이 놀잇감에 수돗물을 가득 채우고 자신의 상징물을 반복해서 닦는다. 성폭행 피해자는 그들 자신이 더럽혀지고 오염되었다고 느낀다. 어떤 이들은 다시 깨끗해지고 싶은 열망을 가지고 있다. 놀이치료실 안에서의 정화 의식은 깨끗하게 씻겨졌다는 경험을 실제로 줄 수 있다.

아동이 이런 식으로 외상적 경험에 대해 자발적인 접근을 할 때 안전한 의사소통을 위한 치료사의 가장 효과적인 도구는 조율 및 언어적, 행동적으로 추적(tracking)해 주는 일이며, 아동이 공유한 내용을 수용하는 일이다. 에릭의 경우, 첫 번째 회기에서 충분히 지지받았다고 느꼈고, 이후 회기에서도 계속해서 은유적 대화를 했다. 다음에 그가 왔을 때 완전히 깜깜해지도록 방 안의 모든 불을 껐다. 그러자 에릭은 손전등을 켜서 온 방 안을 정신없이 돌아다니며 빛을 비추었다. 마침내 그는 고무망치를 집어 들고 방의 구석에 잘 휘어지는 놀이 텐트를 치기 위해 망치를 두들겼다. 에릭의 놀이를 보며, 나는 그가 총기 사건 이후 자신의 혼돈스러운 내면세계를 짤막하게 묘사하여 내게 보여 준다는 인상을 받았다. 나는 놀이를 하는 동안 아동이 안정을 찾을 수 있도록 이야기를 해 주었고, 그가 나에게 보여 준 것들에 내가 제압되지 않았음을 말해 주었다.

가해 상징물의 제한 설정으로 안전성 확대하기

세 번째 회기 때 에릭은 아프리카계 미국인 어머니 소품과 아프리카계 미국인 아동 모양의 소품을 선택하여 방 한가운데에 놓았다. 그리고 나서 그는 잔인하고, 흉악하고, 소름 끼치게 생긴 비닐 코브라 뱀 인형을 가지고 왔다. 그것은 내가 가지고 있는 인형 중에서 가장 사악하게 생긴 것 중의 하나였다. 에릭은 인형을 손에 놓고 뱀의 목소리를 냈다. 회기 시작 전에 그의 어머니가 알려 주었던 정보에 근거하면 뱀의 위협적인 행동은 그의 아버지가 가정폭력 사건 때마다 했던 위협을 재현한 것이었다. 에릭은 방 한가운데 있는 어머니와 아기에게 뱀을 가까이 가져가면서 "내가 널 죽일 거야. 너는 아무것도 안 남을 거야. 너는 더 이상 어떤 아기도 갖지 못하게 될 거야."라고 말했다.

나는 무언가를 해야겠다는 생각에 재빨리 움직여 어머니와 아기를 들어 올렸다. 그리고 두 소품을 내 등 뒤로 숨겼다. 그런 다음 단호하게 뱀에게 말했다. "너는 여기서 이 사람들을 다치게 할 수 없어. 내가 그렇게 놔두지 않을 거야. 여기라면 그들은 안전해. 그리고 너는 더 이상 그들을 괴롭힐 수 없어." 그러자 에릭은 나의 반응에 몰두하며 나를 잠시 쳐다보았다. 그러더니 환하게 웃으며 열광적으로 "다시 한 번 더 해요."라고 말했다. 나는 적극적으로 그와 함께하며 가해자를 확실하게 제한하였다. 또한 보호자의 역할을 하며 뱀에게 말했다. "내 놀이치료실에서는 안 돼." 여기서 설명했듯이 제삼자의 개입 직후에 보여 주는 아동의 신호에 적절하게 반응해 주는 것이 대단히 중요하다. 많은 아동들은 든든한 협력자와 안전한 장소라는 은유적 구출 상황을 반긴다. 하지만 어떤 아동들은 방해 없이 더욱 충격적인 상황을 재현하는 것을 당신에게 보여 줄 필요가 있다. 이러한 가해자 상징의 은유적 제한 설정과 개입을 사용하기 전에 치료사는 내담자에 대한 주의 사항과 임상적 평가에 대한 정보를 가지고 있어야 한다.

이 경우에 나는 보호를 위한 명령을 하였고, 에릭은 그 각본을 다시 한 번 해 보자고 요청하며 기쁨을 표현했다. 내가 두 번째로 어머니와 아기를 구하고 나서 아동이 "다시 해 볼 수 있나요?"라고 물었을 때, "네가 원하는 만큼 얼마든지 할 수 있단다."라고 말했다. 에릭은 몇 번이고 다시 놀이를 했다. 여러 번 반복한 후에 그는 나에게 즉각적이면서도 구체적으로 내가 뱀에게 제한을 가해야 할 사항을 알려 주기 시작했다. 나는 기꺼이 응해 주었다. 우리는 경험에 바탕을 둔 구출 이야기를 만들어 냈다. 이야기가 있는 움직임이 풍부한 놀이는 놀이치료실에서 일어난 사건이 에릭이 최근에 경험한 학대의 기억과는 동떨어진 강력한 기억이 되도록 해 준다. 놀이치료실 안에서는 항상 도움의 손길이 있고, 아버지의 위협은 계속 무시되었다. 은유적 놀이에서 경험한 안전한 상황의 반복은 내담자로 하여금 이전의 예행 연습에서 보여 주었던 위험에 대한 대안 답안을 만들 수 있도록 해 준다. 충격적인 경험으로 길들여진 무력감과 공포감은 이렇게 활기 넘치는 경험적 놀이를 반복하면서 자신감과 안전감을 회복할 수 있다.

놀이치료사의 의도적인 존재감은 아동들이 놀이치료실 안에서 안전감과 안정감을 형성하는 데 핵심 요소다. 일단 놀이치료실 안에서 초기의 안전감이 형성되면 내담자는 치료사를 시험하기 시작한다. 이것을 '보호 시험' 단계라고 부른다(Norton, 2002). 내가 에릭에게 시험을 당하고 그에게 충분히 안전하다고 입증된 후에, 그는 자신의 어릴 적 경험을 더욱 많이 보여 주기 시작했다. 치료 초기에 치료사가 놀이치료실 안에서 아동에게 안전감을 주기 위해 노력을 기울이다 보면, 아동들은 종종 자신이 겪었던 외상 사건을 재현하는 것으로 치료사의 노력에 보답한다. 네 번째 회기에서 에릭은 아주 큰 악어와 아주 작은 악어를 골라 인형의 집 안에 넣었다. 그는 작은 악어를 소파 뒤에 숨기고, 큰 악어는 집 안을 돌아다니며 꼬리로 집 안의 가구들을 쓰러뜨렸다. 큰 악어가 집 안을 파괴하는 동안 작은 악어는 소파 뒤에 웅크리고 앉아 울고 있다. 에릭은 점토놀이와 손가락 그림 찍기와 같은 놀이를 통해 특성 없는 표현에서 더욱 구체적이고 조작적인 사물로 표현하게 되었다. 그는 인형의 집 놀이를 하면서 아버지의 폭력을 동반한 파괴를 재현하였다.

보호자로서 치료사의 역할은 아동들이 방어가 필요할 때마다 그들을 방어해 줄 수 있다는 것을 보여 주어야 한다. 그들이 우리에게 생각지도 못한 짧은 경험을 보여 줄 때 "나는 네가 무엇을 보여 주는지 알아." "나는 너를 위해 그것을 막아 줄 힘이 충분해."라고 말하며, 지속적인 메시지를 전달해 주는 것이 매우 중요하다. 이러한 이유로 성폭행을 당한 아동을 치료하는 임상가들을 훈련시킬 때마다 나는 참가자들에게 내담자들이 개인적으로 가장 불안해하는 성적인 행동과 신체 부위와 관련된 전반적인 단어의 목록을 만들어 준다. 뿐만 아니라 임상가에게 욕실 거울 앞에 서서 그 단어들의 성적인 효력이 떨어질 때까지 목록을 큰 소리로 외치도록 숙제를 내 준다. 이것은 초보 임상가들을 당황시키려는 것이 아니라 이러한 단어들에 둔감해지도록 하기 위해서다. 그래야 아동이 성폭행을 당했던 상황을 묘사할 때 치료사가 아동들이 사용하는 언어와 상황 등에 대한 자신의 감정을 억제하고 차분히 대처할 수 있기 때문이다.

소품의 사용법 배우기

일단 아동이 놀이치료실이 안전한 장소이고 치료사가 안전한 사람이라고 느끼면, 그가 다른 장소에서도 안전감을 느낄 수 있도록 새로운 소품을 주는 것이 좋다. 여러 가지 이유로 아동들은 다른 곳에서보다 놀이치료실에서 더 안전감을 느낀다. 나의 목표는 아동과 나의 유대감을 놀이치료실 밖에서도 극대화하는 것이다. 나는 가능한 한 여러 가지 소품을 사용한다. 아동들과 일주일에 한두 시간밖에 만날 수 없다면 일주일 내내 아동과 함께할 수 있는 나의 분신이 되는 소품을 하나 사용한다. 이런 방식으로 소품은 아동들이 다른 환경에 가서도 만지고 볼 수 있는, 치료사와 놀이치료실과 연결되는 매개체가 된다.

나는 처음에 아동들이 학교에서 학기 말에 친구들의 사인을 모을 수 있는 참신한 품목으로 친필 사인 곰 인형을 쓰는 것을 보았다. 평범한 캔버스 천으로 만들어진 곰 인형은 마치 졸업앨범 같았다. 아동들은 스스로 곰 인형의 몸에 글을 써서 자신이 지니게 된다. 나의 내담자들도 곰 위에 무언가를 썼다. 그러나 우리가 기록한 것은 긍정적 확인과 대처 진술 그리고 자신의 보호자의 이름과 전화번호였다. 이러한 개입은 아동이 자살 충동을 표현할 때, 안전을 위한 표준 계약으로 유용하게 쓸 수 있는 부속물이 된다. 즉각적인 위협이 없는 경우, 곰 인형은 필요할 때 도움을 요청할 수 있는 적절한 대처 전략, 즉 눈에 보이는 기억장치 역할을 할 수 있다. 마음에 상처를 입은 아동은 자신에게 도움을 줄 수 있는 모든 사람들을 기억나게 하는 세 가지 차원의 보살핌의 상징물로서 곰 인형을 갖게 된다. 그 곰은 자해하려는 충동이 들거나, 단순히 도움이 필요할 때, 그리고 다른 사람에게 도움을 청하려 할 때, 실제로 눈에 보이는 신호 역할을 한다([그림 3-3] 참조).

[그림 3-3] 곰 인형과 같은 소품의 사용법 배우기

안전한 장소의 의도적인 구성

심리적 외상을 경험한 성인 내담자들은 "다시 안전감을 느끼게 되었으면 좋겠어요."라고 말한다. 치료사는 아마도 이렇게 질문할 것이다. "기분이 어땠어요?" "어떻게 보였어요?" 성인들은 마음속에 만들어진 인상, 인지적으로 처리된 이미지를 기억하고 있다가 자세하게 말로 설명할 수 있다. 하지만 아동들은 지속적으로 마음속의 이미지를, 특히 이전에 아동들의 실제 세계에 존재하지 않았던 이미지를 기억하지 못한다. 놀이치료가 아동들에게 제공하는 놀라운 점은 아동들의 놀이 극본을 만들면서 본능적으로 그들이 생각하는 안전감이 어떤 모습인지를 우리에게 보여 준다는 것이다. 또한 동시에 그 자신에게도 보여 준다. 놀이치료실 안에서 활동을 통해 만든 시각적 이미지가 아동들의 안전에 관한 내적 이미지 목록에 기호화되어 추가되는 것이다.

학대받고 방임된 아동들은 안전감과 반대되는, 너무나 왜곡된 경험을 갖고 있어서, 그들에게 눈을 감고 안전한 장소를 상상해 보도록 하면 도리어 병을 얻을 수도 있다. 학대받은 아동들이 눈을 감았을 때 볼 수 있는 것은 일관성 없이 나타나는 외상적인 특별한 장면이다. 그래서 나는 내담자에게 그림으로, 모래로, 또는 점토로 안전한 장소를 만들도록 도와줄 때 두 가지 메시지를 준다. "당신이 안전하다고 느낄 수 있는 장소에 갔다고 생각해 봐요." "당신이 안전하게 느낄 수 있는 장소를 만들어 봐요." 내담자에게 상상하거나 장소를 만들어 내도록 하는 것이 중요하다. 아무도 내담자가 최근의 경험에서 안전한 장소를 찾을 수 있다고 생각하지 않는다. 게다가 놀이치료실에 있는 많은 마술적 상징물이 아동들로 하여금 실제로 아동이 방문했던 어떤 장소보다 더 아름답고 평화로운 장소를 만들고 싶게 해 준다.

우리가 안전한 장소를 상상하도록 요구한다고 해도, 경직된 외상 경험이 재현되는 광경을 보게 될 수도 있다. 그것은 마치 아동들의 마음속에서 외상적 경험의 영상이 계속해서 돌아가는 것과 같다. 아동들이 자신의 외상 내용을 보여 주면, 나는 그것을 담아내는 용기(container)가 된다. 그러면 아동은 그것을 다른 시각으로 볼 수 있고, 다른 무엇인가로 바꿀 수 있는 가능성을 갖게 된다. 아동이 우리에게 놀잇감으로 자신의 내적 악몽을 보여 준다는 것은, 처음에는 놀잇감을 통해, 나중에는 외적으로 변형된 실체의 내면화된 이미지를 통해, 그런 놀잇감이 다른 실체로 전환될 수 있는 가능성을 보여 주는 것이다.

몇 년 전에 나는 열세 살의 소년 샘(Sam)을 치료하게 되었다. 샘은 오랫동안 학대받고 방임된 경험이 있었으며, 여러 보육기관을 전전했다. 나는 그에게 새로운 '움직이는 엽서'라 불리는 개입을 사용했다. 첫 번째 단계에서 종이 크기의 엽서를 주면서 가고 싶은 곳이나 안전하고 마음에 드는 장소를 그리라고 하였다. 나는 인내심을 가지고 샘이 그림을 그려 책상 너머로 그것을 건네주기를 기다렸다. 엽서의 중앙에 그려진 텅 빈 섬에는 초가집이 하나 있었다. 겉으로 보았을 때 이 초가집은 위험에 충분히 대항할 수 있는 듯했다. 어쨌든 샘은 그 초가집을 설명하기 시작했다. 그 집은 물이 새고, 음식이 없으며, 들쥐들로 우글거린다고 말했다([그림 3-4] 참조).

[그림 3-4] 들쥐가 우글거리는 샘의 초가집

그 초가집은 위험으로부터 보호받기에 부적절했다. 쥐들은 위험을 함축하고 더러운 이미지를 더해 준다. 고립되어 완전히 혼자가 되는 것이 그에게는 사람들과 함께 있는 것보다 안전하게 느껴진다는 것이 이해가 되었다. 아동이 떠올린 이러한 이미지를 분석해 볼 때, 샘이 안전과 보호에 관한 명확한 내적 형상을 가지고 있지 않음이 분명하였다. 그의 친부모의 집은 너무 위험하고, 거주지를 자주 옮겨서 매우 불안정했으며, 양육이 결핍되어 있었기에 그는 떠올릴 만한 안전한 장소가 없었다.

또 다른 안전에 대한 내적 형상이 결여된 아동의 예는 다음 사례의 사진에서 볼 수 있다. 몇 년 전에 나는 새로운 개입을 개발했다. 이것의 목표는 심리적 외상으로 인해 내적으로 안전에 대한 이미지가 결핍된 아동에게 독서치료를 적용하여 삼차원적인 안전한 이미지를 만들어 내게 하는 것이다. 개입 방법은 한 집단의 아동 내담자들에게 『풍선은 어디로 가지(Where Do Balloons Go?)』(Curtis, 2000)라는 책을 읽게 하는 것에서 시작한다. 이 상상의 이야기 속에서 한 작은 소년은 풍선이 시야에서 멀어져 하늘로 날아가서 어디로 갈까 궁금해한다. 어떤 풍선들은 근사한 파티에 가고, 어떤 것들은 축제에 간다. 이야기가 끝난 뒤에, 나는 아동들에게 이미지를 떠올리게 한다. 나는 아동들에게 아동 자신이 풍선이 되었다고 상상해 보라고 한다. 아동들이 자신을 상징하는 풍선의 모양과 색깔에 대한 질문을 하게끔 하여 상상력을 키우도록 돕는다. 그런 다음 바람이 풍선을 하늘 높이 들어 올려 안전하고 아름다운 장소에 떨어뜨려 준다는 각본을 제시한다. 일단 그들이 풍선의 목적지를 마음속에 그렸다면, 그들에게 실제 풍선을 주고 그들의 착륙 지점을 모래 상자 안에 나타내도록 한다. 폭력적인 가정에서 살고 있는 여섯 살의 미국 흑인 소년 데릭(Derrik)은 주황색 풍선을 선택했다. [그림 3-5]는 그의 풍선이 내려앉은 세상의 풍경을 보여 준다.

패리스: 너의 풍선이 어디에 착륙했는지 설명해 줘.

데릭: 음…… 우리나라를 구하기 위해 시민전쟁의 한가운데요…… 미국을 구하기 위해…….

패리스: 그럼 전쟁의 한가운데에 착륙한 너의 풍선에 무슨 일이 일어났니?

데릭: 터져 버렸어요.

패리스: 터져 버렸다고?

[그림 3-5] 시민전쟁 모래 상자

데릭: 여러 조각으로 찢어졌어요.

패리스: 여러 조각으로 찢어졌구나. 전쟁의 한가운데에 있는 너의 풍선은 어떤 느낌이니?

데릭: 슬프고 화가 나요.

전쟁 상황은 폭력이 난무한 가정에서 자란 이 아동에게 적절한 표현이었다. 이 프로그램에 참여했던 대부분의 아동들이 모래 상자 안에 내려앉은 풍선이 터졌다고 했지만, 데릭은 자신의 풍선을 공기가 빠진 것으로 나타냈다. 마치 그의 가정에 만연한 폭력의 위협에 기가 죽은 것처럼 풍선을 자기 상징물로 사용하여 자신이 경험한 것을 상징적으로 보여 주었다. 데릭은 그 자신이 여러 조각으로 찢어졌다고 표현했다. 치료사의 목표는 아동의 경험을 목격하고 확인한 후, 전쟁터로 몰린 은유적 풍선 이미지와 함께 좀 더 새롭고 안전한 이미지를 만들어 내도록 하는 것이다.

나는 내담자가 보다 안전한 이미지 공간을 만들 수 있도록 두 가지 치료 전략을 사용한다. 먼저 상황을 인식한 다음 개입하는데, 이런 경우 나는 이렇게 말한다. "내 생각에는 풍선이 터지기 쉬운 곳에 내려앉은 것 같구나! 우리가 풍선이 터지는 것을 막을 수 있는 방법을 찾을 수 있지 않을까?" 이러한 개입은 데릭이 새로운 해결책을 찾을 수 있도록 도와주는 것이다. 만약 데릭이 무엇을 할지 몰라 한다면 나는 몇 가지 선택의 여지를 준다. 아마도 이렇게 말할 수 있을 것이다. "우리가 이 풍선을 안전하게 하기 위해 할 수 있는 일들이 있을 거야. 우리는 모래 상자 안에 풍선이 내려앉을 수 있는 안전한 장소를 만들 수 있어. 아니면 전쟁을 일으키는 위험한 사람들을 없애고 모래 상자 전체를 새롭게 만들 수도 있어." 보통 내담자들은 이렇게 제안된 것 중에서 하나를 이해하고, 어떤 식으로든 모래 상자를 안전하고 안락한 곳으로 바꾼다.

열 살의 소년 빌리(Billy)의 경우에도 그의 풍선은 이와 비슷한 폭력적인 결

[그림 3-6] 빌리의 안전한 장소, 감옥

말을 맞이했다. 그는 모래 상자를 다음과 같이 설명했다. "내 풍선은 감옥 꼭대기에 내려앉아요. 그리고 감옥 안에 있던 남자가 풍선이 내려올 때 총으로 쏴 버려요" ([그림 3-6] 참조).

안전감의 이미지는 방임된 경험이 있는 아동들에게도 결핍되어 있는데, 표현은 조금씩 다르다. 학대받은 아동들이 안전한 장소를 만들 때 절박한 위험이나 폭력을 나타내는 반면에, 방임된 아동들은 고갈된 환경을 나타낸다. 예를 들면, 한 아동은 불모지에 죽은 나무 하나만을 유일한 장식품으로 선택한다. 일곱 살 된 여자아이 샐리(Sally)는 나에게 이러한 것을 가르쳐 주었다. 안전한 장소에 대한 주의를 주자 그녀는 말했다. "나는 아주 근사한 집을 만들 거예요." 그리고 나서 모래 안에 침대와 텔레비전을 놓는다. 그녀는 나무로 만든 소녀상을 집어서 침대에 눕힌 다음 아무것도 없는 풍경에 아무것도 더 하지 않는다. 마침내 샐리는 단념한 듯 나를 쳐다보며 한숨을 내쉰다. 그리고 중간에 담을 만들어 놓고 나에게 요구한다. "당신도 근사한 집을 만들어야 해요……. 진짜 근사한 걸로요."

나는 그녀의 경험상 '근사한 집'에 덧붙일 수 있는 외적 자원과 그 형상을 필요로 하는 그녀의 요구를 이해할 수 있었다. 샐리는 너무나 결핍된 환경에서 살았기 때문에 좋은 것이 무엇인지 확신할 수 없었다. 나는 음식과 흔들의자, 화목한 가족이 있는 집을 만들기 시작했다. 나는 그녀에게 이 집 안에 더 있어야 할 것들을 채우도록 했지만 그녀는 거절했다. 하지만 내가 만들어 내는 것들에 대해서는 매우 관심 있게 지켜보았다. 그녀는 조용히 담장을 헐어내고 자신의 작은 여자 인형을 내가 만든 집 안으로 옮겨 놓았다.

가난한 가정에서 자라난 아동들은 비슷하면서도 독특한 방식으로 안전한 장소를 만들어 낸다. 그들은 놀잇감의 숫자를 제한하는 데 어려움을 겪는다. 가난한 가정에서 자라난 아동들이 모래 상자를 만드는 것을 보면, 안전에 대한 다양한 양상을 나타내는 상징물로 가득 넘쳐 난다. 결핍된 환경에서 자란 아동들은 가끔씩 상자의 제한 범위 내에서 머물지 못하고 불필요한 물건들을 상자 경계선 밖까지 흘러넘치게 한다. 이런 결핍된 아동들이 가득 채운 안전의 상징물은 전화, 병원놀이 세트, 빨리 도망갈 수 있는 교통수단 그리고 많은 양의 돈이다.

다음에 이어질 일련의 그림에서 세 살 반 된 남자아이 조니(Johnny)는 그에게 항상 위협이 되었던 것을 내적 그림으로 명확하게 표현했다. 그리고 그 이미지의 형태를 안전의 이미지로 대체했다. [그림 3-7]은 초반 전 회기 동안 만들어 낸 심리학적 가계도 놀이(Gil, 1994, 2006)다. 조니는 컵을 어머니로, 컵케이크의 받침대를 그의 형으로, 작은 자동차를 조니 자신으로, 그리고 거대한 거미를 아버지로 표현했다. 심리학적 가계도 놀이는 여러 면에서 도움이 되는 도구다. 그것은 아동의 가족 구성원과 구성원 간의 관계에 대한 인식을 엿볼 수 있다. 또한 확인된 자료를 나타내는 물건과 나중에 놀이 대본을 조작할 때 다른 물건들을 제공해 준다.

그 이미지를 볼 때, 조니가 위협적으로 인식하는 가족 구성원은 분명해진다. 조니는 그의 아버지가 형과 어머니를 학대하는 것을 3년 동안 지켜보았

[그림 3-7] 조니의 심리학적 가계도 놀이

다. 비록 그가 이 모래 상자를 완성했을 무렵 아버지는 집으로부터 일 년간 격리되어 있었지만, 그는 이것을 아직 내적인 안전감으로 변화시키지 못하였다. 조니의 내적 현실에서 아버지는 여전히 언제, 어디에나 존재하는 위협적인 인물이었다. 실제 상황의 변화는 아동의 일상적인 과잉 각성(hypervigilance)에 영향을 미치기에 충분하지 않았다. 이러한 과잉 각성 증상 때문에 치료에 의뢰된 것이다.

조니가 이미지를 완성한 후에 나는 그에게 그 작은 자동차가 안전해질 수 있는 방법이 있는지를 물었다. 조니는 잠시 생각에 잠기더니 두 번째 그림([그림 3-8] 참조)을 반영하는 방식으로 상자를 바꾸어 놓았다.

조니는 거미를 상자에서 꺼내고, 그 자신의 양쪽을 구조차량으로 에워쌌다. 위험한 장소에서 안전한 장소로 장면을 활동적으로 조작하고, 상자를 물리적으로 변형시키는 것은 아동에게 내적으로 안전한 이미지가 되는 새로우면서도 구체적인 또 다른 사실이 된다. 일단 아동이 상자를 변형시키면, 나는 아동에게 눈을 감으라고 말하고, 마음의 눈으로 새로운 상자를 그려 보도록 한다. 우리는 조니에게 눈을 떠서 그 외적인 이미지를 내적인 이미지에 덧붙

[그림 3-8] 조니의 모래 상자에 아버지가 제거되고 구조차량이 더해졌다

여 더욱 몰두할 수 있도록 이러한 과정을 여러 번 반복하며, 다시 재빨리 눈을 감아 새로운 내적 이미지가 만들어질 수 있도록 한다.

또 다른 변형 과정의 예는 [그림 3-9]의 모래 상자 사진에서 볼 수 있다. 내담자는 자기 상징물로 아기 인형을 선택했다. 상자의 다른 쪽에 줄지어 놓은 것은 그 아동의 삶에서 다양한 가해자를 나타내는 상징물이다.

나는 그 상자를 어떤 식으로든 바꾸어 좀 더 안전하게 만들어 보라고 했다([그림 3-10] 참조). 아동은 거대한 마법사를 골라 아기와 가해자들 사이에 두었다. 이것은 아기를 안전하게 보호하고, 나아가 자신에 대한 안정감을 제공해 주고 있다. [그림 3-11]은 5학년 소년이 만든 상자다. 그의 안전한 장소인 모래 상자는 실제 장소에 근거를 두고, 그의 안전감을 증대시킬 수 있는 상징물을 보유하고 있다.

그의 안전한 장소는 도시 내 학교에 있는 양호 교사의 사무실이다. 아동은 그 방에 창문이 없다는 사실에 스트레스를 받는다. 아동은 매일같이 누군가 위급한 내담자가 생기거나 응급실로 급히 가야 할 경우를 대비해 항상 구급차가 주차되어 있다고 설명한다. 아동은 양호 교사의 사무실을 나무로 바꾸

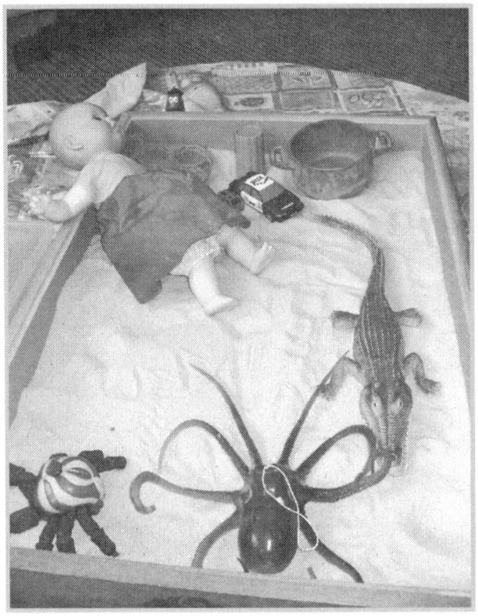

[그림 3-9] 그녀에게 대항한
가해자의 상징과 함께 있는 아기 인형

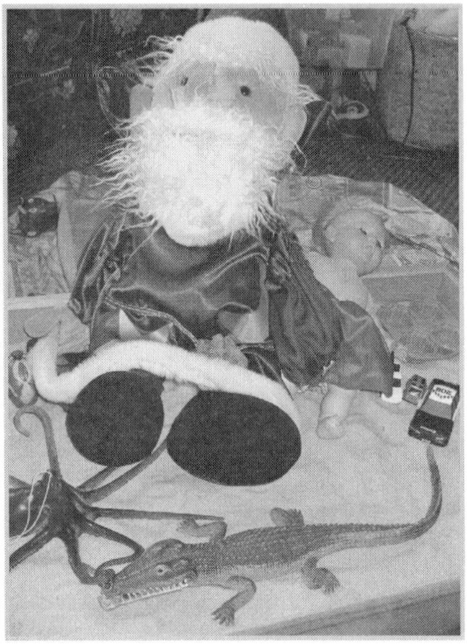

[그림 3-10] 아기 인형을
보호하고 있는 마법사

[그림 3-11] 안전한 장소: 나무로 가득 찬 양호 교사의 사무실

고, 사무실 의자를 편안한 침대로 바꾼다. 이런 식으로 아동은 외적으로 편안한 이미지를 강화한 뒤에 내면화할 수 있다. 아동은 또한 경찰관이 학교 주변을 돌며 모든 것이 안전한지 확인한다는 사실을 언급한다. 이 어린 소년에게는 그의 삶에서 학교가 가장 안전한 장소인 것이다.

때로 아동들은 좀 더 안전함을 느끼려 하지만 가해자를 거부했을 때 표면화되는 죄책감에 몸부림치기도 한다. 이런 경우에 놀이치료는 영향력이 크다. 놀이치료는 가해자에 대한 거부를 안전한 거리에서 해결할 수 있는 시각적 은유를 사용한다. 밝은 눈을 가진 여덟 살의 소녀 애나(Anna)는 열다섯 살의 이웃집 소년에게서 성폭행당했다. 그녀는 안전한 장소인 모래 상자를 통해 은유를 발전시켜 그녀의 일상적인 경험에서 가해자를 제거하는 심리학적 적응을 사용했다. 애나는 친구들과 뒷마당에서 놀곤 했다. 하루는 옆집 소년 존(John)이 뭔가를 보여 주겠다며 자신의 방 안으로 그녀를 불렀다. 방 안에 들어가자 존은 애나에게 학교에서 마사지 테라피 시험이 있는데, 그것을 연습해야 한다고 말한다. 순진하고 경험이 없는 애나는 그와 함께 연습하기로 한다. 존은 애나에게 옷을 모두 벗으라고 요구한 뒤에 침대에 눕힌다. 그리고 입으로 성적인 행동을 범한다. 그녀는 한두 번 저항했지만 자신이 시험에서 떨어지기를 바라느냐는 존의 질문에 그대로 있는다. 이런 일이 네다섯 번 일어난다. 나중에 존은 권위 있는 성직자에게 자신의 행동을 고백한다. 그 성직자는 그동안 일어난 일을 눈물을 흘리며 말하는 애나와 이야기한다. 존은 즉각 집 안에서 체포되었고, 마침내 거주치료센터로 보내졌다.

이 이야기를 하는 가장 중요한 목적은 그 사실을 말한 것은 애나가 아니었다는 점이다. 존이 스스로 고백을 했다는 것이 중요하다. 애나는 여전히 존이 체포된 사실에 대해 극도로 죄책감을 느낀다는 것이다. 애나는 '존에게 나쁜 일이 일어났다' 는 사실에 자책했다. 애나는 자신의 어머니가 존과 더 이상 접촉을 해서는 안 된다고 하자 화를 냈다. 그러면서도 애나는 우연히 자동차 창문을 통해 존의 모습을 얼핏 보았을 때 공포로 온몸이 마비되었다. 애나는 많은 아동들이 그들의 가해자에게 갖는 양가감정을 보였다. 애나의 입장에서 본 존과의 관계는 재미있는 것이었다. 그와 함께한 몇 번의 재미있는 술래잡기의 기억은 그녀에게 가끔 아쉬움으로 남았다. 애나는 몇 번이고 "존이 자기를 신부님께 일러바쳤다."며 되풀이해 말했다. 애나는 그녀의 부모가 존에게 다시 기회를 주지 않은 것은 너무 가혹하다고 생각했다. 나는 성폭행의 역학성에 대한 심리교육을 하는 동안 피해자들이 가해자에게 갖는 이중적인 감정을 분석했다. 그래서 성인들이 아동들의 안전을 위해 가해자와의 접촉을 허락하지 않는 것이 필요하다는 결론을 내렸다. 애나는 자신의 경험이 배제된 머릿속 지식(head knowledge)에 빠져 있는 듯하다. 그녀는 죄책감과 존에게 다시 기회를 주어야 한다는 생각 사이에서 어쩔 줄 몰라 하고 있었다. 이러한 교착 상태에 있을 때, 나는 그녀에게 모래 상자 안에 그녀가 생각하는 안전하고 만족스럽고 행복한 세상을 만들어 보라고 하였다. 그녀가 만들어 낸 세상이 [그림 3-12]에 있다.

애나는 자신의 세상이 말들과 특별히 빛나는 돌들로 가득한 아름다운 세상이라고 설명했다. "나는 황금 나무 근처에 있는 말이에요. 그 나무는 생명과 음식을 주고 모든 사람을 따뜻하게 해 줘요. 그 나무는 신과도 같아요"([그림 3-13] 참조). 내가 상자 구석에 있는 검은 나무를 큰 소리로 언급하자, 애나는 "저 나무는 항상 모두에게서 생명을 착취하고 있어요. 그것은 슬픔으로 가득 차 있고, 모두를 미치게 만들어요."라고 말했다([그림 3-14] 참조).

애나가 상자를 다 만들고 난 후에 나는 그 말을 더 안전하게 하기 위해 우리가 더 해야 할 일이 있는지 물었다. 그녀는 한참을 고민했다. 제일 먼저 그녀 자신을 상징하는 말을 황금 나무에 더 가까이 가져다 놓았다. 그리고 "그 말은 황금 나무에서 먹이를 먹을 거예요. 그리고 행복해질 거예요."라고 말했다. 나는 그녀에게 상자 안에 있는 말의 관점에서 상황을 보도록 유도했다. 나는 큰 소리로 검은 나무가 아직도 상자 안에 있다는 사실에 대해 그 말이 어떻게 느낄지를 물었다. 애나는 잠시 자세히 들여다보더니 자신의 말과 검

[그림 3-12] 초기 애나의 안전한 장소, 모래 상자

[그림 3-13] 황금 나무

[그림 3-14] 생명을 착취하는 나무

[그림 3-15] 생명을 착취하는 나무 제거하기

은 나무 사이에 몇몇 동물들을 옮겨 놓았다. 마침내 그녀는 나를 바라보며 말했다. "이것은 나쁜 나무예요. 모든 사람을 슬프게 만들어요. 이 나무는 없어져야 해요." 그러고 나서 그녀는 그 검은 나무를 상자에서 뽑아 버렸다([그림 3-15] 참조). 애나는 방 건너편으로 그 검은 나무를 옮겨 놓고 돌아와서 위협적인 것이 사라진 상자를 오랫동안 바라보았다. 애나는 미소를 지으며 말했다. "이제 우리는 그곳에 좋은 동물들을 더 놓을 수 있어요." 그리고 그녀는 빈 곳에 자신이 좋아하는 동물들을 채워 넣었다. 이 회기 후에 애나는 존을 보겠다고 그녀의 부모를 조르는 일을 멈추었고, 부모에게 화내는 행동도 줄어들었다. 나무들을 병렬로 배치하면서 애나는 마침내 자신과 존 사이의 경계선을 만들어 낼 수 있었다.

결 론

이 장에서 나는 심리적 외상을 치료하기 위한 첫 번째 단계로 놀이치료사가 아동의 안전감을 향상시킬 수 있는 수많은 방법을 설명했다. 심리적 외상을 경험한 아동들과 안전감 구축 작업을 하는 방법을 제안하는 이러한 실마리는 아동의 욕구를 충실히 따르도록 하고 있다. 아동의 욕구를 따르는 과정에서 놀이치료사는 치료 회기 중에 아동의 감정을 반영하거나 지지해 주고, 아동이 스스로 방향을 잡고 은유적인 사물을 선택하는 것을 수용하면서 아동의 안내를 따라야 한다. 그러나 아동의 욕구를 따르는 것은 추가적인 구조화, 보살핌, 적극적 지지 또는 치료사로서의 역할을 요구한다. 치료사는 방어자, 보호자, 의사, 간호사 또는 경계를 만들어 주는 사람이거나 아동의 경험적 과정을 가능하게 하는 등 다양한 역할을 해내야 한다. 치료사는 아동이 자신과의 전쟁을 하는 동안 동지가 되어 주고, 아동이 영웅을 필요로 할 때는 그들의 앞에 서 있어야 한다. 아동의 욕구에 대한 정확한 평가는 매 순간 치료사의 개입에 있어서 중요한 정보가 된다. 가해자 상징물의 조작과 견제는 '안전감 구축장치'라고 부른다. 이러한 종류의 놀이의 더 많은 예가 제8장 '천천히 자기 개방하기', 제9장 '경험적 숙련놀이'에 나와 있다. 이런 유형의 놀이 패턴이 치료 과정에서 종종 일어나기는 해도, 초기 수용 시에 놀이치료실이 안전한 장소라는 인식을 아동에게 굳혀 줄 수 있다.

이 장에서는 아동들의 안전감을 향상시키기 위한 방법으로 사용되는 직접적 개입의 예를 보여 주었다. 3차원적 안전 구역을 만드는 것은 아동에게 외적·활동적 기반을 둔 내적 이미지로 변형될 수 있는 안전감의 은유를 가능하게 한다. 글을 써넣을 수 있는 곰 인형과 다양한 변형적인 소품들은 보편화된 안전감이 놀이치료실 안에서 주변의 다른 환경 속으로 일반화하면서 개념화될 수 있도록 한다.

긍정적 대처기술의 평가와 증진

04

긍정적 대처기술의 평가와 증진

현재 대처기술의 평가

외상에 관계된 내용을 의도적으로 다루기 전에 아동의 대처 반응을 평가하는 것이 중요하다(Felix, Bond, & Shelby, 2006; Kimball, Nelson, & Politano, 1993; Shelby & Berk, 2009). 아동들은 신경학적, 생리학적, 관계형 시스템이 계속 발달 중에 있으며, 외상 사건으로 인해 압도당하기 쉽기 때문에 그들의 대처 방법은 정교함이 부족하다(Perry, Pollard, Blakely, Baker, & Vigilante, 1995). 어린 아동들은 부적응적인 대처 방법을 발전시키기 쉬우며, 그들은 인생 경험도 부족하고, 자신의 대처 반응이 적합한지 아닌지를 평가할 수 있는 인지 능력도 부족하다(Baggerly, 2006). 이런 아동의 외상 내용에 대한 궁극적인 접근은 아동의 긍정적인 대처기술을 증가시키고, 부적응적인 대처 반응을 없애면서, 새롭고 건강한 대처 방법을 발달시키도록 도와주어 외상을 긍정적으로 완화시킨다.

내담자의 대처 목록을 평가하고 증진시키기 전에 실제 외상의 과거력에 접근하려는 시도는 치료의 부작용을 초래할 수 있다. 치료 초기에 자신의 속내를 너무 과도하게 털어놓는 아동들은 아마도 많은 이야기를 한 후에 따라오는 감정적인 반작용에 관한 준비가 되어 있지 않을 것이다. 이러한 초기의 취약한 기반은 아동에게 치료가 안전하지 않은 것으로 인식될 수 있고, 아동은 초기의 과도한 폭로로 인해 이후에는 소극적으로 대처할 수도 있다. 그렇게 되면 놀이치료사는 신뢰와 라포의 중요한 기반을 잃을 수도 있다. 때로는 치료사가 이후 과정을 위해 초기 회기 동안 라포를 형성하고, 대처 방법을 평가하며, 양육적이고 안전한 기초를 형성하려는 최선의 노력을 해도, 아동은 놀이치료실 안에 들어오자마자 즉시 자신의 외상 사건의 세심한 부분까지 노출할 수 있다. 이러한 경우, 치료사는 아동을 서서히 안전한 곳으로 향하게 하면서 아동의 경험을 검증해 주어야 한다. 아동의 긍정적인 대처 목록이 강화된 후에야 비로소 아동은 감정적이고 생리학적인 조절이 가능한 새로운 기술을 획득하게 되며(Paule, 2009), 외상 내용이 더욱 안전하게 다루어질 수 있다.

어떠한 이유에서건, 아동들이 치료가 시작되자마자 이미 적응적인 대처 전략을 가지고 있다면, 임상가는 이러한 기술을 숙달하도록 강화하고, 자기 효능감을 증진시키며, 기존의 대처 방법을 연습하는 데 중점을 둔 치료 계획을 고안해야 한다. 그러나 아동이 부적응적인 대처 방법을 가지고 있거나 기능이 상실되어 스트레스 대처 능력이 약해졌다면, 치료사는 외상의 특정한 소재를 다루기 전에 아동이 적응적 대처 기제를 발전시키도록 먼저 도와주어야 한다.

지난 30년 넘게, 연구자들은 대처의 차원을 기술하려고 시도하였다. 첫 번째 척도는 대처방법 체크리스트(The Ways of Coping Checklist: WCC)(Folkman & Lazarus, 1980)로서, 해결중심과 감정중심 척도의 세트로 이루어진 68개의 대처에 관한 문항 체크리스트다. 대처방법 질문지(The Ways of Coping Questi on naire: WCQ)(Folkman & Lazarus, 1985; Vitaliano, Russo, Carr, Maiuro, & Bec ker, 1985)는 차후의 개정판으로서 WCC의 교체판이다. 이 두 가지 측정도구로 나타난 심리 측정의 단점에 관한 의문은 세 번째 도구인 다차원적 대처 목록(The Multi-Dimensional Coping Inventory: MCI)(Endler & Parker, 1990)의 개발을 서두르게 했다.

이 측정의 요인 분석은 대처하는 것의 세 가지 우선적인 접근인 과업(task), 감정(emotion) 그리고 회피(avoidance)를 산출하였다. 대처방식 질문지(The Coping Styles Quesionnaire: CSQ)는 MCI처럼 세 가지 동일한 차원을 기술하였으나, 분리(detachment)를 중심으로 하는 부가적 차원을 추가하였다(Roger, Jarvis, & Najarian, 1993). 대처 방식의 견지에서 보면 정서적이고 회피하는 반응이 쌍을 이루고 있는 합리적이고 분리된 대처도 쌍을 이룬다. 연구자들은 더 나아가서 적응적 대처기술을 나타내는 합리적이고 분리된 적응 방식과 부적응적 대처기술을 나타내는 감정적/회피 대처 방식을 제시하였다. 비록 이러한 척도들이 성인을 대상으로 만들어지기는 했지만, 이러한 대처 방식과 아동들이 대처하는 방법 사이에서 유사점을 찾아냈다.

최근에 복서와 그의 동료들(Boxer et al., 2008)은 아동들이 폭력에의 노출에 어떻게 대처하는지를 살펴보았다. 각각 시행된 두 가지 연구 모두 아동들이 두 가지로 정의된 방법 중 하나로 폭력에 대처한다는 가설을 지지하였다. 그들이 '표준화된 경로' 라고 부르는 첫 번째 대처 반응에서 아동들은 공격성을 지지하는 신념을 발전시키고 스스로 더 많이 공격적이 된다. 이 골치 아픈 대처 반응은 대도시 중심부의 저소득층 청소년들 사이에서 낮은 정서적 고통과 높은 공격성의 유형을 발견한 나노-마크와 그의 동료들(Ng-Mak et al., 2004)에 의해 지지되고 있다. 연구자들이 '고통 경로' 라고 부르는 두 번째 반응 유형은 회피성 대처다. 이러한 아동들은 더 많은 정서적 증상과 부적응적인 경향이 있다. 두 가지 경로 모두 문제가 있는 대처 반응이다. 자기보고 대처 척도(The Self-Report Coping Scale)(Causey & Dubow, 1992)는 사회적 지지를 추구하고, 문제해결책 찾기를 포함한 '접근 전략'과 거리 두기 내면화 또는 외현화를 포함한 '회피 전략'을 구분하고 있다. 아동들을 위한 대처 측정인 KidCope (Spirito, Stark, & Williams, 1988; Knapp, Stark, Kurkijan, & Spirito, 1991) 또한 대처를 회피와 접근 전략으로 나눈다. 뎀프시, 오버스트리트 그리고 몰리(Dempsey, Overstreet & Moely, 2000)는 인지적 주의 산만 전략은 폭력에 노출되어 있는 아동들의 인지 각성 증상을 증가시키는 경향이 있고, 행동의 회피 전략 사용을 감소시킨다는 것을 발견하였다. 이러한 결과들은 행동의 회피는 폭력에 노출된 아동들에게 보호 기능을 한다고 제시한 다른 연구 조사들과 일치한다(Duncan, 1996; Gonzales & Kim, 1997).

놀이에 기초한 개입은 아동의 대처 목록을 평가하기 위해 발달적으로 세심한 경로를 제공한다. 셸비(Shelby, 2004)는 '과일이 열리는 나무'의 은유에서 평가를 시작할 수 있는 개입을 만들었다. 임상가는 종이의 중앙에 나무를 그리는 것에서 시작한다. 그런 뒤에 치료하는 사람들이 사는 지역의 고유의 과일 스티커를 소개한다. 내가 속한 동네는 사과나무가 가장 일반적인 과실수라서 평가 때마다 사과 스티커를 사용하곤 한다. 임상가는 몇 개의 사과는 나무 위에 그리고, 몇 개는 땅에 그리고 나서 아동에게 질문한다. "나에게 있었던 나쁜 일들이 생각나면 무엇을 할 거니?" 만약에 아동이 "나무에 가서 숨어요."라고 답하면, 임상가는 땅에 놓인 한 개의 사과에 답을 적는다. 아동이 "나는 어머니에게 가서 안아 달라고 할 거예요."라고 답하면, 임상가는 아직 나무에 달려 있는 사과에 답을 적는다. 임상가는 다양한 방법으로 아동이 인식하고 있는 대처기술을 모두 말한 것처럼 보일 때까지 질문을 계속한다. 각 대답은 어떠한 판단도 없이 수용되고, 아동의 정보의 흐름을 막지 않으면서 땅에, 또는 나무 그 자체에 기록한다.

모든 대처기술이 명시되면, 임상가는 다시 돌아가서 나무에 대하여 몇 가지 질문을 한다. 예를 들어, "나무에 있는 사과들에게 어떤 일이 일어날 것 같니?"라고 말이다. 아동은 사과가 계속 자라고 익어 가는 것을 이해할 것이다. 그러면 임상가는 "땅에 있는 몇 개의 사과는 주워서 집에 가지고 가서 먹거나 파이를 만들지도 몰라. 사과가 오랫동안 땅에 떨어져 있으면 어떻게 될까?" 라고 물을 수 있다. 아이는 일반적으로 땅에 떨어진 사과는 썩을 것이라고 생각할 수 있다. 이때 임상가는 이 상징적인 구별을 이용하여 건강한 대처기술과 부적응적인 대처기술의 결과를 비교할 수 있다. 나무는 빠르고 간단하게 정보를 모으는 도구 역할을 하면서 동시에 아동들이 자신의 건강하거나 그렇지 않은 대처를 특성화하는 데 다리 역할을 할 수 있다.

전국 아동 외상 후 스트레스 조직망(The National Child Traumatic Stress Network)과 외상 후 스트레스 장애군을 위한 전국적 센터(the National Center for PTSD)는 재난 반응 상황에서 초기의 외상 후 스트레스를 완화시키는 데 도움을 주기 위한 규약을 만드는 데 함께 노력하였다. 이 규약은 『심리학적 응급처치: 현장 실행 지침서(Psychological First Aid: Field Operations Guide)』(National Child Traumatic Stress Network and National Center for PTSD, 2006)라는 이름으로, 위기 개입을 위한 현 연구와 최고의 임상 기준의 대처 지원(coping support)에 관한 정보와 지지망을 강화하는 것 등 여덟 가지 핵심 활동을 실었다. 놀이치료협회에 속한 놀이치료사 그룹도 이 규약에 기술된 치료 목표의성취를 위해 아동 친화적이고 발달상 적절한 놀이 활동을 고안하는 데 참여하였다. 우리가 하는 일의 가장 중요한 부분 중 하나는 대처하는 것을 평가하고, 존재하는 대처기제를 증가시키기 위한 전략을 고안하고 증진시키는 것이다. 이러한 활동은 스리랑카(Sri Lanka)에서 해일이 있은 후에 재난 반응을 제공한 놀이치료사 팀에 의해 소책자로 만들어졌다(Shelby, Bond, Hall, & Tsu, 2004).

아동의 사회적 지지 평가하기

가족놀이 가계도

일반적으로 하나 이상의 유익한 사회적 지지를 받고 있는 외상 아동들은 훨씬 적은 외상 후 증상을 나타내는 경향이 있고, 더 빨리 회복하는 듯하다(Bleich, Gelkopf, & Solomon, 2003; Dubow, Tisak, Causey, Hryshko, & Reid, 1991; Litz, Gray, Bryant, & Adler, 2002; Ruzek et al., 2007; Stein et al., 2003). 그러므로 아동의 지지 체계에 관한 상태를 평가하는 것은 중요하다. 나는 이 평가 과정을 가족 체계와 함께 시작한다. 아동이 이해하는 가족 역동(family dynamic)을 평가하는 매우 유용한 개입은 가족놀이 가계도다(Gil, 1994, 2006). 나는 가족놀이 가계도를 내가 상담하는 모든 아동들의 평가 단계에 포함시켜 아동에게 각각의 가족 구성원을 나타내는 모형을 선택하도록 한다.

이 절차의 초기 이행 시에, 내가 아동이 처음에 연필과 종이를 이용해 가계도(McGoldrick, Gerson, & Shellenberger, 1999)를 그리는 것을 도와주면, 아동은 선택한 모형을 종이 위에 배치한다. 이후 나는 아동들이 그들의 가계도를 모래 상자에서 만들어 보게 한다. 아동들은 자연스럽게 모래에 흥미를 느끼기 때문에, 이렇게 하는 것은 아동들의 마음을 편안하게 한다. 게다가 모래상자는 아동들에게 소품을 배열할 수 있는 장소—경계선을 가진 자기 조절 장소—가 된다. 각각의 인물상의 불분명한 경계는 아동이 선택한 소품을 배열하는 데 가족 조각[family sculpting, 사티어(Satir)가 사용한 가족치료 방법 중 하나-역주]의 차원을 반영하는 것이다. 상자 안에서 가족 구성원들 사이의 거리와 인물 모형의 형태를 보면, 아동이 다양한 가족 구성원들과 그들 사이의 관계를 어떻게 인지하는지 풍부한 정보를 얻을 수 있다. 예를 들어, 가족으로부터 자신의 모형을 멀리 떨어진 곳에 둔 아동은 부모 옆에 그 자신을 편안하게 놓아두는 아동들과는 달리 다른 무언가를 말하는 것이다. 상자 안에서 물체들 사이의 물리적 거리는 다양한 가족 구성원들 간의 심리적인 거리가 반영된 것일 수도 있다.

아동이 가계도를 완성하면, 나는 항상 아동에게 선택한 인물들과 관련된 이야기를 만들도록 한다. 특히, 아동이 모형의 이름을 그대로 사용하도록 권한다. 만약에 아동이 자신의 어머니로 우르슐라('인어 공주'에 나오는 문어)를,

아버지로 말(horse)을 선택했다면, 나는 아동이 '어머니'와 '아버지' 대신 이야기에서 인물의 이름—즉, '우르슐라'와 '말'—을 사용하도록 할 것이다. 이렇게 구별하는 의도는 아동이 심리적인 내용을 투사하는 하나의 방법으로서 계속적으로 상징과 은유를 사용하도록 하기 위해서다. 인물 이름의 사용은 아동에게 놀이에서 자신을 배제하는 부가적 차원을 허용하고, 그로 인해 아동의 방어를 줄이고, 선정된 인물들이 가지는 심리적 주제를 탐구할 가능성을 증가시킨다.

아동의 소품 선택과 그의 이야기 내용을 함께 살피는 것은, 가족 구성원들이 아동에게 건강한 사회적 지지를 제공하는지에 관한 다양한 정보를 얻도록 해 준다. 다음의 사례가 이것을 잘 설명하고 있다. 내슈빌(Nashville) 동부의 도심부 학교에서 일하고 있을 때, 나는 케이온(Keyon)이라는 5학년 남자아이를 만났다. 케이온은 수업을 방해하는 경우가 많아서 수업에 참여하는 시간보다 교장실에서 보내는 시간이 더 많을 정도였다. 초기 회기에서, 나는 케이온에게 가족놀이 가계도를 만들어 보도록 했다. 케이온의 가족 놀이 가계도는 [그림 4-1]에 나타나 있다.

[그림 4-1] 케이온의 가족놀이 가계도

케이온은 인물들을 고른 후에 내가 아무것도 묻지 않았는데도 자신이 각각의 인물을 선택한 이유를 설명하기 시작했다. 다음은 케이온의 설명을 그대로 적은 내용이다.

케이온: [케이온은 조커(배트맨에 나오는 악당-역주) 모형을 들어 올렸다.] 왜냐하면 그는 내 어머니를 마구 때려서 지금 감옥에 있기 때문이에요. 그는 비열하니까 이 조커 모형을 골랐어요.

[프린스 차밍(왕자) 모형을 들어 올렸다.] 이것은 나의 의붓아버지예요. 음…… 지금은 내 진짜 아버지예요. 그는 진짜로 좋고 우리는 같이 놀아요.

[이요르('푸우' 에 나오는 동물 친구-역주) 모형을 들어 올렸다.] 이것은 내 어머니예요. 어머니는 때때로 우울해요. 그러나 우리는 여전히 즐겁게 놀아요.

(레슬링 선수 모형을 들어 올렸다.) 이것은 나의 형 자레드예요. 나는 언더테이커(프로레슬링 선수-역주)를 골랐어요. 왜냐하면 형은 크고, 힘이 세기 때문이에요. 우리는 자주 레슬링을 해요.

['미녀와 야수' 에서 벨(여자 주인공) 모형을 들어 올렸다.] 이것은 나의 누나예요. 나는 벨을 골랐어요. 왜냐하면 누나는 옷을 잘 차려입고 꾸미는 것을 좋아하고 예쁘니까요.

(새끼 호랑이를 들어 올렸다.) 이것은 나예요. 왜냐하면 남을 속이기도 하고, 노는 것을 좋아하니까요.

케이온은 자신이 다양한 가족 구성원들을 어떻게 인식하고 있는지 나에게 소중한 정보를 주었다. 케이온은 친아버지를 표현하기 위해 배트맨 시리즈의 악당 조커를 선택했고, 친아버지가 어머니에게 가정폭력을 행한 것을 폭로하였다. 케이온은 그의 의붓아버지로는 영웅적인 인물, 프린스 차밍을 선택했고, '진짜로 좋은' 사람이라고 말하면서 자신과 함께 놀아 준다고 말하였다. 케이온의 의붓아버지는 케이온의 사회적 지지자로 보였다. 케이온은 어머니를 표현하기 위해 '푸우' 시리즈의 슬픈 당나귀 이요르를 선택했고, 어머니의 우울에 대하여 이야기하였다. 이런 것은 귀중한 통찰을 주었고, 케이온을 지지해 주는 사람으로서 그 가족 구성원은 소중하고 도움이 된다는 것을 케이온이 인식했으며, 그것은 그림의 형태로 드러나기 시작하였다. 케이온이 각 인물을 선택한 이유를 모두 설명하자마자, 나는 그 인물들에 대해서 이야기를 지어 낼 수 있는지 물어보았다.

케이온: 여기에 숲을 통과하며 걸어가고 있던 호랑이(자신)가 있고, 한 남자(조커)가 따라왔어요. 그는 비열하게 웃으면서 교활한 얼굴로 말했어요. "나는 너에게 음식을 줄 거야." 그리고 그는 떠났다가 몇 가지 음식을 주고는 다시 떠났어요. (케이온은 조커가 오가는 것을 묘사하면서, 종이에서 떼어 낸 인형을 집어 올려 허공에서 한 번 앞뒤로 움직였다.) 그리고 다른 남자(프린스 차밍)가 따라와서 "당신은 배가 고픈가요? 혹시 필요한 것이 있나요?"라고 말하자, 호랑이가 "나는 당신과 함께 살기를 원해요."라고 말했어요. 그러자 그(프린스 차밍)는 호랑이를 집으로 데려갔어요. 그리고 당나귀가 왔어요. 그녀는 우울했고 친구가 필요했어요. 그래서 호랑이는 말했어요. "나는 너의 친구가 될 거야."

우리는 또다시 아직 적절한 단어를 구사하지 못하는 아동들이 명확히 표현하는 것을 도와주는 놀잇감(Webb, 2004)과 은유의 힘(Mills & Crowley, 2001)을 깨닫는다. 표현언어 기술이 3학년 수준이었던 5학년인 소년은 친아버지와 관련된 유기(abandonment)적 감정과 자신을 구출하기 위해서 나타난

의붓아버지를 영웅적으로 이상화하는 것을 말로 완전히 표현할 수 없었다. 그는 어머니의 우울증에 관한 미묘한 감정을, 자신이 현재 맡고 있는 어머니의 정서적 양육자로서의 역할 또는 어머니를 행복하게 해 줘야 할 것 같은 책임감 등을 말로써 분명하게 묘사할 수 없었다. 케이온은 아직 자신이 경험한 것들의 미묘한 차이를 표현할 만한 단어를 찾을 수 없었지만, 놀잇감으로 그것을 명확히 표현하였다.

더욱이 나는 케이온의 놀이에서 조금씩 수집한 정보를 기초로 하여, 케이온의 의붓아버지를 좀 더 효과적으로 활용하는 치료 계획을 준비할 수 있었다. 내가 케이온을 만났던 도심부 학교의 인구통계학에 따르면, 이런 학교 내 아동들의 85%가 일관성 있고 믿을 만한 아버지상이 없었다. 아버지상의 부재는 대부분의 치료가 여성 양육자와 함께 실시되는 결과를 낳았다. 그렇지만 의붓아버지와 긍정적인 관계를 맺고 있는 케이온의 경우는 의붓아버지를 치료 과정에 참여시키는 자연스러운 선택이 가능했다. 더욱이 나는 양육자로서 케이온의 어머니의 역할을 강화하는 일을 하는 동안 어머니가 우울증 치료를 받도록 해 주었고, 결국 어머니는 자신의 임상적인 문제에 대한 치료를 받아 많이 치유되었다.

가족놀이 가계도에 나타나는 특성의 다른 예로는, 태어나면서부터 계속 가정폭력을 직접 목격했던 네 살의 소년 숀(Shawn)의 경우다. 숀은 아버지가 어머니에게 반복적으로 상처를 입히는 것을 보았다. 내가 숀에게 어머니의 상징물을 고르도록 하자, 그는 선반으로 가서 케이크를 가지고 있는 여자를 재빨리 선택했다. 상당히 양육적인 상징물로서 그는 어머니를 표현하는 것으로 이것을 모래 위에 놓았다. 내가 숀에게 자기 상징물을 선택하라고 했을 때, 그는 선반으로 가서 오랜 시간을 고민하더니 어머니 상징물보다 훨씬 작은 벌거벗은 남자 아기를 선택했다. 마지막으로, 아버지 상징물을 선택하라고 했다. 숀은 선반을 향해 가다가 다시 나를 향해 돌아섰다. 그는 "하나 이상 선택해도 돼요?" 라고 물었고, 나는 "네가 필요하다고 생각하는 것은 무엇

[그림 4-2] 숀의 가계도: 나의 세 명의 아버지들

이든지 선택할 수 있어."라고 대답했다. 숀은 세 개의 각기 다른 소품을 선택했다. 첫 번째는 크고, 공격적인 레슬링 모형이었다. 두 번째는 작고, 위협이 되지 않는 남자 모형이었다. 세 번째는 프린스 차밍(왕자) 모형이었다. 숀은 무엇을 표현한 것이었을까? 숀은 가정폭력 순환의 기본 모델을 보여 주었다. 숀은 대학원 교과서나 공공 서비스 광고에서 묘사되던 순환을 보여 준 것이다([그림 4-2] 참조).

나는 숀의 어머니에게 세 가지 측면의 가계도를 보여 주었다. 그녀는 어떻게 숀이 그녀의 전남편에 관한 세 가지 측면을 정확하게 포착하였는지 깜짝 놀랐다. 그녀는 전남편이 일을 끝내고 집에 와서 술을 마시면 그녀를 때렸던 것에 대해 설명하면서, 숀의 상징이 포착한 것을 말로 표현했다. 이런 위기가 지난 후에, 아버지는 후회하고 회유하기 시작했다. 용서를 빌고 어머니를 다시는 다치게 하지 않겠다는 엄숙한 맹세를 한 후에 다시 긴장감이 쌓이기 전까지, 아버지는 어머니에게 꽃을 선물하고 설거지를 해 주는, 프린스 차밍의 전형이 되었다. 어린 네 살의 나이에, 숀은 가정폭력의 순환에 관해 전문가가 되었다. 숀은 다만 이 전문성을 적절히 전달하기 위한 언어가 없을 뿐이었다. 하지만 그 자신만의 언어인 놀이언어로 그 순환을 뚜렷이 표현할 수 있었다(Landreth, 1991).

다른 가계도에서, 아홉 살인 소년이 약간 망설이다가 어머니 상징물로 마녀를 선택했다. 그 소년은 선택을 하고 나서, 나를 조심스럽게 보았다. 내가 그 소년의 선택을 반기며 수용해 주자, 소년은 말문이 트이면서 어머니를 마녀로 인식하게 된 그들의 최근의 상호작용에 대하여 말하기 시작했다. 나는 그 소년의 가계도에 따른 양자 관계를 평가하였고, 어머니가 아들을 무척 사랑했음에도 불구하고 그녀의 육아 방식과 자녀의 기질 사이에 부조화가 있었음을 알아차렸다. 치료 계획을 세울 때, 나는 부모교육 부분에 양육적인 양자 관계 개입을 결합하였다. 덧붙여서 그 소년이 어머니로부터 필요한 것을 요청할 때 적절한 단어를 찾고 사용하도록 도왔다. 그 가족은 치료가 진전됨에 따라, 아이에게 삶의 스트레스 요인이었던 어머니가 아이의 삶의 다른 스트레스 요인을 완화하는 데 도움을 주는 긍정적인 사회적 지지자로 변했다.

가족 구성원과 더불어, 아동의 전반적인 지원 조직에는 다른 많은 사람들이 포함된다. 세 가지 중요한 사회적 요인인 가족, 학교, 동료 집단에 대한 아동의 애착은 아동의 적응기능과 관련이 있다. 사실 이러한 범주들 각각에서 올바르지 않은 사람과의 애착은 곧바로 비행으로 연결된다(Famiglietti, 1984). 그러므로 임상가들이 치료의 초기 단계에서 아동의 환경 속에서 이러한 체계의 질을 평가하는 것이 중요하다.

브론펜브레너(Bronfenbrenner, 1979)는 임상가들에게 아동들의 삶에 있는 체계의 영향을 개념화하는 생태학적 관점을 사용하도록 장려하였다. 그는 개별 아동이 밖으로 방출하는 체계적 영향을 동심원상에서 네 가지 단계로 가정하였다. 그는 아동에게서 가장 가까운 원을 미시체계(microsystem)라고 명명했다. 미시체계는 아동이 매일 직접적으로 상호작용하는 모든 사람들을 포함한다. 다른 양육자, 이웃들과 함께 부모와 선생님은 반드시 이 범주에 속한다. 학교, 방과 후 보호 환경 그리고 계속 진행 중인 구조화된 운동 활동이나 과외 활동도 미시체계의 영향권으로 볼 수 있다.

두 번째 단계는 중간체계(mesosystem)라 불리고, 두 개의 미시체계 사이의 공유 영역으로 이해할 수 있다. 아동에게 중간체계의 영향은 아동의 미시체계가 서로 다른 사람의 가치를 지지할 때 탄력적으로 되는 듯하다. 예를 들어, 선생님이 숙제에 높은 가치를 둘 때 부모 역시 숙제에 높은 가치를 둔다면, 아동은 더 잘 지지받을 수 있다. 중간체계의 두 번째 특성으로는 특정한 두 미시체계 사이에서 얼마나 강한 상호작용이 존재하는가다. 예를 들어, 아동의 주 양육자가 학교에서 시간을 보내고 아동의 선생님을 잘 아는 학급 대표 학부형이라면, 이 아동은 부모와 선생님 사이에 직접적인 접촉이 없는 아동보다 더 많은 지지를 받을 것이다. 부모와 선생님 사이의 협력은 아동의 성공 또는 어려움을 나타내는 데 특별한 원동력이 된다(Famiglietti, 1984).

외상을 경험한 어떤 아동들은 집과 학교 사이에서 큰 책임감을 가질 수 있다. 이러한 아동들은 부모에게 숙제에 관해 거짓말을 하거나 해야 할 일을 최소화할지도 모른다. 부모가 선생님에게서 정확한 정보를 얻는다면, 부모는 주도권을 가지고 방과 후 환경을 적절하게 구조화할 수 있다. 외상을 경험한 아동들과 관련된 중간체계의 또 다른 영향으로는, 부모가 따로 떨어져 살 때 두 가정 사이에서 일어나는 상호작용의 질과 관련 있다. 이혼했지만 공동 양육자로서 서로 효과적으로 의사소통하고, 아이 돌보기나 등하교 시 교통편 제공 및 여러 세부 계획을 사회적이고 구조화된 방식으로 조정하는 것은 공동으로 양육하는 관계에서 혼란이나 변덕을 보이는 양육자보다 아동들에게 더 건강한 환경을 제공한다.

아동의 삶에 대한 생태학에서의 세 번째 단계는 외체계(exosystem)다. 이 외체계는 모든 단체, 정책 그리고 아동에게 매일 영향을 주지만, 아동이 직접적으로 상호작용하지 않는 사람들로 구성된다. 예를 들어, 아동은 그의 지역 학교 조직의 관리이사회를 직접 접하지는 않지만, 이사회가 정한 학교 교칙에 따라 교복을 입을 것이다. 학교 등하교 시간과 방과 후 프로그램의 제공 여부는 아동의 하루 일정과 학부모에게 엄청난 영향을 미칠 수 있다. 그러나 아동은 이러한 정책 결정에 직접적으로 관련되어 있지 않다. 전쟁에 짓밟힌 지역이나 최근 자연재해가 발생했던 지역에 살고 있는 아동들에게, 교통 서비스의 마비, 실업, 가난 등으로 인해 더해진 스트레스는 아동의 외상 스트레스 반응을 일반적 범주에서 임상적 범주로 옮기면서 외상 후 스트레스 반응을 악화시킬 수 있다(Evans & Oehler-Stinnett, 2006; Layne et al., 2008; Vernberg, LaGreca, Silverman, & Prinstein, 1996).

마지막으로, 브론펜브레너는 거시체계(macrosystem)가 아동에게 미치는 영향에 대해 말한다. 거시체계의 주제는 대규모의 사회가 간직하고 있는 가치나 신념과 관련이 있다. 제도화된 인종차별, 성차별과 같은 다양한 형태의 탄압은 아동 생태학의 다른 체계들 안에서 점차적으로 영향을 미친다. 아동을 지지해 주는 체계 또는 그 체계의 결핍에 대해 신중하게 평가한다는 것은 이러한 체계들이 어떻게 특정 아동을 위험에 빠뜨리는지 또는 아동의 탄력성에 기여하는지를 심도 있게 분석하는 것이다.

또래들은 또한 아동의 지원 네트워크에서 결정적인 역할을 한다. 사실 몇몇 연구자들은 또래 관계가 가족 체계보다 아동들의 삶에 더 많은 영향력이 있다고 주장하기도 한다(Harris, 1998). 긍정적인 또래 관계는 외상을 경험한 아동들에게 보호적으로 기능하고, 왕따와 같은 부정적인 또래 관계는 사회적 위축과 같은 부적응적 대처 양식을 강화할 수 있다(Erath, 2007).

아동의 대처 반응은 왕따가 되는 것에 영향을 미친다(Kochenderfer-Ladd, 2004). 아동들은 왕따를 시키는 아동들에게 대응할 수 있는 명확하고, 긍정적인 기술을 갖추어야 한다(Frey, 2002; Robinson & Maines, 2008). 또래에게 위협을 느끼는 아동은 모든 관계에서 소극적인 것이 자신을 보호하는 최선의 방법이라고 믿고, 자신을 격려와 우정의 잠재적 원천인 또래로부터 단절시킬 수 있다.

정반대로 우호적인 또래 관계를 맺고 있는 아동은 자신의 삶에서 다른 스트레스를 완화하기 위해 긍정적인 또래 관계를 활용할 수 있다. 크레이그, 피플러 그리고 블레스(Craig, Pepler, & Blais, 2007)는 4~19세의 1,852명의 캐나다 아동들을 설문 조사하였다. 한 가지 흥미로운 발견은 아동이 어떠한 전략을 사용하든지 간에 왕따가 오래 진행될수록 자신의 전략이 효과가 없다고 인지한다는 것이다. 이 결과는 아동을 도와주는 어른들이 아동의 사회적 맥락에 항상 유의해야 함을 알려 주는 것이다. 아동에게 좀 더 도움이 되는 결과는 아동이 자신의 또래 지지에 관해 스스로 평가하도록 해 주는 것이다. 이를 위해 나는 '사회 태양계(social solar system)'라 불리는 도구를 사용한다.

사회 태양계

첫 번째로 나는 내담자에게 커다란 검은색의 미술 공작용 색판지, 호일로 만든 별 모양 스티커, 서로 다른 색으로 된 원형 모양의 스티커를 제공한다. 이 원들은 행성을 나타낸다. 나는 내담자가 자신을 나타내는 행성을 하나 고르게 하고, 그 원을 종이의 가운데에 놓는다. 나는 아동에게 자신의 사회적 관계를 태양계로 만들 것이라고 설명한다. 아동은 다른 사람들을 표현하기 위해 별이나 행성을 사용한다. 아동에게 가장 많은 지지를 제공하는 또래 친구나 가장 친한 친구들은 십중팔구 아동 자신의 행성 근처에 배치될 것이다. 아동과 갈등이 있었거나 거리감을 느꼈던 또래 친구들은 멀리 배치될 수 있다. 아동은 어디에 어떤 사람을 놓을지 결정한다. 특히, 외향적인 아동들은 반 친구나 축구 팀원들을 나타내기 위해 자신의 행성 주변에 20개의 별을 놓을 수도 있다. 어떤 아동들은 눈에 띌 만큼 별이나 행성이 적다. 이런 아동들은 사회적으로 고립되었을 경향이 있고, 사회적 기술뿐 아니라 어려움을 겪는 다른 부분에서도 도움이 필요할 것이다. 어떤 아동들은 다양한 또래들을 배치한다고 해도 대부분의 관계가 갈등 상황일 수 있다. 외상을 경험한 아동이 자신을 좋아하는 사람이 아무도 없다거나 모든 사람이 자신을 괴롭힌다는 인식을 갖는 것은 흔한 일이다. 테이슬과 시체티(Teisl & Cicchetti, 2008)는 학대받은 아동들, 특히 신체적 학대 경험이 있는 아동들은 신호를 해석하는 데 오류를 범한다는 것을 발견하였다. 심각한 외상 병력을 가지고 있는 아동들은 사회적 신호를 잘못 이해하는 경향이 있고, 자신들이 진짜 원하고 필요한 것에 대해 다른 사람에게 잘못된 신호를 줄 수 있다. 초기 사회 태양계가 완성되고 진행되면, 아동에게 자신이 원하는 모습을 가진 두 번째 사회 태양계를 만들도록 한다. 이것은 임상가와 가족이 아동을 지지하는 연결망을 강화하는 출발점으로 하위 목표를 세우는 데 사용될 수 있다.

몇몇의 사회 태양계 사례는 부모가 함께 놀이하는 시간에 의도적으로 긍정적인 또래의 영향을 목표로 하도록 돕는다. 외상 병력 때문에 부모들이 사회적 관계를 추구하는 것에 망설임이 있을지도 모른다. 이런 부모들은 그들의 사생활이 드러나는 것에 두려움을 가질 수 있다. 아동이 성 문제 행동을 보이면 부모는 당연히 또래 관계에 관해 경계하게 될 것이다. 그러나 사회성이 부족한 아동들은 반복되고 관리되는 일대일의 또래와의 상호작용을 통해 굉장한 도움을 얻는다. 가끔 이 태양계 활동은 이미 존재하는 외상 증상을 악화시킬 수도 있는 왕따 문제를 드러나게 한다. 때때로 왕따 상황에서 가장 효과적인 개입은 교실이나 학교 또는 방과 후 환경을 바꿔서(이것이 극단적으로 들릴지 모르지만), 아동의 삶에서 만성적인 스트레스를 제거하는 것이다. 이러한 경우 부모는 아동을 보호하는 부모의 역할을 아동에게 보여 주면서 개입할 수 있다.

공동체 왕관

많은 내담자들의 외상 반응으로 밝혀진 불안 증상은 건강한 문제해결의 욕구 —아동들이 적절한 사회적 지지자를 찾도록 이끄는 충동이 포함된—를 억압할 수 있다. 아동들이 자신에게 가치 있는 지지자들의 실제 이미지를 그려 보게 하는 것은 도움이 된다. 나는 '공동체 왕관'이라고 불리는 개입을 통하여 아동들이 이 사회적 지지 차원을 탐색하도록 돕는다(Goodyear-Brown,

2002). 이 개입은 간단한 종이 인형 체인과 함께 시작한다. 나는 아동에게 자신이 원할 때 안아 주고 뽀뽀해 준 한 사람의 이름을 말하라고 한다. 아동이 이름을 말하면, 우리는 첫 번째 종이 인형을 그 사람이라고 보고 색칠한 다음, 나는 인형의 중간쯤에 그 사람의 이름을 적는다. 그런 뒤에 아동에게 자신에게 무엇인가를 가르쳐 주는 사람의 이름을 물어본다. 만약 아동이 축구코치에 대해 말한다면 우리는 체인에 있는 두 번째 종이 인형을 아동의 축구코치로 보고 색칠한다. 나는 아동에게 긍정적인 말을 하는 사람, 어려운 일을 도와주는 사람, 함께 놀아 주는 사람, 귀 기울여 들어 주는 사람, 같이 있으면 편안한 사람의 이름을 차례차례 물어본다. 각각의 사람들을 확인하는 대로, 잘라서 재단된 종이 인형 체인에 그 사람들을 나타내는 색칠을 한다. 이 활동이 완성되면 종이 인형 체인의 양 끝부분을 잡고 스테이플러로 고정시킨다. 그 결과물은 왕관처럼 머리에 쓸 수 있고, 그 원에는 아동을 지지해 주는 사람들이 둥글게 모여 있게 된다. 완성된 결과물은 아동이 도움이 필요할 때 도움을 받을 수 있는 사람들을 기억하는 데 도움을 주는 시각적 형상이 된다.

재난을 겪은 아동들은 자신의 많은 지지자들이 사라진 교란적인 현실에 직면한다. '쓰나미'라 불리는 해일이 발생한 후에 놀이치료협회에서 스리랑카에 두 팀의 임상가들을 보냈을 때, 그들이 가장 크게 충격받은 것 중 하나는 '큰 물'에서 사라진 사람들이 정말 많다는 사실이었다. 미국의 도심부에 살고 있는 아동들은 줄기차게 나타나는 갱단의 폭력으로 계속 지지자를 잃는 경험을 한다. 신체적으로 또는 성적으로 학대당하는 아동들은 그들의 최대 안전기지가 되어 주어야 할 사람들이 최대 위험 인물이 되어 버린 것을 발견한다. 이러한 모든 사례에서 지지자 네트워크의 본질을 되돌아보는 것이 필요하다.

재난 구조 지역에서 살아남은 성인들은 아동을 위해 새로운 지지자 역할을 담당한다. 예를 들어, 오래전부터 할머니 옆에 앉아서 조상에 관한 이야기를 듣는 것으로 편안함을 느꼈던 한 아동이 쓰나미로 할머니를 잃었을 때, 마을에 있던 다른 연장자가 그 아동의 할머니 대신 이야기해 주는 사람의 역할을 맡게 되었다. 이런 종류의 의도적인 조직망은 이웃들이 재난 후에 다시 공동사회의 기능을 할 수 있도록 도울 수 있다. 분명히 아동은 친숙한 이야기를 듣는 것에서 위안을 얻을 것이고, 연장자 또한 다음 세대를 위해서 자신의 지혜와 지식이 필요하다는 것을 깨달음으로써 위안을 얻을 것이다.

지지해 주는 어른과의 관계를 정의하는 것은 아동이 다양한 양육자들과 단절된 경험을 했을 때 더욱더 어렵다. 한 장소에서 다른 장소로 옮겨지면서 양육된 위탁 아동은 일관성 없는 초기 양육을 경험한다. 그 아동은 교사, 코치, 목회자, 보육교사들과의 단절을 경험한 것이다. 이러한 경우, 치료사는 아동의 인생에서 가장 안정된 양육자 중 한 명이 될 수도 있다. 아동이 양육자가 자주 바뀌거나 박탈되는 상태에 있다면 이 왕관 공동체 활동에서 반드시 각색이 필요하다. 한 가지 수정안은 치료사와 아동이 나누었던 의식, 치료사가 아동에게 했던 지지적인 말 또는 회기에서 일어난 교훈적인 가르침을 각각의 종이 인형에 채우는 것이다. 아동은 치료사로부터 일관성 있게 수용했던 메시지인 '너는 특별해.'라는 말을 종이 인형에 쓸지도 모른다. 아동은 치료사와 함께 나눈 즐거움과 건강한 접촉을 다시 떠올리기 위해서 '우리의 특별한 악수'라는 표현을 종이 인형에 쓸지도 모른다.

이 종이 인형 활동은 청소년에게는 발달상 적절하지 않다. 나는 청소년들에게 적용하기 위해 이 활동을 수정하였다. 청소년에게 옷가지 중 하나를 가져오라고 하였다. 이것은 티셔츠, 모자, 스카프, 조끼 또는 타이가 될 수도 있다. 그런 뒤에 나는 청소년들에게 '자신의 사람들을 만들' 핀을 제공한다. 각 핀은 안에 색칠할 수 있는 빈 종잇조각과 함께 안이 보이고 생강 쿠키처럼 잘린 모양의 플라스틱으로 되어 있다. 내담자는 각각의 지지자들을 나타내는 단추를 만들어 자신의 모자, 타이, 티셔츠 등에 부착한다. 어떤 청소년들은 신기해하며 이것을 학교에 즐겨 입고 다닌다. 또한 타이를 국기처럼 벽에 걸어 놓고 그들이 지지자라고 생각하는 모든 사람들을 기억하는 시각적 기념품으로 삼는 청소년들도 있다.

학교 지지의 평가

사회적 지지의 다양한 영역들이 모두 조사되면, 긍정적인 사회적 지지를 증가시키고, 아동을 위험에 빠뜨리는 요인을 감소시키는 계획을 세울 수 있다(때때로 효과적인 계획은 아동을 위해 환경을 상당히 극단적으로 변화시키는 것이다). 내가 최근에 만난 차드(Chad)라는 어린 남자아이는 교실에서 친구들에게 괴롭힘을 당하고 있었다. 차드는 가톨릭 학교에 다녔는데, 반복적으로 수녀님 —그와 관계가 안 좋은 선생님 —에 관해서 말하였다. 하루는 내가 차드에게 그 수녀님을 표현하는 소품을 고르라고 하자, 차드는 머리가 두 개 달리고 불을 내뿜는 용을 선택하였다. 차드의 어머니는 학교 환경이 차드에게 괴로움을 준다고 보고 차드를 나에게 데리고 왔다. 어머니가 보기에 차드는 '가정에서도 사소한 일에 감정적으로 반응하고 격렬하게 폭발하는' 특징을 가지고 있었다. 초기 회기에서 차드가 학교에서 공황 발작을 경험하고 있다는 것이 확실하게 드러났다. 차드의 어머니는 선생님으로 선택된 상징물을 본 후에 차드를 다른 학교로 전학시킬 결심을 굳혔다.

그의 가족은 차드를 다른 사립학교로 전학시켰고, 차드는 잘 지내고 있다. 아동은 생활의 많은 부분을 학교에서 보내기 때문에, 특정 교사와 아동 사이의 '관계'는 그해 동안 아동의 성취감에 엄청난 영향을 미친다. 구조와 양육을 균형 있게 제공하는 교사는 교실에서 외상 아동의 증상 표현을 완화시킬 것이다. 그러나 양육에는 소홀하고 너무 엄격하기만 한 교사는 외상 아동을 자극할 가능성이 있다. 반대로 교실 안에서 양육에 신경은 쓰지만 구조가 없는 교사는 외상 아동의 다른 부분을 자극할 수 있다.

나는 현재 과거 외상의 영향으로 분리불안을 겪고 있는 샐리(Sally)라는 아홉 살의 여자아이를 치료하고 있다. 우리는 샐리의 대처기술을 증진시키는 작업을 활발히 하고 있고, 샐리는 학교에서 자기 조절을 좀 더 잘할 수 있게 되었다. 선생님은 학교에서 샐리의 변화를 보고 안도하였다. 그러나 어머니는 선생님이 기쁨을 나타내는 것에 대해 근심하였다. 샐리 어머니의 표현에 따르면 선생님은 이렇게 말하였다. "샐리는 이번 주에 훨씬 더 잘했어요. 이번 주 내내 저는 샐리를 안아 줄 필요가 없었어요!" 샐리가 어머니와 성공적으로 분리되고, 연령에 맞는 환경에 통합할 수 있게 도와주는 것이 치료의 목표였지만, 아홉 살의 아동은 절대 안아 달라고 해서는 안 된다는 교사의 정형화된 발달 기준은 문제가 있었다. 아동들과 함께 생활하는 성인들은 다양한 발달단계에 있는 아동들에게 무엇이 발달상 적절한 대처 방법인지 훈련이 되어 있어야 한다. 어머니와 나는 샐리가 이따금 요구하는 양육이 소중한 대처 방식이라고 여긴다 해도, 샐리의 선생님은 이 양육의 요구가 부적절하다는 인식을 가지고 있을 수 있다.

작은 소품에 기반한 대처 방법 증진 놀이 개입

대처 방법을 우산에 적기

우리가 대처기술을 증가시키는 작업을 할 때, 나는 아동들이 경험하고 있는 성장을 구체화하는 방법으로 소품을 사용하는 것이 도움이 된다는 사실을 알았다. 아동은 외상 증상이 활성화될 때 적용할 수 있는 대처 방식 목록을 즉시 이용하지 못한다. 그러므로 대처 방법을 선택할 수 있는 시각적이고 활동성 있는 상기물이 있으면 좋을 것이다. 대처 방법에 관해서 내가 사용하는 소품 중 하나는 우산이다. 이 개입은 비벌리 제임스(Beverly James, 1989)의 외상 치료 접근을 토론하기 위해 모였던 공동연구회에 기반한다. 그녀의 유인물 중 하나에는 아동이 우산을 들고 있는 그림이 있었다. 빗방울을 상징하는 우산 위의 말들은 몇 가지 외상 증상이 나열된 것이었다. 나는 아동을 보호해 주는 방패 역할로 이 우산 상징을 사용하여 외상이 유발되면 곤경에 빠지고 마는 나의 내담자들의 외상 증상을 가라앉힐 수 있을 것이라는 생각을 하였다. 나는 아동이 손쉽게 이용할 수 있는 기존 레퍼토리에 새로운 대처기술을 더하여 치료적 학습의 기초를 단단히 하기 위해서 작고 알록달록한 색깔의 우산을 사용하기 시작했다(Goodyear-Brown, 2002). 나는 내담자의 대처 목록의 확장을 목표로 정하면, 우선 아동에게 우산을 주고 그것에다가 우리가 배우고 연습한 새로운 기법을 적을 것이라고 설명한다. 이 기술은 아동에게 발생했던 나쁜 일들이 기억날 때 동반되는 감정, 생각 또는 신체 반응의 공세에 대항하여 아동을 보호해 줄 것이다([그림 4-3] 참조).

아동이 대처기술로 배웠던 심호흡을 연습한다고 하면, 우리는 이 기술을 연습하면서 익힌 기술을 우산에 적는 놀이 개입을 무수히 많이 한다. 그런 후에 아동에게 호흡 곤란을 유발할 만한 외상과 관련된 상황의 역할놀이를 권한다. 역할놀이를 하는 동안 아동은 그의 머리 위로 우산을 들고 심호흡을 연습한다. 이 활동의 재미난 변형으로 외상 증상을 상징하기 위해서 깃털을 사용할 수 있다. 치료사가 깃털을 우산의 꼭대기에 떨어뜨리는 동안 아동은

[그림 4-3] 대처 방법을 적은 우산

[그림 4-4] 대처 방법을 적은 우산 모자

우산을 들고 있는다. 이런 방법으로 아동은 대처기술을 통해서 증상으로부터 보호받는 전신 경험을 하게 된다. 우산이 모두 긍정적인 대처기술로 가득 찼을 때, 내담자는 우산을 집으로 가지고 간다. 이것은 놀이치료실의 안전과 치료사를 대신하는 이행기 대상이면서 동시에 자신이 이용 가능한 대처 방법의 시각적 상기물이 된다. 아동들을 위한 또 다른 재미난 선택으로 우산 모자도 있다([그림 4-4] 참조).

대처 방법을 적는 케이크 만들기

또 하나의 개입인 대처 방법 케이크는 점차 성장하고 있는 대처기술의 목록인 동시에 시각적인 상기물이다. 나는 다양한 모양과 크기의 두꺼운 종이를 아동에게 주는 것으로 시작한다. 그러고 나서 케이크의 바닥 층으로 사용할 편평한 원을 오려 낸다. 내담자는 케이크의 층을 만들기 위해 바닥 위에 있는 원보다 좀 더 작은 원 모양의 종이를 갖는다. 나는 케이크 위에 양초를 대신할 길고 얇은 종이를 자른다. 다른 방법으로는, 점토를 사용해서 케

[그림 4-5] 대처 방법을 적는 케이크

이크를 만들 수 있고 진짜 양초를 케이크 위에 꽂을 수도 있다. 보통 다양한 대처기술을 배우는 연습을 시작하면서 아동과 함께 이 케이크 만들기에 들어간다. 아동이 '생각 중지 행동(thought-stopping behavior)'에서 몰입하는 방법을 배우는 회기를 한 후에, 우리는 초에 대처 방법을 적고 케이크 위에 그것을 올려놓는다. 추가적인 대처기술이 연마됨에 따라 초가 점점 추가되며, 차후의 회기 과정에서 계속해서 추가된다([그림 4-5] 참조).

아동의 대처 방법 창작물

수많은 상징들은 아동에게 긍정적인 대처기술이 유용하다는 것을 이해하게 해 준다. 아동이 스스로 상징을 제안하는 것은 흔히 있는 일이다. 어려서 충격적인 사건을 경험한 아홉 살의 미시(Missy)의 경우가 그렇다. 미시의 몇몇 외상 흔적은 사람들의 얼굴 표정에 대한 과도한 민감성으로 나타났다. 미시의 과경계성 두뇌는 항상 주위에 위험이 있는지 살폈다. 교실에서 선생님이 잘 들리게 하기 위해서 목소리를 높이거나 얼굴을 찌푸릴 때마다, 미시는

[그림 4-6] 대처 방법을 적은 무지개 그림

공포감을 느꼈다. 우리가 이러한 지각을 함께 탐색하기 시작했을 때, 미시는 자신의 반응이 사건 자체에 전혀 어울리지 않는다는 것을 깨달았다. 그녀는 선생님의 커진 목소리와 찡그린 얼굴이 자신이 익사할지도 모른다는 느낌이 들게 하는 홍수와 같다고 묘사했다. 나는 미시의 언어를 다시 그녀에게 반영해 주고, 우리가 비가 내릴 때 그녀의 기분을 좋게 만들 수 있는 것을 찾을 수 있는지 물어보았다. 미시는 "알아요. 무지개요!"라고 말했다. 그녀는 열심히 무지개를 그리기 시작했다([그림 4-6] 참조).

흥미롭게도 무지개의 층에 미시가 명시한 모든 활동은 가족들이 함께 있을 때 미시가 부모님과 언니와 하던 재미있는 활동이었다. 학교에서 긴장하는 순간에 미시가 해야 할 일은 가족이 있는 안식처인 집으로 돌아가는 것을 마음속에 그려 보는 것이다. 미시는 이제 학교에서 불안한 순간에 그것을 따로 떼어 한쪽에 치워 두었다가 학교에서 집으로 왔을 때, 어머니와 함께 그 불안에 대해 이야기하며 그것을 처리한다. 치료 초기에 선생님은 미시가 매일 운다고 보고하였다. 또한 선생님은 미시가 질문에 대한 답을 알고 있으면서도 교실에서 발표하지 않는 것을 걱정하였다. 미시는 가족 체계를 통해 흡

수된 내부적 탄력성이 자극을 받은 이후에 선생님의 행동에 대해 좀 더 올바른 관점을 가질 수 있었다. 미시가 선생님의 대화 방식을 결코 수용할 수는 없었지만, 치료의 종결 시점에서는 그해 초기에 경험한 공포감 없이 선생님을 대할 수 있게 되었다.

대처 방법을 정리해 둔 콜라주

미시와 그의 선생님의 사례에서처럼 불쾌한 상황이나 자극을 항상 피할 수 있는 것은 아니다. 내가 만난 외상을 경험한 어떤 아동들은 특정한 과제를 완성하는 것에 많은 어려움을 갖고 있었다. 어떤 아동들은 독감 주사나 치과에 가는 것과 같은 불쾌한 사건을 예상하면서 단계적으로 확장된다. 이때 내담자들이 편안함을 주는 다양한 상기물들을 식별하게 하는 것이 도움이 된다. 가장 좋아하는 장난감이나 담요와 같은, 아동이 스트레스 사건에 동반할 수 있는 편안한 물건에는 무엇이 있을까? 스트레스 사건에서 아동이 스스로를 조절할 수 있도록 반복해서 할 수 있는 편안한 말에는 무엇이 있을까? 이러한 각각의 질문은 아동이 잠재적인 위기를 극복하는 것을 도와주는 다양한 대처기제를 나타낸다. 스트레스 사건 후에 어떤 즐거운 사건이 일어날 수 있을까? 이 질문의 목표는 아동이 긍정적인 미래지향성을 갖도록 도와주는 것이다. 아동들은 즐거운 미래 사건에 집중함으로써 효과를 볼 수 있다. 실제로, 아동의 인생에서 즐거운 경험은 외상 반응을 완화시킨다.

아동이 스트레스를 받는 동안 긍정적인 기대감을 갖도록 돕는 하나의 간단한 도구는 대처 방법 콜라주다. 아동에게 잡지 뭉치를 준 다음, 가장 좋아하는 것을 상기시키는 사진을 오리면서 잡지를 살펴보라고 한다. 또한 기대하고 있는 미래의 즐거운 사건의 그림이나 말을 오리도록 한다. 예를 들어, 생일이 곧 다가오는 아동이라면 생일 케이크의 사진을 오려서 자신의 콜라주를 만들 수 있다. 콜라주를 집으로 가지고 가서 아동의 침대 옆에 붙이면,

[그림 4-7] 대처 방법을 정리해 둔 콜라주

앞으로 다가올 즐거운 사건에 관한 시각적 상기물이 되어 아동이 곧 닥칠 스트레스 사건과 직면하는 데 준비가 된다. [그림 4-7]은 한 아동의 대처 방법 콜라주다. 이것은 아동을 진정시켜 줄 수 있는 맛, 향기, 활동 그리고 공간에 관한 사진이다.

손 인형극과 노랫말을 이용한 대처기술 연습

새로운 대처기술의 습득과 연습은 노랫말, 손 인형놀이 그리고 동작의 연속을 통해서 증가될 수 있다. 몇 년 전에 나는 외상 병력과 함께 공격성으로 표출되는 조절 불능을 가진 잠복기(프로이트에 의하면) 연령의 남자아이 집단을 치료하였다. 우리는 초기에 이 아동들이 자신의 공격성이 급상승되는 단서가 되는 신체적 신호를 구별할 수 있도록 하는 작업을 하였다. 이어서 그들이 사용할 수 있는 간단한 대처기술의 목록을 만들었다. 우리는 그 목록을 두 번 정도 반복하였는데, 아동들은 종이와 펜으로 하는 연습에는 전혀 관심이 없었다. 이 집단은 연필로 다양한 리듬을 만들면서 테이블을 두드리기 시작했다. 처음에 나는 이 행동을 파괴적인 것으로 간주하여 못하게 했다. 그러나 그 두드림이 계속되었을 때, 나는 아동들이 만드는 자연적인 리듬의 흐름을 이용해 보기로 결심했다. 나는 아동들에게 대처기술을 배우는 것과 관련된 랩을 만들어 보도록 했다. 그 랩은 '멈추기, 진정하기, 심호흡하기, 10까지 숫자 세기'의 반복 활동이다. 아동들은 이 랩을 만드는 것을 무척 재미있어 했고, 좀 더 어린 아동들을 위해 공연하고 싶어 했다. 리듬과 노랫말에는 그 소녀들의 당면 문제와 관련 있는 치료적 내용을 실었다.

한 가지 비슷한 해결책이 긍정적 문제해결 모델을 배우려고 하던 초등학교 여자아이 집단에 도움이 되었다. 문제해결 단계의 목록은 노랫말로 변형되었다.

멈추고 생각하기
멈추고 생각하기
얼음
내가 원하는 것은 뭘까?
생각, 생각, 생각…….
이것은 좋은 건가, 나쁜 건가?
이것은 좋은 건가, 나쁜 건가?
이것은 좋은 건가, 나쁜 건가?
선택하자.

이 여자아이들은 노랫말에 맞추어서 춤을 만들었다. 아동들은 계속해서 이 노랫말을 연습했다. 나는 학교에서 쉬는 시간에 아동들이 운동장에서 노래 연습하는 것을 보곤 하였다. 이러한 방법으로, 무미건조하고 침체되어 있었던 과정은 아동에게 스스로 열중하고 싶은 무엇인가로 변형되었다. 이것은 본질적인 즐거움과 마찬가지로 그들에게 의미심장했던 다양한 형태로 저장되었기 때문에, 그들이 문제해결 단계를 일상 속에서 적용할 때 이 정보를 이용할 가능성이 높다. 수많은 대처기술들은 노랫말, 노래, 춤 또는 동작같이 좀 더 잘 소화할 수 있는 형태의 기술 연습과 함께 자세히 설명되고 결합될 수 있다.

지금 그리고 나중에

외상을 경험한 아동들은 종종 문제해결 능력이 부족하다. 외상을 경험한 아동들이 해결책을 찾는 데 도움을 주는 개입법 가운데 '지금 그리고 나중에' 라고 불리는 것이 있다. 나는 일반 크기의 종이 한 장을 3등분으로 접는다. 3등분 중 첫 번째 공간에는 '지금' 이라고 적고, 세 번째 공간에는 '나중에' 라고 적는다. 나는 아동과 함께, 현재 아동에게 불편함을 일으키는 문제 하나를 선택한 후에 아동에게 첫 번째 칸 안에 지금 가지고 있는 문제에 관해 그림을 그리도록 한다. 그런 다음 종이의 세 번째 칸에 문제에 관한 그림

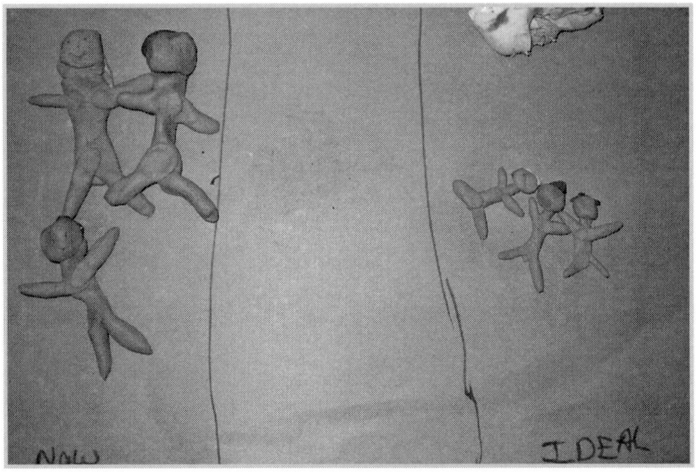

[그림 4-8] '지금 그리고 나중에' 개입 방법

을 '더 좋은 방향으로' 그리라고 한다. 이 두 단계가 완전히 끝나면 두 그림 들 사이에 텅 빈 한 공간이 남는다. 나는 아동에게 문제를 모두 좋게 만드는 것으로 향할 수 있는 오로지 한 단계에 관해 생각하고 그것을 그곳에 그리라고 한다. 아동이 문제에 바로 직면하면 이에 압도되는 느낌을 받지만, 3단계 방식으로 접근하면 문제를 다룰 수 있는 방향을 향하여 아동이 한 걸음 더 나아갈 수 있도록 해 준다. [그림 4-8]은 점토를 이용하여 그림 만들기를 했던 한 아동의 작품이다. 아동은 첫 번째 면에 자신을 놀리는 또래 친구들을 함께 배치했다. 세 번째 면에는 맨 위에 태양을 놓고, 자신을 두 명의 친구들 사이에 두었다. 우리는 이 장면에 대해 토론하면서, 아동이 그의 학급 친구들과 동등하다고 느낄 수 있게 되는 것이 목표라고 설명하였다. 아동은 가운데 면에 그의 또래 친구와 동등하다는 느낌을 줄 이미지를 만들 것이다.

대처 방법을 자극하는 가상놀이

때때로 외상은 아동의 창의적 문제해결 능력의 발달을 방해한다. 아동들의 문제해결 능력을 자극하는 많은 놀잇감이 있다. 왕의 망토나 왕관, 마법사의 모자, 요술 지팡이같이 특별히 힘을 상징하는 것들로 옷을 차려입는 것은 아동에게 자신이 느껴 보지 못했던 문제해결책을 만들 수 있는 유능감을 불어넣을 수 있다. 좀 더 힘이 넘치는 역할을 해 보는 것은 외상을 경험한 아동들에게 해결 가능성을 찾도록 해 준다. 러스(Russ, 2007)는 가상놀이와 진보된 대처기술 사이에 상호 관계를 가정하였다. 가상놀이를 잘하는 아동들은 하나의 대처기술을 다른 것으로 바꾸는 것 역시 잘한다(Christiano & Russ, 1996). 아마도 가상놀이에서 두 개의 역할을 빠르게 바꾸는 것을 가능하게 하는 동일한 기제가 아동이 대처 방법을 선택할 때 융통성을 발휘하도록 알려 주는 듯하다.

다음 장들에서 다루어질 대처 방법

인간이 스트레스를 경험하는 것은 자연스러운 일인데, 그 스트레스에 대처하는 방법에 따라 삶의 질이 결정된다. 이 대처 방법을 증진시킬 수 있는 몇 가지 영역이 있다. 대처기술의 한 영역은 스트레스에 위협을 느끼는 신체적 반응을 조절하는 것과 연관된다. 깊은 숨쉬기, 바이오피드백, 상담학적 상상기법 그리고 시각화와 같은 기법은 아동의 도구 상자와 더불어 유용할 수 있다. 그러나 스트레스 관리와 연상기술의 습득에 관련된 개념 모두 놀이와 함께 동반될 때 발달상 가장 적합한 방법으로 활용될 수 있다. 아동들이 스트레스 관리 기술을 연습하는 데 도움을 주는 놀이에 기초한 개입은 제5장 '생리기능 조절하기'에서 자세히 다룰 것이다.

아동들을 위한 대처 방법의 또 다른 중요한 형태는 아동들이 지지가 필요할 때, 얼마나 성공적으로 부모의 지지를 획득할 수 있는가와 관련 있다. 이 대처 방법의 형태와 관련된 정보는 제6장 '동반자로서의 부모'에서 상세하게 탐구될 것이다. 대처 방법의 다른 형태는 자신의 사고 세계의 조작에 초점을 맞추는 것이다. 부정적인 생각을 구별하고, 이 생각을 견디는 것을 배우며, 그 생각에 도전하여 결국에는 그것을 긍정적인 생각으로 바꾸는 것과 관련된 이 기술은 아동이 그의 환경적 스트레스에 대처하는 데 상당한 차이를 만들 것이다. 아동들의 인지적 스트레스를 완화시켜 주는 이론적 개념과 연습적 개입은 제11장 '아동의 사고 세계에 관한 연설'에서 자세히 살펴볼 것이다.

임상가들이 구체적인 외상 내용에 대해 보다 집중적인 작업을 시작하기 전에, 내담자들의 대처기제를 평가하는 것은 중요한 부분이다. 아동의 현재 대처 방법을 평가한 다음에야, 치료사는 아동이 이미 가지고 있는 긍정적인 대처기술을 증진시키는 것, 필요할 때 새로운 대처 방법을 배우고 연습하는 것 그리고 부적응적 대처를 없애는 것을 목표로 하는 구체적인 개입 계획을 세울 수 있다. 치료의 초기에 긍정적인 대처에 관한 이러한 기초를 마련해 두면, 아동들이 자신의 과거력에 충분히 직면할 수 있을 정도의 자신감을 갖게 하고, 새로 발견된 탄력성으로 전진하게 하며, 후에 외상 과정과 관련해 치료사의 부주의로 발생할 수 있는 부작용을 완화할 수 있다.

05 외상장애 아동을 위한 놀이치료

생리기능 조절하기

05

생리기능 조절하기

외상을 경험한 아동을 돕는 것은
평정의 상태를 발견하는 것이다.

생리적 각성, 조절 곤란 그리고 외상

아동기 외상의 가장 당혹스러운 결과 중 하나는 아동의 생리적 기능에 나타나는 조절 곤란이다(Cicchetti & Curtis, 2006; Perry & Azad, 1999; Van der Kolk, 2003, 2005). 고통받고 있는 외상의 종류 또는 외상에 대한 아동의 특유한 반응에 상관없이, "극단적인 외부의 위협의 본질은 스트레스 반응과 조합기능을 중재하는 신경생리학적 체계의 극단적이고 지속적인 내적 활성화에 의해 조화를 이룬다" (Perry & Azad, 1999, p. 310). 외상에서 생존한 어린 아동들은 과경계성 상태에서 살아간다. 그들은 항상 위험의 표시를 찾기 위해 주변의 환경을 자세히 살피고 있다(Garavan, Pendergrass, Ross, Stein, & Risinger, 2001; Wright et al., 2001). 간단히 말하자면, 이 아동들은 스스로 진정되기 어려운 고조된 생리적 반응성을 가지고 있다.

만약 아동이 만성적인 학대 때문에 생체 내에서 적응을 위한 스트레스 반응을 충분히 일관되게 촉진시켰다면, 아마도 이 아동은 신경생리학상 제대로 발달하지 못했을 것이다(Perry & Azad, 1999; Teicher, Anderson, Polcari, Anderson, & Navalta, 2002). 조기 외상을 경험한 경우—특히, 다양한 범위에서 스트레스 상황에 지속적으로 노출된—는 뇌의 구조와 기능이 영구적으로 손상되었을 수 있다(Anda et al., 2001; Van der Kolk, 1994). 좋은 환경에서도 아동의 스트레스 반응 체계가 활성화된 상태로 있거나 생활에서 몸이 일상의 사소한 일 전반에 지속적으로 경보음을 울린다면, 체계는 제대로 발달되지 못한다(Pervanidou, 2008).

이러한 상황에서 아무리 몸에 좋은 호르몬이라도 지나치게 많이 분비되면 생리기능에 문제가 생길 가능성이 있다. 다수의 저자들이 외상 후 스트레스 장애를 가진 아동들에게 나타나는 말초 교감신경계 활동의 증가와 외상 후 증상을 강조한다(De Bellis & Thomas, 2003; Delehanty, Nugent, Christopher, & Walsh, 2005). 극도의 스트레스나 장기간의 스트레스는 만성적으로 외상을 경험한 아동들의 면역계를 억압하고(Sapolsky, 2004), 아동을 장기 정신병리학, 신체적 합병증과 같은 위험에 빠뜨리면서(Pervanidou, 2008), 면역 체계를 약화시킨다.

만성적으로 외상을 경험한 아동들은 우리 몸이 스트레스에 적응 반응을 하는 데 아주 중요한 시상하부 뇌하수체 부신(hypothalamic-pituitary-adrenal: HPA) 축의 조절 곤란을 보인다. 물론 이 조절 곤란의 본질에 관해서는 논쟁이 있기도 하다. 외상을 경험한 아동들과 외상을 경험하지 않은 아동들의 타액 샘플을 채취하여 1차 코르티솔(스트레스 호르몬) 수준을 측정한 연구에서는 결과가 혼재하여 비난을 받았지만(Cicchetti & Rogosch, 2001), 이때 외상을 경험한 아동들과 그렇지 않은 아동들에게서 나오는 아드레날린(부신호르몬) 반응은 차이가 있음을 분명히 보여 주었다(Carrion et al., 2002).

디벨리스와 그의 동료들(DeBellis et al., 1999)은 학대를 경험한 아동들이 통제 집단의 아동들에 비해 코르티솔 수준이 증가되었다는 것을 관찰했다. 캐리언과 그의 동료들(Carrion et al., 2002)은 외상에 노출되고 3일 동안 하루에 네 번 이상 PTSD 증상을 보이는 51명의 아동들의 타액 코르티솔을 표본으로 채취했다. 그리고 같은 성별의 31명의 건강한 통제 집단 아동들의 타액 코르티솔과 비교했다. 그 결과 외상에 노출된 표본 집단 아동들이 통제 집단에 비해 코르티솔 수준이 현저히 증가하여 디벨리스의 연구 결과와 일치하였다. 부가적으로 이들은 PTSD 증상을 보이는 여아들이 남아들에 비해 두드러지게 높은 수준의 코르티솔 수치를 보인다는 사실을 발견했다.

반면에 몇몇 다른 연구에서는 외상 후 코르티솔 수준이 줄어드는 것을 발견하기도 했다. 킹과 그의 동료들(King et al., 2001)은 연구를 시작하기 몇 달 전에 성폭행당한 5~7세의 여아들을 표본으로 채취했다. 이 여아들은 통제 집단에 비해 코르티솔 수준이 상당히 낮았다. 브렘너와 그의 동료들(Bremner et al., 2003)은 PTSD 진단을 받은 어른들을 그들의 어린 시절 학대와 연관된 인지적 도전 과제에 노출시켜 보았다. 이 PTSD 진단을 받은 집단은 인지 도전 전에 증가된 수준의 코르티솔 수치를 보였고, 인지 도전 중간에는 약간 줄었지만 여전히 증가된 상태였다. 그리고 인지 도전 후에는, 이 PTSD 집단의 코르티솔 수준이 통제 집단과 비슷하게 기준점 근처로 내려가는 것을 발견했다. 이 데이터로부터 브렘너와 그의 동료들은 PTSD의 스트레스와 관련해서 코르티솔 반응에는 손상이 없다고 진술했다. 주요우울장애를 가지고 있는 아동들의 타액에서 나타난 코르티솔 수준을 아침과 점심에 채취한 다른 두 연구에서도 코르티솔 수준의 감소가 보이지 않았다(Hart, Gunnar, & Cicchetti, 1996; Kaufman, 1991).

외상을 경험한 아동들의 HPA 축(시상하부 뇌하수체 부신축)의 연구를 좀 더 발전시키기 위해, 시케티와 로고시(Cicchetti & Rogosch, 2001)는 학대를 경험한 175명의 학령기 아동들과 일반적인 209명의 아동들의 코르티솔 조절 수준을 조사하였다. 두 집단의 코르티솔 조절에는 큰 차이가 없었다. 그러나 아동이 경험한 학대의 종류에 따라 코르티솔 조절에 상당한 차이가 있었다. 신체적 학대와 성폭력 모두를 경험한 아동들은 오전에 증가된 수준의 코르티솔 수치를 보였다. 복합적인 형태의 학대를 경험한 아동들은 오전과 오후 사이에 불규칙적으로 코르티솔 수준이 감소하곤 했다. 더불어 신체적 학대만 경험한 아동들은 오전에 낮은 수준의 코르티솔을, 그리고 오전과 오후 사이에 다소 다른 코르티솔 수치를 보였다.

이 연구들이 다른 결과를 보인 이유는, 아마도 방법론적인 문제, 외상 사건 발생과 코르티솔 표본 추출 사이 시간의 경과, 특정 대상이 경험한 외상의 다른 하위 범주 그리고 대상들이 경험한 외상의 다양성과 관련 있다고 본다. 조절 곤란의 본질은 경험한 외상의 정도, 종류, 기간에 영향을 받는 것으로 가정된다. 외상의 반응인 조절 곤란이 HPA 축에서 발생하므로, 정확한 조절 곤란의 본질을 이해하기 위해서는 앞으로도 많은 연구들이 이루어져야 할 것이다.

중요한 것 먼저

외상 치료의 첫 번째 목표는 아동이 자신을 통제하고, 자신에게 긍정적인 영향을 준 중요한 사람을 공동 조절자로 세우는 것이다. 다른 말로 하면, 아동의 생리기능 조절하기는 다른 치료 목표를 세우기 전에 선행되어야 한다. 시케티와 터커(Cicchetti & Tucker, 1994)는 코르티솔의 생성과 조직이 더 이상 수동적인 과정으로 개념화되어서는 안 되고, 자기통제 기제로 조정하는 자기 구조화 과정으로 보아야 한다고 주장했다. 페리와 아자드(Perry & Azad, 1999, p. 314)는 외상을 경험한 아동들의 후유증인 과잉행동의 연쇄적인 파급 효과를 분명히 표현하면서 다음과 같은 진술문을 만들었다.

> 저조한 학업 성적과 낮은 자아존중감 그리고 부적응적 문제해결 방법의 발달과 같은 악순환의 결과가 저변에 깔린 생리학적인 과잉행동이 불안을 조절하는 능력과 학업 · 사회적 학습 과제에 집중할 수 있는 능력 그리고 행동의 충동성을 조절하는 능력을 손상시키는 한 (외상이) 치료되기 어렵다.

페리는 핵심이 되는 과잉행동을 다루기 위해서는 약물치료가 필요하고, 심리학적 개입은 2차적인 문제들을 다루는 데 도움을 준다고 제시하였다. 이 치료 패키지에는 외상을 경험한 아동들이 생리학적 과정 중 자기통제에 특별히 중점을 둔 기술을 발달시키도록 하는 내용이 포함되어 있다. 이 치료 패키지에서 놀이에 기반한 스트레스 관리 훈련을 시작했다. FSPT 모델은 아동의 부적응적 생각에 영향을 주는 시도나 외상 내용에 점진적으로 노출하거나 외상의 감각 내용과 실제적 설명을 통합한 일관된 이야기를 만들기 전에 아동의 신경생리학적이고 신체적 각성 상태의 조절을 목표로 삼는다.

많은 놀이치료의 기술들은 내담자 자신의 생리적인 각성과 그것이 신체 조절 능력에 미치는 영향에 대해 내담자가 깨닫도록 도와줄 수 있다. 아동의 생리기능을 마술처럼 재조정할 수 있는 단독적 개입은 없지만, 가지각색의 놀이를 기반으로 한 스트레스 접근 기술은 아동들이 자기 각성 상태에 영향을 미치도록 도울 수 있다. 더욱이 이 접근에 내재된 고유의 즐거움은 아동이 가정에서 이 스트레스 관리 전략을 더 많이 연습하도록 이끌면서, 고조된 각성을 나타내는 불안 증상의 독성은 없애 준다.

이완 시 느껴지는 지각된 위협

아동이 자기 신체 조절 능력을 기를 때 임상가들은 의도적으로 적당한 수준의 이완 경험을 제공해야 한다. 긴장을 푸는 순수한 행동이 우리가 함께 작업하는 아동들 중 일부에게는 위험을 상징하므로 치료사들은 건강한 관심을 가져야만 한다. 어떤 내담자들에게는 '위험을 감수하지 않는 자는 열매가 없다.'는 말이 동기부여가 될 수 있는 반면에, 이완과 위협감의 통제를 균형 있게 다루어야 할 사람들도 있다. 우리가 아동에게 안정을 취하라고 말할 때, 아동이 자신의 위험을 먼저 인정하는 것은 저항을 극복하는 데 큰 도움이 된다. 과경계성을 보이는 아동들은 고조된 각성 상태에 있는 것이 익숙할 것이다. 이것은 아동이 혹시 발생할지 모르는 위험에 준비되었다는 것이다. 과경계 상태는 그들의 새로운 '정상'이 된다. 문제는 정상 범주 내의 경험에 따른 자극이 아동에게 이상 반응을 야기한다는 것이다. 이완 행동은 아동이 더 공격받기 쉽도록 취약감을 줄 수 있다. 따라서 아동이 이완과 위험을 동등하게 놓고 전환시킬 수 있는 안전한 환경에서 제공되는, 반복적이고 진보적인 이완 경험을 해야 한다.

자기 유능감의 형태로서의 자기 조절

아동에게 자신의 신체기능을 조절하는 방법을 가르치는 것은 신체적 평정 상태가 주는 혜택 이상의 이득이 분명히 있다. 신체적 학대나 성폭력을 당한 아동들은 자신의 몸이 자신의 것이 아니라는 생각을 확고하면서도 무의식적으로 갖는다. 자신의 몸이 여러 번 다른 이의 성 또는 공격적인 만족의 대상이 된 것을 경험한 아동들은 자신의 몸이 자신의 관할권 안에 있다는 것을 믿지 못한다. 아동에게 자기 생리적 기능을 통제할 수 있는 도구를 주는 것은 통제권자가 다른 사람이라는 거짓말에 대항할 수 있고, 아동이 올바르게 자신을 책임지게 한다.

작은 소품에 근거한 이완운동

상담 회기의 시작과 끝을 이완운동으로 강조하기

외상을 경험한 아동들은 반복 활동을 통해 조절이 가능해진다. 그러므로 아동이 치료를 받으러 왔을 때 매번 치료 회기의 시작과 끝에 같은 활동을 하는 것이 도움이 된다. 『실제 인생의 영웅들(Real Life Heroes)』(2007)의 작가인 리처드 케이건(Richard Kagan)이 소개한 활동은 회기 시작에 사용하기에 아주 좋은 연습이다. 아동에게 공작 깃털을 주고 그것의 균형을 잡으라고 말해 준다. 깃털의 균형을 잡으려면 아동은 반드시 다양한 기술을 사용해야 한다. 먼저, 아동은 반드시 다른 방해되는 것들이 안 들리게 만든 다음, 깃털이 이쪽 저쪽으로 기울지 않도록 깃털의 중심을 찾아야 한다. 두 번째로, 아동은 몸을 땅에 디디고 무릎을 굽혀 깃털이 기우뚱거리지 않도록 유동성 있게 움직일 수 있어야 한다. 이 공작 깃털은 아주 가볍고 길기 때문에 아동이 깃털의 균형을 쉽게 잡고, 또한 숙달감도 얻을 수 있게 한다. 그 후 더욱더 오랫동안 깃털의 균형을 잡는 것에 도전한다. 이와 같은 개입을 매 회기 초반에 사용하면 스트레스 요인이나 아동의 인생에서 중요한 사건을 안전한 공간이자 목적을 가지고 사용되는 놀이치료실로 가져오도록 이끌어 준다.

다섯까지 세며 숨쉬기

아동 집단상담을 할 때, 우리는 종종 다섯까지 세며 숨쉬기 활동으로 회기의 시작을 함께한다. 아동은 다섯까지 세면서 숨을 들이마시거나 숨을 참으며, 다시 천천히 다섯까지 세면서 숨을 내쉰다. 다섯을 세는 것은 내담자가 자신의 속도로 천천히 숨 쉬는 것을 돕고, 의도적으로 통제된 횡경막의 숨을 들이마시고 내쉬도록 하는 것이다. 집중적인 횡경막 숨쉬기는 생리기능의 각성을 가라앉히는 유용한 도구다(Gyr, Culbert, & Kaiser, 2003; Gerik, 2005; Kabat-Zinn, 1990; Kabat-Zinn et al., 1992; Kajander & Peper, 1998).

비눗방울을 이용한 숨쉬기 작업

집중적인 숨쉬기 운동은 비눗방울을 이용하여 좀 더 즐겁게 할 수 있다(Goodyear-Brown, Riviere, & Shelby, 2004; Paule, 2009). 내가 심호흡법에 비눗방울을 결합하여 만든 대본에서, 치료사는 비눗방울 채를 들고 "내가 호흡을 바꿀 때 비눗방울이 어떻게 변하는지 살펴보렴. 만약 짧게 숨을 들이마시거나 내뱉으면(치료사가 직접 보여 준다), 많은 비눗방울을 만들지 못해. 하지만 숨을 깊게 들이마시거나 내뱉으면 재미나게도 많은 비눗방울을 만들 수 있단다. 내가 내 숨소리를 못 들을 정도로 아주 천천히 숨을 들이마시고 내쉬면, 정말 큰 비눗방울을 만들 수 있단다."라고 말한다. 내가 이 개념을 설명해 주면 3~18세의 내담자들은 즉시 비눗방울 통을 들고 "내가 해 볼게요."라고 말한다. 아동들은 종종 자신이 이 기술을 연습 중이라는 사실을 잊을 만큼 아주 재미있어 한다.

이 단순한 놀이 개입은 대여섯 가지의 치료적이고 즉각적인 보상이 있다. 먼저 비눗방울은 본질적으로 흥미롭고 재미있다. 이 개입에서는 아동과 부모에게 하루에 세 개의 큰 비눗방울을 아동이 만들어야 한다는 처방전을 내준다. 이 숙제는 하루 중 아동이 불안을 가장 강하게 느끼는 시간에 한다. 몇 년 전, 나에게는 다섯 살의 자크(Zach)라는 내담자가 있었다. 자크는 일주일에 두 번씩 '어머니 휴일 프로그램(Mother's Day Out Program)'에 갔다. 매일 아침 학교로 가는 차 속에서 자크의 불안은 점차 심해졌다. 그러다 결국 차에서 구토를 하는 정도가 되었다. 어머니와 분리될 때 동반해서 증가되는 생리적 반응에 대항하기 위해서, 나는 자크에게 학교로 가는 차 안에서 세 개의 큰 비눗방울을 만들어 보도록 했다. 어머니는 즉시 이 개입을 받아들였다. 비눗방울 때문에 지저분해진 차 안을 치우는 것은 자크의 토사물을 치우는 것보다 훨씬 나았다. 자크는 비눗방울 활동으로 생리적으로 나타나는 불안을 통제하는 법을 빠르게 배웠다. 또한 야간 불안증이 있는 어떤 내담자에게 자기 전에 비눗방울을 불게 했다. 이 재미있는 비눗방울 놀이는 불안에 내재된 독성에 맞서게 하고, 가정에서 치료적인 과제를 완성할 가능성을 높였다.

바람개비를 이용한 심호흡

비눗방울 불기 개입은 어린 아동들이 외적인 것에 초점—횡경막 호흡을 하는 동안 집중할 수 있는 공간의 지점—을 두고 심호흡할 수 있도록 한다. 천천히 비눗방울을 불게 하는 것은, 아동이 자기 호흡을 통제할 수 있도록 도와준다는 의미다. 심호흡의 효과적인 외적 초점으로 사용할 수 있는 또 다른 소품은 바람개비다. 아동에게 바람개비를 주고 입가에 가까이 한 후에 불어 보라고 말해 준다. 이것은 대부분의 아동들이 쉽게 할 수 있다. 그리고 아동에게 바람개비를 멀리 잡고 불어 보라고 한다. 바람개비와 거리를 두는 것은 아동에게는 도전이 되며, 좀 더 깊은 심호흡을 하게 한다. 많은 아동들이 가슴을 확장하고 어깨가 올라가는 얕은 호흡을 하는 경향이 있다. 이 연습은 아동들이 숨을 내쉬고 들이마심에 따라 통제되는 깊은 횡경막 호흡을 재훈련하는 데 도움을 준다.

아동들은 소설 속 이야기를 적용하여 자신의 바람개비를 만들어 볼 수 있다. 아동이 자신의 바람개비를 만들면 그 효과는 배가 된다. 자기가 쓸 소품을 직접 만드는 것은 이 전략에 대한 주인 의식을 증가시킨다. 더욱이 자기 스스로 바람개비를 만들면, 치료사가 그 내담자에게 적용하는 이완과 안전감을 유발하는 그림과 단어로 개별화할 수 있다. 예를 들어, 치료사는 아동이 가장 좋아하는 동물 그림, 가장 좋아하는 책의 그림 또는 가장 좋아하는 특정

[그림 5-1] 아동이 만든 바람개비

그림을 그릴 수 있다. 아동이 바람개비를 불 때, 아동은 처음으로 자신을 진정시켜 주는 대상의 상기물(reminder)을 보게 될 것이고, 그것들은 바람개비가 돌아가면서 모두 섞일 것이다([그림 5-1] 참조).

외상을 밤에 경험한 성폭행 피해자들의 불안은 밤에 극대화된다. 나는 이 아동들에게 특별히 야광 바람개비를 준다. 이 야광 바람개비는 놀이치료실의 안전을 연상시키는 이행기 대상으로서, 아동에게 놀이치료실의 안전감을 상기시키면서 한편으로는 잠자리에서 생리적 기능이 급증하는 것에 대응하는 이중 역할을 한다.

바이오피드백

아동들의 생리기능을 조절하는 데 도움을 주는 또 하나의 개입은 바이오피드백이다(Culbert, 2003; Powers et al., 2001). 증가된 심장박동 수, 혈압, 피부 전기전도성(conductance) 그리고 고조된 놀람 반응 등으로 표현되는 강화된 노르아드레날린 활동(noradrenergic activity)이 PTSD를 가진 모든 내담자에게서 나타난다(O'Donnell, Hegadoren, & Coupland, 2004; Southwick et al., 1990). 내담자들은 이들 반응, 특히 심장박동 수, 전기 피부 반응 그리고 체온 등에 대한 자기 인식을 높이는 방법을 배울 수 있다. 바이오피드백을 통해 내담자들은 실제로 자신의 심장박동 수를 낮추고, 생리기능을 안정시킬 수 있다. 게릭(Gerik, 2005)이 제시한 바이오피드백 프로그램은 아동을 매우 정교한 바이오피드백 모니터 시스템과 연결시키고, 화면에 나타나는 시각적 영상을 아동에게 보여 준다. 아동의 생리기능이 조절되면, 화면에 즐거운 음악이나 영상이 나타나는 보상이 주어진다.

놀이치료실에서 청진기는 일반적으로 아동이 자신의 심장박동 수를 알아차리거나 분당 박동 수를 줄이는 데 초점을 맞춰 사용할 수 있다. 이 활동은 어린 아동들에게 병원놀이 도구를 이용하여 자연스럽게 상상놀이를 하면서 소개한다. 아동이 가짜 청진기 사용을 편안해하면, 진짜 청진기를 사용한다. 취학 전 아동의 경우 치료사와 아동이 청진기를 번갈아 사용하면서 이 활동을 최대화할 수 있다. 아동이 심장박동 소리를 내는 것을 어려워할 때는치료사가 심장박동 소리를 내면서 아동에게 숫자를 세도록 하여 활동을 좀 더 구조화할 수 있다. 아동이 자기 생리기능 과정을 잘 인식하게 하는 것은 아동의 몸을 편안하게 만들어 준다. 임상적 적용에서, 나는 아동이 숨을 천천히 깊게 쉬는 동안 자신의 심장박동 소리에 온전히 집중한다는 것을 알게 되었다. 다른 예에서는 아동이 자신의 심장박동에 별로 놀라워하지 않고 조절을 위한 놀잇감에 집중하거나 잡지 속의 이미지 공부를 더 좋아하는 것을 보았다. 청진기로 모니터하는 치료사에 의하면, 이처럼 외부에 있는 물체나 영상에 고도로 집중하는 것은 심장박동 수를 낮추는 결과를 낳는다고 한다.

점진적 근육 이완

점진적 근육 이완(Progressive Muscle Relaxation: PMR)은 아동들이 불안과 싸

우는 것을 돕는 또 다른 생리적인 개입이다(Cohen, Mannarino, & Deblinger, 2006; Eisen & Kearney, 1995; Rauhala et al., 1990; Rusy & Weisman, 2000; Wolpe, 1984). 또한 PMR은 수많은 생리적 증상의 통증 관리에 효과가 있다(MaCallie, Blum, & Hood, 2006). PMR은 놀이에 기반하여 개입이 가능하다. 나는 '비눗방울 폭포(The bubble fall)'라고 칭하는 개입에서 점진적 근육 이완 운동과 비눗방울을 접목시켰다. 따뜻한 불빛의 전등을 켜고, 진정시키는 음악을 틀어 놓은 다음 아동에게 바닥에 눕거나 의자에 기대앉으라고 한다. 그러고 나서 비눗방울을 공중에 높이 분다. 이때 아동이 처음에 할 일은 비눗방울이 몸에 떨어지는 것을 지켜보는 것이다. 나는 아동에게 얼굴부터 시작하여 발가락까지 다양한 근육을 팽팽히 긴장시키거나 느슨히 풀어 주라고 한다. 이 활동을 매 회기마다 반복한다. 점진적 근육 이완 과정을 떨어지는 비눗방울의 이미지와 한 쌍으로 만드는 것을 여러 번 반복하면, 둘 사이의 조건 연상이 만들어진다. 이렇게 조건화되면 이 연상은 아동이 스트레스 반응을 경험하는 장소에서 일반적으로 사용될 수 있다.

나는 이 개입을 도시 중심부 빈민지역 학교에서 많은 유형의 아동에게 확대해서 사용하였다. 내가 상담하는 대부분의 아동들은 매일 감정적인 붕괴를 경험하곤 한다. 이 개입을 연습하기 시작한 후 어느 날, 나는 내가 상담하는 한 아동이 복도에서 막 싸우려고 하는 것을 보았다. 아동의 몸은 경직된 채, 주먹을 꽉 쥐면서 어깨를 구부리고 있었다. 만약 그 순간에 떨어지는 비눗방울 이미지를 아동이 떠올릴 수 있었다면, 그의 몸은 자동적으로 긴장을 풀었을 것이다. 핵심은 이 조건 신체적 반응이 아동의 마음에 떨어지는 비눗방울을 연상시키는 것과 연결된다는 것이다. 이미지의 활성화는 이완 반응을 촉진한다. 그 밖에도 여러 가지 물체가 이 활동을 자극하는 데 사용될 수 있다. 평온한 이미지로 색칠된 천장에 붙은 선풍기 또는 긍정의 말은 점진적 근육 수축과 이완 운동이 한 쌍이 되는 또 다른 활동이 될 수 있다.

외부에 기반을 둔 상상기법

긍정적 이미지는 불안감을 갖고 있는 아동들에게 또 다른 이완 도구가 된다(Cohen, Mannarino, & Deblinger, 2006; Stueck & Gloeckner, 2005). 안전한 장소나 행복한 장소에 대한 이미지를 만드는 것 또한 생리기능 조절 도구로서 매우 유용하다. 그러나 외상을 경험한 많은 아동들은 실제적으로 만들어 보지 않고서는 내적으로 이러한 이미지를 쉽게 그리지 못한다. 모래 상자는 아동이 3차원의 안전한 장소를 그리게 해 주는 최고의 도구다. 미술, 점토 또는 다른 놀이 창작물도 후에 내면화될 수 있는 안전한 외적 이미지를 만드는 데 사용될 수 있다.

심각한 학대 또는 유기된 아동들은 안전감을 느꼈던 장소가 없었다는 것을 명심해야 한다. 이러한 사례에서 내담자는 가상의 안전한 장소를 만들 수 있다. 아동이 모래에 안전한 장소를 만들 때, 나는 아동에게 그 장소에 관해 자세히 묘사해 보라고 한다. 아동이 감각적 세부 사항을 가상의 환경에 통합시키도록 하는 질문을 하는 것이 중요하다. 질문은 맛, 냄새, 소리 그리고 촉각적 경험에 목표를 두어야 한다. 안전 이미지 작업을 할 때 미술이나 점토를

[그림 5-2] **평화로운 숲**

[그림 5-3] 어머니의 태내에 있는 여자아이

이용할 수도 있다. 어떤 유치원 아동은 숲 전체에 있는 나무를 녹색과 갈색 플레이도우(Play-doh, 인조 점토)로 만들었다. 아동은 그 장면을 사진으로 찍은 다음, 평화로운 숲을 자신의 내적 이미지로 굳히기 위해 이 사진을 사용하였다([그림 5-2] 참조).

어떤 사례에서 아동들은 자신이 자라면서 가장 안전했던 시기인 어머니의 태내로 되돌아가기도 한다. [그림 5-3]의 모래 상자에 그려진 것은, 어린 여자아이가 자신을 나타내는 갓난아이를 어머니의 태내에 안전하게 집어넣은 투명한 작은 소품을 선택한 것이다. 그런 후에 그 아이는 아름다운 돌과 나무, 평화로운 동물들이 있는 마법의 땅에 어머니를 두었다. 안전하고 아늑한 어머니의 태내로 돌아가 있는 이 이미지는 그 아동이 나중에 외상 이야기를 진행하는 데 중요한 내적 아이콘(icon)이 되었다.

아동은 놀이치료실에서 안전과 조절의 전형이 되는 특정한 상징을 선택하기도 한다. [그림 5-4]에서 보면, 어머니와 오랫동안 떨어져 있던 어린 여자아이는 아기 캥거루를 자신의 주머니에 담고 있는 어미 캥거루를 선택했다. 이 아동은 아기 캥거루가 어머니의 주머니 안에서 안전할 것이라고 상상한

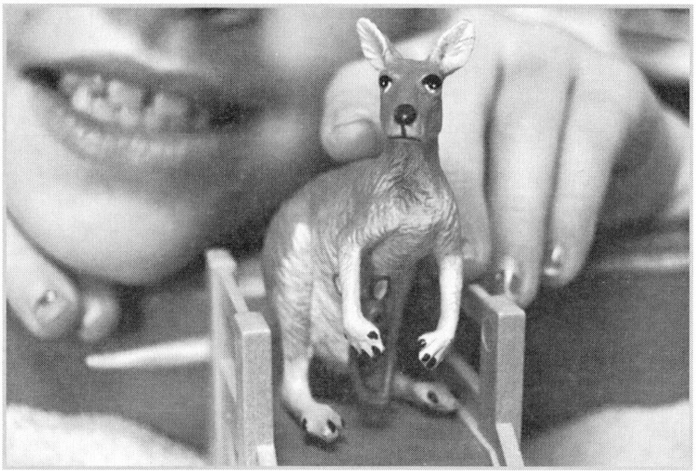

[그림 5-4] 어미 캥거루와 아기 캥거루

것에 대해 명확히 설명했다. 나중에 아동은 치료 상황에서 자기 이야기를 시작할 때 이 캥거루 모형을 집곤 했다. 이것은 아동의 초기 삶에서 발생한 위압적인 사건을 자세히 말할 때, 놀이치료실에 현실적인 안전감을 유지시키는 기초적 고정장치 역할을 하였다.

시각적 이미지 조절의 사용은 아동의 진정을 돕는다. 안전감과 안정감 형성에 관한 장에서 자세히 설명한 것처럼, 외상을 경험한 많은 아동들은 안전의 틀이 없기 때문에 시각화와 상담학적 상상기법은 반드시 주의해서 사용해야 한다. 아동의 외상 병력—특히 폭력 형태의 외상이라면—을 주의 깊게 평가해야 한다. '눈을 감고, 편하게 있어.' 라는 단순한 말은 가해자가 성폭력을 하기 전에 했던 말을 상기시킬 수 있다. 아동이 눈을 감고 볼 수 있는 것은 단지 외상의 이미지가 전부일 때도 있다. 외상의 이미지를 이해하는 것은 내적인 시각적 이미지를 외적인 작품으로 시각화하거나 상담기법 중 상상기법을 활용할 때 도움이 된다. 미술을 통해서건, 모래나 점토 또는 물체의 배열을 통해서건 간에, 외적으로 표현하는 창작 행동은 아동의 내적 표현을 위한 다리 역할을 하면서, 아동이 현실에 근거를 두게 한다. 3차원적 이미지에서 시발된 외부로부터의 안정이 아동들에게 그들의 상상력을 사용해서 안전한 장소를 창조하는 것을 가능하게 해 준다.

앞 장에서, 나는 외상 병력을 가진 아동들이 어떻게 직접적으로 외상 이미지를 처리하고, 안전한 공간을 만드는지 예를 들었다. 여기서는 아동의 이야기가 자기 조절 이미지를 위한 긍정적인 고정장치로 사용된 예를 제시했다. 『풍선은 어디로 가지(Where Do Balloons Go?)』(Curtis, 2000)는 테이샤(Teisha)라는 일곱 살의 여자아이의 상상력을 자극한 책이다. 테이샤는 풍선이 착륙할 수 있는 우스꽝스러운 장소에 관하여 자신의 생각을 말하려고 이야기를 중단시키곤 했다. 나는 테이샤에게 풍선을 고르고(나의 놀이치료실에는 다양한 모양과 크기의 풍선이 준비되어 있다), 풍선이 착륙할 수 있는 장소를 모래 위에 만들어 보라고 했다. 테이샤는 상담 시간의 반 이상을 집중해서 모래 위에 작업을 하였고, 자신의 작업에 관해 이야기할 준비가 되었다는 신호를 주었다. 다음은 테이샤의 모래 상자 사진과 설명이다([그림 5-5] 참조).

[그림 5-5] 테이샤의 안전한 장소

치료사: 네 풍선이 어디에 착륙했는지 이야기해 볼까?

테이샤: 내 풍선은 요정의 땅에 착륙했고, 이곳은 야생마들이 자유롭게 돌아다니는 곳이에요. 이 사람들은 왕에게 음식을 가져다주기 위해 온 호위병들인데, 왕은 심장마비를 일으켜서 의사가 도착했을 때 침대에 누워 있었고, 이 풍선이 왕에게 증기 마사지를 하려고 문지르고 있어요.

치료사: 왕이 죽으면 풍선이 증기 마사지를 하려고 왔구나.

테이샤: 맞아요, 거기에 요정의 분말 가루가 있어서 왕이 다시 살아났어요.

이 아동은 위험한 지역에 살았다. 집 밖에는 갱단의 폭력과 마약 거래가 빈번했기 때문에, 테이샤는 실내에서만 놀 수 있었다. 자신을 야생마들이 돌아다니는 장소에 배치한 것은 이 아이가 상상력을 아주 긍정적으로 사용한 것이다. 이 이미지는 테이샤의 제한된 환경적인 스트레스에 대해 잠시나마 안식을 주었다. 놀잇감을 통한 구조화는 테이샤에게 창작력과 상상력을 주었다. 모래 위의 세계를 만드는 동안 물체를 만지고 조작하는 것은 테이샤에게 현실에 근거를 두게 했고, 안전의 상징을 만들면서 외상 내용에 억눌리는 것을 완화시켰다. 이 모래 상자에서 펼쳐진 드라마와 더불어, 테이샤는 쉽게 닿을 수 있는 몇몇 다른 안전한 상징물을 가져왔다. 테이샤는 "누군가가 다칠지도 모르니까요."라고 말하면서 병원놀이 장난감 세트를, "1-1-9에 전화하려고요."라고 하면서 전화기를, 혹시 발생할지 모르는 재정난에 대비해 충분한 자원을 확보하려고 보석상자를, 그리고 어떤 경우에서든지 자신의 소리가 들리도록 마이크를 가져왔다. 우리는 상징물들을 이미지화하여 아동에게 이완이 필요할 때마다 쉽게 떠올릴 수 있는 내적 이미지로 이용할 수 있게 하였다.

구름 속에 있는 머리

아동에게 이완 이미지 목록을 만들도록 도와주는 또 다른 활동은 『작은 구름(Little Cloud)』(Carle, 1996)에 근거를 둔 '구름 속의 머리'(Goodyear-Brown, 2002)다. 이 책에서 작은 구름은 다른 구름에서 분리된 후에 자신의 모습을 다양한 형태로 만들기 시작한다. 작은 구름은 바다에서 헤엄치는 돌고래를 보고 자신을 돌고래 모양으로 만든다. 이 책을 큰 소리로 같이 읽은 후에, 나는 아동에게 생크림과 면도용 크림을 주고, 자신이 구름이었다면 어떤 형태를 만들지 크림으로 모양을 나타내 보라고 한다. [그림 5-6]은 일곱 살의 남자아이가 생크림으로 연 모양을 만든 사진이다.

아동이 손으로 끈적끈적한 크림을 만지작거리며 작업에 몰두하는 것은 그의 시각적 이미지를 운동감각적으로 확장시킨다. 나중에 내가 아동에게 하늘에 떠돌던 구름이 연의 모양으로 바뀐 것을 시각화해 보라고 하자, 아동은

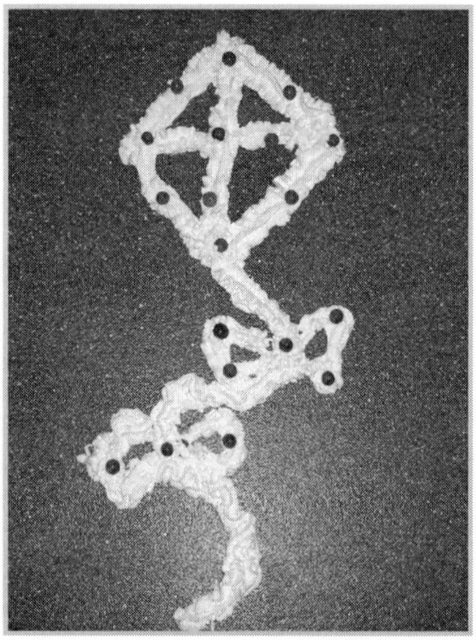

[그림 5-6] **생크림으로 만든 '연' 모양 구름**

이 경험을 온몸으로 미리 해 보았기 때문에, 자신을 위한 안전 고정장치로 구름 이미지를 떠올릴 수 있었다.

조절기술의 메뉴

'조절기술의 메뉴'는 셸비(Shelby)가 고안한 또 다른 재미나고 유용한 스트레스 예방접종 활동이다(Goodyear-Brown, Riviere, & Shelby, 2004). 치료사는 아동에게 다양한 가상놀이 음식을 소개하면서 시작한다. 그런 후에 아동과 치료사는 음식점에 들어갔다고 가정한다. 아동은 자신이 좋아하는 전채 요리, 음료, 메인 요리, 샐러드 그리고 디저트를 선택한다. 그다음에 치료사는 미술 공작용 색종이에 '메뉴'를 만든다. 나는 주로 아동의 이름을 빌려 와서, '자슈아 카페' 같은 음식점 이름을 짓는다. 이렇게 하면 활동에서 아동의 흥미와 주도감을 높일 수 있다. 치료사는 모든 감각들의 목록을 만들고, 아동이 메뉴를 채우도록 돕는다. 아동에게 "너를 기분 좋게 만드는 맛은 어떤 거니?"라고 질문하면 다양한 반응을 볼 수 있다.

학령기 아동들은 메뉴를 단어로 쓸 수 있다. 더 어린 아동들은 자신이 가장 좋아하는 맛을 나타내는 이미지의 사진이나 잡지에서 오린 이미지 아이콘을 선택한다. 이렇게 하면, 더 어린 아동들은 그림의 상기물 체계를 갖는다. 아동들은 '막 손질한 신선한 잔디 냄새'를 후각 기억으로, 부드럽고 사랑스러운 곰 인형을 촉각 기억으로, 동생의 웃음소리를 청각 기억으로 선택한다.

어떤 아동이 특정 담요인 비단을 자신을 평화롭게 만드는 천으로 골랐다면, 그 아동은 학교에 갈 때 호주머니에 조그마한 비단 천 조각을 넣어 가야 할 것이다. 아동이 불안을 느낄 때, 호주머니에 손을 넣고 비단 천을 만지면 생리적 안도감을 느낄 수 있기 때문이다. 고학년 아동이나 청소년들은 자신을 안정시키거나 기쁘게 만드는 음악을 확실하게 지적한다. 음악은 많은 아동들의 강력한 정서 변조기이기 때문에(Goldstein, 1980; Pelletier, 2004), 일정한 음악 선택과 이완 경험의 연상을 만드는 것은 아동들에게 치료실을 편안한 상태로 유도하는 도구가 된다.

요 가

놀이치료실에서 생리기능을 조절하는 데 도움을 주도록 통합되는 또 다른 모델들이 있다. 심호흡과 초점 맞추기 연습 그리고 상담적 상상기법 같은 다른 이완기술과 병행하여, 요가는 아동의 외상 후 반응인 무기력감과 공격성을 감소시키는 것으로 알려졌다(Stueck & Gloeckner, 2005). 요가의 효과성과 관련해서는 비무작위 통제 연구만 있지만, 기존 연구들의 최근 조사에 따르면, 요가는 아동의 스트레스를 줄여 주는 전도유망한 개입이다(Galantion, Galbavy, & Quinn, 2008). 나는 상담실에서 『바바의 요가(Babar's Yoga)』(Brunhoff, 2002)라는 책을 이용한다. 이 책은 요가의 여러 동작을 보여 주는 좋은 책이고, 코끼리 바바가 이 운동들의 완성 단계를 보여 준다. 책과 함께 바바 인형을 구입할 수 있는데, 이 인형으로 책에 그려진 요가 동작을 직접 조작해 볼 수 있다. 아동들은 자신이 좋아하는 특정 동작을 선택하여 반복적으로 하곤 한다. 한 요가 동작의 완성은 치료의 시작과 끝을 나타내는 것으로 할 수 있지만, 특별히 어려운 외상 이야기를 마친 회기의 끝에 사용하는 것이 효과적이다. 시중에 판매되는 아동을 위한 요가 게임이라면 무엇이든지 아동이 생리기능을 달래는 데 중요한 도구가 될 것이다.

오이 같은 차분함

아동들을 이완시키는 또 다른 방법은 진정시킬 수 있는 접촉을 하는 것과 관련이 있다. 아동의 스트레스 완화를 위한 부모와의 접촉과 관련된 다양한 개입은 제6장 '동반자로서의 부모'에 묘사된다. '오이 같은 차분함' (Goodyear-

Brown, 2002)이라 불리는 부가적 개입은 카를라(carla)라고 불리는 일곱 살의 여자아이와 함께 공동으로 창작하였다. 카를라의 부모는 같은 집에 살면서 아주 힘든 이혼 과정을 경험하고 있었다. 카를라는 샌드위치 신세가 되어 매일 밤 잠자리에서 부모님이 다투는 소리를 들었다. 카를라는 어디를 가든 몸이 긴장되었고, 학교에서 친구들에게 자꾸만 화를 내기 시작했다. 우리는 함께 평화롭고 차분한 것을 나타내는 상징을 찾았고, 카를라는 '오이 같은 차분함'이라는 문구를 던졌다. 우리는 이 개념에 관한 감각적 개입을 고안했다.

이 개입을 시작하기 위해, 치료사와 내담자는 각자 어려운 상황에서 평온을 유지하는 사람의 그림을 그린다. 치료사는 오이를 포함한 여러 달래 주는 기술이 아동에게 전신 이완을 경험하도록 도와줄 것이라고 설명한다. 먼저, 아동에게 얇게 썬 진짜 오이를 먹어 보도록 한다. 이것은 아동에게 몸에 좋은 간식일 뿐 아니라, 치료사와 약간의 양육적인 상호작용이 된다. 얇게 썬 오이를 살펴보면서 오이가 얼마나 부드러운 속을 가지고 있고, 두꺼운 껍질은 내부가 손상되는 것을 막아 준다는 내용의 대화로 이끈다. 아동에게 자른 오이를 감은 눈 위에 올려 보도록 권한다. 이때 과잉각성의 문제가 있는 아동이라면 눈을 감고 휴식을 취하는 데 어려움이 있을 것이다.

아동이 눈을 뜨고 싶어 하면, 그렇게 하도록 한다. 그러나 나는 좀 더 깊은 이완 경험을 원하는 아동들이 외적 시각 자극을 차단해야 할 때, 눈꺼풀을 반복적으로 깜빡이면서 점진적이고 깊게 이완 상태로 들어가지 못하는 것을 보았다. 이완하고 싶은 아동의 소망은 자신의 신체적인 과잉각성 상태와 직접적으로 모순되곤 한다. 눈에 올린 패드는 무겁기 때문에, 굳이 눈을 감고 있으려고 노력하지 않아도 눈이 감겨져 있다. 눈에 덮을 패드를 제공한 다음에 오이 냄새가 나는 얼굴 팩을 준다.

얼굴 팩을 결합시키는 의도는 아동이 점차 몸을 고정시키게 하기 위해서다. 어떤 아동들은 쉬지 않고 이야기하거나 지나치게 활기차게 행동함으로써 불안감에 대처한다. 안절부절못하는 수다나 계속적으로 활기찬 얼굴 표정은 아동이 편안하고 중심이 되는 장소에 도달하는 것을 막는다. 이런 점에서 오이 팩을 아동의 얼굴에 바르면, 그것이 마를 때 아동은 의식적으로 말하는 것과 얼굴의 움직임을 줄인다. 이 개입의 마지막 요소는 손, 팔, 발을 오이 향이 나는 로션으로 마사지하는 것이다.

이것은 부모에게 가르칠 수 있는 아주 좋은 개입이다. 전체적인 이완 단계를 일일 과제로 부여할 수 있다. 특히, 잠들기 전에 과잉각성을 경험하는 아동의 부모는 이처럼 긴장을 완화하고 안전감을 제공하는 대처기제를 아동에게 시행할 수 있다. 이 개입은 깊은 신뢰를 요구하므로, 나는 치료 후반에 한다. 어떤 아동들은 이 개입의 모든 단계들을 궁금해하기도 하고, 또 어떤 아동들은 단지 로션을 바르는 것이나 얼굴에 팩을 하는 것만 원할 것이다. 아동들은 자신을 불편하게 만드는 것이라면 개입의 어떤 부분도 항상 자유롭게 거부할 수 있다. 외상을 경험한 아동들은 자신의 경계를 이완하는 데 특정한 어려움이 있다. 그러나 아동이 이완의 불편함을 극복해야 새로운 신체감각적 학습의 성과를 얻을 수 있다. 만약 아동이 새로운 경험을 견디려 한다면, 실제 노출의 형태로 일어날 수 있다. 아동이 위험을 감수함에 따라 아동의 뇌세포 조직망에 형성된 접촉과 위험 사이의 결합은 새로운 경험을 통해 조정될 것이다.

여성 내담자들은 특별히 이 개입이 진척되면서 한껏 응석받이가 되는 느낌을 즐긴다. 그러나 나는 최근에 트리니다(Trinidad)에서 고아원에 있는 학령기 아동들에게 이 개입을 사용한 치료사로부터 편지를 받았다. 그녀의 일화적 보고에 따르면, 남자아이들은 이 연습을 반복적으로 요구했다. 우리는 양육적 접촉의 필요성을 간과하기 쉽다. 특히, 어린 남자 내담자에게 그렇다. 안전 요인, 적절한 규약(protocols) 그리고 충분한 슈퍼비전이 이루어진다면, 이런 종류의 개입이 조절 불능의 남자아이들에게 조절을 경험하도록 도와줄 것이다.

긍정적인 접촉은 아동들에게 보호기능을 한다. 몇 년 전에, 나는 FBI 요원들이 위조화폐를 감별하기 위해서 어떻게 훈련하는지 배울 기회가 있었다. 사람들은 아마도 요원들이 화폐가 위조되었는지, 위조화폐에서 무엇을 살펴야 하는지에 관한 다양한 방법을 연구하는 데 많은 시간을 보낼 것이라 생각한다. 훈련의 실상은 이 생각과는 정반대다. FBI 요원들은 진짜 화폐를 자세히 살피는 데 많은 시간을 보낸다. 요원들은 수위표(watermarks)의 배치와 진짜 돈의 모양, 느낌 그리고 냄새에 정통하게 된다. 진짜를 확실히 알고 나면, 위조화폐를 쉽게 찾을 수 있다. 이 과정은 건강한 아동들에게도 마찬가지다. 적절하고 긍정적인 접촉을 경험하며 자란 아동들은 의심스러운 접촉을 훨씬 더 잘 감지해 낸다. 성폭력을 경험한 아동들은 다른 집단보다 긍정적이고 건강한 접촉과 함께 이에 동반하는 교정적인 정서적 경험을 더 많이 할 필요가 있다.

공동 조절자로서의 양육자

외상을 경험한 아동은 안전한 부모 또는 양육자의 접촉이 자신을 진정시켜 줄 수 있다는 것을 배울 수 있다. 몇몇 임상가들은 외상을 경험한 아동들에게 접촉을 사용하는 것에 의문을 갖기도 한다. 당연히 접촉이 부적절한 사례들이 있다. 따라서 치료사들은 내담자에게 접촉을 사용하기 전에 반드시 접촉에 기반을 둔 개입에 관한 적절한 훈련을 받아야 한다. 아동을 진정시키는 접촉의 경험은 치료사에 의해 가능하면 언제라도 촉진되어야 하지만, 기본적으로 부모나 아동과 매일 접하는 다른 양육자에 의해 제공되어야 한다. 치료놀이(Jernberg & Booth, 2001)와 같은 의식적인 접촉을 이용해서 양자 관계적 접근을 하는 개입은 양육자와 아동 사이에 긍정적인 애착을 촉진하고, 치료 관계가 끝난 후에도 진정시켜 주는 접촉 경험으로 인해 관계적 토대를 유지한다고 확신한다.

외상을 경험한 아동의 양육자들은 효과적인 공동 조절자가 될 수 있는 방법을 잘 이해하기 위해 심리교육이 필요하다. 이 개념은 제6장 '동반자로서의 부모'에서 자세히 다룰 것이지만, 여기서 먼저 언급할 정도로 중요하다. 외상 병력이 있는 아동들은 생각 두뇌보다는 감정 두뇌에 따라 반응하기 쉽다. 아동이 스트레스를 받으면, 파충류의 뇌 부분과 대뇌 변연계가 고등 사고력을 책임지는 두뇌 부분보다 쉽게 활성화된다. 이런 이유로, 양육자들이 아동에게 안전의 의미를 말로 전하며 조절을 시도한다면, 두뇌는 신체적으로 조절되기 전까지 이 의미를 부호화하는 것을 어려워할 것이다. 외상이 있는 아동들은 날마다 안전의 의미로 내면화되는 조절 의식과 안전감을 경험할 필요가 있다. 나는 부모들이 아동을 위해 특정한 의식을 고안하도록 돕는다. 예를 들면, 아동의 머리를 빗겨 주고, 자기 전에 안아 흔들어 주거나, 손에 로션을 발라 주면서 익숙한 노래를 부르거나, 간식을 함께 먹거나, 그네를 함께 타는 등 진정시켜 줄 중요한 사람과의 의식과 구조에 의지한 운동감각적 활동 등이다.

달콤한 꿈의 로션 묘약

나는 개입의 하나로 '달콤한 꿈의 로션 묘약'이라고 칭한 것이 있다. 밤마다 각종 악몽에 시달리는 다섯 살의 여자아이가 상담에 의뢰되었다. 초기 회기에서 그 아동은 "내 머릿속에 들어와서 떠나지 않아요."라고 자신의 악몽을 설명했다. 나는 아동에게 잠을 자기 직전에 나쁜 생각이 들어오지 못하도록 마술 헬멧을 쓰면 어떨지 물어보았다. 그 아동은 나를 보고 절망한 채 "그러면 그것들은 내 발을 통해 들어와요."라고 말했다. 나는 이 아동의 문제를 심사숙고했다. 이 아동에게 떨칠 수 없는 생각은 구체적이고 위협적이었기 때문에 뚜렷한 해결책이 필요했다. 이 어린 아동은 머리부터 발끝까지 자신을 감싸는 무언가가 필요했다. 나는 "너의 몸 전체를 나쁜 꿈으로부터 보호해 줄 것이 필요한 것 같구나."라고 말했다. 아동은 힘차게 머리를 끄덕였다. 이 아동의 욕구에 반응하여, 이 달콤한 꿈의 로션 묘약(Goodyear-Brown, 2005)이 탄생했다.

나는 이 개입의 시작을 부모와 아동이 함께 앉는 것에서 출발한다. 그리고 한 바구니의 로션을 내놓는다. 다양한 향과 색깔을 가진 이 로션들은 각각의 용기에 담겨져 있다. 나는 부모와 아동에게 로션을 살펴보고, 향과 색을 느껴보도록 한다. 그들은 순서대로 기쁜 기억이나 따뜻하고 안전했던 순간을 기억나게 하는 로션을 선택한다. 아동이 바닐라향의 로션을 선택하여, 그것이 자기와 어머니가 크리스마스 때 쿠키 굽던 것을 상기시킨다고 말할 수 있다. 나는 보통 예전의 감각적 경험으로 긍정적인 이야기를 만드는 것을 부모가 먼저 시작하고 주도하게 한다. 묘사된 각자의 감각기억을 가지고, 부모와 아동은 그 기억을 떠올리는 로션을 한 용기에 짠다. 이 기억, 향 그리고 생각의 배합은 가족에 따라 각기 다르다. 이 회기의 끝에 부모와 아동은 로션 묘약을 만들어 집으로 가져간다.

개입의 두 번째 단계는 부모가 가정의 잠자리에서 아동에게 로션을 발라주면서 시작한다. 아동이 부모의 간단한 메시지와 함께 진정되면서, 이 행복한 기억은 다시 언어로 연습된다. 많은 과잉각성 반응은 외상적 사건과 관련있는 불분명한 감각적 기억에 의해 유발된다. 이 개입을 통해서 분명히 표현된 긍정적 감각기억의 힘은 PTSD 과잉각성 반응에 맞서는 동력이 된다.

다음은 어머니와 네 살의 바비(Bobby)라는 아동이 함께 만든 달콤한 꿈의 로션 묘약과 관련된 회기의 대본이다. 바비는 여름학교의 탈의실에서 부적절한 성행동에 노출된 경험이 있다. 바비는 그 사실을 어머니에게 말한 이후에 계속 악몽을 꾸고 있다.

어머니: (바비가 로션 냄새를 맡도록 용기를 들면서) 이 향은 여름 같아. 다시 향을 맡아 보렴.

바　비: 네.

어머니: 이것은 햇빛과 밖에서 노는 것 같은 냄새가 나.

바　비: 아니야, 엄마. 이건 호숫가의 봄 냄새 같아.

어머니: 봄?

바　비: 그리고 우리는 나뭇잎 더미에 있어.

어머니: 그래, 이건 호숫가의 봄 냄새 같구나. 우리가 무엇을 했지? 거기서 우리가 뭘 했는지 말해 줄래?

바　비: 우리는 뛰어올랐어. 아빠는 운전을 하고, 나는 나뭇잎이 많이 쌓인 것을 보았어. 그리고 내가 멈추어서 뛰어놀고 싶다고 하니까 엄마도 그렇다고 했잖아. 그래서 우리는 거기에서 놀았어.

패리스: 우아, 그거 대단한 기억이구나!

바비와 그의 어머니가 이 기억을 유발하는 로션을 컵에 짜는 동안, 나는 이 기억 이야기를 연습한다. 바비는 새로운 로션을 집어 들고 냄새를 맡는다.

바　비: 나 그 파이프 기억나……. 냄새가 정말 좋았어.

패리스: 네가 그 파이프 연기 냄새를 좋아하는구나.

어머니: 그래, 파이프! 너 빌(Bill) 삼촌과 삼촌의 파이프를 생각하는구나. 네 생각에는 이것이 그 파이프 냄새 같니?

바　비: 네.

바비는 혼자 로션을 짜려고 시도했지만, 혼자 하기에는 어렵다. 어머니는 팔을 바비에게 둘러 바비가 그것을 짜도록 도와준다. 어머니는 이 과제 수행의 어려움을 "이 로션 묘약이 얼마나 효과가 강할지……."라는 말로 다시 표현한다.

어머니: 저기에 힘이 센 것이 있구나. 저것은 분명히 나쁜 꿈을 쫓아 버릴 거야. 저기 봐. 저것은 대단한 보호막이야!

패리스: 너 아니? 괴물들은 독한 냄새를 좋아해. 그리고 달콤한 냄새는 싫어하지.

어머니: 내 생각엔 이젠 두 배로 안전할 것 같아.

바비와 어머니는 로션 묘약을 집으로 가져갔고, 로션과 동반된 좋은 기억을 며칠 밤 동안 함께 연습한 후에 비로소 바비의 악몽이 사라졌다.

자기 조절을 돕는 놀이치료 도구

놀이치료실의 도구들은 그 자체로서 아동들의 생리기능의 조절을 돕는다. 음악적 악기는 아동들이 악기를 조작하면서 자신의 정서를 조절할 수 있게 한다. 열한 살의 랜디(Randy)라는 소년은 처음에 치료실에서 동물 인형을 방에 던지면서 화를 표출하다가 놀이 공간을 살피더니 자발적으로 아동용 기타를 집어 들었다. 처음에 아동은 매우 격렬하고 혼돈스러운 불협화음을 연주하였다. 격렬한 연주를 몇 분 동안 하고 난 뒤, 정돈되고 부드러운 리듬으로 기타 줄을 튕기기 시작했다. 아동은 분노가 드러난 내적 혼돈 상태를 반영하는 첫 번째 연주와 자신을 조절하려는 시도를 반영하는 두 번째 연주 사이를 왔다 갔다 했다. 몇 분 후에 아동은 기타를 내려놓고, 치료 회기 끝까지 치료사와 안정적으로 다시 교류할 수 있었다.

모래 상자는 아동들이 매우 집중적인 외상 작업에 들어간 후에 평정을 되찾는 데 도움을 주는 아주 강력한 도구다. 열 살의 한 소년은 매우 어렵게 자기 노출을 한 뒤에 갑자기 모래 상자 쪽으로 이동하더니 병사들과 군대 장비를 정렬하기 시작했다. 나는 이 갑작스러운 초점의 전환을 아동이 휴식이 필요하다는 신호로 받아들였다. 아동이 모래로 이동한 후에 처음으로 한 말이 "모래 폭풍이 기지를 덮었어요."였다. 모래 폭풍은 아동이 자기 노출을 한 후에 유발된 내부 감정의 폭풍을 표현하기 위해 상징물로 선택한 것이었다. 아동은 군대 기지를 세우면서 반복적으로 "모래 폭풍이 기지를 덮었어요."라고 말했다. 그리고 아동은 "……그러나 우리는 지금 그것이 괜찮아지도록 만들고 있어. 우리는 지금 그것이 괜찮아지도록 만들고 있어. 걱정하지 마, 괜찮아질 거야."라는 노래를 시작했다. 이 내담자의 자기 조절의 말은 모래를 이용한 자기 조절 방법과 유사했다.

분노 조절

외상에 기인한 생리적 조절 불능을 겪고 있는 아동들은 자신의 분노를 제대로 조절하지 못한다. 이 아동들은 정상 발달하는 또래보다 쉽게 화를 내고 화를 건강한 방법으로 전환하는 데 더 많은 어려움이 있다. 아리스토텔레스(Barnes, 1984)의 다음 인용문은 우리 모두에게 해당되지만, 특히 외현화된 행동을 통해 조절 불능을 표현하는 외상 아동들에게 더 맞는 말이다.

> 누구나 화를 낼 수 있고 그것은 쉽다. 그러나 적절한 사람에게 적절한 정도로 적절한 시간에 적절한 목적에 맞게 적절한 방법으로 화내는 것은 쉬운 일이 아니다. (Barnes, 1984, p. 1751)

외상을 경험한 아동들의 생리기능을 조절하는 목적을 포함한 치료 계획은 반드시 아동의 분노 반응에 목표를 두어야 한다. 스스로 분노를 참지 못하는 아동들은 다른 사람들, 물건 또는 자신을 손상시킬 수 있다. 외현화된 행동—특히 공격성을 포함한—에 몰입하는 내담자들은 자신의 분노를 아무도 통제할 수 없다고 믿는다. 나의 내담자들은 자신의 분노를 자신의 분신인 것처럼 이야기한다. 실제로, 많은 내담자들이 자신이 주먹으로 무엇인가를 치기 전까지는 자신이 분노를 느끼고 있다는 인지적 인식이 부족하다. 이 분노는 생리적 각성과 정서 조절을 방해하는 위험스러운 행동으로 표현되기 때문에, 아동들이 확실한 기술을 습득하여 자신의 분노를 조절하도록 돕는 것은 중요하다. 이 기술은 ① 아동이 자신의 생리적 분노 단서를 이해하는 것, ② 자신의 분노 반응을 유발하는 상황적 단서를 이해하는 것, ③ 자신의 고유한 점진적 확대 패턴을 이해하는 것, ④ 분노와 연관된 생리적 각성을 통제하는 방법을 배우는 것, ⑤ 공격성 대신 분노를 표현할 수 있는 대체 수단을 연습하는 것 등이다. 나는 이러한 기술을 즐거운 방법으로 가르친다. 그리고 아동이 자신의 분노를 통제한다고 느낄 수 있도록 도와주면서, 이 내용에 대한 저항을 줄일 수 있는 놀이에 기반을 둔 개입으로 연습시킨다.

분노 단추

다음에 기술된 개입은 아동이 자신의 생리적 분노의 표출과 분노를 유발하는 환경 모두를 좀 더 인식하게 해 준다. '분노 단추'로 불리는(Goodyear-Brown, 2002) 이 기법을 나는 "분노를 통제할 수 없을 것 같은 느낌이 있었니?"라는 질문으로 시작한다. "누군가가 무슨 말을 하거나 너를 이상하게 보면, 네가 깨닫기도 전에 분노 반응이 일어나지? 나는 그것을 '분노 단추'라고 불러. 때로는 내가 온갖 많은 단추들을 가지고 있는 느낌이고, 다른 사람은 오직 나를 폭발시킬 단추를 누르는 일만 하는 것 같아. 이런 일이 너에게 일어난 적이 있니?" 아동이 이 상징을 이해할 때, 나는 사람의 모양을 본뜬다. 나는 내담자에게 단추들이 담긴 상자를 제공한다. 이 단추들은 다른 크기, 모양, 색깔 그리고 다른 물질로 만들어졌다. 내담자는 단추를 선택해서 자신이 화가 났다는 것을 알려 주는 몸의 부위에 단추를 올려놓는다. 이 소품은 아동

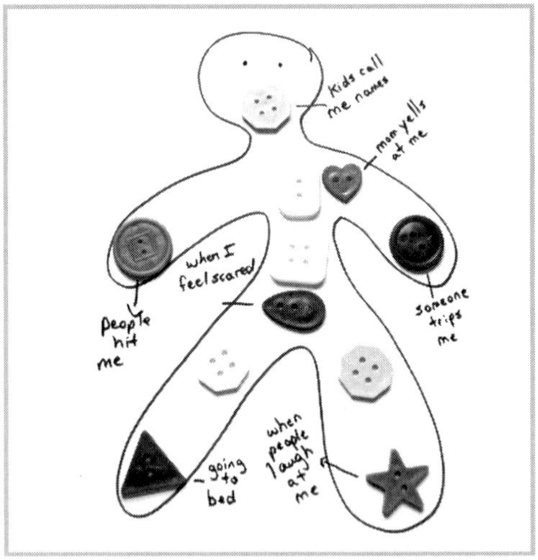

[그림 5-7] 완성된 분노 단추

이 자신을 화나게 하는 상황과 생리적 반응을 정확하게 말하도록 도와준다([그림 5-7] 참조).

이 활동이 완성되면 아동과 치료사는 아동의 분노에 관한 앞으로의 작업에 지침이 생긴다. 이 분노 단추 활동은 임상가가 상황적 단계와 생리적 단계에 개입하는 데 정보를 준다. 아동이 분노가 표출되는 몸의 부위를 구별한 후, 우리는 그 분노 표출을 통제하거나 분노를 새로운 방향으로 돌릴 방법을 찾기 시작한다. 나는 보통 "교통 체증을 겪을 때 이를 꽉 무는 나 자신을 발견해. 이를 꽉 문다고 생각한 순간 좌절감을 느끼고 있다는 것을 깨달아. 내가 이 행동 패턴을 바꾸려는 노력을 전혀 하지 않는다면, 숨을 가쁘게 훅훅 쉬다가 운전대를 치기 시작할 거야. 그러나 내가 이를 꽉 물지 않고 그냥 숨을 깊이 쉰다면, 그때는 진정이 되고 실제적으로 내 분노 감정에 영향을 미칠 수 있어."라고 하나의 예를 들면서 시작한다.

일단 내담자 스스로 화가 날 때 주먹을 꽉 쥔다는 것을 알고 있다면, 그는 주먹이 쥐어지는 때를 알아챘을 때 손을 흔들고, 깊은 숨을 세 번 쉬도록 배울 것이다. 내담자가 의도적으로 분노의 생리적 표출을 바꿀 때, 그는 자기통제를 발휘하는 것이다. 자기통제는 연습과 긍정적 반응이 필요한, 계속적으로 발달하고 변하는 존재다. 분노 반응에 대응하여 자기통제를 훈련하도록 내담자에게 보상을 주는 긍정적 강화 체계는 내담자들이 이 부분을 발달시키고 있을 때 유익하다. 통제의 상실은 아동의 외상 경험에 근거를 둔다. 자기통제의 발달과 강화는 아동을 강하게 만든다. 이러한 맥락에서 자기통제는 생리적 기능을 조절하는 방법이다.

점진적으로 확대되는 분노 패턴의 이해

분노 조절 문제가 있는 아동들은 자신의 분노의 점진적인 확대 패턴을 이해해야 한다. 대부분의 경우에, 아동의 점진적 확대 패턴을 구별하려면 부모, 교사 그리고 아동 자신이 탐정이 되어야 한다. 어떤 아동들은 처음에 눈을 돌리면서 점진적으로 확대되는 자신의 분노에 대한 신호를 주고, 또 어떤 아동들은 한숨을 크게 쉬거나 작게 중얼거리거나 책상 밑으로 발을 가볍게 두드리는 것으로 신호를 보낸다. 우리가 아동의 점진적 확대 패턴을 자세히 그려 본다면, 아동의 분노가 확대되는 초기에 개입할 기회가 많아진다. 이처럼 초기에 개입한다면 아동의 신체 반응 조절을 성공적으로 증가시킬 가능성이 높다.

나는 아동에게 분노의 가속화를 소개하는 방법으로 화산을 상징으로 사용한다. 나는 칠판에 화산을 그리고, 화산 안에 선을 그린다. 그리고 다음과 같이 이야기한다.

"어느 날 아침에 조니(Johnny)가 일어나서 학교에 가려는 준비를 시작했어. 조니는 자기가 가장 좋아하는 셔츠를 입으려고 옷장 여기저기를 살피며 찾았어. 하지만 셔츠가 다른 더러운 옷들과 빨래 통에 섞여 있는 것을 알았을 때, 실망했지." 나는 '실망한' 이라는 단어를 화산의 맨 아래 칸에 적었다. "조니는 다른 옷을 입고 아침을 먹으려고 아래층으로 내려갔지. 그는 자신이 좋아하는 딸기 맛 파트-타르(Pot-Tart, 스낵의 종류)를 먹고 싶었는데, 냉장고를 열어 보니 그것이 보이지 않았어. 조니는 누군가가 마지막 파트-타르를 먹어 버렸다는 생각에 짜증이 났어. 그래서 투덜거리다가 대신 시리얼을 먹었지." 나는 화산의 다음 칸에 '짜증 난'이라는 단어를 적어 넣었다. "그러고 나서 조니는 책가방을 메고 버스 정류장으로 걸었지. 그는 마이크(Mike)라는 친구 옆에 앉아서 지난밤에 한 비디오게임 이야기를 할 생각에 들떠 있었어. 그런데 버스에 타니 마이크 옆에 다른 친구가 앉아 있는 거야. 조니는 정말로 불쾌했지." 나는 '짜증 난' 위에 '불쾌한'을 적었다. "조니는 교실로 걸어가다가 복도에서 넘어졌고 이것은 정말로 조니를 화나게 만들었어." 나는 '불쾌한' 위에 '화가 난'이라는 단어를 기입했다. "마지막으로 조니는 교실에 도착했고, 선생님은 수학 숙제를 꺼내라고 했지. 하지만 책가방을 열었을 때 숙제를 집에 두고 온 것을 알았어. 조니는 분노를 터뜨렸고 책가방을 교실에 던져 버렸어." 나는 '분노를 터뜨림'이라는 단어를 '화가 난' 이란 단어 위에 적고 화산 분출구로 불과 연기가 나는 것을 그렸다. 그런 후에 아동과 무슨 일이 일어났는지 대화를 한다. 보통 내가 전체 이야기를 하면, 아동은 조니를 화나게 한 일들을 정확히 말로 표현할 수 있다. 또한 왜 조니가 폭발할 때까지 감정을 쌓아 두었는지를 이해할 수 있다. 우리는 그 뒤에 처음으로 다시 돌아가서 그가 자신을 조절하거나 각각의 분노 단계에서 다른 사람에게 도움을 청할 방법을 살펴본다. 치료사와 아동 내담자는 아동 고유의 점진적 확대 패턴을 자세히 그린 개별화된 화산을 만들어 볼 수 있다.

불어! 터트려!

아동의 분노의 점진적 상승 패턴에 대한 명확한 설명은 '불어! 터트려!' (Goodyear-Brown, 2002)라고 불리는 개입의 사용으로 해결할 수 있다. 이 활동은 일대일이나 가족치료 또는 집단 환경에서 진행이 가능하다. 나는 아동에게 아주 큰 마분지로 된 온도계를 보여 준 다음, 온도가 올라가면 무슨 일이 발생할지에 대해 이야기한다. 그리고 나는 아동에게 길쭉한 모양의 풍선을 준 뒤에 우리가 풍선을 온도계로 사용할 것이라고 이야기한다. 또한 아동에게 분노의 서로 다른 강도를 나타내는 세 가지 단어를 선택하라고 한다([그림 5-8] 참조). 예를 들어, 우리는 '짜증 난, 화난, 격노한' 이라는 단어를 선택할 것이다. 그러면 아동은 자신이 짜증을 낸 한 가지 상황을 묘사한다. 아동은 풍선을 불어서 얼마나 짜증이 났는지 보여 준다. 우리는 번갈아 가면서 풍선을 다양한 분노의 단계에 맞게 분다.

풍선을 분 후에 풍선 안에 상징적으로 붙잡혀 있는 분노를 어떻게 안전하게 처리할지를 결정한다. 어떤 아동들은 자신을 화나게 만드는 상황을 말하면서 풍선을 터뜨리자고 한다. 또는 그것을 발로 세게 구르거나 눌러 앉기를 원한다. 그리고 풍선을 놓아 바람을 빠지게 하면서 날아가게 하는 아동들도 있다. 몇몇 아동들은 풍선(분노를 연상시키는 상징물)을 집에 가지고 가고 싶어

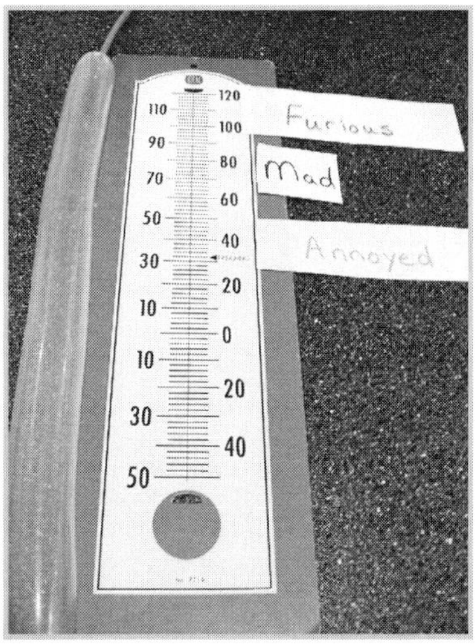

[그림 5-8] 분노 온도계와 '불어! 터트려!' 활동을 위한 풍선

한다. 이 선택 역시 상징 작업이다. 풍선을 집에 있는 선반에 놓으면, 공기는 점점 빠지고 풍선은 오그라들며, 분노도 가시게 된다. 이런 모든 경우에 분노는 누구에게도 상처를 입히지 않고 서서히 사라진다([그림 5-8] 참조).

이런 활동을 비롯해 많은 다른 활동들은 환경에 대한 자신의 생리적 반응에 스스로 영향을 준다는 것을 내담자가 인식하도록 치료 과정에서 다양한 방법으로 사용될 수 있다. 이 내담자가 자신의 분노를 조절하는 데 있어 필요한 통제감은 외상으로 인해 유발된 속수무책의 독성을 중화시킬 수 있다.

결 론

우리에게 오는 외상을 경험한 많은 아동들은 다양한 수준의 생리적 고통과 조절 불능을 겪고 있다. 아동들은 몸의 스트레스 체계가 어떻게 반응하는지 심리교육을 받음으로써 좀 더 좋아질 수 있다. 즐겁게 알려 준 이 개념들은 조절 불능을 겪는 내담자에게 자신들의 스트레스 반동으로 이해할 수 있는 단어와 개념을 제공함으로써 내면적 경험을 정상화하는 것을 돕는다. 덧붙여 스트레스 관리 기술과 분노 조절 기술은 아동 내담자들이 쉽게 소화할 수 있는 놀이에 기반을 둔 개입에 의해 전달될 수 있다.

이 장에서는 내담자들이 생리기능을 조절하는 것을 돕는 데 사용하는 개입에 초점을 맞추었지만, 아동의 신체적 각성의 공동 조절자인 부모들의 역할을 과소평가해서는 안 된다. 양육자들이 상처 입은 아동들을 그들의 보호 안에서 진정시킬 수 있는 능력을 갖추는 것에 목표를 둔 개입은 놀이라는 매체를 통해 가장 효과적으로 전달될 수 있고, 외상을 경험한 아동들의 생리기능을 조절하는 데 목표를 둔 치료 계획에 반드시 통합되어야 한다. 부모와 자녀의 관계에서 최적의 건강한 공동 조절이 목표인 놀이에 기반을 둔 개입은 다음 장에서 다룰 것이다.

06 외상장애 아동을 위한 놀이치료

동반자로서의 부모

06

동반자로서의 부모

다양한 양육자와 아동의 양자 관계

이 장은 외상을 경험한 아동을 치료하고 회복하는 데 부모가 협력자로서 도움이 되는 수많은 방법을 다루고 있다. 편의상 '부모'라는 단어를 아동의 양육자와 양육자로서의 자세를 요약하는 말로 사용할 것이다. 많은 양육자와 아동의 양자 관계는 아동이 경험한 외상 사건의 종류만큼이나 다양하다. 어떤 아동들은 교통사고나 가정 화재와 같은 갑작스럽고 개별적인 외상 사건 이전에는 따뜻하고 양육적인 부모 밑에서 지냈고, 사건 후에도 같은 양육자에 의해서 변함없는 긍정적인 방법으로 양육된다. 그러나 또 다른 어떤 아동들은 외상 전에는 정서적으로 항상 기댈 수 있고 전적으로 수용해 주는 부모였지만 외상 사건 후에는 부모 자신의 스트레스 반응 때문에 다른 양육의 질을 경험할 수 있다. 또 외상의 결과로 가장 중요한 사람들을 잃는 아동도 있다. 유방암으로 어머니를 잃거나 총격 사건으로 아버지가 사망하거나 또는 할머니를 요양원으로 떠나보내는 이들이 있다. 이러한 사례에서 몇몇 아동들은 부모가 애도 과정에 있거나 갑작스럽게 혼자가 되면서 가중된 스트레스 상황에 처해 있는 부모의 보호 아래 있게 된다.

배우자를 잃은 후에 오는 양육 스트레스

더욱이 생존한 양육자의 경우, 여전히 전쟁으로 파괴되거나 재난 발생 지역에 살고 있으면서 항상 열악한 환경에 노출되어 있다. 종종 한 부모가 죽었을 때, 가족은 상당한 소득 상실을 경험한다. 죽은 부모가 일차적 생계 부양자였다면, 남은 부모는 자녀들을 양육하면서 직장을 구해야 하는 어려움이 생긴다. 양육자와 자녀 사이의 조율의 정도는 환경적 또는 신체적 스트레스가 증가할수록 약해진다. 이러한 이유로, 아동치료사들은 가족에게 왜 스트레스가 유발되는지 전반적인 맥락과 체계를 알고 있어야 한다. 부모와 자녀에게 정서적 지지를 제공하는 것과 더불어, 아동치료사들은 가족이 서비스를 이용하고, 복잡한 체계에서 함께 작업하고, 가족들이 양육자를 잃은 것과 관련된 스트레스를 감소시키는 활동 계획을 세워서 실질적인 도움을 주는 옹호자로서의 역할을 해야 한다.

죽음으로 배우자를 잃으면, 남아 있는 양육자는 그 죽음을 애도하면서 그 사람을 생각한다. 어떤 부모는 연속적 투옥, 마약 사용 또는 정신병 때문에 오랜 기간 옆에 없다. 남겨진 양육자들은 어떤 이유에서건 다른 부모의 부재에 대해 더 복잡하게 개인적으로 적응해야 한다. 그들은 아마도 자신에게 떠넘겨진 양육적 책임에 분노할지도 모른다. 양육이 일시적이거나 간헐적으로 이루어질 때, 아동과 남겨진 양육자는 그 부모가 오고 감에 따라 불안정과 적응 및 재적응의 여러 가지 부가적인 스트레스가 생긴다. 마약 남용 때문에 재활 프로그램에 반복해서 입소하는 어머니를 둔 여덟 살의 여자아이는 어머니가 언제 돌아올지 계속 궁금해하는 것보다 어머니가 아예 가 버리는 게 낫다고 고백하였다. 아이는 자기 인생이 탁구 경기 같다고 묘사하면서, "이번엔 진짜일까 궁금해하는 것도 이젠 정말 지쳤어요!"라고 말했다. 이 모든 사례는 아동의 외상 이후에 적응하는 데 복잡한 문제가 있다는 것을 말해 준다.

위탁 부모

자신의 유일한 양육자에게서 완전히 버림을 받는 아동이 많다. 아동의 유기나 학대가 미국 주 정부에 보고되면, 아동들은 급작스럽게 부모로부터 분리되고 복잡한 행정 절차를 거쳐 위탁 시설로 보내진다. 즉각적이고 위급한 어떤 경우에는 또 다른 최적의 가정이 아닌 임시 위탁(위탁 가정)이 이루어진다. 내가 치료하는 많은 아동들은 치료실에 오기 전에 서너 곳의 위탁 가정을 거쳐 왔다. 나는 많은 위탁 부모들과 일하고 있으며, 어려움이 있는 청소년들을 위해 헌신하는 그들을 존중한다. 위탁 부모들은 어려움을 겪고 있는 아동들에게 자신의 가정과 마음을 열고, 보호와 양육을 제공해 준다. 이 부모들이 즉각적인 결과나 지연된 효과를 보지 못할지라도 위탁 부모를 도와주는 정신건강 전문가로부터 특별한 격려가 필요하다. 더욱이 위탁 부모들은 초기의 유기와 학대가 뇌에 미치는 영향과 양육이 여러 번 중단되었을 때 애착 관계에 어떻게 부정적으로 영향을 미치는가에 관한 심리교육이 필요하다.

입양 부모

나는 양육자의 한 유형인 예비 입양 부모 및 입양 부모들을 일하면서 자주 접하게 된다. 예비 입양 부모들은 자신이 보호하고 있는 아동들에게 마음을 어느 정도 열어야 하는지 고민한다. 나는 현재 한 가족을 치료하고 있는데,

부모인 존스(Jones) 내외는 두 아들을 국내 입양할 때 나의 도움을 받았다. 네 살과 여섯 살인 두 아들은 입양 시 혼돈(기분 내키는 대로) 애착 유형을 보였다. 초기 면접 시에 아이들은 존스 내외와 함께 지낸 지 이미 6개월 정도 지났을 때였지만, 둘 다 존스 내외에게 특별한 애정을 보이지 않았다. 오히려 그들이 양부모에게 보이는 솔직함의 정도는 그저 안면이 있는 사람들을 대하는 수준이었다. 그 아이들은 낯선 사람들에게 달려가 무릎에 앉거나 팔에 매달리며 "사랑해요"라고 말한다. 집에 수리공이 올 때마다, 아이들은 다가가서 "나를 데리러 왔나요?"라고 묻는다. 아이들은 수리공이 자신을 데려간다는 사실이 전혀 놀라운 일이 아니고 그저 일어날 수 있는 일이라 여긴다.

존스 부부가 입양을 결심한 이유는 그들이 이미 아들(9세)과 딸(10세)을 기르면서 많은 기쁨과 성공을 경험했기 때문이었다. 존스 부부는 친자식들에게 했던 것과 똑같은 양육기법을 두 양아들에게 적용했는데, 깜짝 놀랄 만한 결과를 경험하게 되었다. 이 아이들은 존스 부부가 기대했던 대로 반응하지 않았으며, 존스 부부의 어떤 방법은 그 상황을 더욱 악화시켰다. 나는 몇 회기 동안 이 부부에게 애착이론, 외상이론 그리고 그들에게 효과적인 새로운 양육기법을 소개하였다. 이 부부는 자신의 양아들들에게 효과적인 부모가 될 수 있도록 도움이 되는 모든 것을 배우는 데 전력하였다. 나는 그 부부가 자신들의 패러다임을 바꾸기 시작하는 '아하!'의 순간을 지켜보는 기쁨을 누렸다. 나는 그들에게 집에서 아이들과 할 수 있는 애착에 기반을 둔 게임을 제안하였다. 우리는 또한 아이들에게 필요한 가정생활의 규칙과 일상에서의 양육과 안전의 중요성을 확대해 나갔다. 나는 이 부부에게 자녀에게 일관성 있고 감정에 얽매이지 않는 일상 훈련 체계를 제안하면서 긍정적인 관계를 향상시키는 부모-자녀 상호작용 치료(Parent-Child Interaction Therapy: PCIT)의 수정본을 가르쳤다. 그러자 아동들은 점차 존스 내외에게 애정을 갖기 시작했고, 곧 다른 사람보다 양부모를 더 좋아하면서 자신들의 새로운 일과를 따랐다. 최근 방문에서, 존스 부부는 네 살 된 양아들이 그날 아침에 낯선 사람을 만났을 때 존스 부인에게 손을 뻗치며 안아 달라고 했다고 보고했다. 이 아동이 낯선 사람과 있을 때 양어머니를 더 선호한 것은 이번이 처음이었고, 어머니는 그것이 무엇을 말하는지 분명히 알고 있었다. 그런데 방문 바로 직후, 존스 부인으로부터 난감해하는 전화를 받았다. 아동보호국(Department of Children's Services: DCS)에서 전화가 왔는데, 생부가 자신의 부모 권한 종결 결정을 청원할 것이라는 통보가 왔다는 것이다. 이는 분명히 사회복지사가 서류 작업을 제대로 처리하지 않았기 때문인데, 그래서 이 부부는 법적 절차를 다시 밟아야 했다.

이로써 아이들은 자신의 친부모를 최소 일 년 반 이상 전혀 보지 못했다가, 친부모의 감독 방문(supervised visits)을 받는 상황이 되었다. 존스 가족은 이 사실에 충격을 받고 당황했다. 이 아이들이 존스 가족에게 입양될 날짜가 몇 달 남지 않은 시점이었다. 존스 가족은 아이들의 친부모는 법적 권리가 종결되었고 자신들에게 입양될 것이라고 일 년 전부터 들어 왔다. 존스 가족은 이 아이들이 다시 퇴행할까 봐 걱정하면서 그들의 모든 노력이 수포로 돌아가는 것은 아닌지 불안해했다. 더욱이 친부가 주 정부가 요구하는 모든 것을 이행하여 다시 법적 양육권을 얻게 된다면, 자신의 자식으로 여겨 온 이 사랑스러운 두 아들을 잃게 된다는 현실적 상황에 직면해 있었다. 이 양부모는 아이들을 포기해야 할 수도 있다는 슬픔에서 자신을 보호할 필요를 느끼면서도 일상의 양육에 충실하려고 노력하는 자신들이 미끄러운 비탈길에서 침착하게 걸어가려고 애쓰는 모습이라는 것을 알았다. 우리는 최근에 그들이 매일 하고 있는 양육적 결정의 중요성을 확인하기 위하여 뇌 발달에 관한 몇몇 심리교육을 재검토하였다. 존스 부부는 자신들이 아이들의 영원한 부모가 되든 못 되든지 간에 그들이 아이들에게 제공하는 긍정적 · 양육적 · 조율적 돌봄이 아이들의 발달하고 있는 뇌세포망에 지워지지 않는 흔적을 남긴다는 것을 이해하였다. 존스 가족이 베풀어 준 의도성 있고 전적인 반응적 보호(contingently responsive care) 덕분에 이 아이들은 그들의 인생에서 지속적인 관계를 형성할 수 있게 될 것이다.

공동 조절자로서의 부모

부모들은 자녀의 스트레스 반응에 대한 최초의 조절자다. 실제로 부모들은 자녀의 '심리적 조절자' 라고 불린다(Schore, 1997). 자녀를 잉태한 순간부터 부모 자신의 스트레스 반응은 태아의 발달에 영향을 미친다. 신경호르몬적 대화가 어머니와 태내에 있는 태아 사이에서 발생한다(Borysenko & Borysenko, 1994). 임신 중 어머니의 강렬한 스트레스 반응은 성장하고 있는 태아에게 어머니의 부주의로 인한 병을(iatrogenic, 의인성) 발생시킬 수 있다. 이것은 수태 전이나 수태 이후 태내 환경의 중요성을 말해 준다.

자궁으로부터 나온 아기는 자신의 욕구를 충족시켜 줄 누군가에게 전적으로 의존한다. 아기가 배가 고파 하면 어머니는 젖을 준다. 아기의 기저귀가 젖었을 때 어머니는 새것으로 바꿔 준다. 아기가 너무 긴장하면 진정될 때까지 안고 흔들어 준다. 고조된 각성 상태에 있는 모든 아기들은 배고프거나 춥거나 소외되었다는 불쾌한 기분을 경험한다. 아기는 조절 불능 상태를 울음으로 나타낸다. 조율적 양육자는 아기가 우는 이유를 파악하여 아기의 욕구를 충족시키면서 달래 준다. 이렇게 양육자로부터 지지받고 중재되는 계속적인 양자적 정서 조절 경험은 아동에게 궁극적이고 자율적인 조절 단계가 된다(Cassidy, 1994; Isabella, 1993; Sroufe, 1996). 아기들이 후에 자기 조절의 세포망을 형성하기 위해서는 이러한 양육 방식을 수없이 많이 반복해야 한다.

아기의 숨 쉬는 리듬은 아기를 좌우로 살살 흔들고 있는 어머니의 리듬과 일치한다고 한다. 아기는 자신을 진정시키는 것을 양육자에게 전적으로 의존하다가 손가락이나 담요와 같은 이행기 대상에 의존하고, 결국에는 자기 자신에게 의존한다. 나는 이 과정이 펼쳐지는 것을 자녀들을 통해 보았다. 나의 딸 매디슨(Madison)은 일 년간 젖을 먹었다. 그 기간에 매디슨은 손가락을 빠는 것도 배웠다. 젖을 뗀 후 많이 당황스러워하던 아이는 내 몸에 한 손을 대고 다른 손의 엄지를 자기 입에 넣었다. 이 방법으로 아이는 평정 상태를 회복했다. 몇 달 후에 아이는 자신을 조절할 때 나에게 손을 대는 신체적 접촉 없이 단지 자기 엄지를 빨면서 스스로 진정했다. 아이는 진정되기 위해 더 이상 신체적 접촉이 필요 없었다. 매디슨의 발달에서 하나 설명하고 싶은 것은, 자기 조절기제를 내면화하기 위해서 아이는 공동 조절자에 의해 충분히 조절되는 경험이 필요하다는 것이다. 초기 몇 년간 아동과 양육자 사이에 놓인 수없이 반복된 양자적 자기 조절 경험이 후에 아동이 스스로를 조절하는 능력에 결정적 역할을 한다고 인정하는 것은 이런 경험을 하지 못한 아동들을 치료하기 위한 접근에 반드시 깊은 영향을 미칠 것이다.

애착 유형과 불안 관리

존 볼비(John Bowlby, 1973a, 1988), 메리 마인(Mary Main, 1995)과 메리 에인스워스(Mary Ainsworth, 1978)는 애착이론의 개척자들이다. 이들의 연구 결과로 아동들이 부모의 행동에 반응하는 것을 배우고, 자신의 욕구를 충족시키는 방법을 범주화하는 일련의 분류가 제시되었다. 안정된 애착 유형은 부모가 신체적 · 정서적으로 일관성 있게 반응하며, 아동의 욕구에 전적으로 반응할 때 형성된다. 배가 고픈 아동은 울 것이고, 어머니는 젖을 줄 것이다. 아동이 심심해하면 자극이 제공될 것이다. 이때 아동은 자신의 부모를 신뢰하고 자신의 욕구가 충족된다는 것을 배운다. 이 아동은 부모를 안전기지로 보고, 나이에 맞는 탐색에 자유롭게 몰입하며 스트레스나 공포를 느끼는 상황에서 어머니를 찾아 안정된다.

불안정한 애착 유형에는 여러 형태가 있다. 이 중 회피적인 애착 유형과 양가감정 애착 유형은 아동의 입장에서는 애착 대상에 대한 신체적 근접성을 유지하기 위한 조직화된 시도로서 개념화될 수 있다. 두 유형 모두 공포와 불안이 애착 체계를 활성화하지만 아동은 자신의 욕구를 충족시키기 위해서 우회적인 방법을 사용하게 된다. 회피적인 아동은 멀리 떨어져서 자신들은 마치 부모가 필요 없는 것처럼 행동한다. 부모의 반응에 확신이 없는 양가감정적인 아동은 분노, 거부 행동 그리고 끈덕지게 달라붙는 행동을 번갈아 한다.

유기나 학대를 당한 아동들은 자신의 각성을 조절할 능력이 결핍된다. 부모가 아동의 자기 조절 능력의 발달을 돕는다는 이해가 확장되면서 우리는 양육자에게서 심한 학대를 경험한 많은 아동들이 나타내는 동결 반응을 더 잘 이해할 수 있게 되었다. 볼비에 따르면, 부모는 자기 종족을 존속시키기 위해 위기 상황에서 자녀를 보호하도록 생물학적으로 프로그램화되어 있다. 반대로 자녀는 보호를 받기 위해 부모를 찾는다. 모든 상황이 좋을 때 아동들은 만족하면서 자신의 환경에서 놀고 탐구하다가 위험이 닥치면 애착 체계가 활성화되어 신속히 부모에게 되돌아간다. 그러면 아동의 애착 체계가 외적 외상이 아닌 자신의 부모로부터 자극을 받으면 어떻게 될까? 아동은 자신의 양육자를 찾는, 생물학적인 본능에 따른 충동을 느끼지만 그의 부모는 위험의 원천이다. 이것은 학대를 경험한 아동들이 갖는 딜레마다. 이는 위험에 가까이 갈 수도 없고 멀어질 수도 없는 부동화(immobilization)로 이끈다.

안전을 기대했던 부모가 더 큰 위험의 근원이다. 부모에게서 위험을 느낀 아동들은 공포에 대처하기 위한 일관된 체계를 확립하는 데 어려움을 겪는다. 그들은 혼돈 애착 유형을 발달시킨다. 이 혼돈 애착 유형(disorganized attachment)의 좋은 예는 '낯선 상황'의 실험 중 재결합 상황에서 볼 수 있다. 분리되었던 부모가 다시 방으로 들어왔을 때, 혼돈 애착을 가진 아동은 어머니를 향해 기어가다가 멈추어 서서 다시 벽을 향해 기어간다. 이 혼돈 애착 유형은 유기나 학대로 인해 강렬한 불안과 함께 반복적으로 위협을 느낀 아동들에게서 나타난다. 앞에서 언급한 불안정한 애착 유형을 가진 아동들이 자라면서 불안과 관련된 많은 증상들을 보인다. 좋은 소식은 애착 유형은 시간과 함께 변화될 수 있다는 것이다. 반대로 나쁜 소식은 이 변화가 의도된 노력 없이는 일어나지 않는다는 것이다.

조율의 증가와 긍정적 훈육의 강화

여러 놀이치료 모델들은 긍정적인 역동 관계를 향상시키면서 서로에게 조율되도록 가족을 도와준다. 애착이론에 근거한 상담 모델인 치료놀이는 네 가지 차원에서 부모가 전적으로 보호해 주는 능력을 강화하면서 부모와 자녀 간의 조율을 증가시킨다(Jernberg & Booth, 2001; Martin, Snow, & Sullivan, 2008; Munns, 2009). 네 가지 차원은 구조, 양육, 개입 그리고 도전으로 정의된다. 각각은 의도적으로 선택하여 치료사가 지지하는 일련의 즐거운 양자적 활동을 통해 증가된다. 한 연구에서, 마르틴과 그의 동료들(Martin et al., 2008)은 마샥 상호작용 방법(Marschak Interaction Method: MIM)을 실행한 결과, 네 가지 차원을 제공하는 데 있어 부모의 숙련도는 아동의 탐구 동기와 자기 조절 능력에 연관됨을 발견했다. 행동주의적 놀이치료 모델인 부모-자녀 상호작용 치료(Parent-Child Interaction Therapy: PCIT) 또한 부모와 자녀 사이에 긍정적인 역동 관계를 향상시키면서 서로 간에 조율을 형성하도록 돕는다. 게다가 부모는 아동의 사회적 행동을 형성할 수 있는 긍정적 행동관리 기술과 일관된 훈육 절차를 배운다(Hembree-Kigin & McNeil, 1995). 실라 아이버그(Sheila Eyberg)가 개발한 PCIT는 처음에는 반항장애가 있는 아동과 그 부모를 치료하기 위해 고안되었다(Eyberg et al., 2001). 자녀에게 신체적 폭력을 가한 부모들은 PCIT를 통하여 좀 더 효과적이고 양육적인 방법으로 반응하는 것을 훈련받는다(Herschell & McNeil, 2007; Urquiza & McNeil, 1996). PCIT는 위탁보호시설에 있는 학대를 경험한 아동들에게 효과적인 치료로서 학문적 지지를 얻고 있다(Timmer et al., 2006). PCIT는 반항적이고 외상을 경험한 아동들에게 적용하는 데 학문적으로 많은 뒷받침을 받을 뿐만 아니라, 어린 아동들의 분리불안을 감소시키는 데도 매우 유용한 개입이다(Choate, Pincus, Eyberg, & Barlow, 2005; Pincus, Eyberg, & Choate, 2005).

다른 양자적 치료 모델로는 10주간 안내된 부모-자녀 관계치료 프로토콜(protocol)인 자녀-부모 관계치료(Child-Parent Relationship Therapy: CPRT)(Bratton, Landreth, Kellam, & Blackard, 2006; Landreth & Bratton, 2006), 부모-자녀 관계치료(Guerney, 1964; Guerney, Guerney, & Andronico, 1999; VanFleet, Ryan, & Smith, 2005) 그리고 자녀-부모 심리치료(Lieberman, Van Horn, & Ippen, 2005, 2006)가 있다. 부모의 조율을 증가시키는 데 효과적이고 가치가 있는 또 다른 모델인 보안 프로젝트의 순환(The Circle of Security Project)은 부모가 자녀의 신호에 좀 더 민감하게 반응할 수 있도록 돕기 위해 전적으로 부모와 함께하면서 애착 개념과 관련된 심리교육을 제공하고, 부모와 심리치료적으로 작업한다(Cooper, Hoffman, Powell, & Marvin, 2005; Hoffman, Marvin, Cooper, & Powell, 2006; Marvin, Cooper, Hoffman, & Powell, 2002; Powell, Cooper, Hoffman, & Marvin, 2007). 이 프로토콜 안에 특별히 유용한 한 가지 활동은 '상어 음악'이라고 칭하는 개념을 설명하는 것이다. 처음에 부모는 그림 같은 바다와 연결된 아름다운 길이 나오는 비디오를 본다. 배경 음악은 편안하고 상상의 여정은 유쾌하다. 두 번째 비디오에서 부모는 똑같은 영상을 보지만, 음악은 금방이라도 무슨 일이 일어날 듯한 위협감을 일으키는 것으로 바뀐다. 이 두 번째 비디오는 부모를 당황하게 하고, 부모가 아동들에게 민감하게 반응할 수 없도록 혼란 상태를 유도한다. 영상은 똑같다. 부모가 자신을 발견하는 상황도 똑같다. 그러나 우리의 내적 반응은 상황에 대한 우리의 접근을 다르게 꾸민다. 부모가 아동의 어떤 단서가 자신에게 상어 음악을 일으키는지 인식을 발달시킬수록, 아동의 욕구를 충족시키는 데 충분히 가치 있는 것을 선택하면서 자신의 내적 반응을 인식할 수 있다.

CAR 운전하기

아동의 정서 상태의 조절을 돕는 데 부모가 결정적으로 중요한 역할을 한다는 것은 잘 알려져 있다. 그러나 아동들의 조절 불능 징후는 부모가 공동 조절자로서 효과적으로 반응하지 못하게 만들어 부모의 불안 반응을 일으킨다. 아동의 혐오적인 불안 행동을 피하려고 부모들은 아동을 진정시키기 위해 회유하고, 불안해하지 않도록 아동과 논쟁하거나 아동에게 불안을 일으키는 자극으로부터 아동을 구출하려 한다. 나는 이 같은 반응에서 창안한 약어 CAR를 부모들에게 가르친다.

Ⓒ = Cajole(회유)

Ⓐ = Argue(논쟁)

Ⓡ = Rescue(구출)

나는 불안한 아동을 감정의 용해(meltdown) 길에서 머리를 숙이고 있는 아동으로 묘사한다. 부모들은 CAR를 운전하면서 회유하고, 논쟁하고, 구출하는 것에 상반되는 기술을 선택할 수 있다. 부모와 나는 부모가 자주 사용하는 반응 유형을 조사하는 탐정가가 된다. 이 특정한 반응의 소멸을 인식하면, 부모들은 자신의 아동들에게 다르게 반응하려는 의식적인 선택을 한다. 아동의 혐오에 조율된 반응을 통해, 부모는 아동의 발달하는 사회정서적 자기(self)에 정신생물학적 조절자가 된다. 아동의 불안에 대한 부모의 반응은 불안한 아동의 예후(prognosis)에 중요한 영향을 미친다. 특히, 취학 전 아동들은 의기소침해지고, 부모에게 성가시게 굴거나 달라붙거나 심각한 분노 폭발을 보이기 시작한다. 이 모든 행동은 부모를 당황시킨다. 그러면 부모들은 자신의 행동을 더 강하게 하면서 자녀의 행동을 조정하려고 할 텐데, 이때 자녀가 정말로 필요한 것은 이것과는 정반대의 것이다. 자녀에게 진짜 필요한 것은 부모를 통해 진정되는 경험이다.

SOOTHE 기법

밴더빌트 대학교(Vanderbilt University)에 있는 케네디센터의 보조금(grant)을 받아서, 린다 애시퍼드(Linda Ashford)와 패티 반 아이(Patti van Eys) 그리고 나는 위탁 가족과 입양 가족을 치료하는 프로토콜을 만들었다. 이 프로토콜은 애착에 기반을 둔 개입의 구성 요소를 결합하였다. 애착 회복을 위한 양육적 연계(Nurturing Engagment for Attachment Repair: NEAR)인 이 모델은 변화의 기제로 심리교육, 행동주의적 훈련, 관계 향상 그리고 양자적 양육 개입을 포함한 모듈(Modules)을 가지고 있다. 각 회기마다 부모를 위한 비디오 피드백과 실생활 코칭 기술 세트가 있어 치료적 접근을 향상시킨다. 이 프로토콜의 한 부분으로서 종종 직관에 반대되는 방법으로 학대나 유기를 경험한 아동들의 불안 증상에 대처해야 하는 부모를 돕는 기법을 고안했다. SOOTHE라는 약자를 사용해 부모들이 이 기술 세트를 기억하도록 했다.

Ⓢ = Soft tone of voice, soft tone of face(부드러운 목소리와 부드러운 표정)
Ⓞ = Organize the child's experience(아동의 경험을 조직화하기)
Ⓞ = Offer choices or a way out(선택 또는 빠져나가는 방법 제공하기)
Ⓣ = Touch or physical proximity(접촉과 신체적 근접성)
Ⓗ = Hear what the child is needing(아동이 필요로 하는 것을 듣기)
Ⓔ = End and let go(끝내고 보내기)

SOOTHE의 S는 '부드러운 톤의 목소리'를 말한다. 아동들은 자신의 불안을 완강하게 고집 부리는 것으로 나타낸다. 부모들은 아동의 반항 행동에 대해 목소리를 크게 하거나 강하게 저지하면서 반응한다. 그러나 부모의 커진 목소리는 아동의 분노(tantrums)를 증가시킨다. 부모들에게 이것을 가르칠 때, 나는 '부드러운 표정'을 덧붙인다. 뇌에 있는 거울 신경에 관한 정의를 보면, 부모의 애정적 대화가 잠재적으로 불안한 아동에 의해 어떻게 모방될 수 있는지를 이해할 수 있다(Arden & Linford, 2009; Gallese, Keysers, & Rizzolatti, 2004; Rizzolatti, Fadiga, & Gallese, 2001). 마카크 원숭이(Macaque monkey)에 의해서 처음 발견되고, 후에 유인원과 인간의 전두엽에서 발견된 거울 신경은, 개념적인 추론을 우회하고 "다른 사람의 감정과 행동에 대해 즉시 이해하고, 외현적 반사 중재(reflective mediation) 없이 내적으로 복제하게 한다"(Gallese, Keyers, & Rizzolatti, 2004, p. 396). 만약 부모가 조절 불능이 되면, 아동은 직접적으로 비슷한 강도의 조절 불능을 세포 수준(cellular level)에서 경험하게 된다. 반면에 부모가 의도적으로 부드럽고 양육적인(또는 최소한 중재적인) 목소리로 말하면, 아동은 스스로를 조절하면서 단계적으로 진정되기 시작한다.

이것을 부모들에게 설명하는 또 다른 방법은 부모들이 자신을 닻(anchors)으로 보는 것이다. 만약에 아동이 자신의 불안을 처리하는 방법으로 "싫어!"라고 말하면서 통제하려 한다면, 부모는 "아니, 해야 해!"라고 말하면서 자신의 감정을 더해 반응하고 싶을 것이다. 이 반응은 닻을 던져서 배가 완전히 가라앉게 하는 것과 똑같다. 부모들이 목소리를 낮추고, 부드러운 톤으로 평정을 유지한다면, 아동의 경험을 현재의 각성된 수준 바로 밑에 고정시킬 수 있다. 이렇게 부모들은 자신의 자녀를 더 높은 단계의 반응으로 이끌거나 부드러운 톤의 목소리를 사용하는 단순한 기법을 통해서 낮은 반응으로 내리는 역할을 할 수도 있다. 많은 부모들에게 '부드러운 표정'을 짓는 것에 관해서 말한다. 우리는 이미 '투쟁–회피–동결' 반응을 유발할 수 있는 아동의 암시적 기억(implicit memory)의 다양한 신호에 관해 토의하였다. 입을 꽉 다물거나 눈썹을 찌푸리는 것이 자신의 직접적인 위험과 연결되었던 경험이 있는 아동들에게는 이것만으로도 충분히 불안이 유발되고, 감정적 용해의 불씨가 될 수 있다(Pollak & Cicchetti, Klorman, & Brumaghim, 1997; Pollak & Sinha, 2002; Pollak & Tolley-Schell, 2003). 우리의 목소리, 태도, 표정을 중립적으로 유지하는 것은 아동의 감정을 누그러뜨리는 데 최선의 기회가 된다.

SOOTHE의 O는 '조직화'를 말한다. 외상을 경험한 아동들은 정보를 순서대로 나열하는 데 어려움이 있다. 무엇이 일어날지 모르는 상황은 불안을 고조시킨다. 그러므로 외상을 경험한 자녀를 둔 부모들은 일관성 있고 안정감을 주는 일과를 제공하는 것이 중요하다. 놀이치료사들은 이런 면에서 도움을 줄 수 있다. 아동의 일정을 짜거나 강화하는 데 도움을 주는 한 가지 활동은 '도미노 랠리(Domino Rally)'다. 도미노는 가족들이 외상에서 벗어나 하루의 일정이나 일상의 모든 것을 일련의 이야기로 만들도록 도와주는 유용한 방법이다. 이 개입이 시행될 때 나는 가족에게 사람 모양의 도미노 한 세트를 주고, 아동에게 부모가 일상에서 일어날 일을 순차적으로 열거하는 것을 따라 하나씩 세우라고 한다. 진단적으로 이 활동은 가족이 일정을 과도하게 세우는지, 여유 있게 세우는지를 임상가가 구별할 수 있게 하며, 필요하면 일정을 조정하도록 도와줄 수 있다.

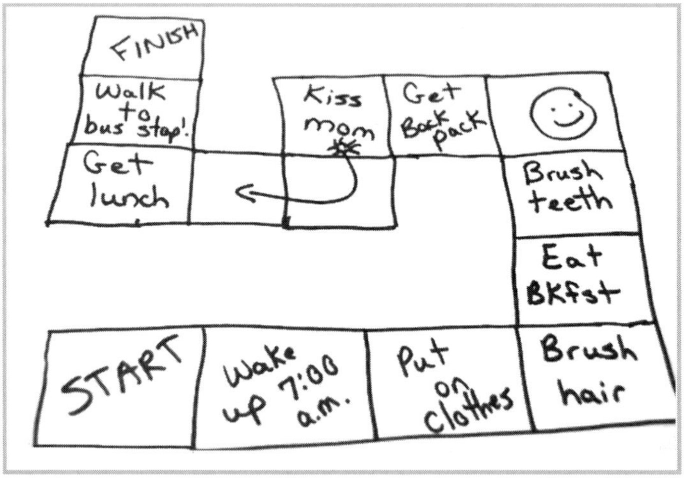

[그림 6-1] 아침 일과를 연습하는 보드게임

가족들이 일정을 구체화하도록 도와주는 또 다른 재미있는 방법은, 둘둘 말아지는 보드게임의 빈 종이에 아침, 점심, 저녁의 일과를 함께 정해 보는 것이다([그림 6-1] 참조).

부모들은 아동이 일어나서 잠들 때까지의 일상을 단계적 순서에 따라 공간을 채운다. 가족들은 끝마친 게임을 집에 가져가서 반복해서 '놀이'할 수도 있다. 이 일과에는 아동이 아직 배우지 않은 부분이 있고, 게임 놀이를 통해 연달아 반복함으로써 아동이 순차적으로 조절할 수 있게 해 준다.

또한 '조직화'는 전이 시간에 불안한 아동을 도와줄 필요가 있음을 말한다. 불안한 아동들은 변화에 잘 적응하지 못한다. 평상시와 다른 일정이 있는 날에는 미리 아동에게 일상과 다를 것이라고 알려 주면 많은 도움이 될 수 있다. 아동의 놀이 시간이 시장을 가야 하는 것 때문에 방해받았을 때, 아동에게 미리 말해 준다면 큰 도움이 될 것이다. 부모는 "앞으로 5분만 더 놀고 시장에 가자."라고 말해 줄 수 있다. 2분 경고 역시 도움이 된다.

외상을 경험한 아동이 처음으로 축구 같은 활동을 시작할 때, 미리 준비하는 것은 중요한 일이다. 이때 임상가, 부모 그리고 아동은 혹시 문제가 될지 모르는 부분을 함께 찾아볼 수 있다. '폭발물 찾아보기(brainstorm the blow-ups)'는 가족들이 아동의 외상 이후 생긴 불안을 터뜨릴 만한 환경을 사전에 면밀히 조사해 볼 수 있도록 하는 재미있는 방법이다. 나는 작은 화산을 가족에게 소개하고, 특정 불안을 자극하는 상황에서 아동이 반항적이 되고 감정적 용해를 경험하게 되는 순간에 관해서 이야기를 나눈다. 나는 아동의 불안 반응이 예측되는 몇몇 상황을 적어 그것들을 화산에 놓는다. 가족 중 하나가 "칼리(Callie)는 처음으로 축구팀에서 경기를 할 거야."라는 문장을 읽는다. 그런 다음 가족들이 화산에 붙은 내용을 떼고 순서대로 불안을 진정시키는 데 도움이 되는 특정한 부모교육 기법에 관해 각자 의견을 이야기한다. 예제가 되는 기법들은 다음과 같다. 첫날 연습 전에 아동에게 코치를 소개한다. 아동은 자신이 경기하게 될 축구장에 미리 가 본다. 어머니나 아버지와 축구

장에서 축구공을 차 본다. 축구에 관한 영화를 보거나 책을 읽는다.

SOOTHE의 두 번째 O는 '제공하는 것'을 나타낸다. 이 O는 제한된 수의 선택을 제공하고, 파괴적인 불안 반응에서 빠져나오는 방법을 제공한다는 두 가지 개념이 포함된다. 외상을 경험한 아동들이 결정 과정에서 생기는 불안을 다루기 위해서는 좀 더 제한된 범위의 선택이 필요하다. 조절 불능이 있는 외상 경험 아동을 장난감 가게에 데리고 가서 "하나 골라 봐."라고 말하는 것은 아동에게 완전한 감정의 용해라는 불안 반응을 일으키게 하는 것이다.

최근에 나는 새로 입양한 아동의 반복되는 감정의 용해로 당황해하는 어머니와 이야기를 나누었다. 나는 어머니에게 감정이 용해되는 빈도를 2주간 기록해 보라고 했다. 어머니의 기록표를 살펴본 결과, 대부분의 큰 감정의 용해는 너무 많은 선택과 너무 많은 자극이 주어지는 공공장소에서 발생하는 것이 분명하게 드러났다. 어머니는 일주일 전에 아동을 월마트에 데려갔을 때의 사건에 관해 이야기했다. 아동에게 집에 사 갈 한 종류의 사탕을 선택하라고 했을 때, 아동은 선반으로 기어가고, 몸을 공처럼 둥글게 말고, 신경질적으로 울면서 통제하기 어려운 상태가 되었다. 무제한적 선택과 결합된 환경의 과도한 자극은 통제하기 힘든 불안 반응을 유발했다. 이런 유형의 아동은 의도적으로 제한된 수의 범위 내에서 선택하도록 하면 조절될 수 있다.

반대로 외상을 경험한 어떤 아동들은 모든 결정을 통제하는 것으로 그들의 불안을 상쇄하려 한다. 이러한 아동들은 무엇을 해야 할지 정확하게 지시될 때 생리학적 각성이 증가된다. 이들은 제한 영역과 함께 선택권을 주는 부모의 도움을 받는다. 주스를 마셔야 하는 아동에게 사과주스 또는 오렌지주스가 제공될 수 있고, 부모가 세운 한계 안에 있으면서도 결정을 하는 데 스스로가 약간은 통제를 할 수 있게 된다.

또한 부모들은 아동이 불안을 일으키는 구멍 속을 헤매고 있는 것처럼 보인다면 아동에게 빠져나갈 수 있는 방법을 알려 줄 수 있다. 다음은 불안을 느끼는 아동에게 빠져나오는 방법을 알려 준 한 어머니의 사례다. 라이언(Ryan)과 어머니가 MIM 평가를 절반 정도 끝마쳤을 때 라이언의 불안감이 폭발했다. 어머니는 카드를 집어 들고 "어른과 아동이 로션을 서로에게 발라 준다."라고 읽었다. 어머니는 두 로션 병을 집어 하나를 아동에게 건네 주었다. 그리고 어머니가 "내가 너에게 로션을 발라 줄게. 너도 나에게 좀 발라 주렴."이라고 말하자, 라이언은 "싫어!"라고 즉시 신경질적으로 대답하고 어머니를 뾰로통한 얼굴로 바라보았다. 어머니는 "어디에 로션을 발랐으면 좋겠니? 팔? 손?"이라고 물었고, 라이언은 자신의 머리를 가리켰다. 어머니는 "글쎄, 머리에 로션을 바를 수는 없고, 팔은 어때?"라고 말했다. 그러자 라이언은 팔짱을 낀 채 더 성난 목소리로 "싫어!"라고 대답했다. 어머니는 그의 반응이 고집스러운 것이 아니라 불안 때문이라는 것을 정확하게 해석했다. 어머니는 "이런, 네가 로션을 좋아하지 않는다는 것을 잊어버렸구나. 자, 봐. 내가 이것을 내 팔에 문질러서 내 손에 남아 있지 않게 할게. 대신에 네 등을 쓰다듬어 줄까?"라고 말했다. 그런 뒤에 어머니는 자기 손으로 라이언의 등을 쓰다듬었다. 라이언은 잠시 의심스럽게 어머니를 쳐다보더니 어머니에게 가까이 가서 뒤를 돌아 등을 보여 주었다. 어머니가 등을 1~2분간 쓰다듬자 라이언은 "이제 내가 로션을 발라 줄게."라고 말했다. 어머니는 양육적인 활동 안에서 관계적 임무를 수행하면서 불안해하는 자녀에게 불안을 야기하는 상황에서 빠져나오도록 했다.

H는 '듣기'를 말하는데, 아동이 불안에서 기인한 반항을 보일 때 아동에게 어떤 도움이 필요한지 분별하려는 부모의 행위와 관련된다. 아동에게 신발을 신으라는 지시가 주어졌을 때 아동이 거절했다고 하자. 대부분의 부모는 이 거절을 반항심에 기인한 것으로 해석한다. 그러나 아동은 단지 어떻게 신발 끈을 매야 하는지, 그것을 정확하게 할 수 있을지를 걱정하면서 신발 끈을 제대로 맬 수 없을 때 느낄 수치심과 당황스러움을 피하고 싶었는지도 모른다. 부모가 저변에 깔린 아동의 욕구가 무엇인지 정확하게 '듣기'가 된다면,

처음에 부모가 내린 지시는 수정될 수 있다. 부모는 "가서 신발을 가져오면 내가 신는 것을 도와줄게."라고 말할 것이다. 이 수정된 지시는 여전히 책임이 요구되지만, 아동이 피하려는 기저에 깔린 불안감을 없앨 수 있다.

마지막으로 E는 '끝내고 보내기'를 말하며, 이것은 두 가지 핵심이 있다. 첫 번째 개념은 아동이 일상의 정상적인 활동으로 되돌아가기 전에 불안의 강도를 완전히 줄이는 것을 지시하는 것이다. 나는 이 기준선으로 되돌아가는 것의 중요성을 예전에 취학 전 아동을 위한 치료학교에서 일할 때 깨달았다. 그 프로그램은 심각한 정서장애를 가지고 있는 3~5세 아동들을 돌보는 것이었다. 아동들은 조절 불능 상태였고, 신체적 제약이 필요할 정도로 몸을 통제하지 못했다. 당시 많은 경우에 아동들은 상대적으로 진정될 때까지 붙잡혀 있었고, 투덜거리더라도 곧 교실로 보내졌다. 우리가 여기서 발견한 것은 감정이 완전히 잦아들지 않은 아동은 한 시간 안에 또 다른 폭력적인 상황에 놓인다는 것이다. 기준선으로 되돌아갈 때까지 아동을 계속적으로 진정시키고 자극을 없애는 것이 훨씬 더 효과적이다. 감정이 완전히 잦아든 후에, 아동들은 다음의 도전적인 상황이 발생할 때 더 쉽게 자신의 내적 자원을 이용할 수 있었다.

'끝내고 보내기'의 두 번째 측면은 아동의 감정 용해에 관한 부모들의 반응과 관련이 있다. 우리는 불안한 아동들이 신경생리학적 조절 불능 때문에 고통받는다는 것을 인식한 후에, 아동의 감정 용해가 실제로 어떻게 조절기능을 제공하는지 이해할 수 있게 되었다. 어떤 아동들은 불안을 몸 안에 형성된 압박감으로 묘사하고, 폭발적인 사건 후에 이 압박에서 벗어나는 것을 경험한다. 반면에 부모들은 스트레스로 인한 혼란스러움을 지속적으로 느끼며, 아동이 불끈 성을 낸 이후에는 오래 지쳐 있다. 부모에게 회복 시간이 필요하고, 방금 감정 용해를 경험했던 아동에게 즉각적으로 반응하기가 어렵다는 것은 이해할 수 있다. 그러나 부모에게는 유감스럽지만, 감정 용해 직후에 아동은 가장 취약감을 느끼고, 자신의 비이성적인 행동에 대해 수치감을 느낀다. 이 폭풍의 여파에서 부모와 다시 관계를 맺는 것은 즉각적으로 아동을 진정시켜 주고, 아동과 부모 간의 관계를 어느 정도 회복시켜 준다. 댄 시겔(Dan Siegel, 2003)은 감정의 전복이 둘 모두에게 발생하는데, 처리되지 않았기 때문에 부모와 자녀 사이의 유독성 출혈이 있다고 말한다. 그러므로 부모가 갖고 있는 화나 소진에 관한 권리를 인정하면서 우리는 부모들이 그것을 떨쳐 내고 감정 용해 후에 아동에게 전적으로 반응적이 되기를 요청한다.

탐정가로서의 부모

부모들은 자녀들의 외상 반응 유발물과 자녀의 혐오감을 감소시키는 데 가장 도움이 되는 부모교육 기법을 선별하는 과정에서 탐정 역할을 한다. 부모들은 자녀에게 연중무휴로 관여하기 때문에, 자녀의 외상 유발물과 감정이 고조되는 양식을 가장 잘 찾을 수 있다. 외상이 어떻게 두뇌에 영향을 미치는가에 대한 부모 심리교육은 자녀가 발달시킬 수 있는 외상 유발물의 범위에 관해 부모가 좀 더 잘 이해하도록 해 주어 자신의 보호 안에 있는 자녀의 특유한 외상 반응을 자세히 기록할 수 있게 함으로써 그것은 중요한 자산이 된다.

(외상 유발) 기준선에 관한 자료 수집

부모들은 자신의 자녀를 전체적인 환경에서 볼 수 있다. 부모는 자녀가 아침에 기상할 때 하는 반응(reactions)과 가족들이 출근 준비를 하고 현관문을 나서기까지의 부산하고 일상적인 아침을 경험한다. 부모는 숙제를 하고, 심부름을 하고, 목욕하고, 꾸미고, 잠자고 또 새로운 사람들이나 새로운 장소에 노출되는 것과 관련된 자녀의 대처기법을 본다. 이렇게 기준선 자료를 얻어서 자녀의 외상 관련 유발물을 자세히 기록하는 것을 도와줄 수 있는 특수한 위치에 있다. 치료사는 부모들에게 선행된 사건, 그 결과 그리고 그 행동에서 기인하는 부정적 · 긍정적 결과를 기록하는 간단한 방법을 가르친다. 이러한 방법을 통해 부모들은 외상 증상이 자녀에게 어떻게 나타나는지 알 수 있는 유일한 조사자가 된다.

나는 정의와 증상을 설명한 장에서 경보기 역할을 하는 편도체에 관해 충분히 이야기했다. 한 병사가 이라크에서 위험 시 발달시킨 습관적 반응을 장난감 병사를 이용하여 묘사하면서 외상 반응을 아동과 부모에게 설명하는 방법을 기술했다. 그 병사의 반응은 비교적 안전한 자신의 고향에서 비슷한 자극을 받았을 때도 자동적으로 작동되었다. '광란의 마라카스' 라 칭한 연습으로 부모들이 일상의 양육 상황에서 이 새로운 신경생리학적 이해를 어떻게 적용하는지 알 수 있다.

광란의 마라카스

나는 부모에게 한 세트의 마라카스(쿠바 기원의 리듬악기-역주)를 주면서 시작한다. 부모가 마라카스를 무릎 위에 놓고 내가 왜 바나나를 좋아하는지 설명하는 동안 그것을 부드럽게 흔들라고 한다. 내가 설명을 마치면, 부모에게 들은 내용을 말하도록 한다. 그런 후에 이번에는 부모가 이 마라카스를 자신의 귀에 가까이 들고 내가 왜 사과를 좋아하는지 설명하는 동안 처음보다 더 세게 흔들어 보라고 한다. 그리고 설명이 끝나면, 부모에게 들은 내용을 자세히 이야기해 보라고 한다. 대부분의 부모들은 마라카스를 귀에 대고 세게 흔들어 큰 소리를 냈을 때는 어떤 것도 기억하지 못했다. 나는 이 광란의 마라카스를 외상을 경험한 아동들의 뇌에서 유발되는 경보기 역할을 하는 편도체와 비교한다. 부모들은 고장 난 경보장치의 경보음으로 인해 자신의 이야기가 들리지 않는 것처럼, 감정이 전복된 자녀에게 이성적으로 대하려는 자신들의 정상적인 경향이 왜 효과가 없는지 금방 이해한다. 따라서 감정의 전복이 반복되는 일상에서 의도적이지 않으나 잠재적으로 외상 반응을 유발하는 부모들의 행동과 그에 기인한 자녀의 분노 폭발의 관계를 밝혀 줄 가족 이외의 객관적인 사람의 도움이 필요하다. 이 다리 이어 주기 역할은 다음의 사례에서 볼 수 있다. 최근에 나는 버림받은 여덟 살의 앨리(Allie)를 떠맡게 된 한 부부와 초기 면접을 했다. 앨리의 생모는 평생 동안 약물 문제로 어려움을 겪었기 때문에 앨리는 세 살 때부터 친할머니와 살게 되었다. 친할머니는 몇 년간 홀로 앨리를 양육하였다. 앨리의 초기 면접 6개월 전에 할머니는 몸이 편찮아졌다. 할머니는 현재 재혼한 자신의 전남편인 앨리의 친할아버지에게 연락을 해서 그녀를 보살필 수 있는지 물었다. 할아버지와 할머니의 이혼이라는 부정적인 역동성 때문에, 할아버지는 앨리와 살게 되기 전까지 전혀 접촉이 없는 상태였다.

새로운 조부모와 살기 시작한 처음 두 달 동안, 앨리는 통제 불능이었다. 단순한 지시에도 발로 차고, 싸우고, 소리 지르고, 식탁 밑으로 기어가 몸을 흔들고 동요하면서 이해할 수 없는 공황 발작을 보였다. 앨리는 광범위하고도 당황스러운 행동을 보였기 때문에 조부모는 전문가에게 도움을 요청하게 되었다. 초기 면접 시에 조부모에게 부모들이 사용하는 용어인 '괴기한' 행동의 예를 물어보았다. 조부모는 "오늘 아침에 또 그랬어요. 나는 앨리의 아침식사로 토스트를 준비했지요. 토스트가 구워졌을 때 앨리는 손으로 그것을 잡으려고 했어요. 나는 앨리가 뜨거운 부분에 다치지 않게 하기 위해 팔을 잡았어요. 그런데 얘는 마치 내가 자기를 죽이기라도 할 것처럼 마구 소리를 지르더니 그대로 바닥에 주저앉아 울어 댔어요. 그리고 자기가 토스트를 꺼낼 거라며 소리를 질렀어요. 토스트 때문에 20분간 울면서 말이죠."라고 그날 아침에 일어난 일을 말하였다.

할머니는 자신의 보호적 양육 행동에 과도한 반응을 보이는 손녀에게 확실히 짜증 나 있었고 괴로워했다. 나는 우리의 대화 후반부에서 조부모 모두 앨리가 예전부터 말을 듣지 않으면, 친할머니에게 맞거나 깜깜한 곳에 갇혀 있었다는 사실을 알게 되었다. 심리교육 회기에서 앨리가 토스트를 못 만지게 되었을 때 감정 용해되었던 예를 설명하였다. 내가 조부모에게 외상의 신경생리학적 반응을 설명하자, 앨리가 자기 손을 빠르게 잡은 할머니의 행동을 예전에 맞았을 때 발생했던 빠른 움직임으로 잘못 인지했다는 생각이 들었다.

할머니는 나의 말을 듣고 나서야 이해가 간다는 눈빛을 비쳤다. 할머니는 이 새로운 이해에 관해 매우 기뻐했고, 앨리에게 위험 신호를 주었던 자신의 빠른 움직임의 다른 예도 말해 주었다. 새로운 인지적 이해 없이 부모는 자신의 자녀가 고집스럽다고 느낀다. 적절한 심리교육은 부모에게 깊은 연민의 마음을 생기게 하고, 부모가 새로운 방향에서 양육 과정에 접근하도록 다시 힘을 불어넣는 패러다임의 전환을 가져온다.

아동이 선택할 수 있는 마음의 상태인가

이 정보를 이해한 후에야 부모들은 아동의 의도적 불이행(긍정적 행동 관리 기술로 가장 잘 처리되는)과 외상 관련 대상 부전(decompensation)을 구분할 수 있게 된다. 내가 위탁 부모나 입양 부모들과 함께 일할 때 외상력이 있는 아동을 다루는 중요한 부모교육의 과제로 아동이 선택할 수 있는 마음인지 아닌지를 계속적으로 구별하는 것을 계획한다. 이 양육자들은 처음 부모가 되었을 때 신생아의 울음이 무엇을 요구하는지 배우는 것과 똑같은 방법으로 자신의 새로운 아동들의 단서를 배워야 하는 어려움에 직면한다. 조율적인 어머니는 신생아가 배고파서 우는지, 불편해서 우는지(아마 기저귀를 갈아 주거나 몸을 따뜻하게 해 주기를 원하는), 그리고 보듬어 주거나 달래 주는 것이 필요해서 우는지 그 차이를 구별할 수 있다.

나는 아동이 선택할 수 있는 마음의 상태인지 아닌지를 구별하는 방법을 나의 양육을 예로 들어 설명하려 한다. 첫 번째 시나리오에서 세 살의 매디슨(Madison)이 잘 자고 일어나서 아침식사 후에 나와 함께 놀이 시간을 가졌을 때다. 내가 매디슨에게 옷을 입으라고 하자, 그는 강하게 거부했다. 매디슨의 모든 욕구가 충족되었고 잘 자고 일어났기 때문에, 나는 매디슨이 "싫어!"라고 말하는 것을 의도적인 불이행으로 해석했다. 아이가 선택할 수 있는 마음의 상태일 때, 나는 복종할 수 있는 선택과 불복종 시 유쾌하지 않은 선택을 제공하는 훈육으로 접근했다. 매디슨은 금방 순응했고 우리는 곧 놀이 시간으로 되돌아갔다.

두 번째는 우리가 밖에 나갔다 오느라고 아이의 취침 시간인 9시가 넘었을 때의 시나리오다. 매디슨은 먹지 않고 차에서 잠들었다. 아이의 방에 도착했을 때, 나는 아이에게 잠옷으로 갈아입으라는 부드러운 지시를 하였는데, 아이는 "싫어!"라고 말하면서 울었다. 아이가 더 이상 선택할 수 있는 마음 상태가 아닌 것이다. 아이는 하루를 버틸 내적 자원이 바닥났고, 잠들 무렵을 구조화하고 조절하기 위해서 어머니에게 의존한 것이다. 이 시점에서 내가 두 가지 선택안을 주었다면, 더 이상 최선을 선택할 만한 내적 자원이 없는 아이가 실패를 경험하도록 만들 것이다. 대신에 나는 부드러운 목소리로 아이가 잠옷을 입고 잠자리에 들도록 도와주었다. 행동주의 접근과 SOOTHE 접근의 두 가지 방법이 충분히 훈련된 부모는 이런 방법을 이용할 수 있다. 언제, 어떻게 각각의 기술을 이용할지에 관해서는 계속 연구되고 토론될 것이다. 아이가 그 순간에 선택할 수 있는 마음 상태인가 아닌가에 관한 질문은 부모가 어떤 선택으로 접근할지에 극적으로 영향을 미칠 것이다.

제한 설정자로서의 부모

외상을 경험한 많은 아동들이 양육자에게 도전이 되는 파괴적인 행동을 보인다. 이처럼 아동이 행동 문제를 보이기 시작할 때가 부모 훈련이 가장 효과적인 치료법일 수 있다(Eyberg, 1992; Kazdin, 1993). PCIT는 놀이 기반적이고 과제 지향적인 상황에서 양자적 교육과 직접적 코칭을 통하여 비기능적인 부모와 자녀의 관계를 변화시키는 효과가 입증된 치료법이다. PCIT를 완수한 많은 가족들은 치료 후 10~30개월 후의 추후검사에서도 긍정적인 변화를 보인다(Boggs et al., 2004). 실라 아이버그(Sheila Eyberg)(Bell & Eyberg, 2002)가 개발한 PCIT는 초창기에 반항장애를 가진 상당히 기능적인 가정을 위하여 만들어졌다. 그러나 종종 유기되거나 학대당한 그리고 때로는 외상을 경험한 아동들도 외현화(externalize) 증상을 보인다. 이런 이유로, 데이비스(Davis)에 있는 캘리포니아 대학 내의 앤서니 유그이자(Anthony Urguiza)와 그의 동료들은 PCIT를 수정하여 외상을 경험한 아동들과 그의 가족들에게 적용하였다. 그들이 가장 관심을 가졌던 것은 잘못된 부모와 자녀의 양자 관계였다(Timmer, Urquiza, & McBell, 2006; Timmer, Urguiza, Zebell, & McGrath, 2005; Urguiza & McBell, 1996).

이 프로그램은 아동 지시적 개입(Children-Directed-Intervention: CDI)과 부모 지시적 개입(Parent-Directed-Intervention: PDI)의 두 가지 치료 단계로 이루어진다. CDI는 부모와 자녀 사이의 긍정적인 관계의 역동을 향상시키기 위해 고안되었다. 이 첫 번째 단계의 치료에서, 부모들은 긍정적 조율기술을 배우고, 이 기술을 자녀들과 함께 놀이하면서 연습한다. 부모들은 회기 중에 실제 코칭을 받는다. CDI 시 피해야 할 상호작용은 질문, 명령 그리고 비난이다. 또한 조장되고 연습되어야 할 상호작용은 자녀의 긍정적인 행동 칭찬하기, 적절한 대화 반영하기, 자녀의 놀이 모방하기, 자녀의 긍정적 놀이 행동 묘사하기 그리고 놀이 회기 내내 즐거움 유지하기다. 실황으로 코칭에 참여하는 것에 덧붙여서 부모들에게 매일매일의 과제가 주어진다. '특별한 놀이 시간'이라 불리는 이 과제는 매일 5분씩 놀이 시간을 갖는 것으로 구성된다. 이것은 부모가 새로운 긍정적인 상호작용 기술을 매일매일 연습하면서 아동에게는 행동주의적 놀이치료를 제공하는 것이다.

실증적 증거에 따르면, CDI의 완성 시 외현화된 행동은 사라진다. 부모들은 CDI에서 제시된 기술을 숙달한 후에 발달상 적합한 지시와 함께 양자적 훈련을 받고, 실제 상황에서 코칭을 받으며 이 기술을 연습한다. 이 프로그램의 다음 구성 요소는 실제적인 훈육 순서를 가르치는 것이다. 부모들은 두 가지를 선택하도록 말하는 방식, 결과로서 제공되는 타임아웃, 처음에 주어진 지시에 순응하게 하기 위하여 아동을 타임아웃에서 구제해 주는 제도 그리고 아동이 타임아웃을 성공적으로 완수할 수 없을 때 이 프로그램의 변형이자 또 다른 단계의 결과로 작용하는 스티커 차트와 같은 훈육을 위한 단계적인 모델을 훈련받는다.

이 프로그램의 몇 가지 차원은 외상을 경험한 가정에서 보이는 반항적 행동에 대처하는 데 특히 유용하다. 여기서 가장 유용한 측면은 이것이 기술 습득과 연습에 있어서 명백하고 순차적이라는 점이다. 외상을 경험한 아동과 그 가정은 치료를 받기 전에 심각하게 혼란스러운 환경 속에서 산다. 초기 면접에서 관찰된 부모의 양육 방식은 비일관적이고 처벌적이면서 반동적이다. 치료를 마친 부모들은 훈육에 일관성이 생기고 지속적인 접근법을 알아 간다. 외상을 경험한 아동들은 분명한 경계선이 있고 일관성 있는 일과를 제공하는 환경에서 잘 자랄 수 있다. 순차적인 일에 대한 아동의 능력은 외상에 대한 노출로 위험에 처한다. 이에 반복적이고 순차적인 구조화된 정보는 외상을 경험한 아동을 편안하게 해 주고 회복시켜 주는 두 가지 역할을 진행한다. 순차적이고 반복적인 PCIT는 이러한 가정의 욕구에 딱 맞는 모델이다.

PCIT의 유용한 또 다른 측면은 부정적인 감정으로 휩싸인 자녀에 대한 부모의 반응으로 생길 수 있는 고조된 정서적 각성과 격한 감정 폭발을 잠재우는 것이다. 자신의 높은 스트레스를 처리해야 하는 부모들은 성미가 급해지거나 자녀를 지배 또는 통제하는 훈육적 기술로 쉽게 되돌아갈 수 있다. 그러므로 PDI에서 연습된 분명하며 단계적인 훈육 절차는 부모에게 매우 중요하다. 가장 동기부여가 잘된 부모조차도 자녀에게 5~10회 정도의 지시를 했을 때 따르지 않으면 좌절하기 시작한다. 일반적으로 부모는 지시가 반복되면서 목소리 톤은 굳어지고 크기는 커진다. PCIT는 아동이 순응하지 않으려는 여지를 없애기 위해서 부모에게 3단계 훈련 모델을 가르친다. 이는 효과적이기 때문에 훈육 시 일어나는 부모들의 부정적인 감정을 덜어 준다. 실제로 많은 부모들이 PCIT의 훈육 절차와 시행 속도 및 초점이 치료 전에는 잘 조절되지 않았던 정서적 거리를 유지하도록 해 준다고 보고한다.

PCIT는 외상을 경험한 자녀를 둔 부모에게 필요한 행동 관리 기술을 가르치기 위하여 놀이에 기반을 둔 방법을 제공한다. 부가적인 기술이 또한 필요한데, 이러한 이유로 나는 부모들에게 PCIT 훈련을 외상 관련 정보를 제공하는 심리교육과 동반한다. 또한 앞서 기술한 SOOTHE 기법도 가르친다.

담아내는 용기로서의 부모

나는 계속해서 치료사들을 아동을 위한 용기(container)라고 불렀다. 그러나 대부분의 치료 환경에서 치료사는 일주일에 한두 시간 정도만 아동과 함께한다. 아동은 부모가 주된 용기로 있는 환경에서 담고 있던 외상 내용을 떠올릴 수도 있다. 외상 치료가 진척됨에 따라 아동은 전에 억제했던 무의식적인 기억을 인식하거나 외상이 떠오를 수 있다. 그림일기나 글로 쓰는 일기는 집이나 학교에서 떠오르는 기억, 생각, 느낌 그리고 인상을 담기에 효과적인 도구다. 그러나 무엇보다도 자신의 경험의 정당성을 검증해 주는 누군가가 있고, 그 사람이 담아 주는 것보다 더 나은 것은 없다. 그러므로 부모들이 자신의 자녀들을 위한 용기가 될 수 있도록 우리가 돕는다면, 아동이 가정에서도 치료적인 혜택을 받을 수 있다.

부모-자녀 관계치료

부모들이 자녀의 용기가 되는 데 도움을 주는 치료적 접근 중 하나는 부모-자녀 관계치료다. 루이스 거니(Louise Guerney)(Guerney, 1964; Guerney, Guerney, & Andronico, 1999; VanFleet, Ryan, & Smith, 2005)가 고안한 접근법인 부모-자녀 관계치료는 아동중심 놀이치료(Landreth, 1991)의 부산물이며, 최근에 10주 치료 매뉴얼을 구조화하였다(Bratton, Landreth, Kellam, & Blackard, 2006; Landreth & Bratton, 2006). 부모들은 어떻게 아동의 행동과 감정 상태를 정확하게 반영하는지, 필요할 때 어떻게 제한을 설정하는지, 아동과 어떻게 역할놀이에 참여하는지, 아동이 놀이를 통해서 의사소통하는 주제를 어떻게 관찰하는지에 관해서 배운다.

나는 취학 전 아동을 위한 치료 학교에서 일하는 동안 특별히 부모와 자녀가 장기간 떨어져 있다가 재결합하는 문제를 다룰 때 이 모델을 폭넓게 사용했다. 그리고 치료 시 조성된 환경이 부모가 없을 때 아동이 자신에게 발생했던 사건을 자세히 묘사하면서 의사소통할 수 있게 한다는 점에서 부모-자녀 관계치료가 재결합 사례에서 큰 도움이 된다는 것을 발견했다. 다른 말로 하면, 부모-자녀 관계치료는 부모들이 다른 사람의 보호에 있던 자녀의 상실된 경험을 채워 주도록 도와주는 모델이다.

나는 네 살의 케욘드라(Keyondra)를 지역정신센터의 취학 전 아동을 위한 치료 프로그램에서 처음 만났다. 케욘드라는 할머니와 살았고 과도한 공격행동으로 어린이집에서 나온 후 이 프로그램에 참가했다. 나는 그녀의 어머니인 프랭키(Frankie)를 아이가 이곳에 다니기 시작한 처음 6개월간 만나지 못했다. 어머니는 처음 3개월 동안 감옥에 있었고 이후에는 마약 재활 프로그램을 이수 중이었다. 어머니는 마약 재활 프로그램을 성공적으로 끝마치고 난 후에, 딸의 양육권을 되찾기 위하여 법원에 청원하였다. 우리는 재결합 계획의 한 부분으로 부모-자녀 관계치료를 시작하였다. 초기 두 번의 공동 회기는 잘 진행되었다. 프랭키와 케욘드라는 다시 서로에게 익숙해졌고, 프랭키는 딸의 놀이 행동에 적절히 반응하는 기술을 배웠다. 프랭키와 나는 회기 후에 아동이 흥미 있어 하는 놀이 주제에 관해 토의하는 시간을 가졌다. 세 번째 회기도 처음에는 별다른 불쾌감 없이 시작했다. 이 회기의 중간 기록은 다음과 같다.

프랭키: (케욘드라가 아기 인형을 집는다.) 같이 놀기 위해 아기 인형을 집었구나. (케욘드라가 아기 인형의 옷을 벗기기 시작한다.) 네가 아기 인형의 옷을 벗기는구나.

케욘드라: 인형은 벌거벗었어.

프랭키: 그래, 인형은 지금 아무것도 입고 있지 않아. (케욘드라가 책장으로 병원놀이 세트를 가지러 간다.) 이제 너는 의사가 사용하는 것을 가졌구나.

케욘드라: 나는 주사기를 찾아야 해.

프랭키: 너는 주사기를 찾는구나.

케욘드라: 여기 있다!

프랭키: 네가 찾았구나!

케욘드라는 주사기를 아기 인형의 질 속에 밀어 넣기 시작했다. 어머니는 잠시 움찔하며 당황했지만 계속해서 자신이 관찰하고 있는 것을 말로 표현하면서 딸에게 전적으로 반응하려고 최선을 다했다.

프랭키: 아기의 은밀한 부위에 주사기를 집어넣고 있구나.

케욘드라: 응. 이건 아파! 엄마는 저기 가 있어.

프랭키: 너, 내가 저기로 가 있기를 원하니?

케욘드라: 응, 저기 벽에 기대고 있어.

프랭키: (벽 쪽으로 걸으면서) 그래, 네가 말한 대로 벽에 기대어 서 있을게.

케욘드라는 다시 인형에 집중했다. 아이는 계속해서 아기 인형의 은밀한 부위에 주사기를 찔렀다 뺐다 했다.

케욘드라: 이것은 아파. 아기는 이것을 싫어해.

프랭키는 눈물이 고였지만 계속해서 딸의 메시지를 반영하였다.

프랭키: 아기가 그 느낌을 싫어하는구나.
케욘드라: 이제 아기가 엄마에게 오줌을 쌀 거야.
프랭키: 아기가 나에게 오줌 싸게 하려고?
케욘드라: (심하게 낄낄대면서) 응, 인형이 엄마에게 오줌을 쌀 거야. 거기서 내내 엄마에게 오줌을 쌀 거야. 엄마는 이제 다 젖을 거야!
프랭키: 네가 나를 다 젖게 했구나!

케욘드라가 다른 장난감으로 옮겨 갔을 때 이 놀이는 끝이 났다. 프랭키와 내가 요약하기 위해 같이 앉았을 때, 나는 아이와 놀면서 참았던 감정을 표현하게 하였다. 나는 프랭키가 우는 동안 같이 앉아 있었다. 프랭키는 자기가 재활 프로그램에 참여했던 동안에 딸에게 무슨 일이 일어났는지 확신하면서 울음을 참지 못했다. 프랭키는 자기와 마약을 함께했던 친구들이 마약을 하고 자기 딸을 성폭행했을지도 모른다는 끔찍한 가능성을 생각하면서 두려워했다.

나 역시 케욘드라가 놀이라는 수단을 통해 어머니에게 외상 내용의 일부분을 전달한다는 인상을 받았지만, 바로 결론을 내리지 않기로 했다. 이 내용이 외할머니에게 어떤 기억을 떠올리게 하는지 보기 위해, 외할머니에게 전화를 해서 우리가 관찰한 놀이 양식을 묘사했다. 우리가 아이의 놀이를 자세히 설명하자마자, 외할머니는 "오…… 아이가 의사한테 갔었던 것을 보여 준 것 같네요. 몇 달 전에 아이가 방광염에 걸려서 간호사가 소변 샘플을 요구했는데 케욘드라가 컵에 소변 보는 것을 거부했어요. 그래서 아이를 붙잡고 도뇨관을 꽂아 소변 샘플을 얻을 수 있었어요."라고 말했다.

외할머니에 따르면, 케욘드라는 그 과정 내내 소리를 지르며 울었고, 그 사건 후에 2~3일간 잠을 잘 못 잤다고 한다. 이후 케욘드라가 빨리 회복하는 것 같아서 할머니는 그 사건을 어머니에게 이야기하지 않았다. 분명히 도뇨관을 끼우는 것이 케욘드라에게 의미 있는 영향을 미쳤고, 어머니가 없는 동안 자기에게 무슨 일이 있었는지 보여 줄 필요가 있었던 것이다.

어머니는 이 놀이가 성폭행에 관한 내용이 아니라는 것에 안도하면서, 딸이 그 경험을 자신과 나누려고 했던 것에 감동했다. 케욘드라는 아기 인형이 방을 가로질러 어머니에게 오줌 싸기를 하면서 그 사건 중에 곁에 없었던 어머니에게 화를 표현한 것일 수도 있다. 이것은 단지 아동이 놀이치료실에서 부모에게 끔찍한 경험을 어떻게 나누는지를 보여 주는 한 가지 사례다. 놀이치료실에서 아동과 의사소통하기에 충분히 건강한 부모는 "네가 뭘 보여 주는지 알겠어."라고 부드럽게 수용하는 방식으로 아동의 자기 서술적 표현의 긴 여행에 함께한다. 이 담아 주기(containment)는 다양한 방법으로 제시될 수 있지만, 부모들이 가장 효과적인 용기가 되도록 하는 주문 중 하나는 '나는 크고, 강하고, 지혜롭고, 친절하다.' 라는 문구다. 보안 프로젝트의 원(Circle of Security Project)에서 만들어진 이 문구(Cooper, Hoffman, Powell, & Marvin, 2005; Hoffman, Marvin, Cooper, & Powell, 2006; Marvin, Cooper, Hoffman, & Powell, 2002; Pwell, Cooper, Marvin, & Hoffman, 2007)는 부모가 아동을 위한 안전한 버팀목이 되어 줄 때 그 태도와 행동에 집중하도록 도와준다.

자녀의 외상 내용을 담을 수 있는 부모 준비도 평가

부모를 치료에 개입시키는 방법은 반드시 사례별로 결정해야 한다. 부모가 자녀의 외상 내용의 용기로 기능할 수 있는 준비 상태는 굉장히 다양하다. 치료 중인 임상가는 반드시 부모가 아동을 위한 용기 기능을 할 수 있는지 부모의 능력을 계속 평가해야 한다. 더욱이 임상가는 외상 내용이 나오는 양자적 회기를 해야 할 때 반드시 섬세한 주의를 기울여 계획해야 한다. 아동과 부모가 개별적인 심리교육 회기에 참여해서 발달적으로 적합한 내용으로 정보를 맞추는 것은 도움이 된다. 치료의 진척 과정에 알맞은 아동 또는 부모의 개인 회기에서 효과적인 치료 목표가 있을 것이다.

이 주의에 대한 하나의 명백한 적용은 아동이 부모와 외상 이야기를 나누게 하는 것이다. 대부분의 사례에서 아동의 외상 내용이 부모에 의해 전해지고, 최상의 가족 이야기로 통합되는 것이 가족에게 이롭다. 어떤 사례에서는 부모와 아동이 외상 사건을 자세히 파헤치고 그 이야기를 함께 창작하는 것이 좋다. 또한 외상에 대한 부모의 인식이 아동의 경험과는 너무 달라서 부모의 인식을 말로 하는 것이 아동에게 자신의 진실이 부정되고 있다는 느낌을 주는 사례도 있다. 이런 경우에는 어떻게 같은 외상적 사건이 사람에 따라 다르게 인지될 수 있는지 부모의 심리교육이 필요하다.

임상가들은 부모가 치료 시에 아동이 폭로하는 외상 내용을 들을 준비가 된 때가 언제인지 어떻게 알 수 있는지를 나에게 질문한다. 자신의 회복을 위하여 적응적 대처기법을 사용할 수 있는 부모는 과도한 술이나 마약 사용과 같은 부적응적 대처기법을 사용하는 부모보다 더 바람직하게 아동의 용기로서 기능할 수 있다. 배우자의 도움을 통해서든 스스로의 반영을 통해서든 또는 상담가의 도움을 통해서든, 대인 관계에 큰 문제가 없는 부모들은 자신의 이야기에 일관성이 없는 부모보다 자녀의 용기로서 더 잘 이용될 수 있다. 이러한 역동은 성폭행 치료에 의뢰된 아동의 부모 역시 성폭행의 생존자였을 때 더욱 분명해진다. 대부분의 사례에서 아동의 외상 내용을 부모상담 시간에 부모에게 소개하는 것이 가장 안전하다. 이런 식으로 치료사는 아동이 부모의 반응으로 인해 느낄 수 있는 압도감을 막으면서 부모의 반응을 처리하고 필요한 내용을 충분히 제공할 수 있게 된다.

이러한 역동은 부모가 죄책감이나 고통 속에 빠져 있거나, 아동의 고통에 의해서 쉽게 무너져 내릴 때 나타난다. 다음의 사례가 이 점을 잘 설명하고 있다. 나는 최근에 몰리(Molly)라는 일곱 살의 여자아이를 만났다. 몰리는 이웃에 사는 두 살 어린 남자아이와 부적절한 성적 접촉을 한 것 때문에 의뢰되었다. 초기 면접 시에 어머니는 딸의 행동에 대해 부끄러워하고 당황해했다. 초기 면접 질문지가 진행되면서 나는 가족 내에 부적절한 성행위나 성폭력 사건이 없었는지 물었다. 어머니는 걱정스럽게 나를 보면서 한숨을 내쉬었다. 그런 후에 그녀는 몰리가 다섯 살이었을 때 두 살 많은 이웃 소년이 그녀에게 부적절한 접촉을 했던 것을 설명하였다. 그 소년은 이웃에 위탁된 아동이었는데, 그 문제 때문에 다른 위탁 가정에 배치되었다고 하였다. 몰리와 그 소년은 더 이상의 상호작용은 없었다.

어머니는 그 사건으로 많이 상심했고 수치스러워서 몰리에게 그것에 관해서 이야기하지도 않았으며, 당시 상담기관을 찾지도 않았다. 어머니는 부모상담 회기에서 자신이 소극적으로 대처했다고 말하면서, 그동안 아무 대처도 못한 점과 그것의 잠재적 결과에 직면하면서 히스테리성 울음을 터뜨렸다. 나는 어머니를 달랬고, 여기서부터 앞으로 어떻게 대처해야 할지 치료의 틀을 잡았다. 어머니의 무력한 침묵과 결합된 몰리의 외상 내용에 관한 자연스러운 묵인은 부적절한 성행동을 그 집안의 금기 주제로 만들었다.

몰리의 치료를 시작하면서, 우리는 신속히 놀이 공간에서 안전감과 안정감을 확립하였다. 몰리는 최근 자신의 부적절한 행동에 관해서는 시큰둥하게 이야기하는 반면에, 2년 전에 발생한 사건에 관해서는 열성적으로 이야기하였다. 초기 몇 회기 동안 몰리는 자신에게 무슨 일이 발생했는지 재연하기 위해 인형의 집을 사용하였다. 몰리는 불편한 접촉에 관해서, 그리고 그것으로부터 어떻게 도망치려고 했는지 이야기했다. 몰리는 자신이 안 된다고 어떻게 말했는지, 그럼에도 그 아이가 멈추지 않았던 것에 대해서 이야기했다. 몰리가 그 사건을 묘사한 후에 나는 몰리에게 당시 몇 살이었는지 물었다. 몰리가 대답했고, 나는 숫자 '5'를 하얀 칠판에 적었다. 그리고 그 회기 끝에 성추행자는 몇 살이었는지 물었다. 몰리가 답하자 나는 숫자 '7'을 하얀 칠판에 적었다. 몰리는 모래 속에 손가락을 넣고 움직이면서 대충 훑어보다가 갑자기 눈이 커지더니 "잠깐, 똑같아!"라고 말했다. 내가 무슨 말이냐고 묻자 몰리는 "일곱 살 난 남자아이가 나를 상처 입혔을 때 나는 다섯 살이었는데, 지금 난 일곱 살이고 다섯 살의 아이를 상처 입혔어. 이것은 똑같아!"라고 말했다.

이 통찰은 아이를 많이 안도시켰고, 자신이 나쁘고 비뚤어진 아이라는 뿌리 깊은 공포감에서 벗어나도록 도왔다. 아이는 현재의 행동이 어떻게 과거의 성폭행과 관계가 있는지 보기 시작했고, 깊은 수치심을 떨쳐 냈다. 우리는 외상 집중 놀이치료, 인지행동 놀이치료 그리고 표현적 미술 활동의 통합으로 옮겨 갔다. 또한 성희롱의 부정적 이미지와 감각을 처리하기 위해 안구운동 탈감각 및 재구성요법(Eye Movement Desensitization and Reprocessing: EMDR)을 사용하였다.

몰리는 매우 말이 많고 창의적인 아이였다. 아이는 그림을 동반하는 언어적 이야기와 모래 상자 안의 이미지를 통합하여 외상 이야기를 구성하였다. 그동안 나는 어머니도 따로 만났다. 어머니의 정서적 나약함 때문에 아이가 어머니에게 직접적으로 외상 내용을 이야기하기 전에 나는 의도적으로 어머니가 아동의 외상 내용에 적절한 수준으로 노출되도록 했다. 예상대로 자세한 이야기에 대해 어머니는 강하게 반응했다. 어머니는 예전에 자신이 아무 대처도 하지 않은 것이 이런 결과를 가져왔다는 죄책감에 자주 휩싸였고 많이 울었다. 나는 어머니의 생각과 감정을 담아내는 용기가 되어 주었다. 나는 어머니의 현재의 지지적인 힘과 생활 방침이 아동의 치유를 도울 수 있다는 확신감을 주면서 어머니에게 양육을 제공하였다.

어머니는 치료사를 통해서 아동의 외상 내용에 여러 번 노출되고 정서적 방출이 수용되고 희석된 후에야 공동 회기 시에 아동이 외상 내용을 나누면 어떻게 반응해야 하는지 배울 수 있었다. 나는 치료 초기에 몰리가 용기로서의 어머니의 한계에 관해 이해한 것이 놀라웠다. 다음에 나오는 것은 몰리의 초기 회기에서 발췌한 것이다. 몰리가 다섯 살 때 무슨 일이 일어났는지에 대한 이야기를 모래 상자 위에 만들 수 있는지 물었다. 또한 이것을 비디오로 찍을 수 있는지도 물었다. 몰리는 비디오에 녹화한 후에 이야기하는 자신을 보는 것을 좋아했다([그림 6-2] 참조).

몰리와 친구는 케이크를 먹고 있는 두 개의 여성 모형으로 표현된다. 그들 뒤에 성희롱이 발생할 벽장을 나타내기 위해서 작은 사물함이 선택되었다. 몰리는 이 모래 상자를 만들면서 독백을 한다. "그것은 정말 나쁜 느낌이었어. 이 느낌은 그 아이가…… 이 느낌은 그 아이가…… 이 느낌은…… 그 아이가 우리에게 무언가를 하라고 위협하는 것 같은 느낌이었어. 그리고 나는 그것을 정말 싫어했어. 나는…… 나와 매기(Maggie)는 '안 돼, 그건…… 정말

[그림 6-2] 성학대에 대한 이야기를 표현한 몰리의 모래 상자

구역질 나!' 라고 말했어." 이 시점에서 아이는 어깨를 으쓱하면서 작은 모형을 만지는 것을 멈추고 벽을 바라보았다. "우리는 단지…… 우리는 단지 그것을 하는 것을 원치 않았어." 그런 후에 재빨리 나를 쳐다보며 물었다. "이 테이프를 오늘 어머니께 보여 줄 거예요?" 내가 이것에 관해 아이의 생각을 묻자, 그녀는 머리를 세차게 저으면서 "오늘 말고요." 라고 말했다. 아이의 생각은 내 마음과 정확히 일치했다.

외상의 기억을 부모와 나누라고 말하는 것은 아동에게 위험을 무릅쓰라고 말하는 것과 같다. 아동은 부모의 거절, 오해 그리고 부동화의 위험을 감수해야 한다. 이 어린 여자아이는 자세한 이야기를 듣고도 어머니가 계속 자신을 사랑할지 궁금해할 것이다. 어머니가 자신을 예전과 똑같은 시선으로 볼 수 있을지 걱정될 것이다. 가장 두려운 일은 자신의 이야기가 어머니를 너무 억눌러서 어머니가 더 이상 자신을 보살피지 않는 것이었다. 외상 내용을 적절히 반영하고 담아낼 준비가 안 된 부모를 가진 아동에게 이 위험을 무릅쓰라고 하는 것은 가족 체계를 더 병들게 하는 결과를 가져온다. 아동은 아마 지지받지 못하고, 거절당하고, 죄책감을 느끼게 될 것이다. 부모 또한 부적합하고, 억눌린다고 느낄 것이다. 그러므로 임상가들은 부모와 아동 모두 적합한 수준일 때 외상 내용을 나누게 하는 윤리적 의무감을 가져야 한다.

부모는 아동이 경험한 고통에 대해 적절한 슬픔을 표현할 수 있다. 사실 이것은 정말 치료적이다. 그러나 부모가 감정적으로 무너지면 자신이 상처를 돌보는 동안 자녀에게 정서적으로 도움을 줄 수 없게 된다. 몰리의 어머니의 경우에는 주의가 필요했다. 어머니는 외상 내용에 여러 번 노출되었고, 자신의 감정의 보유와 방출 그리고 외상 이야기에 초점을 두는 훈련과 어떻게 아동에게 온전히 반응하는지에 관한 훈련이 공동 회기 전에 필요했다.이 단계를 모두 거치고 몰리가 자신의 이야기를 재현한 후에 이루어진 공동 회기에서는 부모와 자녀 모두에게 진실을 이야기하도록 했고, 감당할 만한 치료적 경험을 하도록 했다.

서술기법의 차이 인정하기

자신이 비탄에 빠져 있을 때조차도 자녀의 용기가 될 만한 내적 자원과 외적 지지 능력을 가진 부모가 있다. 나는 최근 막내딸의 갑작스럽고도 끔찍한 사고를 경험한 가정을 치료하였다. 스미스(Smith)는 친자식이 모두 청소년이 되었을 때 세 명의 여자아이를 국제 입양하였다. 가장 큰 아이는 신디(Cindy)로 사고 당시 일곱 살이었다. 다른 두 아이는 민디(Mindy)와 모르간(Morgan)으로, 사고 당시 다섯 살이었고 쌍둥이처럼 보이는 유대 관계를 가지고 있었다.

어느 날 오후에 아이들은 뒷마당에 있는 그네에서 놀고 있었다. 몰간은 큰 언니인 신디에게 철봉을 잡게 도와 달라고 했다. 신디는 노력했지만 몰간을 들어 올릴 수 없었다. 그때 열일곱 살의 친아들 잭(Jack)이 차 진입로로 들어오고 있었다. 신디는 몰간에게 오빠를 데리고 와서 도와 달라고 하자고 했다. 이어 몰간은 차로 달려가다가 그 차에 치였고 부상은 치명적이었다. 스미스 부부는 나에게 신디와 민디 모두를 의뢰했다. 더불어 나는 잭을 외상 관련 EMDR로 잠시 만났다.

알려지지 않은 가장 흥미로운 역동 중 하나는 치료에 참여하고 있는 세 형제 각각이 서로 상당히 다른 외상 내용을 가지고 있었다는 것이다. EMDR을 이용해서 사고의 기억을 처리할 때, 잭은 자기가 차를 뒤로 뺄 때 바퀴가 몰간의 몸 위로 지나갔다고 확신했다. 신디는 모르간이 차에 치인 것은 보았지만 차가 뒤로 가서 모르간의 몸 위로 지나간 것에 관해서는 어떠한 기억도 없었다. 진입로와 몰간을 뒤덮었던 피는 모든 가족이 기억하고 있었는데 민디만 예외였다. 민디의 초기 이야기를 들어 보면, 사람들이 소리치는 것을 듣고 공포에 휩싸여서 집 안으로 뛰어가 위층 자기 방으로 들어갔다는 것이다. 이 사건이 아래층 마당에서 발생하는 동안 민디는 자기 방 침대 속에 숨어 있었다.

스미스 부부는 모두 다 다른 기억을 가지고 있다는 사실과 잠시 씨름하였다. 그들의 뇌가 외상을 기억하는 독특한 방식과 부정과 승화의 보호적 과정을 이해하기 시작하면서 각자 아동의 욕구를 충족시키는 이야기를 볼 수 있었다. 부검 결과 차가 몸 위를 지나갔을 때 생기는 뼈나 내부 장기 손상은 없었다. 치명적인 부상은 차에 머리가 부딪혔거나 머리가 땅에 부딪힌 것 때문이었다.

스미스 씨는 무엇이 발생했는지 자신의 이야기를 만들고, 최소한 초기에 각자 자신만의 기억을 갖고 있는 것을 허락했다. 잭은 무슨 일이 발생했는지 수용하기 시작했고, 죄책감이 줄어들면서 자신이 차를 뒤로 빼면서 동생의 몸 위를 지나간 게 아닐 것이라는 가능성을 갖게 되었다. 자신이 동생에게 오빠를 데려오라고 시켰기 때문에 일어난 일이라고 내면화했던 신디는 궁극적으로 죄책감을 떨쳐버릴 수 있었고, 그 부분을 덜 강조했다. 민디는 자기 이야기에 가장 흥미로운 진전을 보였다. 그 아이는 많은 시간을 안전감을 형성하고, 자기를 진정시키고, 자신의 '쌍둥이'를 잃은 극도의 비탄을 표현하는 데 시간을 보냈다. 그녀는 다른 가족들과는 다르게 외상의 이미지를 치료 후반기까지 이야기하지 않았다. 그러던 어느 날 우리가 모르간의 기억 책을 만드는 데, 사고 당시의 새로운 이야기를 했다.

민디는 "나는 소리 지르는 것을 듣고 내 방으로 뛰어갔어요. 내 신발이 방문에 끼었어요. 나는 신발에 피가 묻는 게 싫어서 정말 빨리 뛰었거든요."라고 말했다. 이것은 다른 가족의 기억에 널리 퍼져 있는 피와 연관된 민디의 기억을 최초로 나타낸 말이다. 자발적으로 이 말을 한 후에, 그녀는 자매의 죽음 후에 자신이 마음속에 가둬 두고 있었던 시각적 이미지를 나타내는 그림을 그릴 수 있었다([그림 6-3] 참조).

누구나 자신의 외상 경험을 통합하는 데 각기 다른 방법을 취한다. 우리는 아동 들이 해결 작업을 할 때 있을 수도 있는 이 모호성을 부모가 견디도록 도와야 한다. 때로 부모들은 외상에 관한 아동의 느낌을 더 효과적으로 인식하고 반영하기 위해서 자신의 기분을 조율하도록 돕는 코칭이 필요하다. 아동이 인지한 진실이 실제 발생한 것보다 나쁠 때, 우리는 궁극적으로 부모에

[그림 6-3] 민디가 그린 모르간의 이미지

게 이 진실을 수정하게 한다. 만약 아동의 이야기가 그의 발달상 욕구를 충족하고, 실제 발생한 것처럼 끔찍하거나 자세하지 않다면 우리는 그것을 그대로 둔다.

놀이 친구로서의 부모

외상을 경험한 아동들, 그중 특별히 심각하게 유기당한 아동들은 우발적인 놀이 행동에 관여하는 능력에 심각한 장애(impairment)가 있다. 부모가 아동과 함께 놀이하는 의도적인 시간은 관계 능력의 향상을 도울 수 있다. 아동들은 놀이라는 수단을 통해 새로운 행동을 시험해 보고, 새로운 역할을 시도하고 창작하며 탐구한다. 아동은 부모를 향한 분노를 의식적으로 또는 무의식적으로 감출 수도 있다. 때때로 분노는 놀이를 통해서 가장 잘 발산되거나 해결된다. 다음은 이 점을 잘 보여 주는 사례다.

조앤(Joanne)은 힘들었던 이혼을 겪은 후에 네 살 된 아들 벤(Ben)을 상담에 의뢰했다. 벤은 순응적인 아이였고, 조앤과 가까운 관계를 유지하는 것으로 묘사되었다. 그러나 이혼 후 양쪽 부모의 집을 오가면서 벤이 어머니에게 공격적으로 변하고 더 이상 순응하지 않게 되었다고 보고했다. 조앤은 벤이 아버지의 집에서는 이런 행동을 보이지 않는다는 것에 당황하고 기가 죽어 있었다. 나는 이 가정을 위해서 부모-자녀 관계치료 모델을 사용하였다. 그녀는 어떻게 하면 벤을 주도하게 하고, 벤의 말을 반영하고, 언어적 및 행동적 놀이 행동을 따라가고, 적절히 제한 설정을 하고, 필요에 따라 놀이에 관여하는지를 배웠다. 이 회기의 대부분은 조앤과 벤이 양자적 시간을 갖고, 각 회기의 끝에 조앤과 내가 놀이 회기에서 나타나는 주제적 내용을 처리했다. 다음은 아이가 놀이를 통해 어머니와 상호작용하는 모습을 기록한 것의 일부분이다.

벤: (벤은 용기에서 담장 조각을 꺼낸다.) 이게 내가 필요한 거야.

조앤: 아, 그게 네가 필요한 거구나! 네가 담장이 필요했구나.

벤: 응, 나쁜 사람들로부터 보호하려고.

조앤: 아, 저들이 나쁜 사람들이구나.

벤: 응, 나쁜 군대와 착한 군대.

조앤: 거기에 나쁜 군대와 착한 군대가 있네. 나쁜 군대와 착한 군대의 차이를 어떻게 알았니?

벤: 그냥 알아.

어머니는 놀이를 할 때 질문을 피하는 것의 중요성에 관해 훈련받았다. 질문은 아동을 방어적으로 만든다. 또 다른 이유는 정작 아이들은 답을 갖고 있지 않기 때문이다. 일반적으로 질문은 답을 주는 아동의 욕구보다는 정보에 관한 어른의 욕구와 더 상관있다. 피드백 시간에 질문에 관한 아이의 반응을 토의하면서 어머니는 후회하는 듯 웃었다.

조앤: 그냥 아는구나. 알았어.

벤은 18개의 바퀴가 달린 트럭 안에 비행기들을 집어넣고 트럭 주위에 담장을 놓았다.

벤: 그래서 그들은 보호…….

조앤: 그래서 그들은 보호받을 거구나.

벤: 그래. 그리고 탱크는 불이 날 거야! 이것은 나쁜 사람들을 태울 거야. 어머니도 내가 나쁜 사람들을 태우기 바라지?

조앤: 너는 나쁜 사람들을 태워야 한다고 생각하는구나.

벤: 응, 그 사람들은 나쁘니까.

분명히 벤은 착하고 나쁜 것의 주제에 관해 고심하고 있다. 네 살배기 벤은 이분법적 사고를 하고 있었다. 부모의 이혼은 부모가 싸워서 발생된 일이고, 한 부모는 반드시 '착하고' 다른 한 부모는 '나쁘다'는 것을 자연스럽게 가정하는 데 혼돈이 왔다. 벤은 이러한 사실을 다음 회기에서도 고민하였다. 그러나 다음 회기에서 그는 군대 모형의 좋고 나쁨의 일반적인 조사로부터 자신과 어머니의 전투 무대로 옮겨 갔다. 벤은 검을 뽑아서 하나를 어머니에게 주었다.

벤: 엄마가 날카로운 검을 가져.

조앤: 그래, 내가 날카로운 검을 가질게.

벤: 나는 나쁜 사람이고 엄마는 착한 사람이야. 내가 나쁜 사람이야.

조앤: 너는 나쁜 사람이야.

벤: 그래.

조앤: 그리고 나는 좋은 사람이구나.

벤: 그래.

어머니는 아이와 칼싸움을 하기 위해 얼굴을 마주 보았다. 벤은 자신의 검을 가지고 어머니를 한 번 찌르고 돌진했다. 그러다 검이 바닥에 떨어졌는데, 어머니가 검으로 그를 찌르는 척을 하였다.

벤: 엄마가 이겼어.

조앤: 내가 이겼어.

벤: 엄마가 나를 관통하지는 않았어.

조앤: 그렇지만 네가 물러섰잖아.

벤: 엄마가 나를 관통하지는 않았어.

조앤: 내가 너를 관통하지는 않았어. 내가 너를 관통했어야 했니? 이게 착한 사람이 나쁜 사람에게 해야 하는 거니?

어머니는 즐거운 마음으로 기꺼이 벤을 칼로 찔렀다. 벤은 어머니에게서 멀어지고 어머니의 놀이 반격에 표면상으로 조절 불능이 되면서 등을 보였다. 벤은 뒤돌아서서 어머니의 검을 자신의 것으로 세게 치고, 어머니의 손에서 검을 뺏더니 이렇게 말했다.

벤: 그것 줘!

조앤: 네가 내 검을 가졌구나.

벤은 자신의 검을 어머니에게 주었다.

조앤: 내가 네 검을 가졌으니까 이제는 내가 나쁜 사람이니?

벤: 응, 나는 좋은 사람이야!

조앤: 그래, 너는 좋은 사람이야.

벤이 어머니를 검으로 찔렀고, 어머니는 상처 입은 용병의 역할을 하면서 바닥에 넘어졌다. 벤은 웃으면서 넘어져 있는 어머니에게 검을 겨누었다. 벤은 어머니 위로 넘어졌다. 어머니가 죽은 척하자마자 벤은 사과하였다.

벤: 미안해, 미안해.

벤이 어머니 위에 머리를 숙이자, 어머니는 웃으면서 벤의 등을 토닥여 주었다.

조앤: 너, 나를 관통했니?
벤: 엄마는 좋은 사람이야.
조앤: 나는 좋은 사람이니?
벤: 그럼.

어머니는 벤의 등을 좀 더 토닥여 주었다.

벤: 그리고 나도 좋은 사람이야!
어머니: 너도 좋은 사람이지. 우리 둘 다 좋은 사람이야.

환상을 통해서 벤은 어머니를 제거하는 것이 어떤 느낌인지 경험할 수 있었다. 이 경험을 통해서 벤은 더 이상 어머니를 적대자의 역할에 둘 필요가 없다는 인지적 전환을 하였다. 이제 그들 모두 착한 사람이었다. 이 회기 후에 벤의 공격 행동은 급격히 줄었다.

결 론

부모는 치료에서 여러 가지 결정적인 역할을 한다. 부모는 그들 자녀의 정서와 생리적 각성의 공동 조절자다. 부모는 필요한 경우에 제한 설정자가 된다. 부모는 자녀의 외상 내용을 담아내는 용기 역할을 하기도 한다. 또한 자녀들과 더불어 일관적인 이야기의 공동 창작자다. 부모는 자녀의 외상을 유발하는 것과 관련된 기준점 자료를 모으는 데 최적의 위치에 있고, 가장 효과적인 치료 방법으로 가장 적합하게 아동에게 안정된 환경을 민감하게 만들어 줄 수 있다. 부모는 또한 자녀의 최초이자 최고의 놀이 친구다. 아동들은 단지 조율적이고, 전적으로 반응적인 양육자와 함께 놀면서 인생의 다양하고 중요한 경험을 한다.

외상을 경험한 아동들과 그의 부모들이 치료를 시작할 때, 부모와 자녀 사이에 부정적인 영향을 미치는 생활 스트레스가 종종 그 가족 체계 안에 있다. 부모들이 정말 정직하게 말할 때, 그들은 자기 자녀를 사랑하지만, 그 순간에는 아이가 싫다고 치료 초기에 인정한다. 그 관계에서 즐거움은 사라진다. 외상을 경험한 가정을 치료하는 놀이의 주요한 힘 중의 하나는 기쁨의 감각, 서로 간의 기쁨, 가족 안에서 함께 나누는 기쁨을 회복할 수 있다는 것이다. 아동이 자신을 조절하는 능력과 부모가 아동을 조절하는 능력은 아동이 외상에서 치유되는 데 반드시 작업되어야 하는 주요한 차원이다. 이 차원은 너무 중요해서 FSPT 모델의 대부분의 구성 요소 전에 놓여 있다. 부모의 참여는 정서적 영역 만들기, 이야기 구성하기 그리고 외상 사건 말하기와 같은 치료 과정 전반에 걸쳐 유지되어야 하지만, 부모의 기초적인 역할은 치료 초기에 확대되고 치료의 성공을 가져오는 발판이 된다.

07 외상장애 아동을 위한 **놀이치료**

정서적 영역

07

정서적 영역

"때때로 나의 행복은 갇혀 있어요."

이 말은 샐리(Sally)라는 아홉 살 된 여자아이가 다양한 색깔의 점토를 가지고 각기 다른 감정 상태를 나타내는 조각품을 만들면서 한 말이다. 샐리의 아버지는 이 회기의 3개월 전에 인종 폭력 사건으로 폭행을 당해 사망하였다. 샐리는 아버지의 죽음에 관해 다음과 같이 이야기하였다. 아버지는 주말에 찾아온 친구와 함께 시간을 보내려고 그의 호텔 방에 갔었다. 샐리의 아버지와 친구는 미식축구 게임을 보려고 하였지만 옆방 사람들이 시끄럽게 파티를 하고 있었다. 샐리의 아버지는 옆방으로 가서 노크를 하고 소리를 낮춰 달라 말하고 돌아오는데, 술에 취한 다섯 명의 젊은이들이 샐리의 아버지를 뒤쫓아 와서 폭행하였고, 아버지는 결국 사망하였다.

샐리는 극심한 분노와 깊은 슬픔으로 극도의 정서적 불안정을 보여 주었다. 우리는 샐리의 감정을 구분할 수 있는 방법을 찾는 것이 샐리에게 도움이 될 것이라고 생각했다. 샐리는 자연스럽게 점토에 관심을 가졌다. 샐리가 색과 질감을 탐색할 때, 나는 샐리에게 점토를 가지고 자신의 감정을 나타내는 것을 만들어 보라고 권하였다. 그녀는 몇 개의 다른 색 점토들을 팬케이크 모양의 원 안에 넣고 평평하게 만들면서 층을 쌓았다. 그녀는 직감이 뛰어났고, 자기가 만든 작품을 설명하는 동안 자신의 모습을 녹화해 달라고 요청하였다. 작업을 마친 후에는 비디오테이프를 통해 자신을 보는 것을 좋아했다. 샐리는 모형을 만들고는 자신의 점토 작품에 대해 설명하면서 이것이 모두 녹화되고 있는지 물어보았다. 다음은 샐리의 독백을 기록한 것이다.

> 샐리: 지금 나는 너의 두려움, 슬픔 같은 것을 보여 주는 퍼티(마음대로 모양을 바꿀 수 있는 물건)를 만들고 있어. 우리는 이 비디오의 뒷부분에서 사랑스러운 패리스 굿이어 브라운(Paris Goodyear-Brown) 씨가 만든 것을 너에게 보여 줄 거야. 초록은 행복이야. 네게 잘 보이지 않는 하얀 부분은 슬픔이야. 빨강은 너도 잘 알다시피 피 같은 게 있을 때이고. 가끔 네가 슬플 때 피가 흐르잖니? 그리고 빨강은 좀 더 매력적일 때도 있어. 하지만 여기서 빨강은 화가 난 거야. 네가 상처받았을 때나 화가 나거나 슬플 때 그런 거야. 그리고 여기를 봐. 이것이 가장 행복한 거야. 봐! 이것은 초록을 나오게 하려고 노력하며 들어가고 있어. 이것은 때때로 행복이 갇혀 있기 때문이고, 너는 왜 그런지 모를 거야……. 그렇지만 지금 나는 그 이유를 알지.

샐리는 점토 창작물을 통해 자신의 행복이 아버지의 죽음에 대한 분노와 슬픔 아래에 묻혀 있다는 사실을 자각하였다. 게다가 그 분노와 슬픔은 잘 구별되지 않았다. 샐리는 자신의 '감정의 공'을 만들고 그것을 설명한 후에, 조심스럽게 각각의 점토 조각이 분리되어서 별도의 한 더미가 되도록 분해하기 시작했다. 샐리는 점토를 이렇게 다루면서 신체적인 자신의 감정 상태를 구별하기 시작하였다. 이 운동감각적 기초 작업을 통해서 샐리는 보다 효과적으로 탐색하고, 하나의 감정 상태를 다른 감정 상태와 구별할 수 있게 되었다.

정서적 영역(emotional literacy)은 아동의 정서적 삶에 관한 여러 가지 양상이 포함된 용어다. 정서적 영역의 몇 가지 구성 요소들은 한 아동의 감정에 관한 어휘, 개인적인 감정 상태와 그것을 정확하게 의사소통하는 것을 분간하는 아동의 능력 그리고 자신의 감정이 자신과 상황적 요소의 다른 면들에 어떻게 영향을 주고받는지에 관한 아동의 이해다. 이 밖에 외상을 경험한 아동들은 정서 조절의 어려움을 겪는다(Cohen & Mannarino, 2006; Deblinger, 1996; Van der Kolk, 1996; Van der Kolk, McFarlane, & Weisaeth, 1996, 2005). 외상을 경험한 아동들은 정서적 영역의 각각의 차원에 손상을 입었을지 모른다. 정서 조절 기술과 감정에 대하여 올바르게 이해하는 것은 외상 내용이 서서히 드러나는 치료 후반기에 내담자에게 보호 역할을 하는 대처기술의 한 부분이 된다.

정상적인 발달을 하는 아동들은 정서적 반응을 말로 잘 표현하지 못하지만, 강한 정서적 반응을 느끼며 세상에 발을 내딛는다. 부모나 다른 양육자들은 아동이 특정한 감정 상태나 행동을 뚜렷이 언어로 표현할 수 있도록 돕는 역할을 한다. 부모는 아동이 자신의 감정에 대한 언어의 이해를 향상시키도록 도와준다. 예를 들어, 나의 아들 샘(Sam)이 두 살이었을 때, 샘은 높은 탑 만들기를 시도하였다. 그는 자신이 바라는 대로 탑의 모양이 만들어지지 않자 실망하며 투덜거렸고, 주먹을 꽉 쥐고, 탑 아래의 받침대를 두드렸다. 나는 이러한 행동을 샘에게 그대로 다시 반영해 주면서 샘이 실망한 것처럼 보인다고 말했다. 샘이 갓 세 살이 되었을 때 그의 빌딩이 자신의 생각대로 만들어지지 않으면 주먹을 꽉 쥐면서 "나 실망했어."라고만 말할 뿐 그것을 넘어뜨리지는 않게 되었다. 그의 증가된 감정 어휘와 감정을 표현하는 데 사용하는 언어 능력은 행동 반응의 필요성을 감소시켰다. 어린 아동들은 큰 아동들보다 더 빈번하게 분노 발작을 보이는 경향이 있는데, 그 이유 중 하나는 어린 아동들이 아직 자신의 감정을 표현할 만한 단어를 잘 모르기 때문이다. 이때 아동에게 중요한 사람이 이러한 아동의 감정을 경청하고 인정해 주며, 언어로 표현해 주면, 발달하는 존재인 아동에게 위로가 된다.

근접 발달 영역(zone of proximal development)은 정서적 영역을 위해 필요한데, 이는 양육적이고 조율된 부모가 조성해 줄 수 있다(Vygotsky, 1977, 1967, 1978). 학대당하고 방임된 아동들이 간혹 보여 주는 상실된 감정의 어휘는 부모의 방임 또는 학대의 또 다른 면으로 개념화될 수 있다. 반면에, 건강한 정서 발달을 보이는 아동들은 압도적이고 무서운 사건에 직면하여 예전에 경험한 인식된 감정 상태의 혼합과 혼돈을 경험한다. 슬픔, 두려움, 외로움과 같은 각각의 구별된 감정은 아동들이 '분노' 또는 '슬픔'이라고 분류한 모호한 내면의 무리로 뭉뚱그려질지도 모른다. 분노는 강력한 감정이고, 아동들은 더 심각한 취약감을 일으키는 죄책감, 슬픔 또는 공포심을 인정하는 것에 대항하는 방어로서 분노에 집착한다.

미술을 이용한 정서 표현

아동들은 자신의 기본적인 감정 상태를 말보다 미술을 통해 설득력 있게 전달할 수 있다(Gil, 2003; Loumeau-May, 2008; Malchiodi, 1998, 2008). [그림 7-1]을 보면, 최근에 부모의 보살핌을 받지 못한 아동이 자신의 지배적인 감정 상태에 관해 명확한 메시지를 나타내고 있다.

따라서 아동들은 자신이 정의 내리기 어려운 정서 상태를 종종 미술로 표현한다. 아동의 예술적 창작품을 탐색하는 것은 새로운 정서를 이해하는 과정이 된다([그림 7-2] 참조).

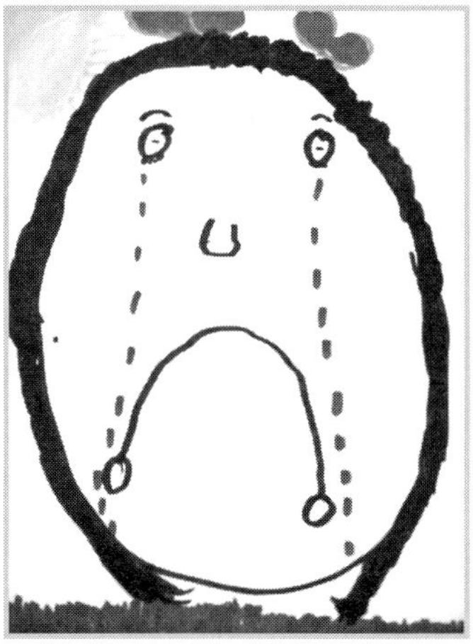

[그림 7-1] 나의 슬픈 감정

[그림 7-2] (심리적) 압박

가정에서 폭발적인 행동을 보여 의뢰된 열 살 된 남자아이 에릭(Eric)은 자신의 내면에서 어떤 일이 벌어지고 있는지를 처음으로 [그림 7-2]와 같이 표현했다. 에릭은 자신이 상자 안에 있는데, 벽이 점점 다가오는 듯한 인상과 함께 일련의 감각이 지각되는 것과 더불어 묘사하였다. 에릭은 몸의 중압감을 "마치 커다란 둥근 돌들이 내 머리 꼭대기에 놓여 있는 것 같아요."라고 말하였다. 우리는 에릭이 가장 '압박'을 느꼈던 상황을 계속 탐색하였다. 그의 경험을 조사하면 할수록 그의 주요한 감정 상태는 불안과 관련이 있다는 사실이 분명해졌다. 이러한 압박감 후에 통상적으로 따라오는 폭발은 부모가 아동의 기본 감정 상태를 분노로 간주하게 한다. 그러나 아동의 미술 작업을 탐색함으로써 모든 가족들은 깊게 뿌리박힌 내담자의 불안 문제에 관해 이해하게 된다. 아동의 주요한 정서적 동기를 이해하는 것은 치료에서 사용될 개입을 선정하는 데 확실한 영향을 줄 수 있다. 치료 초기에 에릭이 기저에 깔린 불안을 분명히 말하는 것은 우리가 스트레스 접근 기술, 인지 대처 기술 그리고 부모가 자녀를 진정시키는 방법을 실행하는 데 집중할 수 있게 한다.

감정의 무지개

외상을 경험한 아동들은 자신의 감정을 동일시하고, 분명히 표현하며, 감정을 조절하는 데 도움이 필요하다. 임상적으로 아동이 현재 명확히 표현할 수 있는 감정 상태의 범위를 평가하면서, 아동과 함께 감정 작업을 시작하는 것은 도움이 된다. 감정 상태와 짝을 이루어 색깔을 조작하는 것은 위협적이지 않게 아동이 자신의 정서적 삶을 탐색해 보도록 해 준다. '감정의 무지개'라고 불리는 개입은 아동들의 감정을 색으로 연상하는 것을 평가하는 데 도움이 되는 도구다. 나는 아동에게 공백의 무지개 견본을 주는 것으로 시작한다. 우리는 무지개의 전형적인 색깔을 모두 색칠한다. 그리고 아동이 무지개의 노란 고리 부분에 주목하도록 한다. 나는 아동에게 이 색깔에 어울리는 감정을 고르라고 한다.

아동들이 선택할 수 있는 감정을 나타내는 표정이나 감정 언어의 틀을 준비해 주면 더 좋다. 아동이 노란색에서 연상되는 것을 행복이라고 한다면, '행복'이라는 단어를 무지개의 노란 고리 부분에 적는다. 아동들이 작업한 미술 작품을 분석함으로써 내담자 특유의 색깔-감정 연상의 틀을 전개시킬 수 있다. 미술치료사들은 아동들이 그림에 사용한 색깔을 우리가 잘 이해할 수 있도록 몇 개의 분류 체계를 발달시켰다. 이것들은 매우 가치 있는 도구지만, 나는 색깔과 감정의 짝짓기에 관한 개별 아동 특유의 틀을 발전시키는 것을 더 선호한다. 예를 들어, 아동은 과감하게 빨간색으로 가득 찬 그림을 그릴 수 있다. 이것은 빨간색이 열정, 생명력, 공격성, 좀 더 구체적으로 아동의 그림에서 피로 표현된다고 가정할 수 있다. 그러나 할머니가 아동에게 준 밝은 빨간색의 악어 인형이 아동이 가장 좋아하는 편안한 물건일 가능성도 있다. 이 아동에게는 빨간색이 편안함의 상징일지도 모른다. 그러므로 색깔과 아동의 정서 상태와의 고유한 짝짓기는 미래 미술 작업의 평가에서 개별성을 갖게 된다. 이 초기의 색깔-감정 짝짓기 견본을 만든 후에, 나는 아동이 내면의 감정 상태를 보도록 돕기 시작한다.

마음 색칠하기

'마음 색칠하기' 연습은 내가 초기 상담에서 아동들이 자신의 내적 정서 상태를 깨닫도록 도와주기 위해 고안한 개입이다. 감정이 정제되는 동안 내담자들이 자신의 감정과 특수한 상황을 연상시키면서 그 감정을 탐색하고 감정의 정도를 정량화하도록 만드는 치료 도구다. 더욱이 완성된 마음 그림은 부모들에게 가치 있는 피드백을 주면서 앞으로의 작업을 위한 풍부한 정보를 제공할 것이다. 나는 주로 치료 초기에 일차적 '마음 색칠하기'를 완성한다. 치료 기간에 따라서 전반적인 성장과 변화를 평가하는 데 도움이 되도록 추가 평가가 다양한 간격을 두고 이루어질 수 있다.

나는 빈 종이에 거대한 하트 모양을 그리면서 활동을 시작한다. 그리고 종이의 아래쪽에 5개의 빈칸으로 된 표를 만들고, 아동에게 다섯 가지 색깔을 선택하라고 한다. 아동은 원하는 색깔 다섯 가지를 고를 수 있다. 그리고 나는 아동에게 처음의 네 가지 색깔과 각각 짝을 이룰 수 있는 감정을 고르라고 한다. 우리가 정한 기본적인 네 가지 감정을 나타내는 단어는 행복, 슬픔, 화남, 무서움이다. 나는 "어떤 색깔이 너의 행복한 감정이었으면 좋겠니? 어떤 색깔이 너의 슬픔이니? 어떤 색깔이 화남이니? 어떤 색깔이 무서움이니?" 라고 질문한다. 그다음 다섯 번째 칸과 아동이 선택한 다섯 번째 색깔을 함께 쳐다본다. 나는 "사람들이 때때로 느끼는 감정에는 무엇이 있을까?" 라고 물어본다. 아동과 나 사이에 이미 강력한 라포가 형성되었고, 이 질문이 아동의 방어를 일으키지 않을 것이라고 생각되면, "네가 많이 느끼는 감정은 무엇이니?" 라고 물어볼 수도 있다. 이 질문에 직면할 힘이 없는 아동들에게는 "너는 감정을 나타내는 어떤 단어를 알고 있니?" 라고 대신 물어볼 수 있다.

내담자가 다섯 번째 감정을 말하면, 이것은 아동이 현재 힘들어하고 있는 특정한 감정을 암시한다. 선택된 감정을 나타내는 단어는 보통 아동이 경험하고 있는 인생의 위기와 연결된다. 부모의 이혼을 경험하고 있는 아동은 '혼란' 또는 '외로움' 이라는 단어를 다섯 번째 감정으로 선택한다. 외현화된 행동 문제를 많이 가지고 있는 아동들은 하트에 '좌절' 이나 '짜증' 같은 분노의 감정을 표현하는 색깔을 이미 선택했음에도 불구하고 분노의 범주에 또 다른 단어를 제시할 것이고, 이것은 아동이 현재 가진 분노의 복합성을 암시한다. 불안 때문에 상담실에 의뢰된 아동들은 다섯 번째 감정으로 '긴장' 또는 '걱정' 을 선택할 것이다.

색깔-감정 틀을 끝낸 후에, 나는 아동에게 각각의 색깔에 대해 자기 마음속에 가진 감정의 강도만큼 넓게 색칠하라고 한다. 아동의 이해를 돕기 위해서 "네가 항상 행복하기만 하다면 하트 전체를 노란색으로 색칠할 수도 있지만, 항상 행복하기만 한 사람이 있는지 모르겠어. 네가 조금만 행복하다면, 노란색을 조금만 색칠하면 돼." 라고 말한다. 이 설명은 자신의 긍정적인 감정을 과대해서 보고하거나 부정적이고 다루기 힘든 감정을 너무 적게 보고하는 경향이 있는 아동의 자연스러운 방어기제에 좋은 도전이 된다. 이 활동에서 유일한 주의점은 모든 색깔이 최소 한 번씩은 사용되어야 하고, 하트 전

[그림 7-3] 신디가 초기에 완성한 마음 색칠하기

체를 반드시 색칠해야 한다는 것이다.

[그림 7-3]~[그림 7-9]는 현재의 다양한 문제 또는 증상을 보여 주는 완성된 하트의 예다. [그림 7-3]은 분노 폭발 행위로 나에게 의뢰된 신디(Cindy)라는 다섯 살의 여자아이가 초기에 완성한 하트다. 이 감정-색깔 연상은 왼쪽부터 오른쪽으로 그려졌다. 신디는 왼쪽 방면 1/4을 빨간색으로 색칠하였고, 이 부분을 자기 마음의 화난 부분이라고 하였다. 그 옆에는 '어리석은' '실망스러운' '슬픈' 그리고 '창피한'의 순으로 제시되었다. '창피한' 위에는 신디가 '시끄러운'으로 이름 붙인 갈색 영역이 있었다. 이것은 내부 상태의 반영이라기보다 신디에 관한 어른들의 시각을 묘사한 것으로 보였기 때문에 흥미로웠다. 오른쪽 꼭대기에 아주 작은 노란색 부분이 신디가 느끼는 마음의 행복한 부분이었다.

신디는 초기 면접 당시에 조부모와 살고 있었다. 신디의 어머니는 사람들에게 마약을 팔았고, 본인이 사용하기도 했다. 신디의 집에는 마약중독자들과 어머니의 남자 친구들이 자주 드나들었기 때문에 그녀의 조부모가 개입하여 양육권을 획득하였다. 그러나 신디의 동생들은 여전히 어머니와 함께

[그림 7-4] 신디가 두 번째로 완성한 마음 색칠하기

살고 있었다. 신디는 거부감과 혼란감을 느꼈고 문제 행동을 보였다. 나는 조부모와 협력하여 신디의 어머니와의 관계에 한계를 정하고, 조부모에게 훈육 방법을 가르치며, 신디와 그들 사이에 긍정적인 애착을 형성하기 위한 작업을 하였다. 신디와 나는 그녀가 감정을 표현할 수 있고, 압박감을 느낄 때 도움을 청하도록 하는 작업을 계속하였다. 또한 신디에게 마약중독과 어머니의 상실에 관련된 '상실 애도 작업(grief and loss work)'에 관한 발달적으로 민감한 심리교육을 하였다. 신디의 정서 관련 어휘를 증가시키도록 돕는 것과 감정의 자각을 깊게 만드는 것은 어머니의 상실에 관한 작업에서 주요 구성 요소였다. [그림 7-4]는 신디가 치료를 시작한 지 4개월째에 완성한 두 번째 하트다.

이 두 번째 하트에는 '흥분된' '지루한' '짜증 난' '피곤한' '사랑하는' 그리고 '창피함'을 포함한 수많은 감정이 섞여 있다. 또한 하트의 왼쪽 꼭대기는 치료의 시작 때보다 더 큰 행복을 표현하는 노란색 물감이 칠해졌다. 이러한 '마음 색칠하기' 틀은 임상가가 아동의 현재 내면 상태를 빠르게 살필 수 있는 계속적인 평가도구가 될 수 있다. 신디의 두 번째 하트 모양의 마음은 치료적 관점에서 희망을 준다. 만약 두 번째 하트가 온전히 행복만을 보여 주는 노란색으로 완전히 가득 차 있었다면, 나는 신디가 나를 기쁘게 해 주기 위해서거나 심각하고 곤란한 감정에 맞서 스스로를 방어한 것인지도 모른다고 생각했을 것이다. 그러나 신디 자신의 행복에 관한 지각은 신디가 새로운 정서 관련 어휘를 그녀의 레퍼토리에 추가하는 동안 확장되고 있었다. 두 번째 하트는 신디의 정서 자각과 자신의 내부 감정 상태를 분명히 표현하는 능력 모두에서 좀 더 높은 단계의 정교함이 반영되었다.

[그림 7-5]의 하트는 아동들이 활동을 통해서 어떻게 더 깊은 단계의 정서적인 통찰로 이어질 수 있는지에 대한 예시다. 불안 문제로 나에게 의뢰된 일곱 살의 남자아이 프레디(Freddie)는 다섯 번째 감정으로 '긴장감'을 선택하여 하트를 색칠하기 시작했다. 첫 번째로 프레디는 행복 부분을 색칠했다. 그는 하트 바닥의 1/4을 행복 색깔로 칠했다. 그리고 초조함을 파란색으로 칠했다. 프레디가 다음 층을 색칠하고 있을 때, 그의 펜이 미끄러지면서 행복을 표현했던 빨간 부분 안에 파란색이 덧칠해졌다. 프레디는 한숨을 쉬면서 약간의 좌절과 함께 "아, 내 초조함이 행복 안에 들어가 버렸네."라고 말했다. 그리고 그는 마치 비밀을 발설하듯 눈썹을 추켜올리면서 나를 보고, "패리스(Paris) 선생님! 이런 일은 항상 일어나지요."라고 말했다. 프레디는 완성된 하

[그림 7-5] 프레디가 완성한 마음 색칠하기: 나의 초조함이 행복 속으로 들어가다

트의 다른 몇몇 색깔들 위에 초조함을 나타내는 낙서를 계속해서 했다. 프레디는 활동적 작업으로 자신의 내부 감정 상태에 관한 다소간의 진실을 드러낸 것이다.

이 개입은 또한 부정적으로 채워진 정서에 대하여 방어하고 있는 내담자가 자신의 존재를 견디고 궁극적으로는 수용하도록 돕는 데 유용할 수 있다. 아홉 살의 마이크(Mike)는 부모의 이혼 후에 나에게 의뢰되었다. 마이크는 어머니와 함께 살고 있었고, 이혼 후 이사를 간 아버지는 한 달에 한 번씩 주말에만 방문했다. 마이크는 아버지의 방문이 있기 전에는 극도로 불안해하였다. 마이크가 처음으로 '마음 색칠하기' 활동을 했을 때, 자신의 행복을 표현하는 것으로 검은색을 선택했고, 슬픔은 갈색, 화남은 파란색을 선택했다. 마이크는 하트 전체에 검은색으로 낙서를 하였고, 처음부터 "나는 항상 행복해요."라고 말하였다. 이러한 진술을 직접적으로 직면하는 것 대신에 나는 심장의 검은색 낙서 사이에 있는 흰 공간을 언급했다. 마이크는 "나는 무엇인가를 이 공간 안에 넣어야만 한다고 생각해요."라고 말하였다. 그는 파란색을 집어 들더니 빈틈 한 곳을 색칠하였다. 나는 마이크가 약간의 파란색을 첨가한 것을 반영하였다. 마이크는 갈색을 집어 들고, 다른 빈 곳을 색칠하였다. 나는 마이크가 약간의 갈색을 첨가한 것을 반영하였다. 또한 신중하게 색깔을 기준으로 반영하였고, 그가 전에 기술한 감정 어휘('슬픔'과 '화남')는 절대 언급하지 않았다. 마이크가 하트에 첨가한 약간의 파란색은 그가 자신의 슬픔을 다소 인정하기 전까지는 위험을 상징했다. 나의 첫 번째 반영이 마이크로 하여금 슬픔에 직면하도록 했다면, 마이크는 완전히 입을 다물어 버리고 끝까지 활동하는 것을 거부했을지도 모른다. 마이크는 서서히 갈색과 파란색을 추가하였다. 마이크가 하트에 계속적으로 색깔을 추가하여 자신의 감정을 드러내는 것이 편해졌을 때, 나는 "처음에는 여기에 많은 행복을 넣었지만, 네 마음을 더 자세히 들여다보면 볼수록 거기에는 네가 슬픔이나 화남으로 채우고자 한 더 많은 빈 공간이 있었어."라고 나의 의견을 말하였다([그림 7-6] 참조).

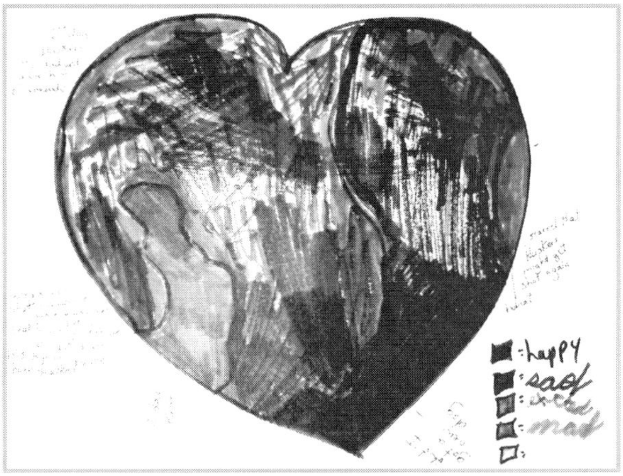

[그림 7-6] 빈 공간을 채운 마이크의 마음 색칠하기

[그림 7-7] 절반씩 나눠진 마이크의 마음 색칠하기

마이크는 모든 빈 공간을 채우려고 노력하는 것이 마치 어떤 임무를 수행하는 아이처럼 보였고, 마침내 그는 좌절감을 표현하며 새로운 종이를 요구하였다. 그는 교체된 하트를 절반으로 나누고 왼쪽 반은 파란색으로, 오른쪽 반은 갈색으로 색칠하였다. 그리고 그는 슬픔 또는 화남을 거의 동시에 느낀다는 것을 인정하였다([그림 7-7] 참조).

활동 자체의 경계는 마이크가 실제 감정의 더 깊은 단계를 자각하도록 도왔다. 마이크가 자신에 대해 더 분명한 그림을 그렸을 때, 우리는 그의 내부의 고통을 어떻게 완화할 것인지에 대한 몇 가지 치료 계획을 세울 수 있었다.

[그림 7-8]에 나타난 '마음 색칠하기' 창작품은 감정과 함께 일어날 수 있는 감정의 층(layering) 효과에 관한 흥미 있는 예다. 내가 처음으로 공격적인 행동으로 어려움을 경험하고 있는 열 살의 남자아이 빌리(Billy)에게 하트 활동을 소개하였을 때, 그는 "선생님도 알다시피 심장은 우리 주먹 크기만 해요."라고 말하였다. 그 후 빌리는 '마음 색칠하기' 견본을 주먹 모양으로 만들 수 있는지 물어보았다. 나는 이에 동의하였고 그가 주먹을 그리는 것을 도왔다. 빌리는 그의 감정과 색깔을 주먹의 손가락 관절 맨 위에서부터 시작하여 손목까지 내려오도록 색칠하였다. 그는 '행복', 다음에 '슬픔', 다음에 '화남', 다음에 '무서움' 그리고 '창피함'의 순서로 배치하였다. 빌리는 가장 심각한 단계를 회색으로 색칠하고, 그 감정을 '비밀스러운'이라고 칭하였다.

빌리의 마음속 정서의 층은 그의 정서적인 생활을 제대로 통찰할 수 있게 해 주었다. 그는 다른 모든 것들의 맨 위에 행복의 층을 색칠했다. 이것은 빌리가 다른 사람들에게 보여 주기에 가장 안전한 정서일 수 있다. 다음 층은 슬픔이었지만 이 층은 매우 작았고, 분노가 강하게 일어났다. 상당한 양의 공

[그림 7-8] '주먹' 모양의 마음 색칠하기

간을 차지한 분노 아래에는 취약감(무서움과 창피함)이 따라왔다. 모든 다른 정서 아래에 있는 빌리가 그린 마음의 가장 깊은 부분은 '비밀스러운'이라고 불리는 것이었다. 그래서 이 표현의 사용이 다소 염려스러웠다. 나는 빌리가 자발적으로 폭로하지 않은 과거의 학대가 궁금했다. 이 가설은 몇 주 후 그가 부모의 이혼 전에 아버지로부터 당했던 신체적 학대에 대해 말하기 시작하면서 입증되었다. '마음 색칠하기' 창작품에 비밀을 불어넣는 것은 빌리가 누군가에게 비밀의 일부분을 보여 주는 것이 어떤 느낌인지 경험하게 하였다. 이것은 후에 비밀을 폭로하는 데서 오는 안도와 공포의 강력한 혼란에 대한 일종의 초기 노출 역할을 한다.

빌리는 공격성의 상징인 주먹 모양을 마음으로 사용하였고, 그렇게 함으로써 그의 현재 대처 레퍼토리에서 공격성이 큰 부분을 차지하고 있다고 나에게 전달하였다. 그의 현재 문제는 정서 조절의 어려움이었다. 빌리는 자신의 분노를 말로 하는 대신 주먹을 쥐는 것으로 표현하였다. 우리가 그의 정서를 구별하는 것을 시작하고, 그가 분노 속에 숨겨진 상처에 관해 자각하도록 도와주면서, 우리는 빌리의 주먹 모양의 마음을 더 적절히 수용하고 의사소통할 수 있는 하트 모양으로 변형시킬 수 있었다.

또한 '마음 색칠하기' 활동은 부모들이 자녀의 정서적 삶에 대한 새로운 통찰력을 얻는 데 도움을 주는 소중한 도구다. 활동의 본질은 하트에 각 감정을 나타내는 색깔을 아동이 선택하여 어느 정도 색칠하게 하면서 아동의 정서를 측정한다. 완성된 하트는 부모에게 강력한 시각적 영향을 미치며, 부모가 자녀에 관하여 예전에는 몰랐던 부분을 이해하도록 해 준다. 반대로 완성된 모양은 양육자들에게 의도하지 않거나 감지할 수 없었던 감정 상태에 직면하게도 한다. 따라서 임상가들이 양육자와 함께 완성된 하트를 신중하게 처리하는 것은 중요하다. 프레디는 행복 안에 초조함이 깃든 하트를 완성한 후에, 어머니와 함께 이야기를 나누었다. 프레디의 어머니는 예전에 반항으로 분류했던 프레디의 행동을 불안으로 재구성하는 인지적 변화를 경험하게 되

[그림 7-9] 줄리안의 복수에 불타는 마음

었다. 프레디의 고집스럽고 반항하는 행동이 불안에 기인한 행동이라는 재개념화는 어머니에게 아동을 측은히 여기게 하고, 새로운 양육적 접근을 하도록 이끌었다.

[그림 7-9]는 부모 양육법의 체계 변화를 도와주는 또 다른 '마음 색칠하기'의 예다. 열 살의 남자아이 줄리안(Julian)은 '극심한 반항성(oppositionality)' 때문에 부모가 의뢰한 경우다. 내가 줄리안에게 다섯 번째 감정을 추가해 보라고 하자, 그는 '불안함(disturbed)'과 '복수'라는 두 가지 감정을 선택했다. 바닥에서부터 꼭대기까지 그의 감정의 층은 '분노' '슬픔' '불안' '행복' '공포' 그리고 '복수'였다. 나는 그와 함께 다양한 감정을 다시 살피면서, 줄리안이 이러한 감정을 갖게 되는 상황에 관해 물어보았고, 그는 아버지와의 상호작용을 반복해서 지적하였다.

우리가 그의 분노 층을 처리하는 동안 줄리안은 학교에서 받은 형편없는 성적표에 대해서 이야기하였다. 줄리안은 형편없는 성적표를 집에 가져갔을 때 아버지가 그의 머리나 엉덩이를 세게 때린다고 이야기했다. 또한 그가 밖에서 놀고 있는 동안 잘못된 선택을 했던 다른 상황도 묘사했다. 줄리안은 아버지가 집에서 자신을 거칠게 밀었던 것을 기억하고는 아버지가 했던 행동은 '내가 너를 던져 버리기 전에 집에 처박혀 있어.'라는 의미였다고 결론을 내렸다. 그리고 아버지가 잠자리에 들기 전에 자신에게 반복해서 말했던 "도대체 무슨 생각을 하고 사니?" "어떻게 그런 일을 저지를 수 있어?"와 같은 표현을 묘사하면서 "아버지는 내가 알 수 없는 질문을 너무 많이 해요. 가끔씩 나는 아버지에게 (질문을 조절할 수 있는) 약을 줬으면 해요."라고 진술하였다. 줄리안은 아버지가 대개 화난 상태였고, 아들에 대해 참을성이 없다고 인식하고 있었다.

이러한 상태로 그들의 관계가 계속된다면 줄리안과 아버지 사이의 거듭된 불화는 공통점을 찾기 힘들 만큼 그들 사이를 멀어지게 할 것이다. 나는 줄리안의 아버지를 부모 회기에 초대하였고, 하트의 몇 가지 세부 사항을 살폈다. 아버지는 결과에 매우 놀라워하면서, 아들이 자신을 어떻게 인식하고 있는지를 보고 슬퍼하였다. 분노, 복수 그리고 불안으로 가득 찼던 하트의 시각화된 이미지는 아버지가 자신의 양육법을 재평가할 수 있는 동기부여가 되었다. 가족 놀이치료와 부모교육을 통해서 우리는 아버지와 아들 사이에 즐거운 상호작용을 많이 증가시켰고, 그들 관계에서 독성 수준을 상당히 감소시킬 수 있었다. 임상가는 언제, 어떻게 부모들에게 아동의 '마음 색칠하기' 작품을 제공할지 신중하게 결정해야 한다. 만약 하트에 부모가 오해하거나 아동이 가정에서 수치심을 느끼게 하는 말, 많은 질문들 또는 자신의 감정을 부인하는 것과 같이 부모에게 부정적인 반격을 받게 될 소지가 있다면, 부모에게 정보를 제공하지 않을 수도 있다. 그렇지만 대부분의 부모들은 아동의 정서적 삶에 관한 새로운 통찰력을 환영한다.

비언어적 정서 개입

여러 가지 놀이에 기반을 둔 개입은 아동들의 정서적인 영역을 증가시키고, 아동이 언어를 많이 사용하도록 요구하지 않는다. 많은 아동들—그중 특히 잠복기 남자아이—은 자신의 감정을 언어로 표현하는 것을 어려워한다. 감정을 언어로 표현하는 이 과제 자체는 아동의 무력감을 증가시키고, 자신의 감정을 탐색하려 할 때 방어를 강화하는 결과를 초래할 수 있다. 나는 이러한 반복적 역동을 주시하면서 아동에게 위험성이 낮은 몇 가지 개입을 고안했다.

기분 음악

첫 번째로 고안한 개입은 '기분 음악(Mood Music)' (Goodyear-Brown, 2002)이라 불리며, 아동의 체구만 한 기타와 같은 악기를 활용하여 진행된다. 나는 음악은 감정으로 꽉 차 있으며, 갖가지 감정은 말하지 않고도 음악으로 소통될 수 있다는 것을 설명하면서 시작한다. 아동을 위해 음악을 연주하고 이 샘플 음악이 불러일으키는 각각의 감정에 대해 이야기해 보기도 한다. 그런 뒤에 음악을 연주했던 기타를 소개한다. 악기는 아동들을 매료시킨다. 기타를 만지고 연주하는 기회는 아동들이 정서를 탐색하면서 느낄 수 있는 저항을 감소시키는 데 큰 도움이 된다. 나는 아동에게 기타 줄을 하나씩 튕겨 보라고 권한다. 우리는 조심스럽게 각각의 소리를 들은 후에 기타 줄에 감정을 표현하는 단어를 각각 지정한다. 그리고 아동이 기타를 잡고 있는 동안 이야기한다. 나는 일곱 살의 남자아이인 새미(Sammy)가 등교 첫날 새로 산 셔츠를 입는 이야기를 하면서 아동에게 새미가 느끼는 것을 기타 줄을 튕겨서 표현해 보라고 한다. 그리고 새미가 새 셔츠를 입고 나서 아침밥을 먹기 위해 앉다가 실수로 셔츠에 우유를 엎지른 일을 말하면서 이야기를 계속 진행한다. 나는 이야기를 다시 멈추고 아동에게 새미가 느끼는 것을 또다시 기타 줄을 튕겨서 표현해 보라고 한다. 이 활동은 아동이 감정을 실제 생활에 적용하고 다양한 감정을 구별할 수 있도록 해 준다.

이 이야기의 고안과 함께 기타를 다루는 것은 아동이 정서적인 내용에 다가가는 것을 보다 쉽게 만들어 준다. 게다가 치료사는, ① 이야기 속 상황에 맞는 감정을 선택할 수 있는 아동의 정확한 정서 안테나와, ② 어떤 감정을 아동이 가장 쉽게 이해하는지, ③ 아동이 이야기를 들으면서 어떤 감정에 가장 끌리는 것처럼 보이는지 등 아동의 정서적 영역에 관한 여러 차원의 초기 평가를 할 수 있다. 예를 들어, 어떤 아동들은 새미가 등교 첫날 긴장했거나 슬펐을 것이라고 판단하는 반면에, 다른 아동들은 새미가 새로운 셔츠를 입어서 기쁘거나 등교 첫날 흥분했을 것이라고 판단한다. 이야기 속 인물의 감정과 관련한 아동의 추측은 아동 자신의 정서 반응 범위에 관한 초기의 유용한 지표다. 이 개입은 내가 먼저 이야기의 틀을 만들어 본 후, 아동에게 역할을 바꿔서 아동이 이야기를 하고 내가 기타 줄을 튕겨 볼 수 있다.

온도 재기

또 다른 비언어적 감정 구별 개입은 '온도 재기'(Goodyear-Brown, 2005)라고 불린다. 나는 혀 누르기 기구(의사가 구강검사 시 사용하는 작고 평평한 나뭇조각-역주)에 감정을 표현하는 단어를 적고, 그것을 병원놀이 가방에 넣는다. 학령기 전 아동들을 치료할 때는 단어 대신 감정을 나타내는 표정을 그리는 것이 발달상 좀 더 적절하다. 나는 아동에게 가방을 주고, 아동은 자신의 감정과 짝을 이룰 수 있는 모든 혀 누르기 기구를 꺼낸다. 이 개입은 각각의 사람들의 현재 정서 상태에 관해 빠른 판단을 하는 것이 유리한 집단치료나 가족치료 초기에 특히 유용하다([그림 7-10] 참조).

[그림 7-10] (정서) 온도를 재는 기구

내면 혹은 외부 감정

'내면 혹은 외부 감정'(Goodyear-Brown, 2005)이라 불리는 또 다른 개입은 내담자를 위한 내적 과정에서 시작하여 나중에 치료사와 공유한다. 나는 아동에게 사람의 머리와 어깨처럼 보이게 자른 마닐라지 폴더를 주면서 시작한다([그림 7-11] 참조). 그리고 아동에게 공적인 감정과 사적인 감정 사이의 차이점에 관해 이야기하면서 개입한다. 우리는 누구에게나 보여 줄 수 있는 감정이 있다. 또한 소수의 신뢰하는 사람들에게만 보여 주는 감정이 있고, 누구에게도 보여 주고 싶지 않은 감정도 있다. 나는 아동에게 마닐라지 폴더의 앞면에 자화상을 그리라고 말한다. 이때는 다른 사람들에게 비친 내담자의 모습을 그려야 한다.

아동이 외형상의 초상화를 완성하면, 나는 아동에게 잡지를 주고 다른 사람들에게 비친 자신의 이미지와 다른 사람들에게 보여 주는 감정의 이미지를 나타내는 그림을 오려 보도록 한다. 예를 들어, 교실에서 재롱꾼으로 알려진 아동은 광대, 우스꽝스러운 표정 또는 사람들이 웃는 모습의 그림을 오릴

[그림 7-11] 내면 혹은 외부 감정

것이다. 이 아동은 폴더의 뒷면에 이러한 이미지를 붙일 수 있다. 그리고 자신의 다양한 내적인 부분과 다른 사람들에게 보여 주지 않는 감정과 관련된 더 많은 그림과 단어들을 오리도록 요청받는다.

콜라주(collage) 작업은 아동 자신의 인지, 아동의 세계, 대중매체 그리고 문화적 아이콘 사이의 상호작용을 조장한다. 천 마디의 말보다 하나의 그림이 진정으로 가치 있고, 아동의 내부 경험의 독특한 측면을 강력하면서도 정확한 이미지로 포착될 수 있다. 이 두 번째 세트의 이미지는 마닐라지 폴더의 안쪽에 붙인다. 그런 후에 치료사와 내담자가 모든 사람에게 보여 주는 감정과 신뢰하는 사람들에게만 보여 주는 비밀스러운 감정 사이의 바람직한 경계선을 파악하면서, 아동의 모든 감정 상태를 수용하는 관점으로 이미지와 단어를 처리할 수 있다. 많은 아동들은 어떤 정서는 너무 강력하거나 소름이 끼쳐서 다른 사람에게 보여 줄 수 없다고 생각한다. 그러나 신뢰하는 사람들에게 자신의 가장 보기 싫은 정서를 보여 주고 그것을 수용받는 경험을 하면, 그 감정은 우리를 통제하는 힘을 잃어 버린다. 이러한 모든 개념은 이 활동을 통해 소개될 수 있다.

시간의 모래

'시간의 모래'라는 또 하나의 비언어적 개입은 아동의 외상 이야기의 한 차원과 동시에 일어나는 정서적 인지 및 일련의 정서를 목표로 삼는다. 이 연습은 매우 사랑했던 사람의 죽음을 경험한 아동들에게 도움이 된다. 나는 아동에게 다양한 색의 모래와 여러 모래 미술용 병을 제시하면서 시작한다. 모래 미술용 병은 십자가, 하트, 태양, 별 그리고 성을 포함한 다양한 모양으로 준비한다. 나는 아동에게 사용할 병을 선택하라고 한다. 그런 후에 아동은 각각의 모래 색깔과 감정 단어를 짝짓는다. 이 연상은 연습하는 내내 사용된다.

우리는 사랑하는 사람의 죽음으로 끝난 그 여행의 출발 시점부터 감정 작업을 시작한다. 한 아동이 유방암으로 어머니를 잃었다면, 나는 아동에게 어머니가 처음으로 아프다고 말했던 순간을 기억하라고 한다. 그 후에 아동은 모래 색깔을 선택하고, 당시 자신이 느꼈던 감정만큼 모래를 모래 미술용 병 안에 붓도록 한다. 아동이 색을 선택하는 것에 따라 말로 표현하지 않아도 그의 감정 상태가 반영된다. 그러고 나서 나는 이야기의 다음 단계를 말할 것이다. 어머니가 항암치료(chemotherapy)를 시작했고, 그때 어머니의 머리카락이 빠졌다면, 이러한 단계를 연관시키는 감정을 선택하라고 아동에게 말한다. 아동은 애도 과정을 통해 자신의 감정 행로를 구체화한 완성된 모래 미술 창작물을 갖게 된다. 그 모래 미술용 병은 사랑했던 사람을 기념하는 것으로 보관할 수 있다. 이 과정에서 아동은 모래를 통해 이야기의 정서적 요소를 순서화하면서 연습된 이야기를 듣는다. 때때로 아동의 모래 미술 창작물은 엘리자베스 퀴블러-로스(Elizabeth Kubler-Ross)가 세운 깊은 슬픔의 단계를 반영한다. 어떤 경우 병 전체를 아동의 슬픔 또는 분노와 같은 압도적인 감정을 반영하는 한 가지 색의 모래만으로 가득 채울 수도 있다.

언어적 소품에 기반한 감정 개입

앞서 묘사된 개입은 아동들이 경험을 말로 표현할 필요 없이 정서적 영역의 작업을 준비하도록 해 준다. 다음에 나오는 개입은 아동들에게 좀 더 도전적이다. 도전 수준은 소품을 즐겁게 조작하는 것에 따라 달라진다. 정서적 어휘가 형성되고 있는지, 특정 감정을 유발하는 상황 전 단서를 알아보는 것인지, 정서가 존재한다는 생리적인 지표를 인지하게 되든지 간에, 치료 목표는 아동들에게 즐거움을 주고, 작업을 유지할 수 있는 재료의 도움을 받는 것이다. 내담자들은 각자 우리에게 계속적인 시험대가 되었고, 여기에 묘사된 많은 개입들은 치료 시 특정 아동의 저항을 줄이려고 고안한 결과물이다. 임상가로서 우리 직업의 한 측면은 아동에게 '가치 있는 것', 다시 말해 자신의 내면세계의 한 부분을 나누고, 그것을 다른 사람에게 개방하는, 위험을 감수할 만한 가치가 느껴지는 놀이 경험을 고안하는 것이다.

기분 매니큐어

여덟 살의 조숙한 내담자 케이티(Katie)는 자신이 이미 이러한 모든 '감정'을 알고 있다고 자랑스러워했다. 어머니가 아동치료사라는 사실은 케이티에게 자신의 정서적 성숙은 발달단계를 앞서고 있다는 믿음을 가중시켰다. 그러나 케이티는 학교에서 분노 폭발을 보였고, 친구가 별로 없었으며, 최근 부모의 이혼으로 큰 충격을 받았다. 또한 자신을 아동보다는 청소년에 동일시하고 있었다. 내가 '마음 색칠하기' 창작을 함께 시도했을 때, 하트를 그릴 때부터 케이티는 눈동자를 굴리면서 "나는 이미 나의 감정에 대해서 모두 알고 있어요. 그것은 어린애들이나 하는 거예요."라고 말해서 나를 당황시켰다. 나는 자신이 아동보다는 청소년에 더 가깝다는 케이티의 주장을 지지하면서도 그녀의 흥미를 유발할 만한 재료가 무엇일지 곰곰이 생각했다. 나는 매니큐어 바르기를 시도하기로 결정하였다. 다음 번에 케이티가 치료를 받으러 왔을 때 나는 매니큐어를 한 바구니 가지고 들어갔다. 케이티는 즉시 매니큐어가 있는 쪽으로 왔고, 매니큐어를 이용하여 무엇을 할지 물어보았다.

나는 각자 다른 사람의 손톱에 색칠하는 게임을 제안하였다. 우리는 매니큐어 각각의 색깔과 함께 감정을 짝짓는 것으로 게임을 시작하였다. 빨간색 매니큐어는 '분노'로, 파란색 매니큐어는 '슬픔'으로 정하였다. 게임의 규칙상 우리가 원하는 만큼 각각의 손에 많은 색깔을 칠할 수 있지만, 상대도 그 색깔을 칠해야만 했다. 내가 내 손톱 중 한 개가 빨간색으로 칠해지기를 원한다면, 나는 케이티가 그것을 사용할 것인지 물어보아야 한다. 케이티가 나의 손톱에 빨간색으로 색칠하는 동안, 나는 내가 기억하는 화난 감정에 대하여 한 가지를 말해야 한다. 우리는 이 게임을 전체 회기 내내 하였다. 회기가 끝났을 때, 우리 둘의 손톱은 무지개 색으로 칠해졌다. 케이티는 무지개 색과 다양한 감정을 구별하고, 각 감정을 위험에 빠지게 되는 자신의 생활 경험과 연관시켰다. 우리는 이 개입을 '기분 매니큐어'라고 이름 붙였다(Goodyear-Brown, 2002).

엉클어 놓기

'엉클어 놓기'(Goodyear-Brown, 2002, 2003a)는 복잡한 정서를 탐색함으로써 아동에게 구체적인 도구를 제공한다. 때때로 아동들은 한 정서를 다른 것으로부터 구별하는 것을 어려워한다. 이러한 현상은 네 살의 조(Zoe)라는 아동에 의해 잘 표현되었다. 조는 한 살 때 중국으로 입양되었고, 입양한 어머니에게 자주 분노를 표출하였다. 조는 여러 번의 분노 발작을 일으켰던 어느 날 나에게 왔다. 내가 그에게 기분이 어떤지 물어보자, 크고 혼란스러운 눈빛으로 나를 쳐다보며 "그들은 모두 여기서 엉클어졌어요."라고 말했다. 나는 "엉클어진 게 뭐니?"라고 물었다. "나의 걱정."이라고 조가 짧게 대답했다. 이 순간은 아동의 치료적 욕구와 은유적 말이 새로운 개입을 탄생시키는 교차점의 전형적인 예가 된다. 나는 조의 "이것은 모두 엉클어졌어요."라는 은유를 받아들이기 위한 방법을 즉시 생각했고, 구체적인 틀을 주어서 조가 정서를 다룰 수 있었다. 조는 내면의 걱정과 두려움을 구체적으로 다루기 위해 그 감정을 외현화할 필요가 있었다.

나는 주변을 샅샅이 뒤져, 마침내 다양한 색의 실뭉치를 제공하였다. 나는 "모두 엉클어진 이 공 모양의 실뭉치처럼 너의 걱정도 전부 엉클어진 것 같구나?"라고 말했다. 조는 열심히 실을 움켜잡으면서 "예"라고 말했다. 그때 나는 "모든 사람들은 걱정거리를 가지고 있어. 때때로 우리는 너무 많은 걱정을 해서 그것들이 우리 안에서 모두 엉클어져 버려서 그것에 대해 말하기가 어렵지. 오늘 우리는 그러한 걱정을 풀어 볼 거야. 한 번에 하나씩 그 걱정에 해당하는 실을 잡아당기면서 시작하자. 어떤 걱정은 작고, 어떤 걱정은 클지도 몰라. 걱정이 크다면 긴 실로, 걱정이 작다면 작은 실을 당길 거야."라고 말했다. 조는 이 제안을 좋아했고, 가위를 가지러 뛰어갔다.

조는 실을 2피트(약 60cm) 길이로 잡아당기면서 "이건 작은 거예요. 오늘 저녁에 텔레비전 볼 시간이 없을까 봐 걱정이에요."라고 말했다. 나는 이 걱정거리를 적은 후에 실 끝에 붙였다. 조는 걱정에 대해 정확히 말하면서 실의 길이로 각 걱정의 정도를 표현했다. 우리가 조의 걱정거리의 목록 끝 부분에 거의 다다랐을 때, 조는 실을 몇 야드(yard)나 바닥에 풀어 놓으면서 "나는 부모님이 나를 떠날까 봐 걱정이에요."라고 말했다. 이것은 다른 모든 정보를 파악하게 해 주는 핵심 걱정이었다. 유기에 관한 두려움이 입양한 어머니에게 분노 폭발로 표현된 것이다. 나는 실 가락이 3차원적 거미줄같이 보일 때까지 방의 여기저기에 실 가락을 조의 도움을 받아 펼쳐 놓았다. 작업을 끝마쳤을 때, 나는 "우아! 너의 감정이 마음속에서 엉클어질 만하구나. 정말 많은 걱정이 있네. 너는 어머니가 네가 얼마나 많은 걱정을 하고 있는지 안다고 생각하니?"라고 묻자, 조는 "모르겠어요"라고 말했다. 나는 조에게 어머니를 방에 들어오도록 초대해도 되는지 물었다. 어머니가 그 공간에 들어왔을 때 나는 어머니에게 우리가 무엇을 하였는지 설명하였고, 어머니는 딸의 걱정이 시각화된 복잡한 장면에 어쩔 줄 몰라 했다.

그때 조의 어머니는 딸의 분노 폭발이 유기의 불안과 두려움에 기초하고 있다는 것을 이해하게 된 인지적 전환을 하였다. 어머니가 반항 행동을 불안 행동으로 재구성함으로써 최근 조의 분노 폭발 때문에 고갈되었던 딸에 대한 측은한 마음이 다시 가득해졌다. 어머니가 조의 인생에 항상 함께하겠다고 말할 때, 조와 나는 각각의 걱정을 잘라 내는 데 어머니의 도움을 받았다. 우리는 조와 어머니 사이의 신호였던 실을 짧게 잘랐다. 집에서 조가 불안을 느끼기 시작하면 조는 어머니에게 실의 짧은 가락을 줄 것이고, 이것은 어머니가 조에게 필요한 편안함, 재확인 그리고 재지시를 제공해야 한다는 신호가 될 것이다. 이 활동으로 내담자는 특정한 감정의 차원을 탐색하고, 이 차원은 자신의 양육자와 의사소통할 수 있는 소중한 기회가 되었다.

청소하기

내담자들의 조각나고 분리된 정서를 도울 수 있는 또 다른 개입은 '청소하기'로 불린다. 우선, 물을 투명한 그릇에 채운다. 나는 아동에게 식용색소 병 한 세트를 제공한다. 그런 다음 각 감정에 해당하는 식용색소를 물에 떨어뜨리라고 한다. 내담자가 파란색 식용색소를 슬픔의 감정을 나타내는 것으로 선택했다면, 아동은 물속에 파란색을 몇 방울 떨어뜨릴 수 있다. 같은 과정으로 빨강, 노랑 그리고 초록색 방울도 완성한다. 이 색깔들이 모두 깨끗한 물속에 섞이면 그것은 난잡한 갈색을 만든다. 나는 내담자와 함께 어떻게 마음속에 갇히고 검열되지 않은 감정이 그 물처럼 혼란스럽고 지저분한 생각을 만들어 내는지에 관해 이야기한다. 혼란을 정돈하는 최고의 방법은 이러한 감정에 관해 도움을 주는 어른과 함께 이야기하는 것이다.

그런 후에 나는 내담자에게 한 컵의 표백제를 주고, 아동이 각 감정에 대하여 말하면서 진흙탕의 물 안에 표백제를 조금씩 부으라고 한다. 이는 표백제로 물이 깨끗해지는 방법을 보여 주는 것이다. 표백제가 물에서 색깔을 빼는 데는 시간이 걸리기 때문에 이 그릇은 선반에 놓여 있어야 한다. 이러한 방법을 통해서 우리의 감정은 검열될 수 있고, 혼란이 사라지기 전에 다른 사람이 볼 수 있다. 이 활동은 변형하여 외상을 유발하는 인지를 재구조화하는 치료 작업으로 사용할 수 있다. 이 변형에서, 식용색소 방울은 아동이 가해자에게 들었던 거짓말이나 아동이 맞서고 있는 잘못된 신념을 나타낸다. 각 거짓말이 무효화되고, 인지 왜곡이 재구조화되는 것이 표백제가 물 안에 부어지는 것이다.

은유적 가치가 있는 이 개입의 또 다른 측면은 표백제에 의해 깨끗해진 이 물이 결코 완전히 투명하게 되지는 않는다는 것이다. 이것은 옅은 노란색을 유지한다. 마찬가지로 외상 사건을 경험했던 정서는 우리에게 지울 수 없는 변화를 가져온다. 목표는 이 존속하는 변화를 자신의 긍정성 안에 통합하는 것이다. 만약 물이 외상을 경험하기 전에 가졌던 모습으로 정확하게 돌아왔다면, 그 활동은 외상 사건의 기억을 지울 수 있다는 잘못된 메시지를 줄 수도 있다. 도움을 주는 전문가의 의도는 결코 내담자가 이미 발생한 외상을 잊게 만드는 것도, 그것이 일어나지 않았던 것처럼 가정하는 것도 아니다. 오히려 이 연습의 목적은 외상의 기억으로부터 정서적 독성을 없애고, 경험된 정서의 정돈과 관리 능력을 키우는 것이다.

정서적 영역을 만드는 운동감각 활동

많은 외상을 경험한 아동들은 적절하게 정서를 표현하는 것을 어려워한다. 그들은 무섭거나 화가 나면 그 감정을 폭발적인 행동으로 나타낼 수 있다. 특히, 학대당한 아동들은 효과적인 의사소통이나 어려운 감정을 해결할 수 있는 틀이 없을 수 있다. 그들은 또래 친구들과 부딪히는 공격성으로 반응할지도 모른다. 예를 들어, 과거에 신체적 학대를 경험한 여덟 살의 남자아이 조니(Johnny)는 수업시간에 질문에 틀린 대답을 했다. 같은 반 친구가 눈을 굴리면서 조니를 쳐다보자마자, 조니는 즉각적으로 뛰어올라 그 친구를 때리는 것으로 반응하였다. 조니는 학교의 정학 처분실로 가서 남은 시간을 보냈다. 또래 친구들로부터 격리하는 것은 의사소통 기술을 향상시키는 데 필요한 학습이나 연습을 하지 못하도록 한다. 조니는 변화를 위한 제대로 된 처벌은 받지 않았다.

사방치기 활동 '나는 ……을 느낀다'

놀이에 기반을 둔 개입은 아동들에게 적절한 의사소통의 연습 방향을 제공할 수 있다. 그중 한 가지 개입으로 사방치기 활동 '나는 ……을 느낀다' (Goodyear-Brown, 2002)가 있다. 나는 이 개입을 공립학교에서 계속 반복되는 이러한 역동을 본 후에 고안하였다. 나의 내담자들은 교실에서 문제를 일으키면 교무실로 가거나, 보통 일정 시간 격리되는 처벌을 받았다. 나는 교장선생님에게 가서 나의 내담자들이 학교에서 내 준 어떤 처벌이든 받고 나면 나의 사무실로 보내도록 요청했다. 내담자들이 나에게 왔을 때, 우리는 밖으로 나가 사방치기판을 그렸다. 나는 첫 번째 사방치기 칸에는 '나(I)', 가로지른 다음 두 개의 칸에는 '느끼다(feel)'를, 그리고 세 번째 정사각형 칸에는 아무것도 적지 않았다. 그런 후에 나는 다음 칸에 '너는 언제(when you)'라고 적고, 게임의 맨 꼭대기 칸을 비워 두었다.

이 개입에서, 나는 아동이 언쟁을 일으킬 만한 사건을 되돌아보게끔 만들고, 그에 따른 감정 상태를 말로 분명히 표현하도록 돕는다. 이 도움으로, 아동은 그의 학급 친구를 때렸던 앞에 묘사된 사례와 같이 자신의 선택에 영향을 준 잠재적인 정서적 반응(affective response)을 정확하게 지적할 수 있고, 적절한 의사소통을 정교하게 만들 수 있다. 그런 후에 아동은 해당하는 사방치기 칸을 점프하는 동안, 부정적인 의사소통을 '나는 ……을 느낀다(I feel……)'라는 형식으로 고쳐 말하도록 연습한다. 사방치기는 본질적으로 재미있고 아동들에게 잘 알려져 있다. 어떤 내담자들은 게임에 따라 뛰는 동안 '나는 ……을 느낀다' 의사소통을 몇 번이고 되풀이해서 연습하였다. 이미 사방치기에 친숙한 아동들은 게임의 신체적 숙달을 통해 유능감을 느낄 것이다. 이 활동 중 인지 과정은 운동감각의 활동과 함께 연결된다. 온몸을 사용한 개입과 적절한 말로 표현하는 것의 결합은 이 새로운 기술을 좀 더 깊은 수준의 통합으로 촉진한다. 이 같은 의사소통 유형은 신체적 연계와 언어적 과정을 통해 활성화되면서, 단순히 머리로만 아는 지식을 몸으로 체득하게 한다.

상황에 대한 감정 연결하기

끈적끈적한 감정

외상을 겪은 아동들은 특정 정서와 상황적 유발물을 연결하는 데 도움이 필요하다. 이 틈을 연결하는 데 아동들에게 도움이 되는 놀이에 기반을 둔 방법이 많이 있다. 내가 '끈적끈적한 감정'이라고 부르는 가장 간단한 개입에는 코팅된 감정 차트와 문구점에서 살 수 있는 여러 끈적끈적한 공이 필요하다. 아동에게 끈적이는 공을 주고, 그것을 차트에 던지라고 한다. 이 공이 차트의 어떤 감정 어휘나 표정에 붙으면, 아동은 그런 감정을 느꼈던 순간에 관해서 이야기한다. 이 개입은 일반적으로 감정 표현을 좋아하지 않는 잠복기 남자아이들의 경우에 끈적한 야광 공을 사용하면 더욱더 흥미를 느낄 수 있다. 내담자는 불을 끄고 공을 던진 후에 불을 켜서 공이 어디에 붙었는지 본다. 그런 다음, 끈적이는 공이 붙은 곳에 해당하는 감정을 느꼈던 순간에 대해 이야기한다.

거미 던지기 활동 '나는 네가 무섭지 않아'

아동들이 두려움을 느낀 상황을 나눌 수 있는 또 다른 놀이에 기반을 둔 개입으로 거미 던지기 활동인 '나는 네가 무섭지 않아' 가 있다. 이 활동에 필요한 소품은 거대하게 부풀릴 수 있는 거미와 한 세트의 고리다. 나는 우리가 차례대로 고리를 던지고, 고리가 거미의 다리에 떨어질 때마다 두려움을 느꼈던 순간에 관해서 말해야 한다고 설명한다. 아동과 나는 방의 한쪽에 같이 서서 방을 가로질러 거미를 향해 고리를 던진다. 이 과제의 신체적인 연계는, 테이블에 마주 앉아 아동에게 두려움을 느꼈던 경험에 대해 물었을 때 아동이 느낄 수 있는 압박감을 감소시킨다. 게다가 우리 둘 다 외적 초점에 집중하게 된다. 이것은 활동을 공동의 집중 과제로 변화시키고, 더 나아가 아동이 자신의 경험을 나누는 데 편안함을 갖게 한다. 마지막으로, 거미의 다리 위에 고리를 더 잘 던지려는 마음은 보통 무서운 사건에 대해 말할 때, 아동이 가질 수 있는 침묵보다 훨씬 더 강하다. 게임이 끝나기 전에 아동은 예전에 두려움을 느꼈던 경험에 관한 총 목록을 생각해 낸다.

결 론

외상을 경험한 아동들은 그들의 정서 영역을 형성하는 데 도움이 필요하다. 이번 장에서는 목표 추구에 해당하는 다양한 놀이에 기반을 둔 개입을 개요화했다. '마음 색칠하기' '감정의 무지개' 연습은 감정 작업에서 사용할 수 있는 평가기법의 예다. 이들 사례가 예시하는 것처럼, '마음 색칠하기' 활동은 색을 통해서 감정 상태의 강도를 표현하는 간단한 행동으로, 아동이 자기 인지를 새롭게 형성할 수 있다는 점에서 평가와 개입 사이의 격차를 해소한다. 아동들은 감정을 말로 표현하는 것을 어려워하므로 비언어적인 감정 개입의 부분이 포함되어야 한다. 아동들의 정서 반응에 대한 상황 유발물이 무엇인지 인지할 수 있도록 돕는 개입은 또한 실력 있는 임상가들의 상담 도구로 쓰여야 하고, 몇몇 사례들을 여기에서 보여 주었다.

아동들의 정서적 상태를, 특히 아동들을 흥분시켰던 정서적 상태를 분명히 말하는 아동의 능력은 후에 외상을 처리하는 활동의 기초가 된다. 한 가지 확장 개념은 감정이 활성화되었을 때 그것을 조절하는 대처기술이 부가적으로 필요하다는 것을 정확히 지적하고 있다. 이러한 이유로 FSPT 모델은 놀이치료실에서 안전감이 확립되고, 초기 대처 방법의 평가가 완성되며, 자기 조절 기술(자기 지시적이든 부모님이 시도하든지 간에)이 설명된 후에 정서 영역을 증가시키는 것을 목적으로 한다. 이 치료의 다른 구성 요소들은 아동에게 이번 장에서 목표로 했던 정서적 삶을 안전하게 다루는 광범위한 영역이 된다. 이 공유된 정서적 언어의 초기 성립은 치료 전반에 사용될 수 있다.

08 외상장애 아동을 위한 **놀이치료**

천천히 자기 개방하기

08

천천히 자기 개방하기

그곳에 있는 무언가는 벽을 사랑하지 않고 무너뜨리고 싶어 한다.

– 로버트 프로스트(Robert Frost), '담장 고치기(Mending Wall)'

외상 내용에 대한 자기 적정 수준의 노출

'천천히 자기 개방하기'라는 표현은 치료의 전 과정에서 아동이 치료사와 나누는, 천천히 전개되는 불명확한 외상을 묘사하기 위해 내가 인용한 구절이다. 나는 여기서 '자기 개방'이라는 단어를 아동이 처음에 학대와 방임에 관해서 말로 보고하는 전통적인 의미로 사용하지 않는다. 이것은 놀이치료실의 안전한 영역 안에서 아동과 치료사 사이에서 이따금씩 일어나는 지속적인 비밀 누설 과정을 말하는 것으로서, '폭로'의 의미로 사용하고 있다. 어떤 경우에는 아동이 치료사에게 치료 초기에 자신의 외상을 말로 폭로하기도 하는데, 이것은 아동의 안전이 최종 목표인 적절한 경로를 통해서 보고되고 다루어져야 한다. 또는 아동의 학대 병력이 잘 기록되고, 성폭행의 폭로가 전적으로 고발됨으로써 아동이 신체적으로 안전해지는 경우도 있다. 그러나 본의 아니게 외상 내용을 회상하는 것 때문에 아동은 악화된 외상 후 스트레스 증상을 경험할지도 모른다. 이러한 경우에 비춰 보면 아동의 고통을 완화하는 과정은 외상 내용을 적절하게 노출함으로써 이루어진다.

이 장은 아동들이 외상에 기본을 둔 자료에 어떻게 자기-적정적 노출을 시작하는지에 관한 많은 사례들을 제시하고 있다. 아동은 그들의 외상 경험을 언어로 명확히 설명하는 것이 어려운데, 특히 외상이 언어가 발달하기 전에 일어났다면 더욱더 그렇다. 게다가 아동들의 제한된 어휘로 외상 경험을 충분히 조리 있게 말하지 못한다. 아동들은 놀잇감과 놀이치료실의 안전 그리고 노출을 촉진하는 놀이치료사의 담아 주기 행동에 많이 의지한다. 아동에게 자신의 외상 경험을 비춰 보게 하는 것에는 깜짝 놀라게 하는 놀이 시나리오, 생생한 이미지, 단절된 감각의 인지, 비이성적 사고 및 다루기 힘든 감정 등이 있다. 이 강력한 놀이 행동을 비유적으로 표현하면, 생명력을 상실한 것처럼 보인다는 표현을 동반한다.

초보 치료사 시절에 나는 어린 성학대 경험자들이 나에게 보여 준 무감각한 말과 치열한 놀이 행동의 상반된 경향을 보고, 무엇이 진실인지 알 수 없는 혼란을 겪었다. 어머니의 남자 친구에게 반복적으로 항문 성폭행을 당한 네 살의 남자아이 알렉스(Alex)가 치료에 의뢰되었다. 불행하게도 알렉스는 치료의 첫 번째 날에 사례 관리자로부터 "너에게 일어났던 나쁜 일에 대해서 이야기하기 위해 치료받으러 가는 거야."라는 이야기를 미리 듣고 나의 사무실로 오게 되었다. 알렉스는 방에 들어오자마자 기분이 좋은 듯이 "어머니의 남자 친구가 자신의 성기를 내게 넣었어요."라고 말했다. 나는 알렉스가 낯선 사람과의 초기 만남에서 이 언어를 사용했다는 것에 속으로 깜짝 놀라면서 그의 언어화를 수용적으로 반영하였다. 더욱이 그가 말한 무거운 내용은 평범하고 가볍게 전달하는 그의 태도와 어울리지 않았다.

몇 년이 지난 후에 더 많은 성학대 아동들을 보면서, 나는 법적 면접 과정이

나 재판에 미리 참여했던 아동들은 치료실에 즐겁게 들어오고, 그들의 이야기를 쉽게 시작할 수도 있다는 가능성을 인정하게 되었다. 그러나 언어적인 이야기와 관련된 문제점은 이것이 아동의 감각기관의 지각을 문제의 사건으로부터 분리시킨다는 것이다. 아동들은 다루기 힘든 증상을 경감시켜 주는 것 없이, 또는 그들 경험의 가장 어려운 지각을 통합하지 못한 채 반복적으로 같은 이야기를 말하는 것일 수 있다. 아동들이 치료 전반에 걸쳐서 놀이를 핑계 삼아 잠깐씩 보여 주는 것은 처리하지 못한 감각적인 세부 사항이다.

알렉스가 초기에 언어로 외상 내용을 떠벌린 이후에, 그는 즉시 부엌 도구들로 놀이를 시작했다. 그는 냄비들을 휘젓고, 핫초코를 만들었으며, 이것들을 치료사와 함께 나누었다. 이 놀이 과정이 몇 분 지난 후에 알렉스는 아동용 크기의 달걀거품기구 한 쌍을 집어 들었다. 그는 동물이 진열되어 있는 선반을 향해 걸어가 큰 공룡을 골랐다. 아이는 공룡의 뒷면에 구멍이 벌어져 드러나도록 꼬리를 잡아당겨 떼 버렸다. 그러고는 고통의 신음소리 같은 끙끙거리는 소리를 내면서 공룡의 구멍 안으로 달걀거품기구를 계속 쑤셔 넣었다. 초기 놀이에서 그는 "그냥 사실이에요."라고 말하였지만, 여기서 그의 강렬하게 계속된 놀이는 가해자의 악덕한 행동과 아동이 경험한 고통과 폭행의 은유적인 장면을 제공하면서 자신이 당한 잔학 행위를 보여 주는 것이었다.

유능한 치료사는 이 집중된 놀이 행동의 중간쯤에 '네가 무엇을 보여 주는지 알겠어. 나는 이것을 감당하기에 충분히 강하고 이것을 나에게 보여 주는 네가 얼마나 강한지 알겠다.'와 같은 메시지를 전달하는 것으로 아동에게 담아 주기를 제공할 것이다. 치료사는 은유로부터 내용을 끄집어내기 위한 시도를 하지 않고, 아동의 경험 속으로 들어간다. 사실 놀이의 비유적 내용에서 아동의 과거로 갑작스럽게 전환하는 것은 아동이 위험을 무릅쓰며 표현하는 것을 억눌러 버리고, 놀이의 영역 안에서 반응하는 치료사의 침묵의 동의로 성립된 약한 신뢰를 저버리게 하는 새로운 문제를 만들 수도 있다. 알렉스의 경험은 너무 위압적이었고 그 영역은 위험했으므로, 아동은 오직 '놀이'라는 장막을 통해서만 접근할 수 있었다.

아동들이 자기 노출로 보여 준 것에 치료사가 압도감이나 충격을 동시에 느끼더라도 겉으로는 결코 표현하지 않아야 한다. 비록 치료사의 진정성이 높은 가치가 있는 관념이라 할지라도, 아동들은 어른들의 진정한 반응에 휩싸일 수 있으므로, 그들의 공격을 정면으로 받지 않아야 한다는 것을 우선 이해하고 있어야 한다. 이것은 직관의 반대로 보일지 모르지만, 우리 자신의 진실한 반응인 내적인 반응은 아동들에게 온전한 반응을 하기 위하여 때로는 반드시 완화되어야 한다. 아동 치료사들에게 훌륭한 슈퍼비전, 협력적 지지, 강한 사회적 연락망이 필요한 주된 이유 중 하나는 우리가 내담자들에게 계속 담아 주기를 제공해야 하는 어려움 때문이다. 이러한 치료사 보호장치는 내담자의 부적절한 자기 노출로 인해 많은 재능 있는 임상가들이 일찍 소진되어 이 분야를 포기하게 만드는 '연민 피로증(compassion fatigue)'을 완화해 준다.

두 아동이 있다 해도 그들의 외상 경험을 동일한 방법으로 표현하지는 않겠지만, 외상을 경험한 대부분의 아동들은 놀이 재료를 통해서 자신의 경험 양상을 소통하려는 욕구가 있다. 자신이 겪은 외상에 대한 지각을 살짝 비춰 주는 각각의 표현은 위험과 신뢰를 의미한다. 이것은 아동의 입장에서는 자신의 가장 개인적인 경험의 창문을 열어야 하는 취약성을 요구한다. 이 위험성을 감내하는 것을 우리는 존중과 조심스러운 돌봄으로 응답할 필요가 있다. 이러한 노출에 대한 우리의 반응에 따라 아동이 연 창문이 아동과 함께 한 걸음씩 전진하다 보면 충분히 큰 문이 될 수 있는 가능성이 된다.

나는 아동이 이후에 담아내기 또는 조작을 위해 가해자 상징과 자기 상징을 선택하는 것이 치료 초기 과정에 발생할 수도 있다고 이미 언급했다. 가해자 상징은 아동의 치료 전반에 걸쳐서 똑같거나 새로운 상징으로 여러 번 대체될 수도 있다. 이러한 경우 작업은 선과 악 사이의 반복된 전투와 함께, 또는 외상 사건에 대해 아동이 경험한 각각의 다른 양상을 묘사하는 은유로서 주제와 관련되어 일어날 것이다. 아동은 이미지, 놀이 결과물, 놀이 은유 또는 놀이하는 동안 진술하는 문구를 통해서 자기 노출을 시작한다. 이것은 치료사들에게는 일종의 시험이자 도전이다. 아동들이 우리에게 반드시 보여 주어야 하는 끔찍한 그림을 어떻게 다룰 수 있을까? 아동이 자신의 외상 경험의 새로운 차원을 폭로하는 위험을 취하고 자신의 견해를 정당화하고 있다는 것을 우리가 인정한다면, 아동은 우리에게 더 많은 외상 내용을 보여 줄 것이다. 나는 아동이 나를 충분히 신뢰해서 자신의 고통을 엿보게 하는 매 순간을 귀한 선물로 여긴다. 내가 되돌려 주는 선물은 담아 주기다. 놀이치료실과 치료사는 모든 기괴한 방식과 아동이 경험했던 잔학 행위의 단절된 은유적 비밀을 담아 주는 쓰레기 처리장이 된다. 우리가 "네가 무엇을 보여 주는지 알겠고, 우리 모두 여전히 괜찮다."라고 의사소통으로 외상 내용을 담아 줄 수 있다면, 우리는 외상의 다른 것도 엿볼 수 있게 된다.

아동들의 표현언어의 한계

아동들을 위한 최고의 자연 그대로의 언어는 놀이로서의 언어다(Landreth, 1991; Schaefer & Drewes, 2009). 아동들은 그들의 삶에서 중요한 성인들이 요구하기 때문에 언어를 사용하는 것을 배운다. 아동들을 사회화하고 그들이 전 세계 속에서 효과적으로 의사소통하도록 훈련시키는 것은 성인들의 일이다. 이것을 위한 하나의 방법은 언어적 의사소통을 장려하는 것이다. 그러나 언어적 감각의 세계를 만들기 위한 능력은 경험에 따라 어휘도 함께 확장된다. 넘어진 아동은 성인으로부터 "아이고, 아야 했구나."와 같은 말을 들을 것이다. 그런 후에 성인은 상처에 반창고를 붙여 주고, 입으로 '호' 해 줄 것이다.

아동은 무릎이 까지는 느낌, 무릎이 까질 때 어떻게 보이는지(아마도 피가 날 것이다), 그리고 무릎이 까지는 경험을 나타내는 '아야!' 라는 정확한 문구를 배운다. 전문용어는 첫 번째 노출 중에 습득되고, 아동이 다른 사람들이 다치는 것을 지켜보면서 같은 말로 불리는 것을 경험하면 강화된다. 이후 아동이 유아기일 때 부모에게 울면서 다가가서 "아야!" 라고 말하면, 성인들은 그 의미를 이해하고 도움을 줄 수 있다. 아동의 어휘는 시간이 지남에 따라 일반적으로 확장되지만, 많은 부분이 언어적 묘사와 짝을 이룬 경험에 따른다. 언어가 주어지지 않는다면 어떻게 아동들이 끔찍하고 고통스러운 사건을 이해할 수 있을까? 성폭행의 경우처럼 고통을 직접 당한 사람이 의도적으로 무엇이 발생했는지에 관한 언어를 제공하지 않는다면, 아동은 이해될 수 없는 상황에 놓인다. 그런 후에 아동이 의도적으로 완곡한 어법이나 공공연한 침묵으로 숨겨진 고통을 의사소통하기는 얼마나 어려울까?

한밤중에 아버지에게 성희롱을 당한 네 살의 여자아이는 고통스러운 경험을 묘사하기에는 제한된 언어를 가지고 있었다. 여기서 우리는 사건의 사실적인 보고에 필요한 단어와 미묘한 정서적 반응, 감각적 지각 그리고 사건에 대한 신체적 기억을 묘사하는 언어를 구별할 수 있어야 한다. 언어의 복잡성은 발달상 여러 단계에 있는 아동들에게 불가능한 기교를 요구한다. 성희롱을 당하는 동안 공포에 질려 눈을 꼭 감았던 어린 아동은 이러한 상황을 정확하고 명확히 말하는 것이 많이 어려울 것이다. '당황하는, 압도적인, 무서운, 마비시키는' 등과 같은 단어들은 대부분의 아동들에게 일상 어휘 목록에 있지 않은 복잡한 언어적 묘사다. 그러나 아동의 언어적 서투름이 반드시 아동의 내적 경험의 정교함 또는 약한 힘을 의미하는 것은 아니다. 많은 어른들은 아동이 언어의 정교함이 부족하기 때문에 그들의 경험조차도 그러할 것이라고 잘못 믿고 있다. 그러나 반복되는 외상 사건과 계속적인 성폭력을 경험한 아동들은 외상을 경험한 적이 없는 성인들보다도 높은 수준의 사고를 가진다. 실로 이러한 아동들은 세상 물정에 더 밝고, 아무 문제없는 또래들보다 세상사에 지쳐 있을 것이다. 태어나서부터 7년 내내 가정폭력 속에서 살았던 아동은 가정폭력에 대한 글을 쓰는 수많은 전문가보다 가정폭력에 관한 전문가다.

이 진실에 대한 나의 가장 초기 깨달음 중 하나는 티미(Timmy)라는 이름의 네 살 된 남자아이로부터 비롯된다. 티미는 어린 시절 내내 가정폭력 속에서 살았다. 초기 회기 중의 한 회기를 함께하는 동안, 나는 티미에게 어린이 놀이 가계도를 완성하도록 하였다. 이 활동은 가족놀이 가계도(Gil, 1994)의 변형이고, 각각의 가족 모형을 선택해야 하기 때문에 미리 모래 위에 보물들을 배치하여 아동의 집중을 유도한다. 아동이 각각의 가족 구성원을 상징하는 소품을 선택하는 것은 보물을 모은 것과 같고, 회기가 끝날 때 그 보물들을 보상으로 가지고 간다.

나는 이 활동을 티미에게 어머니를 상징하는 장난감을 선택하도록 권하면서 시작하였다. 티미는 아무런 망설임 없이 케이크를 든 여자를 어머니로 선택하였다. 나는 티미에게 자신을 상징하는 장난감을 선택하라고 하였다. 그러자 그가 가정에서 느꼈던 취약성을 반영하는 듯 작고 발가벗은 아기를 선택하였다. 마지막으로 티미에게 아버지를 상징하는 장난감을 선택하라고 하였다. 티미는 소품이 진열된 선반으로 중간쯤 걸어가다가 갑작스럽게 멈추고 돌아서서 "제가 하나 이상 선택할 수 있나요?"라고 물었다. 나는 "여기서는 네가 하고 싶은 것은 무엇이든 할 수 있어."라고 일반적인 반응으로 대답하였다. 티미는 거대하면서도 공격적인 레슬링 선수, 특징이 없는 작은 소년 그리고 차밍 왕자를 선택하였다. 티미는 나에게 아버지에게서 경험한 가정폭력 순환의 세 단계를 보여 주었다. [그림 8-1]은 티미가 아버지를 나타내기 위해 선택한 세 가지 상징물이다.

보통의 네 살짜리 아동은 "패리스 선생님, 아버지가 자신을 통제하지 못하고 폭력적이고 파괴적이 된 이후에, 몹시 후회하다가 이 모든 것이 다시 반복되기 전까지 얼마 동안은 최고로 좋은 행동을 하는 이러한 패턴을 알아

[그림 8-1] 티미가 고른 아버지의 세 얼굴

요."라고 말할 수 없다. 아동에게는 언어적으로 그의 경험을 묘사하는 데 전제가 되는 어휘가 없다. 그러나 티미는 놀잇감과 개입의 구조화로 이 순환을 분명하고 설득력 있게 말할 수 있었다. 외상을 경험한 아동의 내부 경험을 포착할 때는 "하나의 그림이 천 마디 말보다 가치 있다"는 오래된 속담이 진실이 된다.

아동들이 놀이치료실에서 외상 사건을 묘사하기 위해 단어를 사용할 때, 그것은 종종 아동들이 선택한 놀이의 은유 안에서 사용된다. 성폭행을 당했는지 아닌지 어머니에게 정확히 설명하지 못해 의뢰되었던 세 살의 제임스(James)는 놀이에서 자기 노출 언어 사용에 관해 좋은 예를 보여 주었다. 제임스가 초기 회기에 왔을 때, 그는 즉시 공룡들에게로 갔다. 그는 하나의 큰 공룡과 두 개의 작은 공룡을 선택하여 모래 상자 안에 배치하였다. 제임스는 작은 공룡들 중 하나의 목소리로 말하기 시작하였고, 그가 먹었던 음식, 그가 놀았던 게임 등 여러 가지를 이야기하였다. 한참 후에 여전히 작은 공룡의 목소리로 제임스는 "공룡들이 나의 갈라진 엉덩이의 틈 위를 물었어요."라고 말했다. 이 언어는 플라스틱 공룡을 가지고 노는 그의 또래 아동에게는 일반적이지 않다. '공룡들이 나를 물어요.' 라는 문구는 놀라운 것은 아니었다. '갈라진 엉덩이의 틈' 이라는 단어는 그 나이의 아동이 자신을 묘사하기 위해서 사용하는 단어이거나 단순히 성인으로부터 반응을 얻기 위해 사용한 것일 수 있으므로 걱정스러운 정도는 아니었다. 그러나 '나의 위를' 이라는 단어는 위험 신호였다. 공룡의 항문에 관련해서 이 정도 수준의 정확한 사용은 조숙한 성적 지식으로 보일 수 있다.

아동의 놀이에 반응하는 것은 단순히 아동이 말하는 것을 반영하고 아기 공룡의 경험을 순순히 인정하는 것이다. 아기 공룡이 이 아동의 자기 상징물로 선택되었을지도 모른다는 궁금증을 가지며 나는 "아기 공룡이 갈라진 엉덩이의 틈 위를 물렸을 때 어떤 느낌이었는지 궁금하네." 라고 말하였다. 그러자 제임스는 "나빠요. 아파요." 라고 대답했다. 나는 공룡의 감정을 인정했다. 치료사가 놀이가 어떻게 아동의 경험과 관련 있는지 궁금하다 해도 지금은 방향을 바꾸어 묻고 싶은 질문을 할 때가 아니었다. 아기 공룡의 경험이 보이고, 들리고, 반영되고, 인정된 것만으로 충분하였다. 만약에 이것이 실제로 외상과 관련된 내용의 바로 그 순간이거나 자기 개방의 시작이라면, 이 적절한 '담아내기' 는 또 다른 자기 개방을 유도할 것이다. 아동이 사용하는 언어의 세부적인 변화는 후에 정교화 작업을 위해서 반드시 임상가의 상담일지에 기록되어야 한다.

은유적으로 엿보는 것이 그림을 통해 주어진다면, 그리는 것 자체가 영구적 기록의 부분이 된다. 아동이 화이트보드를 사용해서 나에게 엿보게 해 주었다면, 나는 그것을 지우기 전에 사진 찍기를 제안할 것이다. 인형극을 통해서 엿보게 되었다면, 인형 놀이를 녹화하도록 허락받을 것이다. 이러한 놀이의 창조물은 다양한 정서나 외상의 감각적 양상 또는 외상 병력 안에서 연속되지 않는 순간을 나타내기 때문에, 영구적인 기록은 나중에 아동이 사건을 연속적이고 일관된 외상 이야기로 만드는 데 도움이 되는 도구가 된다.

아동의 작업을 녹화하기 전에, 초기 면접에서 회기의 녹화에 관해 서류상으로 부모님의 동의를 얻는 것이 중요하다. 녹화하는 것과 사진 찍는 것은 이후 작업을 위한 영구적인 기록을 만드는 것 이상의 추가 기능을 제공한다. 이러한 매개체도 아동이 회기 안에서 발생되는 것을 다른 단계로 볼 수 있다. 아동이 치료실에 캠코더와 카메라가 있는 것을 알아차리면, 그들은 놀이 창조물이 녹화되기를 바란다. 아동의 놀이를 녹화하는 활동은 목격과는 또 다른 단계의 역할을 한다. 아동이 자신의 인형놀이를 공연하거나 자신의 그림을 사진으로 찍었을 때, 그는 관찰 화면으로 그것을 즉시 보고 싶어 할 것이다. 이런 방식으로, 아동은 자신의 고유의 창작물과 화면상 자신이 만든 인형놀이를 보거나 그림이나 모래 상자에 전시된 것을 보는 등 부가적인 노출을 통하여 외상 내용을 나타내는 창조물에 처음으로 노출될 수 있다.

천천히 자기 개방하기의 사례

'천천히 자기 개방하기'의 또 다른 예는 나케이샤(Nakeisha)의 사례에서 볼 수 있다. 나케이샤는 다섯 살의 여자아이로, 학대를 경험한 집에서 이사한 뒤 치료에 의뢰되었다. 그러나 학대의 정도는 알려지지 않았다. 놀이치료실의 첫 번째 방문에서 나케이샤는 회기의 대부분을 그림을 그리며 보냈다. 내가 이 회기가 끝나려면 5분이 남았다고 알려 주었을 때, 그녀는 아기 인형 쪽으로 가서 덥수룩한 머리카락을 가진 인형을 선택하여 옷을 벗겼다. 그리고 퍼펫 인형들이 있는 선반으로 가서 긴 침을 가진 장수말벌 인형을 선택하였다. 그녀는 "아우, 아우, 아우!"라고 말하면서 장수말벌의 침으로 아기의 음부를 반복적으로 계속 쏘아 댔다. 나는 아기 인형은 자기 상징물이고, 장수말벌은 가해자 상징물이라는 가설을 세워, 반창고를 꺼내서 나케이샤에게 그것들을 보여 주는 것으로 아기 인형을 도왔다. 나케이샤는 주어진 도움을 충분히 받아들여 쏘인 부분에 함께 반창고를 붙였다. [그림 8-2]와 [그림 8-3]은 반창

[그림 8-2] 반창고를 붙인 아기 인형

[그림 8-3] 아기의 음부를 침으로 쏘는 장수말벌 인형

고를 붙인 인형과 쏘는 데 사용되었던 장수말벌 인형의 모습이다.

몇 회기에 걸쳐서, 우리가 내담자의 자기 상징물을 돌봐 주었고, 장수말벌이 더 이상 아기에게 해를 입히지 않을 것이라는 확신이 들었을 때, 나케이샤는 집에서 발생했던 성폭력에 대해 천천히 털어놓기 시작하였다. 그녀의 비

[그림 8-4] **뱀으로 덮인 머리가 없는 남자**

정상적인 초기의 놀이 유형은 독특한 '천천히 자기 개방하기'의 첫 번째 단계를 나타낸다.

또 다른 사례로 아홉 살의 남자아이인 바비(Bobby)는 몇 회기에 걸쳐서 놀이에 기반을 둔 자기 개방 과정으로 작업하였다. 바비는 극심한 분노와 폭력적인 행동 때문에 어머니가 치료를 의뢰하였다. 바비 부모님의 8년간의 결혼생활에서 바비는 반복적으로 아버지가 어머니를 신체적으로 학대하는 것을 목격하였다. 치료를 시작하였을 때 바비는 격주로 주말마다 아버지의 집에서 시간을 보내고 있었다. 어머니는 아버지를 만난 이후에 바비의 폭력적 행동이 극단적으로 증가한다고 보고하였다. 게다가 바비는 어머니 집에 돌아와서 처음 두세 밤은 잠들 때와 수면 유지에 극심한 어려움을 겪었다. [그림 8-4]는 바비가 초기 회기에 모래 상자에 만든 것이다.

바비는 나의 소품 중에서 유일하게 목이 잘린 남성 모형을 선택하였다. 그리고 뱀을 잡아서 목이 잘린 모형의 주변에 놓았다. 바비가 모래 상자를 꾸미는 동안 언어적인 독백은 거의 없었지만, 모래 위의 모습이 혼란스러웠다. 바비는 다음 회기에서도 머리가 없는 모형을 똑같이 선택했고, 그것의 얼굴을

[그림 8-5] **뱀으로 묶인 남자들**

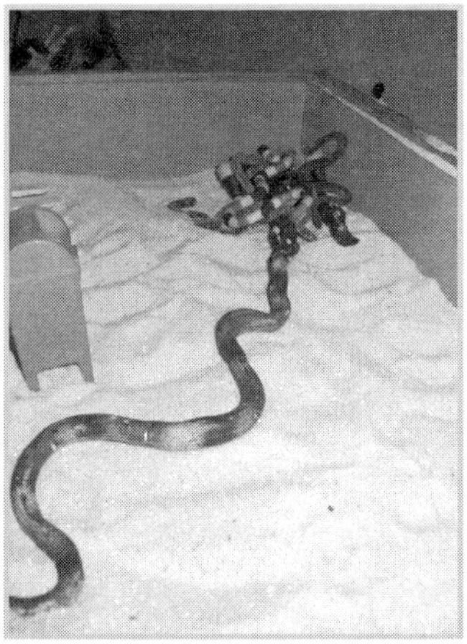

[그림 8-6] **남자의 음부에 접근하고 있는 커다란 뱀**

아래로 향하게 한 후에 모래 위에 놓았다. 그리고 또 다른 공격적으로 보이는 모형을 선택하여 머리가 없는 모형 위에 그것을 눕혀 그 둘을 뱀으로 묶었다([그림 8-5] 참조).

바비는 두 남자를 뱀으로 묶고, 더 커다란 뱀을 선택해서 두 남자의 음부에 접근하는 형태로 상자에 놓았다([그림 8-6] 참조).

그가 모래 상자에 추가하였던 유일한 다른 소품은 우편함과 부서진 울타리였다. 아동들이 모래에서 울타리를 사용하는 것은 사람들을 장소와 물체로부터 경계를 짓기 위해서다. 부서진 울타리는 아동과 중요한 다른 사람들 사이에서 부서졌거나 부적절한 경계선을 나타내곤 한다. 이것들은 모래 상자를 보며 나 혼자 생각한다. 그 내용을 아동들과 함께 나누지는 않는다. 나의 치료적인 반응은 바비가 만들었던 모래 상자에 대해 나에게 이야기하는 것을 권한 것이었다. 바비가 묘사를 마치면, 창작된 세상 속의 인물이나 물건이 어떠한가를 처리하면서 나는 바비에게 상자 안에 있는 하나 이상의 상징에 대한 아동의 견해를 물으며 작업을 좀 더 확대시킨다. "그것은 머리가 없는 사람에게는 어떠할까? 그의 위에 다른 사람이 있는 것을 그가 어떻게 느낄까?" 아동이 선택한 은유 속에서 모래 상자를 완전히 처리하면, 우리는 다른 놀이 활동으로 이동한다.

다음 회기에서 바비는 파워레인저 소품을 선택하였다. 그런 뒤에 플라스틱 무기를 선택하고, 그 무기로 파워레인저의 다리 사이를 가로로 찔러 넣었다

[그림 8-7] 다리 사이에 낀 무기

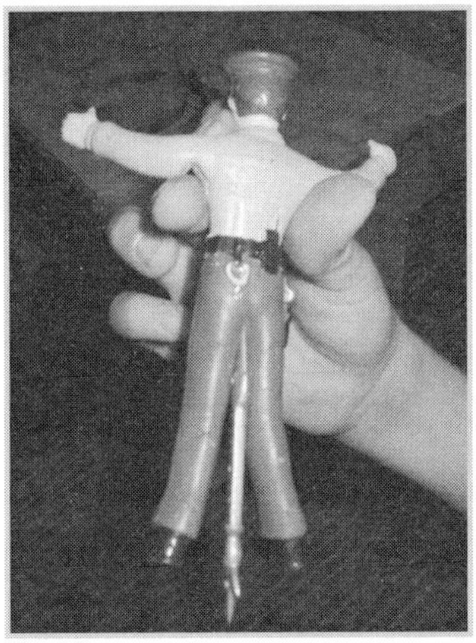

[그림 8-8] 엉덩이에 무기가 낀 경찰관

([그림 8-7] 참조). 그러고는 파워레인저의 다리 사이에서부터 그 무기를 제거하여 경찰관의 엉덩이에 끼웠다([그림 8-8] 참조).

바비의 놀이는 외상을 경험하지 않은 아홉 살의 남자아이가 같은 재료로 놀이하는 것과 비교했을 때 일반적이지 않다. 모형의 음부에 이처럼 침투적인 무기를 사용하는 것은 발달적으로 비정상적이며, 이런 놀이는 특별한 주의와 함께 비판단적으로 아동에게 다시 반영되고 기록되어야 한다. 아동의 놀이를 수용하는 것은 그 이상의 자기 계발을 낳는다.

다음 회기에서, 바비는 바구니를 선택하고 "이것은 침대예요."라고 말했다. 그 후에 바비는 어린 남자아이 인형을 선택하여 옷을 벗긴 다음 바구니 안에 넣었다. 그러고 나서 "작은 소년은 벌거벗었어요."라고 말했다. 바비는 본인이 '그'라고 부르는 다른 인형을 선택하여 인형의 청바지를 아래로 벗기고 바구니 안에 인형을 엎드려 놓았다. 나중에 바비는 어른 남성 인형을 선택하여 바지를 내린 후에 다른 인형의 위에 엎드려 눕혔다([그림 8-9] 참조).

옷이 벗겨진 인형들을 가지고 [그림 8-9]의 장면을 만들었던 회기에 바비는 아버지 집에 갔을 때 아버지의 침대에서 발생했던 성폭행을 언어적으로 폭로

[그림 8-9] 인형들의 배열

하기 시작하였다. 아동의 언어적인 폭로가 나타났을 때는 적절한 공공기관의 참여가 있어야 한다. 때때로 이러한 결과는 법정의 인터뷰 과정으로 이어진다. 이 시점에서 부모들은 좌절할 수 있고, 우리가 아동들과 가족들의 안전과 책임을 유지하기 위해 만들었던 보호 체계가 순항하려면 지지가 좀 더 필요할 것이다. 임상가들도 종종 이 과정에서 좌절한다.

놀이치료실에서 안정감을 갖고 놀이치료사와 안전한 라포를 형성한 아동은 점점 더 편안해지고, 때로는 처음으로 자신에게 발생했던 나쁜 일에 관하여 폭로하는 등 점점 더 많은 위험을 감당한다. 언어적 폭로가 어떤 식으로 이루어지든지 간에 아동복지국(Department of Children's Services)에 이 정보를 보고하는 것은 치료사의 법적 · 윤리적 의무다. 그러나 아동이 안전한 놀이치료실에서 이루어진 폭로를 그의 집이나 학교에서 인터뷰를 위해서 아동을 찾아오는 낯선 사람에게 되풀이할지는 모른다. 성폭행 진술을 수반하였던 조사체계가 점점 더 발달상으로 민감해짐에 따라 인터뷰 형식은 다듬어지고 있으며 때때로 확장되고 있다. 현재 국립아동옹호센터에는 발달상으로 적절한 언어로 아동을 인터뷰할 수 있는 잘 훈련된 직원들이 있다. 더욱이 지원센터는 아동이 좀 더 편하게 느끼도록 도와주는 친근한 환경이다. 어떤 아동옹호센터 직원들은 아동이 그 환경에서 편안함을 느끼도록 하기 위해서 6회기 인터뷰 형식을 사용한다. 이러한 조사를 위한 새로운 접근이 아동이 어떤 환경에서도 일관된 폭로를 할 가능성을 증가시키기는 했지만, 아동은 단 한 번의 인터뷰에서 그동안 발생했던 폭력을 언어적으로 모두 표현할 수 없거나 그렇게 할 의지가 없기 때문에 법적 인터뷰가 결론에 이르지 못하는 것은 당연하다고 본다. 이러한 상황에서 조사되는 사례는 아동이 계속적인 치료가 필요한 많은 증상을 갖고 있음에도 불구하고 종결될 수도 있다. 증상을 치료하는 과정에서 정신건강 임상가는 폭로를 듣게 되는 첫 번째 사람이 될 수도 있다.

아동이 언제 치료실에 들어오는지, 어떤 내용이 치료적 과정에서 갑자기 나타날지는 알 수 없다. 그러나 가장 사실과 가까운 법적 인터뷰는 놀이치료사가 관여되기 전에 수행되었던 것이다. 이러한 이유로 나는 자신의 자녀가 최근 언어적인 폭로를 했다고 나에게 전화한 가정들을 본격적인 치료에 앞서 아동복지국의 조사 과정을 거치도록 안내한다. 이러한 경로를 통해 내가 만나는 많은 내담자들은 진술이 밝혀지거나 사건이 종결된 후에 나에게 온다는 것이다. 이러한 경우에 아동이 놀이치료실 안에서 드러내는 폭로의 과정은 다른 사람의 잠정적인 의견에 방해받지 않는다. 오히려 적당한 수준의 자기 개방이 치료적으로 진행되는 것은 아동이 외상의 여러 양상에 직면하고, 고통스러운 기억에 둔감해지며, 나아가 그것들이 아동의 긍정적 자아감으로 통합되도록 해 준다.

아동은 여러 번 자신의 언어적 폭로가 깔끔하게 처리되고, 가해자로부터 충분히 안전한 거리에 놓인다는 것을 확신하게 된다. 이런 경우에 아동의 신체적 환경은 안정감을 만든다. 불행하게도, 이 신체적 안전이 바로 심리적 안정으로 해석되지는 않는다. 어떤 아동들은 외상 후 스트레스 장애(PTSD) 군에 속하는 잊히지 않는 증상에 갇히게 된다. 악몽, 환각 그리고 주기적으로 되풀이되는 이미지는 가해자가 제거된 후에도 오랫동안 아동들을 고문한다. 사람, 장소, 외상 사건과 관련된 것들에 대한 회피는 아동이 해결되지 않고 처리되지 않은 외상을 가지고 있다는 의미의 또 다른 지표다. 아동의 외상 병력에 기인한 극단적인 행동 문제 역시 외상에 대한 언어적 서술과 사건에 관한 신체감각의 기억을 통합하는 일관된 이야기가 아직 구축되지 않았다는 또 다른 표현이다.

자기 개방으로의 초대

다음에 묘사된 자기 개방에 이르게 하는 초대들은 아동이 외상 병력에 관해 일관된 이야기를 만들도록 도움을 주는 서비스다. 이러한 개입은 결코 구조화된 법적 인터뷰를 대신하거나 대체하려는 의도는 전혀 아니며, 오히려 아동에게 외상과 관계된 뒤죽박죽된 이미지, 사고, 감각적 지각 그리고 감정을 처리하는 과정을 시작하도록 해 준다. 여기서는 치료사가 정확하게 기록하되, 유도 질문을 하거나 인터뷰 형식으로 전환되는 것을 피하는 것이 중요하다.

지퍼 잠그기

첫 번째 지시적 개입은 '지퍼 잠그기'(Goodyear-Brown, 2002)로 불리는데, 아동이 치료사에게 직접적으로 드러낼 준비가 될 때까지 자신의 무거운 정보를 놀이치료실에 남겨 두는 것을 아동에게 허용해 주는 방법이다. 많은 아동들은 자신의 상처를 내면에 계속 숨기느라 많은 에너지를 소모하고, 떨쳐지지 않는 외상 장면, 두려움 또는 억압된 생각을 지닌 채 놀이치료실에 들어온다. 아동들은 일반적으로 초기 회기에서는 그들을 괴롭히는 어떤 내적인 이야기도 말로 표현할 준비가 되어 있지 않다. 그러나 아동을 위해서 자신 이

[그림 8-10] '올리 악어' 퍼펫 인형

외의 다른 용기(container)를 제공하면, 아동은 혼란스러운 내용의 일부를 놀이치료실에서 꺼내어 그곳에 남겨 둔 채 집으로 돌아갈 수 있다. 이를 위해서, 나는 '올리 악어'라고 불리는 퍼펫 인형을 놀이치료실의 선반에 놓아둔다([그림 8-10] 참조).

악어 이빨의 각 세트는 한쪽 방향의 지퍼로 만들어졌다. 기발한 장인의 솜씨로, 악어 입이 지퍼로 되어 잠기고 열린다. 아동이 방을 탐색하는 동안 나는 아동에게 올리 악어를 소개하고, 놀이치료실에서 올리의 역할은 아이들이 나와 함께 어떤 내용을 공유할 준비가 될 때까지 아이들을 위해 그것을 담아 주는 것이라고 설명한다. 나는 이렇게 설명한다. "너 아니? 많은 아이들이 이 놀이방에 오는데 그 아이들은 이것저것 고민거리들이 상당히 많아서 그것들이 그 아이들의 마음을 무겁게 짓누르고 있어. 가끔씩 아이들은 비밀이나 고통스러운 생각 또는 그들의 머릿속에 무서운 이미지를 가지고 있기도 해. 보통 처음에는 아이들이 이러한 비밀이나 고민에 대해서 말하기를 꺼리지만, 때때로 아이들은 자기 몸 밖의 어딘가에 이런 것들을 놓아두고 싶어 하지. 그렇게 하면 아이들은 더 이상 힘겹다고 느끼지 않거든. 너에

[그림 8-11] **호랑이 보관 인형**

게도 이런 고민거리가 있다면, 너는 그것을 그림으로 그리거나 글로 적을 수 있어. 그리고 너는 올리의 입안에 그것을 넣고 지퍼를 잠글 수 있어. 올리는 네가 나 또는 다른 누군가와 함께 그것을 공유할 준비가 될 때까지 너를 위해 그것을 담아 두고 있을 거야." 고통스러운 내용의 정보를 적은 종이를 보관하려는 내담자가 한 명 이상일 경우를 대비하여 나는 입에 지퍼가 잠겼다가 열리는 여러 개의 작은 동물 인형을 치료실에 준비해 둔다. 또한 지퍼가 있는 모든 동물 인형을 아동에게 보여 주고, 말하기 곤란한 정보를 보관하고 싶은 인형을 직접 선택하게 한다([그림 8-11] 참조).

치료실에 말하기 힘든 자신의 이야기를 남기고 싶어 하는 여러 명의 아동들이 동시에 있을 때는 좀 더 작은 동물 인형이 유용하다. 한 아동은 자신에게 일어났던 일을 그림으로 그리거나 속상했던 일을 적은 후에 그것을 접어서 호랑이 인형 안에 넣는다. 나는 이 아동이 다시 돌아올 때까지 호랑이 인형을 안전하게 치워 둔다.

종이에 힘겨웠던 사고나 사건을 적는 행동은 아동의 내면적 압박을 완화하면서 이를 외현화하고, 선택한 보관 장소 안에 그 종이를 넣어 두는 것은 대안적으로 '안아 주는' 환경을 만든다. 아동이 동물 안에 담아 둔 주된 문제의 내적 의미는 아동의 마음속에서 극복하기 어려웠던 문제일 것이다. 지금까지 아동은 그 내용이 알리기에는 너무 비밀스럽거나 너무 수치스럽거나 너무 파괴적이라고 믿었을 것이다. 물질로 외현화한다는 것은 아동에게는 위험을 나타낸다. 아동은 지금까지 자신이 조심스럽게 지키고 있던 정보를 '밖에' 꺼내 놓은 것에 대하여 취약감을 느낄 수 있다. 아동이 비밀 내용을 밝혔을 때, 그리고 그 결과로서 아무런 참사가 발생하지 않았을 때 아동의 경계 상태는 무너진다. 지퍼 잠그기는 아동이 외상 내용을 나누는 것에 둔감해지도록 하는 동시에 아동에게 외상 내용을 남겨 두고 갈 장소를 마련해 주는 징검다리가 된다.

소름 끼치는 섬뜩한 벌레

'소름 끼치는 섬뜩한 벌레'(Goodyear-Brown, 2002)는 아동들이 그 자신이 당한 폭행의 묘사를 위협적이지 않고, 비언어적인 방법으로 그림을 그리도록 하는 것이 목표인 또 다른 개입이다. 학대를 경험한 후에, 침입하거나 회피하는 PTSD의 증상에 갇혀 있는 내담자를 만났을 때, 나는 아동에게 자화상을 그리게 하면서 이 개입을 소개한다. 아동이 그림을 그리고 있는 동안 나는 내 발 위로 거미가 기어갔던 경험을 이야기한다. 그리고 이것은 소름 끼치고 섬뜩한 느낌이었다고 아동에게 말한다. 나는 어떤 접촉이 이 소름 끼치고 섬뜩한 벌레의 느낌을 만드는지에 대하여 이야기한다. 아동이 그리기를 마치면, "개미나 거미가 네 위로 기어간 적이 있니? 파리나 모기가 네 위에 앉은 적이 있니?"라고 물어볼 것이다. 우리는 벌레가 피부에 닿았을 때 어떻게 느꼈는지를 이야기한다. 나는 다시 이 소름 끼치고 섬뜩한 느낌과 접촉으로 경험했던 불편한 느낌을 비교한다. 그때 나는 "네가 소름 끼치고 섬뜩한 느낌을 가졌던 몸의 부분(자화상 그림)에 스티커를 붙여 봐."라고 일러 준다. 외상 경험이 없는 아동들은 스티커를 자화상의 발에 붙이고 "개미가 물었던 데

가 여기예요."라고 말하거나, 팔꿈치에 붙이고 "벌이 쏜 곳이 여기예요."라고 말할 것이고, 이것이 그들의 폭로의 정도다. 현실에서 학대가 특히 성적으로 발생하였다면 아동들은 거미 스티커를 자화상의 생식기 부분에 붙일 것이다. 이러한 행동은 때때로 외상 이야기의 구축을 목적으로 하는 폭로의 시작점이 된다. 다음은 이것에 관한 예다.

아스퍼거(Asperger) 장애로 진단받았던 열한 살의 남자아이 오스틴(Austin)은 2년 동안 열여섯 살인 자신의 형에게 성폭행을 당했다. 오스틴이 치료를 시작했을 당시에 그의 형은 성범죄자들을 위한 거주시설 치료 프로그램으로 옮겨졌다. 그때 그는 신체적으로 안전했음에도 불구하고 정서적인 안정을 찾지 못했다. 그는 성폭력 사건에 관한 어떠한 언급도 피하였고 심한 행동 문제를 보였다. 폭로는 기소의 목적과는 무관하지만 치유의 시작점으로는 매우 중요하다. 오스틴이 외상의 회상 때문에 자신을 방어하는 데 소모했던 에너지는 어린 시절의 일반적인 발달 과정에서는 불필요한 것이었다.

초기 면접에서 오스틴은 놀이치료실의 한구석에 등을 구부리고 눈을 아래로 깐 채 앉았다. 내가 그의 외상 주제에 관해 전혀 언급하지 않았는데도 그는 간헐적으로 "나는 이것에 대해서 말하고 싶지 않아."라고 강력히 말했다. 오스틴은 그림을 그리는 것에 흥미를 가졌고, 첫 번째 회기에서 몇 개의 그림을 정성스럽게 그렸다. 두 번째 회기에서, 오스틴은 자화상 만들기에 열성적이었다. 오스틴이 자화상 만들기를 끝마쳤을 때, 나는 그에게 거미 스티커를 조금 주면서 소름 끼치고 섬뜩함을 느꼈던 것이 몸의 어느 부위였는지 자화상 위에 거미 스티커를 붙여 보라고 했다. 오스틴은 잠시 나를 보더니, 나에게 뒤돌아 있으라고 요청했다. 오스틴에게 자신의 행동이 목격되지 않는 것은 중요했다. 내가 뒤돌아 앉자 그는 자화상에 몇 개의 거미 스티커를 붙였다. 그리고 그림 종이가 자신의 손바닥에 꼭 맞을 만큼 작게 몇 번이고 반복해서 반으로 접었다. 그다음 선반으로 가서 다양한 문들이 있는, 나무로 만들어진 자물쇠 달린 상자를 선택했다. 그는 종잇조각을 그 상자 안에 넣고 군인, 탱크 그리고 수류탄과 함께 넣은 뒤에 자물쇠를 채웠다. 마침내 오스틴은 모든 자물쇠를 잠그고 이제 뒤돌아 앉아도 괜찮다고 말했다. 그는 상자를 '아무도 손닿을 수 없는 높은 곳에' 두라고 요청하였다. 나는 그가 요구한 대로 하였고, 우리는 남은 회기 동안 그것에 관해 다시 말하지 않았다.

한 주가 지나서 오스틴이 그다음 회기에 왔다. 오스틴은 즉시 선반 꼭대기를 쳐다보며 "그게 아직 거기에 있네."라고 말했다. 오스틴은 나에게 그것을 내려 달라고 한 뒤 상자를 열었다. 그런 다음 오스틴은 종이를 펴 보지 않은 채 번호 자물쇠까지 갖추어진 장난감 금고 안으로 종이를 옮겼다. 나는 "네가 소름 끼치고 섬뜩한 종이를 금고로 옮기는 중이구나. 금고 비밀번호가 바닥에 있어서 이 방에 놀러 오는 다른 아이가 금고를 열 수도 있는데."라고 말했다. 오스틴은 금고 문을 닫는 행동을 멈추었다. 그리고 나를 향해서 자신의 등을 돌리며 어깨를 으쓱하더니 "알아요"라고 말했다. 나는 "넌 이제 네가 그린 그림을 다른 사람이 봐도 괜찮구나."라고 반응하였다. 오스틴은 고개를 끄덕였다. 오스틴은 그림의 내용을 더 이상 비밀로 하지 않기로 결심하였다. 오스틴은 여전히 종이를 금고에 저장한 채로 상담을 마쳤다. 나는 오스틴의 기밀성(confidentiality)을 보호하기 위해 방문 회기 사이에 금고에서 종이를 옮겼고, 회기 직전에 금고 안에 종이를 다시 넣어 두었다. 일주일 후에 오스틴은 놀이치료실로 힘차게 들어오더니 금고를 향해 가서는 그것을 열고, 나에게 종이를 건네주었다. 오스틴은 "지금 그것을 볼 수 있어요."라고 말했다. 비밀을 밝히는 것을 단계적이고 적정하게 진행하는 것은 그림의 내용을 공개하는 것에 따르는 수치심에 둔감하게 하였다. [그림 8-12]는 오스틴이 그린 그림과 그가 붙인 거미 스티커의 모습이다.

오스틴이 나에게 자신의 그림을 보여 주기로 결심한 후에, 곧바로 자신의 형에게 당한 성폭행을 언어적 · 운동감각적으로 처리하는 것을 시작할 수 있었다. 놀이치료실에서 느낀 안전감에 근거하여 놀이치료실을 안전한 장소로 그리고, 마침내 치료사에게 자발적이고 단계적으로 성폭행의 증거를 드러내는

[그림 8-12] 오스틴의 기어가는 거미들

운동감각적 행동은 오스틴을 꼼짝 못하게 했던 수치심을 극복하도록 하였다.

3차원의 섬뜩한 벌레

자화상과 거미 스티커는 조금 큰 아동들에게 활동적인 소품으로 효과적이다. 좀 더 어린 아동들은 소름 끼치게 접촉하는 것의 상징성은 이해할 수 있지만, 그 내용은 3차원 형식에서 조작하는 것이 필요하다. 예를 들어, 나는 이 개입을 네 살의 남자아이인 크리스(Chris)에게 시도하였다. 크리스는 종이 위에 낙서를 한 다음 거미 스티커를 가구에 붙였다. 그의 발달 수준을 고려했다면 그의 비일관적인 반응에 대해 준비했어야 했다. 이것은 나의 실패한 개입이었다. 그러나 상징의 몇 가지 부분은 크리스에게 영향을 주었다.

다음 회기에 크리스가 놀이치료실에 왔을 때, 그는 흑인 아기 인형을 선택한 후에 옷을 벗겼다. 크리스는 병원놀이 세트를 꺼내어 아기를 '고치기' 시작했다. 이것은 외상을 경험한 아동들이 자기 상징물을 선택하고 그것을 고

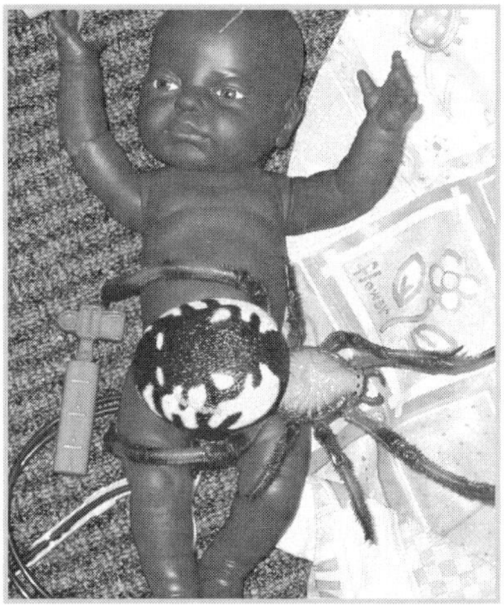

[그림 8-13] 크리스의 섬뜩한 거미

치려고 노력하는 전형적인 놀이 패턴이어서, 나는 크리스의 놀이를 지원하면서 비지시적으로 반응하였다. 그런데 갑작스럽게 크리스는 아기 인형을 남겨 둔 채 선반으로 향했다. 그는 크고 괴상한 고무 거미를 선택하여 아기 인형에게 가져왔다. 크리스는 거미를 아기 인형의 노출된 음부에 놓고 "패리스 선생님, 사진 찍어 주세요."라고 말했다([그림 8-13] 참조).

나는 즉시 지난 회기에 시도했던 소름 끼치고 섬뜩한 벌레의 종이와 스티커 방식을 기억하였다. 나는 크리스가 소름 끼치는 접촉에 관한 자신의 경험에 대하여 3차원의 방식으로 드러내고 있다고 가정하였다. 그리고 지금은 누군가가 그를 섬뜩한 벌레 같은 느낌이 들게 만진 적이 있는지 물어보기에 적절한 시기가 아니었다. 나는 단순히 크리스가 나에게 보여 주고 있는 것을 담아 주었고, 그의 요구대로 사진을 찍었다. 크리스는 내게 미소를 지은 후에 나의 이전 또는 이후의 내담자들이 결코 하지 않았던 것을 하였다. 크리스는 바닥에 누운 후에 고무 거미를 자신의 음부 가까운 곳 옷 위에 올려놓고 "패리스 선생님, 사진 찍어 주세요."라고 말했다([그림 8-14] 참조).

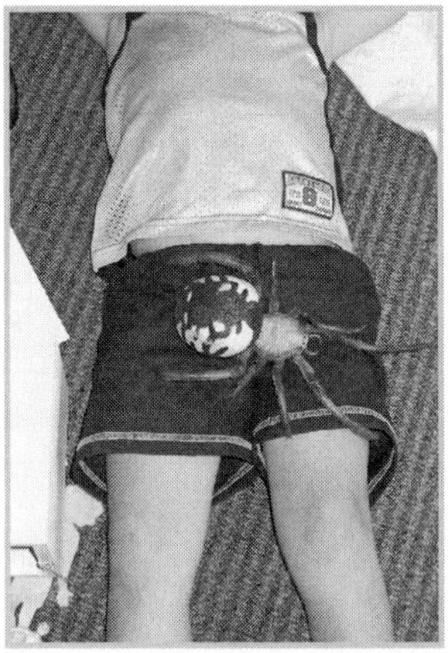

[그림 8-14] 자신의 음부에 거미를 올려놓은 크리스

만약에 크리스의 행동이 성적으로 부적절한 경계선을 넘었다면—예를 들어, 크리스가 자기 바지나 속옷을 내렸다면—나는 침착하게 적절한 제한을 설정했을 것이다. 그러나 분명히 크리스의 비전형적인 놀이 행동은 담아 주기의 또 다른 시험이자 도전이었다. "내가 당신에게 보여 주고 있는 것을 다룰 수 있나요?" 나는 크리스에게 사진을 찍는 동안 어머니가 여기에 함께 있는 것이 좋을 것 같다고 말했다. 어머니를 따로 준비시킨 다음, 우리가 크리스의 장난감 사용 내용을 기록하는 동안 어머니가 크리스의 외상을 담아내는 또 다른 용기가 되어 주도록 도왔다. 크리스는 그다음 회기에 와서 그 사진을 다시 보고자 하였다. 내가 사진을 보여 주자 크리스는 모래 위에 창작을 시작하였다. 모래 상자에 욕조를 두고 그 안에 작은 남자아이를 넣은 다음 그의 목까지 모래(그는 모래를 '물'이라고 설명했다)를 덮었다([그림 8-15] 참조).

크리스는 "남자아이에게 문제가 생겼어요. 욕조에서 나쁜 일이 일어나고 있어요."라고 말했다. 내가 욕조에 있는 남자아이에 대한 나의 걱정을 표현하자, 크리스는 구조차를 선택하여 그것을 모래에 놓았다. 이 놀이 행동은 놀이 장면의 주인공을 위해 크리스가 도움을 받은 첫 번째 시도라는 면에서 이

[그림 8-15] 자신의 목까지 목욕물을 채운 소년

[그림 8-16] 욕조 안의 소년 옆에 있는 구조차

전의 놀이로부터 명백한 전환을 나타낸다. 크리스가 구조차를 욕조 옆에 놓은 후에, 우리는 사람들이 그를 구하러 오는 중이라는 것을 안다면 욕조에 있는 아이가 어떤 느낌일지를 탐색했다. 크리스는 미소 지었고 아마도 꽤 좋은 느낌일 것이라고 말했다([그림 8-16] 참조).

일주일 후에 크리스는 나에게 아버지에게 당한 성폭력 행위에 대해서 말했다. 학대는 대개 목욕 시간 중에 발생하였다. 이 연속된 폭로는 크리스의 상징 이미지를 통해서 전달된 적정한 노출이었다. 각각의 외상 내용에 대한 반응으로 "네가 나에게 무엇을 보여 주는지 알겠고, 나는 그것을 보관할 수 있어."라고 대화한 것이 크리스가 나에게 좀 더 보여 주어야 한다는 필요성을 느끼게 하였다.

치료적 스토리텔링 기법

스토리텔링 기법은 아동이 보일 수 있는 숨막히는 외상 증상을 이완시키는 또 다른 강력한 방법이다. 치료적 동화는 아동에게 현재 존재하는 딜레마에서 탈출하는 방법인 희망적인 메시지를 보냄으로써 아동의 경험을 정상화할 수 있다. 그러한 희망적인 서술 중의 하나는 『매우 조용한 귀뚜라미(The Very Quiet Cricket)』(Carle, 1990)라는 훌륭한 동화에 잘 나타나 있다. 이 이야기의 주인공은 길에서 만나는 다양한 곤충들과 의사소통하려고 노력하는 매우 조용한 귀뚜라미다. 책의 각 페이지에는 "그는 자신의 날개를 함께 비볐지만 아무 일도 일어나지 않았다. 어떤 소리조차 없었다."라는 관용구와 함께 끝난다. 페이지마다 다음 날 다시 다른 곤충들과 이야기하려고 할 때 귀뚜라미의 곤경을 보여 주고, "그는 자신의 날개를 함께 비볐지만 아무 일도 일어나지 않았다. 어떤 소리조차 없었다."라고 되어 있다. 귀뚜라미는 실패를 반복해서 경험하고, 말을 반복함으로써 독자에게 그다음 페이지에서도 같은 결과를 예상하도록 한다. 그러나 이 책의 맨 마지막 부분에서는 귀뚜라미가 또 다른 매우 조용한 귀뚜라미를 만나 자신의 날개를 함께 한 번 더 비빈다. 독자는 기대를 가지고 책장을 넘기고 마지막 페이지에 내장된 음향장치를 통해서 귀뚜라미 소리를 듣게 된다.

이는 아주 많은 것을 상징한다. 이것은 누군가의 소리를 찾는 것이다. 소리를 만들 수 없는 귀뚜라미와 자신에게 무슨 일이 일어났는지 말할 수 없는 아동은 그리 다르지 않다. 동화를 읽고 나면 말하고 싶지만 할 수 없는 아동의 곤경은 정상화될 수 있다. 자기 또는 다른 사람에 의해 강요된 침묵을 유지하는 아동은 조용한 귀뚜라미와 동일시할 것이다. 동시에 중요한 것은 이야기 속에 새겨진 희망적인 메시지다. 이 이야기에서 귀뚜라미는 여러 번 실패에 직면했지만 효과적인 의사소통을 하기 위해 노력한다. 이것은 아동들에게 희망을 주고, 언젠가는 아동이 침묵을 깰 수 있을 것이라는 잠재적인 메시지를 전달한다. 동화를 읽은 후에 이야기의 가능한 결말은 귀뚜라미 손 인형을 아동에게 제공하는 것으로 확장될 수 있다. 치료사가 줄 수 있는 지시는 "네가 귀뚜라미가 돼 봐. 네가 어떻게 말하는지 배웠을 때 무엇을 가장 말하고 싶니?" 다. 아동이 말하는 내용이 직접적으로 아동의 상황과 관련이 있든 없든 간에 아동은 귀뚜라미를 통해 말하는 경험이 생기는 것이다. 이것으로 아동은 귀뚜라미라는 돌파구를 머리로도 이해하고 신체감각으로도 이해하게 된다.

많은 치료적 동화들은 외상을 경험한 내담자를 치료하는 데 사용될 수 있다. 치료적인 동화의 요약은 치료적 동화 속 은유와 함께 내담자의 현재 치료를 증대시키고자 하는 바쁜 임상가들이 이용할 수 있다(Burns, 2005; Davis, 1990). 또한 아동 치료사들은 간단하고 직접적인 형식에 따라 내담자들의 독특한 욕구에 맞는 치료적 동화를 만들어 볼 수도 있다. 주인공은 처음에 내담자가 동일화할 수 있는 인물로 선택한다. 그 후에 이 인물은 해결될 수 있는 어떤 위기에 도전하는 직면을 해야 한다. 종종 도움을 주는 인물이 이야기에서 소개되어 주인공의 목표를 막고 있는 걸림돌을 극복하도록 돕는다. 마지막으로 주인공의 성공은 목격자들의 공동체에 의해 축하받는다. 이러한 기본적인 요소 안에서 많은 풍부한 은유들이 아동의 치유 서술 여정의 부분이 될 수 있다. 몇몇 재능 있는 전문가들이 치료적인 이야기를 하는 것에서 은유의 힘에 관해 자세히 설명하였다(Cattanach, 2002, 2008; Mills & Crowley, 2001).

나는 『개비 도마뱀붙이(Gabby the Gecko)』(Goodyear-Brown, 2003b)라는 치료 동화를 통해 이 방법을 심화한다. 이것은 지난 수년간 나의 놀이치료실을 거쳐 갔던 많은 성폭행 피해자 아동들의 경험이 융합된 것이다. 책은 '개비'라고 불리는 어린 도마뱀붙이 소녀가 중심이다. 개비는 소녀들과는 수다를 떨고 소년들과는 왁자지껄 떠들었다. 개비는 강하고 건강하며 믿을 만했다. 개비는 우리가 만나는 많은 아동들이 외상을 경험하기 전에 가지고 있는 순수한 자신감의 상징이다([그림 8-17] 참조).

어느 날 '윌리(Wiley)'라는 마법사 도마뱀이 불꽃놀이를 보여 주기 위해 마을에 온다. 개비를 제외한 모든 사람들은 자기 몫의 할 일을 얻었고, 윌리가 불꽃놀이를 하러 그의 집으로 가자고 개비에게 제안했을 때 개비는 기쁘게 받아들였다. 그가 개비와 함께 그의 집에 도착했을 때, 그는 '나쁜 마법'을

[그림 8-17] 소녀들과 수다를 떨고 있는 개비

[그림 8-18] 주문을 외워 개비의 입에 마법을 거는 윌리

개비에게 건다. 이 나쁜 마법은 이야기에서는 일부러 정의되어 있지 않다. 두 페이지가 아주 까만 배경 위에 하얀색의 글자로 쓰인 나쁜 마법으로 펼쳐진다. 이 페이지에는 그림이 없다. 오히려 글이 외상 사건을 경험하는 동안 아동들이 가졌을지도 모르는 어떤 감각적 인상을 묘사하였다. 개비의 배가 아팠다. 그녀는 배가 꽉 막힌 것처럼 느껴졌다. 외상을 경험한 아동은 묘사된 감각적 경험을 하나 이상 함께 상기하곤 한다. 그 후에 윌리는 무엇이 일어났는지 누구에게도 말할 수 없도록 개비의 입에 주문을 건다([그림 8-18] 참조).

이 부분은 성학대를 당한 아동 내담자들이 반복적으로 보여 주었던 이야기에서 직접적으로 발달되었다. 몇 번이고 되풀이해서 그들은 입술이 닫히는 이야기를 만들고, 비밀이 새어 나가려는 내부의 압력에도 불구하고, 외부 압력이 강해진다. 여기에는 외부 압력을 넣는 몇 가지 원천이 있을 수 있다. 많은 아동들은 그들의 가해자로부터 공공연하게 위협당한다. 그 위협은 아동이 말하면 피해를 입게 되는 압박일 수 있다. 그 위협은 아동이 말하면 사랑하는 부모나 형제에게 피해가 생기는 압력일 수도 있다. 가해자는 때때로 아동의 부모님이 아동의 성적 행위를 알게 된 후에 더 이상 그를 사랑하지 않거나 협

오할 것이라는 극심한 두려움을 주입할 수 있다. 때때로 아동은 비밀을 유지했을 때 함께 있는 어른의 관심이나 특별하다는 느낌과 같은 눈에 보이지 않는 보상을 얻거나 실제적인 보상을 약속받는다. 또한 아동이 경험한 수치심과 불결함은 아동이 입을 열지 못하게 만들기도 한다. 수치심 그 자체가 육중하게 억눌러 아동의 입을 봉하는 역할을 한다.

주문이 걸리고, 개비는 집으로 돌아오지만 정상적으로 행동하지 않았다. 개비의 부모님은 개비가 성장기에 겪는 과정일 뿐이라고 생각했다. 개비는 곧 비슷한 경험을 한 탓에 개비의 고통을 알아차린 한 소녀를 만났다. 그녀는 개비가 도움을 얻기 위해서 다시 숲으로 돌아가는 것을 격려했다. 개비는 그녀의 용기를 모두 모아서 숲으로 돌아갔다. 숲에서 개비는 캥거루 캐리(Carey)의 집으로 갔다([그림 8-19] 참조).

개비는 "나는 무슨 일이 있었는지 너에게 말할 수가 없어."라고 말한다. 캐리는 개비의 침묵을 받아들이고는 정원에서 땅을 파 보도록 했다. 그들은 캐리의 정원에 인접한 호숫가로 같이 걸어간다. 개비는 더러운 흙을 파면서 울기 시작했다. 땅을 깊이 파면 팔수록 개비는 더 많이 울었다. 이야기의 이 부분은 놀이치료실에서 거의 마법에 걸린 듯 계속해서 되풀이하여 일어나

[그림 8-19] 캥거루 캐리

는 과정을 나만의 방식대로 묘사하는 방법이다. 그동안 말할 수 없었던 아동은 모래에서 노는 것을 시작하거나 다른 표현 도구를 이용해 작업한다. 나는 이 활동에 아동과 함께 참여한다. 그들을 진정시키고, 운동감각적인 활동과 연관된 작업은 침묵의 열쇠를 느슨하게 풀어 준다. 놀이 활동에 함께 나란히 있는 경험은 아동에게 직면하는 것과는 대조적으로 지지받는다는 느낌을 준다. 무엇이 일어났는지에 관한 이야기가 덜 무섭게 느껴진다. 치료사와 아동이 모래로 산을 쌓아 올릴 때 아동의 산은 넘을 만하게 느껴진다. 이 과정은 학대의 이야기가 아동의 내면에서 밖으로 흘러나오기 시작할 때까지 계속된다.

개비의 이야기에서, 그녀의 눈물은 호수 안으로 떨어지고, 말하는 나무를 움직이게 한다. 말하는 나무는 표면 위로 거품을 만들고, 개비는 나무로부터 마법의 꽃을 잡아 그것을 자신의 입에 문질렀다. 그러자 신기하게도 입이 열렸다. 개비는 캐리에게 무슨 일이 일어났는지 이야기한 뒤에 집으로 달려가서 가족들에게도 무슨 일이 일어났는지 이야기한다. 윌리 마법사 도마뱀은 잡혔고, 마을에 다시는 돌아올 수 없는 처벌을 받는다. 마지막 페이지에서 개비는 가족과 친구들이 뒤편에서 응원하는 가운데 스스로 마법사의 지팡이를 부러뜨린다.

이 이야기는 아동들에게서 나왔다. 내가 성폭행과 학대에 관한 총회에 강연하러 갔을 때, 개비 도마뱀붙이 이야기를 내담자에게 들려주었던 임상가들은 나에게 좋은 결과를 알려 주었다. 내담자는 유능감을 갖게 되었고, 언어적 폭로를 했으며, 개비의 은유는 다른 아동들의 치유 여정의 하나가 되었다. 이 이야기가 어떤 아동에게 새로운 수준의 자유를 가져왔다는 소식이 들릴 때마다 나는 개비의 창작에 공헌한 모든 아동들에게 감사한다.

결 론

아동의 '천천히 자기 개방하기'는 놀이 매개체를 통해서 외상 내용을 이야기하는 놀이치료실에서의 과정이다. 나는 아동의 폭로 과정에서 먼저 아동에게 혼란스럽고 불안감을 일으키는 장면, 감각, 언어를 놀이도구를 통해서 표현하라고 독려한다. 그다음 나는 장면을 목격하고, 아동의 경험의 정당성을 알아준다. 마지막으로, 장면을 확실하고 영구적으로 기록한다. 치료 후반기에는 아동과 내가 외상에 대해 기술하는 것을 적절하게 알아보고, 그것을 순서대로 나열해 보거나 이야기를 구조화한다. 이 작업은 다음 장에서 이야기할 것이다.

이 장을 통해 당신은 많은 아동들의 '천천히 자기 개방하기'를 통한 과정을 살펴보았다. 아동의 비밀을 밝히는 본성은 개인마다 독특하고 놀이의 은유를 숨기거나 말은 포함하지 않을 수도 있다. 우리의 일은 은유의 뜻을 해석하는 것이 아니라 아동과 함께 그것을 목격하고 경험하는 것이다. 은유적으로 목격하는 것은 아동이 외상 경험을 표현하는 다음 단계로 안내해 준다.

경험적 숙련놀이: 점진적 노출의 형태

09

경험적 숙련놀이: 점진적 노출의 형태

경험적 숙련놀이(Experiential Mastery Play: EMP)는 소품에 근거한 점진적 노출을 통해서 아동들의 고정된(immobilized) 두려움을 치료하고, 그들이 외상 내용에 둔감해지도록 하는 다양한 방법을 포괄하는 용어다. 이것은 아동이 자발적으로 시작하기도 하고 치료사의 직접적인 조력이 필요할 수도 있다. 아동들은 혼란스러운 주된 문제와 관련한 경험에 안전하게 접근할 수 있는 상징을 선택하고 이야기를 창작한다. 때때로 아동들은 이러한 과정에 자연스럽게 들어가지만 어떤 아동들은 외상 후 놀이 유형에 정체되기도 한다. 이 반복적이고 정지되어 있는 놀이가 외상적 소재의 해결로 이어지고, 놀이에 기반을 둔 점진적 노출 과정에 접근하기 위해서는 치료사의 조율과 인내 및 지시적인 권유가 필요하다. 길(Gil, 2006)은 이 과정을 외상중심 놀이치료(Trauma Focused Play Therapy: TF-PT)라고 칭하고, 문자 그대로 외상의 상징이 될 수 있는 놀잇감을 의도적으로 선택하는 것 등 치료사의 특정한 개입을 열거하였다. 그 후에 치료사는 아동들이 지닌 외상을 해결하기 위해 이 놀잇감들을 가지고 아동의 상호작용에 활기를 주는, 정서적이고 신체적인 움직임을 활성화하는 방법을 추진한다.

점진적 노출은 외상을 경험한 아동을 치료하기 위해 많은 연구가 있어 온 가치 있는 개입 모델인 외상중심 인지행동치료(Trauma Focused Cognitive Behavioral Therapy: TF-CBT)(Cohen, Deblinger, Mannarino, & Steer, 2004; Cohen, Mannarino, & Deblinger, 2006)의 결정적인 구성 요소다. 최근 한 연구는 외상 후 스트레스 장애 증상을 극복한 사람들에게 가장 중요한 기제가 상상 노출(Imaginal Exposure)이라고 강력히 주장한다. 존슨과 루빈(Johnson & Lubin, 2006)은 복합적인 외상을 경험한 51명의 여성을 대상으로 장기적인 노출, EMDR 그리고 계산법(Counting Method)을 비교·연구하였다. 이들은 세 그룹 모두에서 상당한 증상의 감소를 발견했고, 이 방법들 사이에는 별다른 차이점이 없었다. 이들은 상상 노출이 외상 후 스트레스 장애의 치료에서 가장 필요하고 충분한 구성 요소일 것이라고 가정했다. 그러나 어린 아동들은 상징을 내부 조작할 인지 능력에 한계가 있다. 외상 후 회피 증상을 함께 보이는 이러한 인지 능력의 한계는 아주 어린 아동들에게 상상 노출을 사용하기 힘들게 한다. 그러므로 경험적 숙련놀이에서 일어났던 것처럼 놀이치료실의 3차원적 놀잇감 형태로 실제(in vivo) 노출을 구체화하고, 발달적으로 민감한 태도를 가지고 아동이 자연스럽게 향하는 놀이를 이용하는 것이 목표를 성취하는 데 적합할 것이다.

이 장은 ① 신중하게 선택된 질문, ② 가해자 상징을 적극적으로 개입시키는 것에 대한 격려, ③ 미술 또는 모래놀이를 통한 신체감각적 조작, ④ 다루기 힘든 외상 내용을 아동에게 의미 있는 방법으로 처리하는 직접적인 안내를 통해 숙련놀이가 순조롭게 증가되도록 진행했던 나의 사례를 보여 주고, 아동의 자발적인 경험적 숙련놀이의 예들도 실었다.

개입의 하나인 경험적 숙련기법(Shelby, 1997)은 내담자가 무서운 내용의 그림을 그리고, 그 내용과 관련 있는 정서를 말한 다음, 그 내용에 관하여 내담자가 유능감을 가질 수 있는 그림 조작 방법을 선택하도록 격려하는 것이다. 길(2006)은 모래놀이 소품의 사용과 조작을 포함하여 이 기법의 적용에 대해 설명하였다.

여전히 어떤 아동들은 개별적인 나이, 발달상의 시기, 성, 역사, 성격 또는 놀이 양식의 조합에 따라 다른 형태의 표현, 억제 그리고 조작을 좀 더 매력적으로 여길 것이다. 어떤 아동 집단은 경험적 숙련놀이의 순서가 비슷한 형태를 띤다. 아동들은 가해자 상징과 자기 상징물(self-object)을 선택하고, 관계 속에서 전능한 힘을 갖는 동안 놀이치료실 환경에서 환상 속의 가해자와 함께 같은 방에 있는 특별한 기회를 갖는다.

통제력 상실과 무력감이 외상의 핵심 정의다. 아기가 태내에서 세상으로 나왔을 때 어머니에게 소리를 내면 어머니는 이 소리에 반응한다. 이 호혜적인(reciprocal) 상호작용의 수많은 반복을 통해서 아기는 자신이 세상에 영향을 미칠 수 있다고 배운다. 건강하게 발달하는 아동은 자기 효능감의 발달을 경험한다. 아기는 새로운 과업을 숙달하고, 양육자에게 인정받으면서 유능함을 느낀다. 아동은 신호를 주는 행동이나 혐오적 행동으로 양육자들이 욕구 충족적 방법에 반응하게 한다. 전적으로 반응하는 환경에 있는 아동은 유능감을 갖게 된다. 그러나 외상은 이 힘과 통제력을 소멸시킨다. 외상 경험은 아동에게 싹트고 있는 유능감을 잘라 버린다. 외상을 경험한 아동들은 취약하고, 벌거벗겨진 듯하고 자신이 하찮다고 느낀다. 외상이 학대를 포함하고 있을 때, 아동은 자신이 아주 작고 쓸모없다고 느끼면서, 가해자는 거대하고 부동의 힘을 가지고 있다고 감지한다.

아동이 가해자로부터 신체적 안전이 확보된 이후에도 아동은 여전히 가해자를 자신의 삶에서 가장 영향력 있는 성인으로 여길지도 모른다. 아동은 내적 경계를 가지고 보호해 주는 성인이 있어도 가해자가 자신을 찾아내서 자신이 다시 무력한 상태로 되돌아갈 수 있다고 생각한다. 학대받은 아동들은 가해자와 다시 직면할 가능성이 있는 상황에서 과도한 영향을 받는다. 즉, 가해자의 사진을 보거나 목소리를 듣는 것은 아동에게 공황(panic) 상태나 일시적인 무기력감을 일으키는 원인이 될 수 있다.

내담자들이 선택한 위협의 상징은 놀이치료실 안에서 위험한 창조물, 위험한 등장인물 또는 위험한 환경의 장난감 등이지만, 이것에 한정되어 있는 것은 아니다. 나의 놀이치료실에는 인기 있는 상징물인 머리가 두 개인 용이 있다. 이러한 상징물은 아동들이 전달하려는 가해자의 양면성을 확실하게 표현해 준다. 양면성의 역동은 특별히 이분법적 사고를 시작하는 취학 전 연령의 내담자들에게서 눈에 띄게 나타난다. 이 아동들은 본질적으로 다른 두 등장인물을 마음속에 동시에 갖기가 어렵다. 그러므로 어머니가 양육적이고 친절할 때 아동은 어머니를 '좋은 어머니'로 인지한다. 그러다가 어머니가 아동에게 못되게 굴거나 소리를 지르면 '나쁜 어머니'가 된다. 종종 학대하는 성인은 다른 두 가지 성격을 나타내는 사람으로 이해된다. 어떤 성인은 재미있고, 다정하고, 아동에게 선물이나 간식을 사 주고, 아동에게 귀 기울이거나 특별한 느낌을 갖게 하는 보살펴 주는 어른으로 구체화된다. 이 어른이 아동에게 욕하고, 때리고, 상처 주고, 성적으로 부적절한 방법으로 접촉하면 이 사람은 아동의 상상 속에 있는 괴물로 변형되어 보일 수도 있다. 머리가 두 개 달린 용은 한 사람 안에 있는 두 가지 성격의 이러한 인상을 나타낸다.

또 다른 가해자를 나타내는 강력한 상징은 배트맨에 나오는 두 얼굴을 가진 사람이다. 나는 두 얼굴을 가진 사람 모형을 벼룩시장에서 25센트에 샀지만, 놀이치료실에서 그를 감금하고 조작하는 아동들에게 그의 가치는 훨씬 높다. 그의 몸의 절반은 턱시도를 입은 매력적인 남자다. 하지만 다른 절반은 뒤틀리고 무서운 얼굴을 한 남자다. 세 살 반 된 여자아이인 질(Jill)은 사탄 숭배 종교의식의 학대적인 환경에서 벗어나 양육적인 친척과 함께 살기 전까지 학대를 당했다. 질은 초기 회기에서 두 얼굴을 가진 사람 소품에 큰 흥미를 가졌다.

[그림 9-1] 두 얼굴의 남자에게 접근하고 있는 뱀

질은 손으로 반복적으로 소품을 돌려 보고 마침내 가해자의 이름을 말하였다. 질이 그것을 자신의 가해자 상징으로 선택한 후에 그 소품을 모래 상자에 반듯하게 눕혀 놓았다. 질은 선반으로 가서 작은 뱀을 선택했다. 질의 양육자는 질이 성적으로 학대당했던 종교의식에서 뱀이 사용되었다고 보고하였다.

분명히 질은 뱀을 무서워하였다. 안전한 놀이치료실에서 자신이 선택한 목적을 달성하기 위하여 스스로 속도를 조절하면서 놀이용 소형 뱀에게 접근하는 것은 일종의 실제 노출법으로, 그녀는 두려운 생물에 대한 숙달감을 경험하기 시작했다. 게다가 질은 뱀을 모래 상자에 놓인 두 얼굴을 가진 사람의 음부 가까이에 배치하였다([그림 9-1] 참조).

질은 힘의 균형을 자신에게 이롭게 조정하면서 이번에는 공포(뱀)를 반대로 가해자를 향하게 하였다. 이것이 경험적 숙련놀이의 형태다. 질이 현재 나타내는 증상은 잦은 악몽, 양육자에게 과도하게 매달리기 그리고 특히 공공장소에 있을 때 가끔씩 공황 발작을 일으키는 것 등이었다. 질은 자신을 학대했던 사탄 숭배 종교의 지도자와 닮은 누군가를 보면 두려움으로 마비되고 바지에 오줌을 쌌다. 외상을 상기시키는 물체나 외상 내용에 대한 노출은 모두 질을 억눌렀고, 질이 처음 사용한 대처 방법은 회피였다. 직접적인 개입에서는 질이 가해자를 기억하고, 경험의 세부 사항을 검토해 보도록 했을지도 모른다. 그러나 가해자를 나타내는 놀잇감에 대한 자발적 선택과 이에 따른 자발적 조작은 질이 자신이 선택한 상징을 어떻게 다룰지 전적으로 명령할 수 있게 보상해 주면서 질에게 자신의 외상 내용을 처리할 수 있을 만큼의 노출을 하게 해 주었다. 놀이치료실 안 그들의 머리 위에서 힘의 차원이 뒤집혔고, 질은 어떻게 그것을 처리해야 할지에 관한 완전한 통제력을 갖게 되었다. 이제 역할은 많이 바뀌었다. 두 얼굴의 사람에 대하여 질은 불균형적으로 크고 힘이 세졌다. 자동화된 기계처럼 가해자 상징은 자신을 방어하는 것에 무력하였고, 놀이에서 그는 완전히 질의 마음대로 사용되었다. 질에게 결정권이 있었다. 그 가해자 상징은 결국 항복하고 자신의 운명을 받아들여야 했다.

뿐만 아니라, 가해자 상징은 질이 선택한 최종적인 위치가 어디든지 움직이지 못한 채 있어야 했다. 이 최종적인 위치를 잡는 것은 주로 회기가 막바지에 다다를 때 내가 일러 주는 것에 반응하여 아동들이 만들어 낸 외부적 구조다. 질의 회기가 끝나 갈 때쯤 나는 질에게 5분이 남았다고 알려 주었다. 질은 두 얼굴을 가진 사람을 모래에서 꺼내 감옥에 넣고 잠갔다. 질은 자신이 그를 가두는 방법을 선택하면서 또 다른 숙달 경험에 의해 보상받았다. 그는

[그림 9-2] 감옥에 갇힌 두 얼굴의 가해자 상징

질이 다시 돌아올 때까지 누구도 다치게 할 수 없는 곳에 갇혀 있어야 한다([그림 9-2] 참조).

질이 함정에 빠진 가해자 상징에 열중하고, 그 모습을 지켜보는 이러한 경험은 질에게 영구적으로 부호화된 내적 힘 또는 통제의 이미지가 될 수 있다. 이 과정을 다른 식으로 묘사한다면, 이것은 환상을 통한 하나의 소망 성취다. 분명히 실제 가해자는 질을 매우 괴롭히기 때문에 질이 그를 상기시키는 어떤 것에 직면하면 공포로 마비되어 버린다. 놀이치료실 밖에서 질은 자기 삶을 스스로 결정할 기회가 없겠지만, 놀이치료실 안에서는 자신의 운명을 결정하는 최종 결정권자다.

아동들이 자신의 가해자 상징과의 관계에서 대담해지면 좀 더 큰 상징으로 바꿀 수도 있다. 다섯 살의 샐리(Sally)는 마침내 소리 지르는 장난감을 유치원에서 자신을 성적으로 학대하였던 경비원을 나타내기 위해 선택하였다. 소리 지르는 장난감은 건전지로 작동되었고, 켰을 때 날카롭게 외치는 소음을 만든다. 샐리는 처음에는 스위치를 켜서 장난감이 내는 날카로운 소리를 듣고 불안해하며 재빨리 그것을 꺼 버렸다([그림 9-3] 참조).

그 후에 샐리는 나를 향해 돌아서서 싱긋 웃었다. 샐리는 벌떡 일어나서 줄

[그림 9-3] 샐리의 가해자 상징: 소리 지르는 장난감

[그림 9-4] 소리 지르는 장난감을 봉쇄하고 있는 샐리

[그림 9-5] 꽁꽁 묶인 소리 지르는 장난감

넘기를 가지고 그것을 묶기 시작했다([그림 9-4] 참조). 그리고 체인으로 연결된 공을 발견하고는 그의 발 위에 올려놓았다([그림 9-5] 참조).

샐리는 가해자 상징이 꼼짝 못하는 것에 만족해하면서, 스위치를 켜서 가해자 상징물이 날카롭게 외치는 소리를 들었다. 샐리가 약 일 분 동안 그 소리를 들은 후에 가해자 상징물을 야구방망이 위로 미끄러트린 다음 공중에 걸어 두어서 자신이 플라스틱 검으로 그를 자르는 방법을 알려 줄 수 있는지 나에게 물었다. 나는 기꺼이 그렇게 했다. 가해자 상징물이 방망이에 매달려 흔들리자, 샐리는 피냐타(piñata, 아이들이 파티 때 눈을 가리고 장난감과 사탕이 든 통을 막대기로 치는 것-역주)처럼 그를 계속 반복해서 때렸다. 나는 샐리가 검을 사용할 때 말을 할 수 있다고 소리 내서 말해 주었다. 샐리는 "나는 네가 싫어." "너는 나쁜 사람이야." "왜 나한테 그런 짓을 했어?" "넌 지금 그것이 어떤 느낌인지 알았지?"와 같은 말을 하기 시작했다.

행동하면서 동시에 말하는 것은 분노의 강력한 카타르시스를 경험하게 한다. 샐리는 소리 지르며 장난감 때리기를 마쳤을 때, 숨을 깊게 들이쉬면서 전체적으로 안정되어 보였다. 샐리의 경험적 숙련놀이는 가해자 상징에 대항하여 활동적인 전신 공격의 형태를 보였다. 상징물을 신체적으로 지배함으로써 샐리는 자신의 몸이 다시 한 번 강력해지는 것을 경험했고, 무력한 자기와 가해자 사이에서 역할 전환을 이루었다.

이 사례를 워크숍에서 발표하면, 나는 가끔 놀이치료실 안에서 상징물을 향한 이러한 공격성이 놀이치료실 밖에서 가해자를 향한 실제 공격으로 전환될 수 있는지 질문을 받는다. 그러나 가해자의 상기물에 의해 일어나는 공포와 경직은 아동이 실제로 가해자에게 다가가지 못하게 만든다. 아동들은 오로지 놀이를 통해서 가해의 결과와 그것에 대한 자신의 정서적이고 관계적인 반응에 정면으로 대처하는 과정을 경험하고, 소원을 성취함으로써 다소의 유능감을 갖게 된다.

놀이치료실에서 공격성을 허락할지 안 할지의 문제는 여러 차례 논쟁의 중심이 되었다(Drewes, 2008). 공격성과 같은 외현화 문제로 인해 의뢰된 내담자들을 치료할 때면, 나는 신체적으로 분노를 표출하는 것을 줄이고, 정서 조절을 위한 상담 작업에 더 많은 시간을 소비한다. 이미 자기통제의 결핍을 나타내고 있는 아동들에게 놀이치료실에서 공격적인 활동을 하도록 허락하거나 격려하는 것은 그 어려움을 악화시킬 수 있다.

산만한 공격성과 관계된 문제는 이것이 긍정적으로 강화되어야 한다는 것이다. 무엇인가를 때리는 느낌은 좋다. 내가 상담을 시작한 초기에는 모든 아동들을 아동중심 놀이치료(Client Centered Play Therapy: CCPT)로 접근하였다. 어떤 아동들은 놀이치료실에 들어오자마자 즉시 '밥백'이라 불리는 때릴 수 있는 풍선 오뚝이에 관심을 가졌다. 아동들은 주먹으로 밥백을 여러 번 되풀이해서 쳤다. 나는 아무 판단 없이 그들의 공격성을 반영하였고, 전달되는 표정을 분류하였다. 내 경험에 의하면 아동들이 밥백을 치면 칠수록 단계적으로 조절 불능이 확대된다. 이것은 마치 분노가 분출되도록 하는 것이 아니라 아동에게 되돌아오는 것 같았다. 그래서 아동들에게 행동과 동시에 떠오르는 감정에 대해 말하는 것을 권하기 시작했다. 어떤 아동은 "너는 거짓말쟁이야!" 또는 "나는 네가 시키는 것을 더 이상 하지 않아도 돼!"라고 말할지도 모른다. 이것은 내가 지금 외상을 경험한 아동들이 그들의 가해자 상징과 관련하여 사용하도록 하는 접근법이다. 아동이 가해자 상징에 대항하여 신체적으로 공격적이라면, 아동에게 활동성 있는 놀이와 함께 말로 감정 표현하기를 권한다. 이 신체적 활동과 인지 활동의 집중적인 짝짓기는 아동을 평온하게 하고 안정시키며 카타르시스를 느끼게 한다.

경험적 숙련놀이에서 역할놀이 파트너로서의 치료사

샐리는 다음 회기에서 내게 자신의 환상놀이에서 나쁜 사람이 되어 달라고 요청했다. 나는 샐리에게 내가 무엇을 할지 말해 주면 기꺼이 나쁜 사람이 되어 주겠다고 말하였다. 샐리는 나에게 대장처럼 행동하기를 좋아했다. 다음은 그 회기의 대화 내용을 옮겨 적은 것이다.

[그림 9-6] 자기가 마련한 지하 감옥에 있는 샐리

샐 리: 좋아요, 선생님은 이 모자를 써요.

패리스: 그래, 나는 모자를 쓰고 있을게.

샐 리: 선생님은 성에 살고 있는 나쁜 마법사예요. 선생님은 나를 마법사의 지하 감옥에 잡아 놓았어요.

패리스: 그러니까 나는 나쁜 마법사 역할을 하고, 너는 나의 포로가 되는 거구나.

샐리는 자신에게 수갑을 채우고, 용 모양의 손 인형을 자기 주변에 반원형으로 배열하였다([그림 9-6] 참조).

샐 리: 예, 이것은 나의 지하 감옥이에요. 선생님은 저기 의자에 앉아서 나한테 조용히 하라고 말하세요.

패리스: (인물 목소리로) 조용히 해, 어린 소녀야!

샐 리: (가짜로, 무서운 척하는 목소리로) 네, 마법사님.

(옆에서 귓속말로) 당신의 저녁을 만들라고 지금 나한테 말하세요.

패리스: (늙은 마법사의 목소리로) 어린 소녀야, 나는 배가 고프단다. 나의

저녁을 만들어라.

샐리는 역할 속에서 벗어나 싱긋 웃더니 내게 속삭였다.

샐 리: 나는 여기에 독을 넣어서 이것으로 당신을 죽일 거예요.
패리스: 우아! 너는 나쁜 사람을 없애기 위한 현명한 방법을 생각하고 있구나.
샐 리: 네, 이제 음식을 먹고 죽은 척하세요.

나는 역할놀이로 다시 돌아가서 음식을 먹는 척하였다.

패리스: (늙은 마법사의 목소리로) 맛있군! 그런데 잠깐…… 무슨 일이지? 너 나에게 독을 먹였구나. 나는 죽어 가고 있어.

나는 질식하는 척하다 이내 죽었다.

샐 리: 이제 나는 나갈 수 있어요!

샐리는 이 놀이 주제를 여러 주에 걸쳐서 여러 회기를 반복하였다. 매번 샐리는 나에게 '성 안에 있는 나쁜 마법사'의 역할을 맡겼다. 또 매번 샐리는 지하 감옥 안에 자신의 방을 만들어 자신에게 수갑을 채웠다. 샐리는 나쁜 마법사를 죽이는 방법을 알아냈다. 한번은 샐리가 나에게 잠든 척을 하라고 하고 몰래 감옥 안의 전화기로 가서는 911에 전화를 해 경찰이 와서 마법사를 잡아갔다. 샐리가 나에게 창문 밖을 보라고 지시하였던 어떤 회기에서, 샐리는 나의 뒤로 몰래 와서는 내 마법사 망토에 가짜 수류탄을 붙였다. 이것은 내가 폭파된다는 말을 할 사이도 없이 진행되었다. 샐리는 가해자의 환상 정복을 완수하기 위한 살아 있는 상호작용이 필요했다. 그녀는 그에게서 탈출할 방법이 필요했기 때문에 여러 번 반복해서 그 문제를 각색하였으며, 매 시간 새로운 해결책을 찾아내는 것으로 자신에게 도전하였다. 치료가 끝났을 무렵에 샐리는 자발적으로 경험적 숙련놀이 연습에 연달아 참여하였고, 가해자로부터 자신을 구할 수많은 방법을 찾아냈다.

내담자가 나에게 나쁜 사람 역할을 하라고 요청할 때마다 나의 안전 안테나는 올라간다. 아동이 자신과 치료사 간의 살아 숨 쉬고 있는 3차원적 관계에서 경험적 숙련놀이를 수행하는 것은 매우 유용하다. 그러나 우리는 가상놀이의 경계가 분명해야 한다는 것에 주의해야 한다. 또한 놀이치료사는 아동이나 치료사를 위험에 빠뜨리는 행동에 관해서는 즉시 주어진 역할에서 제한을 설정해야 한다. 예를 들어, 아동이 치료사에게 적절한 신체적 경계선을 넘어선 행동에 참여하라고 지시한다면, 치료사는 놀이를 멈추고 방향을 고쳐 주어야 한다. 아동은 자신에게 발생했던 몇 가지 학대 장면을 재연하려고 할 수 있다. 성폭행을 당했던 어린 소녀는 치료사에게 자신의 옷을 벗기라고 요청할 수도 있다. 아동이 나에게 나쁜 사람의 부적절한 역할을 수행하도록 한다면, 나는 침착하게 역할에서 빠져나와 아동에게 놀이치료실에서 가장 중요한 규칙은 모든 사람이 안전하게 머물러야 한다는 것을 설명할 것이다. 아동의 지시에 따르는 것은 아동을 위해서도 안전하지 않으므로 다른 방법의 놀이를 찾아야 한다. 일반적으로 내담자들은 제한을 받아들이고 즉시 다른 행동과 관련된 역할놀이로 물러선다. 아동이 역할놀이 도중에 신체적으로 폭력적인 경우에도, 치료사는 역할에서 벗어나 제한을 설정해야 한다. 비록 이 차단이 아동을 좌절시킬지도 모르지만, 결국 아동은 모두를 위해 놀이치료실의 안전을 유지하는 치료사를 경험하게 된다.

경험적 숙련놀이의 조력자

아동이 가해자와 싸우기 위해서 도움의 상징을 개입하기 시작했을 때 또 다른 경험적 숙련놀이가 발생한다. 때때로 아동은 스스로 창조한 공상 세계에서조차도 자신이 악마들을 쳐부수기에 부족하다고 느낀다. 이러한 경우 아동은 마법적인 상징이나 자신의 경험에서 도움을 주는 인물로 누군가를 선택할 수도 있다. 심각한 학대 과거력이 있는 열 살의 마이클(Michael)의 사례에서 이 역할을 자세히 볼 수 있다.

마이클은 그를 낳아 준 어머니의 보호하에 있는 동안 다양한 잔혹 행위를 경험하였다. 한 친구는 결국 성폭행의 낌새를 알아채고 아동보호국(DCS)에 신고하였다. 그들은 즉시 마이클을 집에서 분리시켜 마이클이 '캐시(Kathy)'라고 부르는 위탁모와 함께 살게 하였으며, 그녀는 현재 마이클을 입양하는 과정에 있다. 마이클의 생모는 계속 마이클을 원했고, 마이클을 납치하고 위탁모를 죽이겠다며 위협하였다. 위탁모는 가능한 한 모든 방법을 동원하여 마이클을 보호하였다. 게다가 그녀는 심각하게 문제가 있고 폭력적인 아이를 입양해서 오랫동안 보호한다는 데 동의하였다. 이미 오랜 시간을 보낸 후에 마이클은 치료를 시작하였다. 마이클은 수년간 약물치료를 받았고, 만성적인 조절기능장애를 경험하였다. 한 번은 마이클이 삽을 가지고 캐시의 자동차 뒤 창문을 때려 부수었다. 그동안 마이클은 여러 명의 치료사들을 거쳐 왔다. 그 치료사들은 마이클을 제어할 수 없게 되자 결국 치료를 포기해 버렸다. 나에게 치료를 받은 지 두 달이 되었을 때, 마이클은 다른 치료자들처럼 자신을 포기할 것인지 물어보았다.

마이클은 현재 일 년 반 동안 나에게 치료를 받고 있으며, 아직도 복잡한 외상 과거력 때문에 지지적인 치료가 한참 동안 계속 필요할 것으로 보인다. 이 글을 작성하는 지금 마이클은 자신의 위탁모에게 정식 입양되기까지 한

달이 남았다. 가장 최근에 마이클이 방문했을 때, 캐시는 그날 발생하였던 감정의 붕괴를 묘사하였다. 그들은 치료받으러 오는 도중에 간단하게 점심을 먹기 위해 식당에 들렀다. 마이클은 피자를 주문하였고, 캐시는 샌드위치를 주문하였다. 마이클은 피자 바닥이 검은 것을 보고는 뭔가 잘못되었다고 확신했다. 캐시는 마이클에게 가끔은 피자의 밑바닥이 약간 탈 수도 있으며, 그 정도는 먹을 수 있다고 설득하였다. 그러자 마이클은 샌드위치를 바닥에 던지고, 그녀를 발로 차는 것으로 반응하였다.

나는 이 사건을 상담 회기에서 이야기하였다. 마이클의 관계 능력이 향상되면서 양심도 자라게 되었다. 그는 자신의 행동에 관해 양심의 가책을 상당히 느꼈다. 게다가 자신의 반응에 대해 스스로 당황했다. 우리는 탐정이 되어 마이클 자신을 통제하지 못하고 캐시에게 상처를 주었던 가장 최근의 이야기를 만들었다. 그런 다음 캐시의 반응을 시연하였다. 그녀는 마이클이 좋은 선택을 하든 나쁜 선택을 하든 그와 함께 있었다. 나는 캐시가 어떻게 그를 선택하였는지 설명하였고, 이것은 변함없는 선택이라고 강조해 주었다. 우리는 자신을 낳아 준 어머니에 대한 이야기를 시작했고, 캐시가 자신의 생모와 어떻게 다른지에 관한 목록을 만들었다.

우리가 마이클의 행동 패턴을 시연하는 동안, 그는 자신의 변덕과 다른 사람을 신뢰하는 데 겪는 어려움이 생모에게서 받은 학대와 연관이 있음을 인지하였다. 마이클은 "이것은 마치 어머니가 나의 과거에 존재한 사람임에도 불구하고 나의 현재를 통제하는 것 같아요."라고 말하면서 자신의 새로운 관점을 분명히 말하였다. 나는 이 아동의 능변과 진술문의 간단명료한 진실에 깜짝 놀랐다. 이야기를 만들고 인생의 사건을 시연함으로써 마이클은 두 가지의 새로운 인지적 연결을 끌어낼 수 있었다. 첫 번째 연결은 그의 현재의 감정적 붕괴로 인한 행동이 생모가 초기에 어떻게 양육했는지와 직접적으로 연결되어 있다는 것이다. 두 번째 연결은 캐시는 친모와는 정반대이고 신뢰할 수 있는 사람이라는 것이다. 이것은 마이클에게 중요한 단계였지만 이러

[그림 9-7] 울타리에 갇힌 생모의 상징물

한 사실만으로는 충분치 않았다. 생모가 자신의 결정에 계속적으로 영향을 준다는 것을 마이클이 인지하였을 때, 그는 어떤 실제적인 방법으로 자신을 생모로부터 분리하는 것이 필요했다. 마이클은 프랑켄슈타인(Frankenstein)의 신부 소품을 선택하면서 "이것이 나의 첫 번째 어머니예요."라고 말했다. 그리고 마이클은 그녀를 모래 상자의 구석에 놓고, 울타리 재료를 몇 겹으로 둘러싸서 상자의 다른 부분에서 그녀를 분리시켰다([그림 9-7] 참조).

마이클의 경험적 숙련놀이는 첫 번째로 봉쇄의 형태를 취한다. 하나의 울타리는 마이클에게 충분한 경계선을 제공하지 않았다는 것에 주목해야 한다. 마이클은 그녀를 두 겹의 울타리로 둘러쌌다. 이 두 겹의 봉쇄는 마이클이 그의 생모와 무엇을 해야 하는지에 관한 문제에 접근하는 데 안전감을 충분하게 주었다. 마이클은 첫 회기의 중간쯤에 그녀에 대한 개념상의 정보를 파악하였고, 지금은 그녀를 운동감각적으로 파악하는 것이 필요했다. 첫 번째로 마이클은 생모의 상징을 땅에 매장하기로 선택했다(([그림 9-8] 참조))

마이클은 이 매장을 통해서 생모의 상징에게 자신의 힘을 발휘하였다. 이 연속적인 행동을 통하여 그는 효과적으로 어머니를 사라지게 만들고, 그 느

[그림 9-8] 생모의 상징을 땅에 묻는 마이클

[그림 9-9] 두 어머니의 대치

낌에 열중하였다. 그러나 마이클에게는 이것만으로 충분치 않았다. 마이클은 모래를 파서 그녀를 다시 꺼낸 다음 뚫어지게 응시하면서 잠시 손에 쥐고 있었다. 그다음 마이클은 모래 상자에 다리를 놓았다. 모래 작업에서 다리의 사용은 두 가지 다른 인생의 경험 사이에서 변화를 만들거나 여정을 표현하는 것이다. 울타리의 겹 안에 그녀를 감싼 후에 마이클은 프랑켄슈타인의 신부를 다리 위로 옮겼다. 그러고 나서 캐시의 상징으로 기도하는 손 모양을 한 흰 옷의 소녀 모형을 선택하고, 그녀를 다리 위의 생모 모형 바로 앞에 놓았다([그림 9-9] 참조).

마이클은 하얀색 드레스를 입고 기도하는 손 모양을 한 어린 소녀를 입양모의 상징으로 선택했다. 마이클은 그녀가 자신의 영원한 어머니가 되기를 약속하는 것이 얼마나 천사 같은지에 관해서 이야기하였다. 나는 이것은 어머니들이 다리 위에서 대결하는 것같이 보인다고 말하였다. 마이클은 고개를 끄덕이더니 이내 미소를 지었다. 그는 잠시 두 모형을 뚜렷이 응시하고는 "뭔가 바꿀 필요가 있어요."라고 말하였다. 마이클은 기도하는 소녀 모형을 모래에서 꺼내어 그녀를 원더우먼(Wonder Woman)으로 대체하였다. 마이클은 "자, 이제 그녀는 생모의 엉덩이를 찰 수 있어요."라고 말했다. 그는 생모를 이기고 승리를 보장하기 위해 캐시를 나타내는 힘센 상징이 필요했다([그림 9-10] 참조).

[그림 9-10] 원더우먼과 생모의 대결

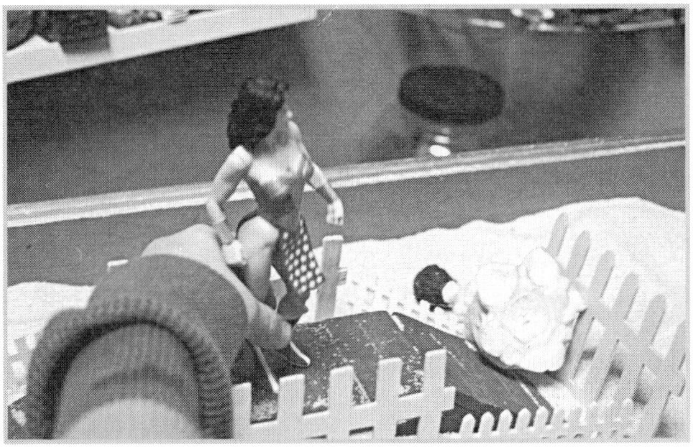

[그림 9-11] **생모를 발로 차서 다리에서 떨어뜨리는 원더우먼**

마이클은 다리 위에 놓았던 원래의 모형을 심사숙고하는 동안, 거기에 힘의 불균형이 있다는 사실을 깨달은 듯했다. 처음에 마이클은 입양모의 선함에 집중하였고, 순결하고 다정한 상징을 선택했다. 그러나 마이클이 그 장면에 열중했을 때, 그녀가 좀 더 힘센 보호자로 표현될 필요가 있다고 생각하여 그녀를 원더우먼으로 교체하였다. 우리가 초기 회기에서 마이클의 감정적 붕괴와 캐시의 반응을 바탕으로 만들었던 시간표는 마이클의 마음에 그녀의 장점과 힘을 보유하는 능력을 강조하고 있다. 선하고 부드럽고 순결한 상징(기도하는 소녀)으로부터, 선하면서도 강하고 힘세고 성숙한 상징(원더우먼)으로의 전환은 그의 인식에 시각적이고 운동감각적인 새로운 지식의 차원을 첨가시켰다. 원더우먼은 여전히 선함을 상징하지만, 약자의 보호자로서 악을 쳐부수기에 충분히 힘이 세다. 그녀는 생모를 이길 만큼 힘이 셌고 생모를 길 밖으로 옮겨서 앞쪽 길을 정돈했다. 마이클은 자신의 입양모가 생모로부터 영원히 보호해 줄 것이라고 상상하기 시작했다. 그는 원더우먼이 프랑켄슈타인의 신부를 발로 차서 다리에서 떨어뜨리게 함으로써 이 가능성을 경험적으로 시험해 보았다([그림 9-11] 참조).

마이클은 입양모가 생모로부터 심리적으로 자신을 안전하게 지켜 줄 수 있을지에 관하여 터놓고 이야기하기 시작했다. 마이클의 경험적 숙련놀이를 통하여 발생하는 운동감각적 학습은 외상에서 빠져나갈 출구가 있다는 믿음을 점점 강화하였다. 게다가 마이클은 생모를 발로 차서 다리에서 떨어뜨리는 것으로 만족하였다. 그는 이 놀이로 유능감을 경험했다. 경험적 숙련놀이는 소원 성취의 형태를 띤다. 마이클의 놀이에서 생모를 이길 만큼 강력한 힘이 있는 보호자를 바라는 소망은 성취되었다.

다음의 사례에서 삼촌에게 성폭행을 당한 열한 살의 여자아이인 트레이시(Tracy)는 소망 성취에 관한 자신만의 상표를 만들어 냈다. 그녀는 가해자의 공판이 있는 주에 상담을 하러 왔다. 자신의 일이 녹화된 증거물이 법정에서 공개되었고, 트레이시는 법정 절차에 따라서 갈 필요가 없었다. 사례와 관련된 대부분의 성인들은 보호 차원에서 그녀가 판결 절차에 관여되지 않아야 한다고 보았지만, 그녀는 이것을 부당한 처사로 보았다. 트레이시는 가해자의 처벌을 결정하는 과정에 참여하고 싶어 했다. 그래서 치료실에 들어오자마자 거대한 마법사 인형을 골라 자신의 손 위에 놓았다. 그녀는 나에게 마법사의 목소리로 자신이 그를 처벌할 수 없다는 것이 얼마나 부당한지 말하기 시작했다.

트레이시: 나는 나의 치한을 '바보 씨'라고 부르고 있어요. 내가 불공평하다고 생각하는 것은, 이 모든 것을 겪은 것은 나인데 그것에 관해 어떤 말도 할 수 없다는 거예요. 이것이 이상하지 않아요? 나는 그의 처벌에 관하여 말하고 있는 거예요.

패리스: 글쎄, 마법사 씨, 당신이 어떤 것이든지 선택할 수 있다면 당신은 그가 어떤 처벌을 받기를 원하세요?

트레이시: (싱긋 웃으면서 크게) 그럼…… 만약에 내가 그에게 세 가지 처벌을 줄 수 있다면, 나는 그가 10년이나 15년, 가능하면 30년 동안 감옥살이를 하기를 원해요. 그리고 그는 먹는 것을 좋아해요. 그는

배가 많이 나왔어요. 그래서 나는 그를 작은 의자 위에 서 있게 한 뒤에 나 혼자서만 맛있는 음식을 모두 먹을 거예요. 우리가 영화를 보고 음식을 먹는 3시간 동안 그는 서 있어야만 해요. 그리고 그가 움직이거나 말을 하면 감옥에서 일 년을 더 지내야 할 거예요. 그는 내가 지시하는 것이면 무엇이든지 해야 해요. 그는 내가 원하는 것이면 무엇이든지 내게 사 줘야 하지만, 나는 그가 나를 어디든지 데리고 가는 것은 원하지 않아요. 말도 안 돼요. 나는 지금 당장 그를 주먹으로 칠 수도 있어요.

트레이시는 상상의 등장인물을 주먹으로 때렸다.

패리스: 우아! 바보 씨를 때리는구나.
트레이시: 그래! 바보를 때려라! 바보를 때려라! 잠깐만요, 나는 때릴 수 있는 물건을 가져와야겠어요. 나는 화가 났어요.

그녀는 가서 삼촌을 상징하는 큰 곰 인형을 가져왔다. 또한 마법사의 지팡이도 가져왔다.

트레이시: 빕비티 붑비티 부.

트레이시는 자신이 가진 마법사 손 인형이 그의 턱수염을 만지는 동안 그를 무엇으로 변하게 할 것인지에 대해 생각했다.

트레이시: 나는 알았어요! 그는 큰 콩자루가 될 거예요.

트레이시는 마법사에게 곰 인형을 치게 했다.

패리스: 그래서 콩자루는 마구 때리기 위한 것이구나? 너는 마법사가 그를 때리면서 말하게 할 수 있니?

나는 트레이시가 자신의 인지 과정을 생리적인 해방과 연결하기 위하여 동작과 언어를 짝짓도록 그녀에게 요청하였고, 이로 인해 다소 집중된 정서의 변화를 가져오게 했다.

트레이시: 그래, 너는 나를 화나게 만들었어. 그래서 너는 벌을 받을 거야! 한 번 더! 좋은 강타입니다!

트레이시는 곰 인형을 소파에 떨어뜨렸다. 그리고 짓밟기 시작했다.

트레이시: 그래, 그를 밟아! 그를 밟아! 이거 정말 좋군!

트레이시는 곰 인형이 자신을 잡는 척하였다.

트레이시: 도와주세요, 패리스 선생님! 그가 나를 잡았어요.

나는 곰 인형을 트레이시로부터 끌어당기는 동안 그녀의 가해자 상징에 대항하여 트레이시의 편을 들면서 직접적으로 곰 인형에게 말했다.

패리스: 너 이리로 와서 바닥에 엎드려!

나는 트레이시가 킥킥 웃으면서 계속 곰 인형을 밟는 동안 여전히 곰 인형을 붙잡고 있었다. 트레이시의 경험적 숙련놀이는 가해자 상징에 대하여 신체적으로 공격하는 형태를 취한다. 트레이시가 가해자를 신체적으로 정복하는 데 내가 함께 참여하는 동안 트레이시의 숙련놀이는 확장되었다. 그녀는 가해자가 자신을 잡았던 것처럼 가정하면서 치료사에게 소리쳐서 도움을 청하는 것으로 가해자로부터 구조되는 또 다른 수준의 역할을 부탁하였다. 트레이시는 역할놀이 안에서 명백하게 도움을 요청하였고, 나는 상징물과 함께 언어적이고 신체적인 제한을 설정할 수 있었다. 가해자에 대항하여 트레이시가 나와 동맹을 맺는 것은 그녀에게 다른 단계의 숙련놀이를 가능하게 하였다. 트레이시는 필요할 때 도움을 요청하는 과제를 '숙달'하였고, 놀이 안에서 구출되는 경험으로 즉시 보상을 받았다.

경험적 숙련놀이로서의 정화 의식

정화 의식에 대한 처음의 논의는 안전감과 안정감의 증진을 다룬 3장에서 찾아볼 수 있는데, 여기서 좀 더 확장시켰다. 정화 의식은 경험적 숙련놀이의 영역 안에서 또 다른 부분의 놀이 주제를 형성한다. 신체적 폭력이나 성적 학대를 견뎌 냈거나 대인관계적 또는 개인 내적인 폭력의 응어리를 가진 아동들은 외상의 촉각적인 물질에 의해 더럽혀졌다고 느낀다. 가끔씩 아동들은 그들이 노출되었던 혐오적인 물질로부터 자유로워질 수 없다고 느낄지도 모른다. 피, 정액, 배설물 또는 그 밖의 체액은 외상을 경험한 아동에게 지울 수 없는 인상을 남긴다. 여기서 연상된 신체적인 감각, 냄새, 맛 그리고 다른 감각적 기억은 무차별적으로 아동에게 몰려들 수 있다. 아동은 유해한 내용을 유발하는 상기물로 작동하는 물질을 피하기 위해서 자신의 힘이 닿는 한 모든 것을 할 것이다. 놀이치료실에서의 핑거페인트, 점토, 젖은 모래, 플레이 도우 그리고 액체 풀은 외상을 경험한 아동들이 피하고 싶어 하는 그들의 감각 경험을 상기시킬 수 있는 아이템이다. 그러나 놀이치료실에서 안전이 확립되었을 때, 아동들은 놀이치료사라는 지지적인 존재와 함께 이러한 물질에 기꺼이 접근하기를 원한다. 이러한 물질에 대한 아동의 궁극적인 처리는 외상과 관련된 감각적 내용에 노출하도록 작동한다. 계속적으로 이 표현적 미술 재료를 다루는 것과 함께 외상 유발적 감각기억과 연관이 있는 독성에는 둔감해질 수 있다.

1장에서 간단하게 둔감화 작업으로 논의되었던 복합 외상 과거력을 지닌 여덟 살의 클라라(Clara)는 그녀를 입양한 어머니가 치료실로 데리고 왔다. 클라라는 생애 초기 4년을 아버지의 보살핌 속에서 지냈다. 그녀는 이 기간에 아버지와 아버지의 친구들에게 상습적으로 성적인 학대를 당했다. 뿐만 아니라 남동생과 함께 두 남자에게 구강성교를 하도록 강요당했다. 클라라와 남동생은 서로 성관계 자세를 취하도록 강요당하고 사진도 찍혔다. 우리는 놀이치료실에서 안전감과 안정감을 형성하는 작업을 시작하였다. 클라라는 아버지와 그의 친구의 모형을 선택하고 그들을 가두었다. 그녀는 치료를 시작한 처음 두 달간 과거의 경험에 대한 어떤 언급도 하지 않았다.

클라라는 미술을 좋아하였고 미술 공작용 종이와 크레용 또는 사인펜으로 책을 만들었다. 하지만 운동감각적으로 활성화될 수 있는 재료는 대개 멀리하였다. 그러던 어느 날 오후 놀이치료실에 들어온 클라라는 액체 풀을 향해 곧바로 갔다. 그러더니 풀이 종이에 웅덩이를 만들 때까지 짜기 시작했다. 클라라는 풀을 짜면서 "나는 이것을 만지고 싶지 않아요."라고 말하였다. 나는 클라라의 감정의 정당함을 인정하였고, 클라라가 그것을 좋아하지 않음에도 불구하고 재료를 계속 사용하는 것에 주목하였다. 나는 "네가 끈적이는 것을 만질 준비가 되면 스스로 알 수 있을 거야."라고 말하였다. 클라라는 종이 위에 풀로 거대한 덩어리를 만든 후에 자신의 손가락을 끈적이는 풀을 따라 움직이기 시작했다. 그러고는 "이것은 진짜 끈적끈적하고 불쾌해요. 그리고 나는 이게 싫어요."라고 말했다. 나는 다시 클라라가 이야기한 내용을 반영하였고, "너는 여기에 끈적이는 재료들을 네 마음대로 할 수 있구나."라고 상기시켜 주면서 그녀의 힘과 통제감을 증진시켰다. 클라라는 씩 웃으면서 반응하였고, 풀이 종이의 모든 가장자리에 닿을 때까지 손가락으로 풀을 계속 펼쳤다. 나는 끈적이는 재료가 클라라에게 어떤 생각이 들게 하는지 질문하였고, 클라라는 즉각적으로 자신의 두 학대범인 '빌(Bill)과 밥(Bob)'이라고 말하였다. 나는 클라라에게 끈적이는 재료가 무서운 순간을 기억나게 함에도 불구하고 그것을 만졌던 것이 얼마나 용감한 일인지 말해 주었다. 클라라는 원하는 대로 풀을 정리한 후에 "나는 이제 이것을 씻을 준비가 됐어요."라고 말하였다. 우리는 화장실로 가서 씻어 버렸다. 우리가 다시 돌아왔을 때, 클라라는 나에게 나중에 새어머니에게 이것을 보여 줄 수 있게 자신의 풀 작품을 말려 줄 수 있는지 물었다. 이 놀이의 연속은 아동의 외상 상기물에 대한 자발적인 점진적 노출의 예다.

외상을 경험한 아동들은 자신을 나타내기 위하여 자기 상징물이나 소품 또는 다른 놀잇감을 선택한 후에 은유적이거나 사실상 자신들이 부적절하게 이용되었던 방법과 비슷하게 상징물을 사용하기 시작할 것이다. 그들이 자기 상징물을 통해 자신들이 학대당했던 일을 상징적으로 보여 준 후에, 여러 방법으로 상징물을 고치거나 정화할 것이다. 자기 상징물은 은유적이거나 실제적인 수선을 받는다. 예를 들어, 무언가를 꿰맨 적이 있었던 아동은 봉제 동물 인형을 선택하여 천을 찢은 다음 다시 그것을 꿰맬 수도 있다.

아동들은 놀이치료실로 들어와서 자신을 상징하는 아기 인형을 선택하고, 치료사에게 이 아기 인형을 가상적인 상처와 함께 보여 준다. 이러한 경우에 어떤 아동은 혼자 아기 인형을 수선하려다가 치료사에게 적극적으로 도움을 요청하기도 한다. 이때 병원놀이 세트는 많이 사용되는 도구로서 놀이치료실에서 아동들이 언제든지 이용할 수 있어야 한다([그림 9-12] 참조).

다섯 살의 라일라(Layla)는 이러한 정화와 수선 의식의 주제를 다룬 몇 가지 예를 보여 주었다. 라일라에 대한 나의 첫인상은 내가 라일라를 만나기 위해 지역사회 정신건강센터에 갔을 때 대기실에서 만들어졌다. 나는 라일라의 어머니를 먼저 만났는데, 그녀가 대기실에서 라일라와 두 아들을 데리고 기

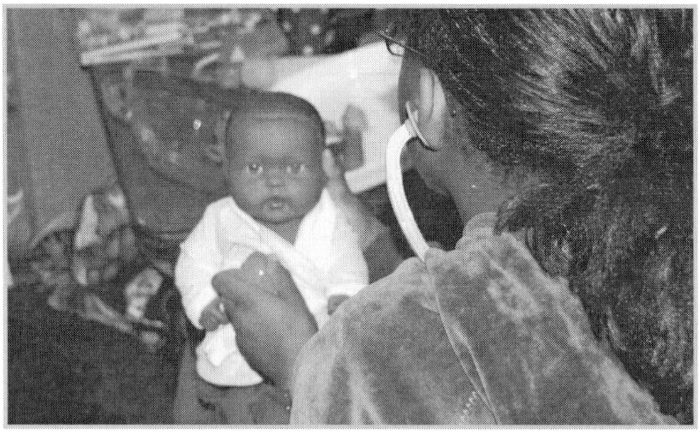

[그림 9-12] 자기 상징물을 수선 중인 아동

다리고 있었다. 이 소년들은 각각 일곱 살과 아홉 살로 대기실 주변에서 라일라의 뒤를 쫓아 뛰어다니고 있었다. 오빠들은 라일라를 붙잡으면, 라일라를 때리거나 머리카락을 잡아당기는 것을 즐기면서 도망 다녔다. 어머니는 앉아서 그 모습을 멍하니 바라보고 있었고, 이따금 내키지 않는 목소리로 "그만해!"라고 말하였다. 나는 라일라에게 나를 소개하고, 내 방으로 와서 함께 놀자며 초대했다. 라일라는 내 손을 잡고 복도를 걷기 시작했다. 사무실 문에 도착했을 때 라일라의 오빠들은 그녀를 다시 잡으려고 위협하면서 복도에서 쏜살같이 달려왔다. 그 순간 라일라의 얼굴에 공포가 엿보였고, 나는 라일라와 오빠들 사이에서 차단자가 되어 곧바로 문을 잠갔다. 그리고 라일라에게 놀이치료실은 라일라를 위한 특별한 공간이므로 오빠들이 들어오는 것은 허락되지 않는다고 말했다.

라일라는 소파에 앉아 떨기 시작했다. 라일라의 이야기는 쉴 새 없이 터져 나왔다. 그녀는 "오빠들은 내 위에 올라타고 나에게 상처를 입혀요."라고 말했다. 처음에 나는 라일라가 단지 오빠들의 공격성에 대해 말하고 있다고 생각하였지만, 그녀의 오빠들이 성적으로도 그녀에게 부적절하게 행동했다는 것이 첫 회기의 마지막쯤에서 분명해졌다. 나는 아동보호국에 전화를 하였다. 라일라는 법적 면접을 가졌고, 즉시 어머니의 양육에서 벗어나 위탁가정으로 배치되었다. 라일라는 나에게 계속 놀이치료를 받았고, 위탁모와 나는 부모교육과 애착 문제를 함께 작업하였다.

라일라의 처음 몇 회기는 상처 입고 그 상처를 치료하는 경험적 숙련놀이로 이루어졌다. 그녀는 자신이 나쁜 사람에게 총을 맞은 흉내를 냈다. 라일라는 나에게 병원놀이 세트를 가지고 왔고, 나는 총알을 빼내고 상처를 꿰매 주었다. 라일라는 나에게 반창고와 붕대 뭉치를 가지고 왔다. 한 회기 내내 라일라는 자신에게 상처 입히고 내가 라일라에게 붕대를 감아 주는 상황을 여러 개 만들었다. 그런 후에 이번에는 내가 상처 입을 차례였고, 라일라가 나에게 붕대를 감아 주었다. 라일라는 위탁모가 그들을 볼 수 있을 때까지 계속 붕대를 감고 있어야 한다고 주장했다. 우리가 대기실까지 긴 복도를 걸어갈 때, 사람들은 깜짝 놀라면서 우리 모두 괜찮은지 물어보았다. 머리에서 발가락까지 붕대로 덮인 우리는 마치 전쟁을 치르고 온 것처럼 보였다. 라일라의 내면의 회복 과정은 많은 외적 회복을 동반하였다.

그녀가 위탁가정에서 살기 시작하면서 매 회기의 마지막에 미술 작품을 창작하기 시작했다. 처음에는 모든 색깔의 물감을 선정하여 미술 책상 위에 올려놓았다. 라일라는 조심스럽게 각 색깔을 조금씩 떠서 일회용 팔레트가 되는 미술 공작용 종이 위에 놓았다. 그런 뒤에 나를 바라보았고, 손가락으로 색깔을 모두 휘저어서 그것들이 갈색의 배설물 같은 반죽이 될 때까지 종이의 중앙으로 뭉쳐 놓았다. 그런 다음 그 반죽을 덮어 종이 전체가 탁한 갈색이 되도록 종이의 맨 끝까지 펼쳤다. 그런 후에 라일라는 종이의 끝에서부터 다른 쪽까지 그림을 따라 손가락으로 터널을 만들었다. 다음은 라일라의 그림에 관해서 우리가 함께 이야기를 나눈 내용이다.

패리스: 너의 그림에 관해서 이야기해 보렴.

라일라: 이것은 길이에요.

패리스: 이 길은 어디로 가고 있니?

라일라: 아무 데도 안 가요.

패리스: 너는 길을 따라서 무엇을 볼 수 있니?

라일라: 아무것도 없어요.

패리스: 누가 길 위에 있니?

라일라: 아무도 없어요.

패리스: 마치 외로운 길 같구나.

라일라: 맞아요.

라일라는 각각의 예쁜 색깔을 가지고 와서 마치 배설물 같은 갈색으로 변하도록 모두 섞었고, 그것으로 황량한 풍경을 만들었다. 그녀의 길은 우리의 남은 회기 동안에 만들어진 힘 있는 은유였다. 각 회기의 끝에 라일라는 색깔을 모으고, 그것을 전부 문질러서 다른 갈색 그림을 만드는 똑같은 의식을 수행했다. 마침내 라일라는 오빠들이 여러 번 자신에게 배설물을 문질렀다고 말했다. 불결하고 더럽혀진 그녀의 감각은 압도적이었다.

라일라는 내적인 자신의 그림을 복원하는 것을 목표로 하는 여러 가지 형태의 경험적 숙련놀이에 참여하였다. 초기 회기에서, 라일라는 조심스럽게 공주 의상을 바라보았다. 라일라는 그것을 만져 보았을 뿐 입어 보지는 않았다. 심지어 그 의상을 입어 보라고 권유했으나, 그녀는 회피하였다. 몇 회기 후에 라일라는 하나를 입어 보기 위해 도움을 요청하였다. 나는 이것을 돌파구로 보았다. 라일라는 자신이 공주만큼 아름다울 수 있다는 가능성을 받아들이려고 애쓰고 있었다. 이후 라일라가 모든 드레스를 입어 보고, 모래 상자로 가서 공주 치마를 바구니처럼 잡고 그 치마 안으로 모래를 모두 집어 넣었다. 그리고 자신이 입은 치마의 여기저기에 모래를 문질러 더럽히면서 뒤돌아 나를 바라보았다. 이것은 라일라가 자신의 외모를 아름답게 하는 것과 상관없이 자신은 여전히 더럽다는 내면의 믿음을 표현한 것이다.

라일라는 이 놀이 유형을 두 회기 동안 반복하였다. 나는 라일라가 얼마나 많은 드레스를 입어 보든지 상관없이 그녀가 여전히 더럽혀진 것같이 생각하는 것 같아서 슬퍼 보인다고 반영했다. 그러고 나서 그녀에게 더러운 것의 좋은 점은 씻어 버리는 것이 가능하다는 것임을 알려 주었다. 다음 회기에 라일라는 놀이치료실에 들어와서 물이 가득 채워진 큰 플라스틱 통에 손을 넣었다. 대부분의 아동들은 이 통을 설거지나 아기 인형을 씻는 척할 때 사용한다. 라일라는 물이 깨끗한지 나에게 물었다. 나는 아침에 물을 갈았다고 말했다. 그러자 그녀는 "좋아요, 나는 샤워를 할 거예요."라고 말했다. 나는 라일라가 샤워를 하는 흉내를 낼 것이라고 생각했는데 내가 미처 반응하기 전에 그녀는 옷을 모두 입은 채로 통 안으로 들어갔다.

나는 상징물을 선택하는 것 대신 정화 의식을 위해 라일라가 자기 자신을 사용하고 있음을 재빨리 알아차렸다. 그녀는 놀이치료실 안에서 완전히 깨끗하게 씻기는 전신 경험이 필요했다. 라일라는 가짜 비누를 요구하여 씻는 척하였다. 그녀가 흠뻑 젖은 채로 욕조 안에서 일어서며 깨끗한 옷이 필요하다고 말했을 때 나는 옷을 찾아보겠다고 했다. 그리고 모든 사람들의 몸은 항상 안전해야 한다는 것을 확실하게 해 주기 위해서 젖은 옷을 깨끗한 새옷으로 갈아입는 동안 우리를 관리 · 감독해 줄 다른 성인이 필요하다고 설명했다. 나는 즉시 라일라가 오빠들에게서 당한 학대를 정화하려는 시도인 이 은유를 이해했고, 위탁모를 데리러 갔다. 우리는 라일라가 바꿔 입을 옷이 필요할 경우를 대비해서 위탁모에게 다음 몇 회기 동안 예비 옷을 가져오게 했다. 다음 몇 주 동안 라일라는 깨끗한 물이 필요하다고 말했다. 우리는 통을 바깥으로 끌고 나와서 비우고, 청소하고, 깨끗한 물로 가득 채웠다. 그런 다음 통을 다시 치료실로 끌고 왔다. 그녀는 옷을 다 입은 채 욕조 안으로 들어갔고, 샤워하는 척하였으며, 그녀의 위탁모와 나는 그녀가 깨끗한 옷으로 갈아입는 것을 도와주었다. 어느 날 라일라는 "샤워는 더 이상 안 할래요."라고 말했다. 이 회기의 마지막에 라일라는 또 다른 갈색의 손가락으로 그림을 그렸다. 이 그림은 라일라의 첫 번째 그림과 거의 비슷해 보였지만, 내가 라일라와 함께 이 그림을 탐색하였을 때, 그 이야기는 완전히 달랐다.

패리스: 너의 그림에 대해서 말해 보렴.

라일라: 이것은 길이에요.

패리스: 길이 어디로 가고 있니?

라일라: 도시로요.

패리스: 길을 따라서 너는 무엇을 볼 수 있니?

라일라: 우아! 길가에는 아름다운 꽃들이 있고, 토끼가 뛰고 있어요.

패리스: 누가 길 위에 있니?

라일라: 저요. 그리고 선생님이요.

패리스: 길의 끝에는 무엇이 있니?

라일라: 그곳에는 아주 깨끗한 분수가 있고 물도 있어요. 정말 아름다워요. 우리는 그곳으로 갈 거예요.

라일라의 내부 풍경을 나타내는 은유는 바뀌어 있었다. 이제 라일라는 더 이상 자신과 자신의 미래를 메마른 불모지로 보지 않을 것이다. 삶과 움직임이 라일라의 그림에 스며들기 시작했다. 길은 약속이 가득한 아름다운 장소로 향하고 있었다. 놀이치료실에 있는 정화의 매개체인 물은 라일라의 여정의 끝에 있는 아름다운 분수대로 전환되었다.

자신을 물속에 완전히 침수시켰던 경험적 놀이 유형은 라일라가 앞으로 나아가는 것을 허락하는 정화 감정을 주었다. 이 예는 경험적 숙련놀이의 중요한 측면을 보여 준다. 아동은 진실을 말하는 것과 함께 진실의 감정을 경험하는 것이 필요하다. 임상가들과 바람직한 부모들은 외상을 경험한 아동들에게 너희는 안전하고, 깨끗하며, 일어났던 일은 그들의 잘못이 아니라는 의미의 말을 수없이 한다. 이러한 말은 그 자체만으로도 아동들이 진실을 받아들일 수 있는 하나의 길이 된다. 그러나 아동들은 배움에 있어서 신체감각적이기 때문에 새로운 진실을 받아들이기 위해서는 신체적인 경험이 필요하다. 물에 관한 라일라의 느낌과 그녀의 가상 목욕 과정에 치료사가 참여한 것은 내가 단순히 라일라에게 '너는 더러움을 느낄 필요가 없어.' 라고 말했다면 발생하지 않았을 내적 전환을 이루어 냈다.

라일라의 사례에서 미술의 사용은 아동의 내적 전환의 반영이자, 판단의 척도로서 설명된다. 또한 이 표현 미술은 경험적 숙련놀이에서 가장 중요한 매개체가 될 수 있다. 어머니의 남자친구에게 반복적으로 항문에 성폭행을 당했던 네 살의 남자아이 앤디(Andy)는 숙련놀이의 중요한 도구로서 낙서를 사용했다. 분명히 앤디와 형은 어머니와 그녀의 남자친구인 '데이브'가 함께 침대에서 잠을 잤고 성적 장난감으로 이용되었다. 앤디는 현재 그 남자로부터 신체적 안전을 확보했지만, 앤디의 상상 속에서 그는 여전히 큰 부분을 차지했다. 앤디는 새로운 집에서 잠드는 것을 어려워하였고, 괴물이 자신의 침대에 들어오는 악몽으로 밤마다 잠을 깼다. 앤디는 여전히 자신을 무력하고 반격할 힘이 없어 덫에 빠져 있는 것처럼 느꼈다. 상황이 바뀌었음에도 불구하고 상황에 관한 앤디의 지각은 바뀌지 않았다.

나는 앤디에게 데이브의 그림을 그릴 수 있는지 물어보면서 아주 큰 종이를 주었다. 이윽고 앤디는 그곳에 거대한 낙서를 했다. 내가 앤디에게 그림에 대해 이야기해 달라고 요청했을 때, 그는 이것이 자신, 어머니, 형 그리고 데이브가 침대에 있는 그림이라고 설명했다. 앤디는 데이브를 그린 낙서를 의도적으로 바라보았고, 사인펜을 가지고 와서 종이 위에 열심히 점을 그렸다. 나는 "네가 데이브에게 뭔가 하는 것처럼 보이는데?" 라고 말했다. 앤디는 자신이 종이 위에 데이브의 낙서를 조작할 수 있다는 생각을 머릿속으로 하면서 나를 빤히 쳐다보았다. 나는 분명히 이해하였고, 앤디는 눈을 반짝이면서 싱긋 웃었다. 앤디는 낙서 위에 다른 어려운 흔적을 신중히 만들었다. 나는 이때 그가 무엇을 하였는지 물었다. 앤디는 "나는 그를 발로 찼어요."

라고 말했다. 나는 "네가 데이브의 어느 부분을 발로 찼는지 알겠어. 네가 데이브에게 고통을 주고 있는 위치를 표시해 둘게. 그러면 나중에 우리가 기억할 수 있을 거야."라고 말했다. 그리고 30분간 앤디는 좀 더 많이 데이브의 장면을 조작하는 상상적인 방법을 생각해 냈다. 그 회기의 끝 부분에 우리는 거대한 종이를 낙서로 가득 채웠다. 앤디는 아직 어리고, 게다가 외상을 겪은 탓에 예술적 표현 능력의 발달이 제한되어 있었다. 이 낙서는 앤디가 가해자의 형태와 그의 보복의 형태를 상상해 볼 수 있는 가장 분명한 정의였다. 이 이야기를 만들고 각 낙서가 의미하는 것이 무엇이었는지 나의 도움을 받아 적는 것은 앤디의 미발달된 그림에서 잠재력을 엿볼 수 있도록 해 주었다. 앤디의 위탁모는 이 회기 이후에 악몽이 극적으로 감소되었다고 보고하였다. 그다음에 앤디가 치료에 왔을 때, 그는 즉시 자신의 낙서 그림을 다시 보려고 하였고, 나에게 각 낙서의 의미가 무엇인지 소리 내서 읽어 달라고 했다. 이것은 앤디와 함께 다음 몇 회기에 걸쳐 행한 의식의 시작이었다.

약물중독인 어머니의 보호에서 자신이 왜 분리되어야 했는지 이해하려고 애쓴 일곱 살의 여자아이 스테이시(Stacy)는 계속해서 자신을 괴롭히는 한 가지의 기억에 대해서 말하였다. 스테이시는 방과 후 집에 왔을 때 배가 몹시 고프고 목이 말랐던 어느 날을 기억하였다. 어머니는 소파에 누워 있었고, 어머니에게 달려가 시원한 음료를 달라고 했다. 그러나 어머니는 그녀에게 반응하지 않았다. 스테이시는 어머니에게 계속해서 요청하였고, 마침내 어머니는 스테이시에게 너 혼자 해야 한다고 중얼거리듯 말하였다. 스테이시는 '어른'의 몫을 했던 당시의 불안감을 기억하였다. 스테이시는 큰 유리 주전자를 내려놓고 물을 가득 채운 후에 그 안에 주스 가루를 조금 부었다. 그리고 그것을 숟가락으로 잘 휘젓고 컵을 하나 꺼내 왔다. 그녀는 스스로 모든 것을 할 수 있었다는 자부심을 기억하였다. 그리고 주전자를 들어 올려서 기울인 다음 컵에 제대로 부으려고 노력하였다. 그러나 주전자는 스테이시가 예상한 것보다 훨씬 무거웠다. 결국 스테이시의 손에서 미끄러졌고 바닥 위로 소리를 내며 깨졌다. 순간 어머니가 소파에서 뛰어나와 주변을 어질렀다고 자신을 야단칠 것만 같았다. 그러나 그녀의 어머니는 겨우 움직일 뿐이었다. 스테이시는 어머니에게 가서 그녀를 흔들었고 조금 큰 목소리로 부엌에 유리와 음료를 흘렸다고 설명하였다.

스테이시는 어머니를 깨우기는 했지만 어머니는 "그것을 치워라."라고 중얼거리듯 말할 뿐이었다. 스테이시는 빨간 음료를 종이 타월로 닦고, 빗자루로 유리를 쓸었다. 그리고 나에게 청소하는 내내 외로웠다고 말했다. 스테이시는 본능적으로 이 일은 어머니가 해야 하는 것임을 알았고, 유리 조각을 밟고 그것을 치우면서 손이 다치자 무서움을 느꼈다. 이 사건 바로 직후에 스테이시의 아버지는 그녀와 남동생의 양육권을 얻었다. 내가 스테이시를 보기 시작한 때는 그녀가 어머니를 거의 6개월간 만나지 못했던 때다. 스테이시의 어머니는 두 개의 재활 프로그램에 참여 중이었고, 아직 하나도 마치지 못했다. 스테이시는 우울과 불안의 신호를 나타냈다. 그리고 위협적인 자해에 대한 여러 번의 언급 후에 의뢰되었다. 그녀는 마음속으로 어머니에게 화난 상태였고, 천천히 쇠약해지고 있었다.

스테이시가 놀이치료실에서 안전감과 안정감을 형성한 후에 우리는 마약과 중독에 대하여 몇 가지 심리교육을 시작하였다. 스테이시는 마약과 중독에 대해 배우면서 자신을 비난하는 대신 마약 자체를 비난하는 직관을 가졌다. 한 회기 동안 우리는 마약에 관해 이야기하면서 점토를 가지고 놀이를 했다. 스테이시는 점토로 가상의 마약을 만들어 보기로 했다. 스테이시는 마약을 만드는 동안 얼굴 표정이 변하기 시작했다. 얼굴은 점점 화난 표정이 되었고, 마침내 점토를 공격적으로 때리기 시작했다. 다음은 당시 일어난 일을 기록한 것이다.

패리스: 너는 그 마약을 정말 열심히 때리고 있구나. 여기서 너는 마약을 하고 싶은 대로 할 수 있어.

스테이시는 검을 뽑아 들더니 마약을 찌르기 시작했다.

패리스: 검을 사용하면서 말도 해 줄 수 있니?

스테이시: 나는 마약이 싫어요. 왜냐하면 그것은 너무 멍청하니까요.

패리스: 그래! 네가 할 수 있는 만큼 큰 소리로 한 번 더 해 보렴.

스테이시는 말하는 동안 검으로 마약을 계속 찔렀다.

스테이시: 나는 마약이 싫어요. 왜냐하면 그것은 너무 멍청하니까요.

패리스: 그래! 지금 네 기분은 어떠니?

스테이시: (활짝 미소를 지으며) 아주 좋아요!

패리스: (웃으면서) 가끔은 화난 것을 표출하기만 해도 정말 후련해진단다.

스테이시: (그녀가 집중하고 있는 마약의 파괴 작업으로 되돌아가서) 왜냐하면 나는 그것을 싫어하고, 그것을 싫어하고, 그것을 싫어해요. 왜냐하면 그것은 어머니에게 너무 안 좋은 영향을 주었기 때문이에요. 이제 우리 어머니는 가 버렸어요, 가 버렸어요, 가 버렸어요.

이 '가 버렸다' 는 말의 반복은 마약을 검으로 강타하는 것과 동반되었다.

패리스: 그래, 그리고 그것은 너를 매우 화나게 하는구나. 너의 가장 화난 표정을 보여 주렴.

스테이시는 화난 표정을 지어 보였다.

패리스: 우아! 정말 화가 많이 났구나.

스테이시는 여지없이 마약 찌르기로 되돌아갔다.

패리스: 너는 마약을 죽이고 있구나. 너는 마약을 마구 때리고 있어. 그것은 너를 당할 힘이 없구나!
스테이시: 내가 그것을 지배하고 있어요.

이것은 경험적 숙련놀이의 핵심이다. 놀이를 통해 스테이시는 놀이치료실 밖에서는 통제할 수 없는 약을 통제하는 권한을 가졌다.

패리스: 그래, 네가 가지고 있지.
스테이시: 나쁜 약.

스테이시는 갑자기 앉더니 자신의 품에 곰 인형을 안듯이 검을 안았다. 그리고 쓸쓸하게 치료사를 쳐다보았다.

스테이시: 나는 그것이 싫어요.
패리스: 나도 그것이 싫단다.

이 지점에서 초점이 바뀌었다. 스테이시의 마음은 마약 자체에 대해 분노하는 것에서 자신에게 향했던 분노를 조금 소비한 후에, 마약으로 어머니를 잃은 비탄 과정으로 옮겨 갔다. 이 회기의 뒷부분은 이 새로운 정서적 내용을 탐색하는 것으로 보냈다.

결 론

이 장의 경험적 숙련놀이는 다루기 힘든 외상 내용에 내담자의 접근을 용이하게 하는 여러 가지 방법을 설명하였다. 자연스럽게 아동들의 관심을 끄는 놀이를 통해 이 점진적 노출 과정은 꼼짝 못하게 하는 두려움, 스트레스를 주는 감각적 지각 그리고 다루기 힘든 사고를 둔감화하는 결과를 낳는다. 이에 더해 EMP는 아동들에게 문제에 대한 적응적 해결책을 마련하게 하고, 전에 힘을 빼앗았던 내용과 관련해서 유능감을 경험하게 하며, 외상적 사건과 관련해서 숙련감이 길러지는 공개 토론장이 된다. 이 내용으로부터 독성을 점진적으로 제거하는 것은 아동에게 연속된 사건에 대하여 일관성 있는 외상 이야기를 만들어 준다. 이러한 두 가지 과정은 다음 장에서 자세히 설명될 것이다.

외상 이야기 작업하기

10

외상 이야기 작업하기

진실은 허구보다 훨씬 더 낯설다.
–마크 트웨인(Mark Twain, 1898), Notebook

우리는 자신의 삶을 이해하고 싶은 내적 동기(internal drive, 본능적 욕망)를 가지고 있다. 이러한 삶을 이해하고자 하는 동기(욕망)는 때로는 이야기를 통해서 해결된다. 우리는 계속해서 삶의 이야기 가운데 어떤 부분은 미화하고, 어떤 부분은 버려서 궁극적으로 일관성을 갖도록 정교화하면서, 자신의 경험을 완전히 이해하려고 한다. 우리의 이야기가 우리 삶의 즐거운 사건을 묘사할 때, 그 이야기들은 표현되면서 더욱더 큰 즐거움을 준다. 반면 이야기가 우리 삶에서 끔찍했던 사건을 묘사할 때, 이야기의 효과는 직관에 반하게 된다. 공포감을 증폭하는 대신 반복적으로 통합된 외상 이야기를 함으로써 고통을 줄일 수 있는 것이다. 바꿔 말하면, 공포감은 이야기를 함으로써 그 효력이 사라질 수 있다. 그러나 외상을 경험한 아동들은 그들의 외상 사건에 대해 이야기하는 것을 절대적으로 피한다. 아동들은 자신이 경험했던 나쁜 일에 대해 이야기할 때 그 나쁜 일이 또 일어날지도 모른다는 잠재된 정서적 두려움에 위협을 느낄 수 있다. 그들은 그 이야기가 자신들을 억압하는 힘을 가지고 있다고 생각한다. 이러한 이유로 아동이 외상에 대해 이야기하는 것은 한 회기에 상세하게 설명하는 것으로는 충분히 전달되지 못하고, 놀이나 표현 미술을 통해서 그리고 짧은 이야기와 스냅사진에서부터 서서히 발전될 수 있다.

아동은 외상 내용에 대한 적절한 노출을 통해서 전체 이야기를 정교화할 수 있다. 놀이를 외상 이야기 작업 안에 통합하는 것은 아동이 놀잇감을 통제함으로써 덜 자극적인 노출로 외상에 접근하게 한다. 아동이 놀이 대상물(play object)을 조작할 수 있으므로, 외상 이야기에 대한 노출의 양을 스스로 적정하게(self-titrated) 정하는 것이다. 놀이의 매개체를 통하여 주위를 이해하는 아동의 자연스러운 성향은 외상을 상기시키는 것을 회피하려는 자신과 싸우게 된다. 아동의 타고난 기질(성향)을 이용하는 것은 내담자가 외상 내용에 좀 더 부드럽게 접근할 수 있게 도와준다.

아동이 놀잇감을 운동감각적으로 조작하는 것은 생득적으로 진정 효과가 있고, 언급되고 있는 외상 사건의 독성에 대항할 수 있게 만든다. 또한 물체의 조작은 내담자가 '지금-여기에(here and now)' 근거를 두게 하고, 외상 관련 내용을 재탐색하는 동안 아동이 해리될 가능성을 감소시킨다. 게다가 아동이 경험한 어떤 차원은 단지 말이나 글로 쓰인 이야기의 형태보다는 놀이적 은유나 경험적 산물을 통해 의사소통을 가능하게 할 수 있다. 예를 들어, 그림은 아동이 말로 할 수 없는 끔찍한 장면이나 외상적 사건의 압도적인 세부 내용을 시각적으로 의사소통할 수 있는 힘 있는 배출구가 된다. 이러한 경우에 그림을 그리는 것은 아동이 목격한 외상 내용을 처음으로 노출하는 역할을 맡는다. 다음 삼 남매의 사례가 이 부분을 여실히 보여 주고 있다.

네 살의 남자아이인 케숀(Keshon)과 세 살의 쌍둥이 동생들은 어머니가 의식을 잃을 때까지 아버지가 다리미로 때리는 것을 보았다. 그 사건은 매우 공

[그림 10-1] 케숀이 그린 폭행 이후 어머니의 모습

포스러웠지만 아동들은 너무 어려서 자신들이 본 것을 분명히 말하기에는 어휘가 많이 부족했다. 가장 큰 아이는 "아버지가 어머니를 다리미로 때렸어요."라고 말할 수 있었다. 이 사실에 대한 간단한 언급은 핏자국이나 냄새 또는 살 속으로 파고드는 금속의 끔찍한 소리를 충분히 전달하지 못했다. 아동에게 부족한 언어적 유창성이 자신과 주변 사람들에게 좌절감을 주었다. 그러나 아동들은 그들의 언어적 한계를 미술을 통해 보완할 수 있다. 케숀은 제일 먼저 동생들과 따로 상담을 받았다. 첫 회기에서 케숀은 자발적으로 그림([그림 10-1] 참조)을 그렸다.

내가 케숀에게 그림에 대해서 이야기해 달라고 요청하자, 그는 "그 사람은 안전하지 않았어요. 그 사람은 안전하지 않았어요."라고 계속해서 말했다. 이 구절은 거의 멜로디처럼 반복되었다. 내가 케숀에게 어머니의 얼굴에 그려진 선이 무엇인지 묻자, 그는 "그 선은 선생님이 울 때처럼 엄마가 흘리는 눈물이에요. 엄마는 울면서 고함치고 있어요."라고 말했다. 내가 케숀에게 어머니가 했던 말에 대해 물어보자, "엄마는 도와 달라고 소리를 지르고 있어요."라고 말했다. 그는 나에게 어머니의 입에 말풍선을 그려서 그 말을 적어 달라고 부탁하였고, 나는 그렇게 해 주었다. 그런 다음 그는 펜을 다시 집어 든 채 자신의 그림을 멍하니 응시하였다. 나는 "또 뭘 그릴지 생각하고 있구나."라고 말했다. 그러자 케숀은 "다리미를 그려야 하는데 어떻게 그려야 할지 모르겠어요."라고 말했다. 그는 내게 다리미를 그려 달라고 요청하면서 나에게 장난감 다리미를 가져다주었다.

내가 케숀이 만족할 만한 다리미를 그리자, 그는 보라색 점토를 가지고 와서 다리미 그림 위에 붙였다. 케숀은 다리미 위에 피와 뇌 조직의 끔찍한 장면을 묘사하기 위해서 말은 사용하지 않았지만, 자신의 그림에 조심스럽게 보정된 추가물을 통해서 감각적 기억에 실제로 접근하고 있었다. 마침내 그는 종이의 오른쪽에 두 개의 빨갛고 날카로운 표시를 추가하고, "그것은 그녀의 베개에 묻어 있는 피예요."라고 말했다.

이 아동은 마음속에 기괴하고 분리된 장면을 시리즈로 가지고 있었다. "무슨 일이 있었는지 그림으로 그려 봐."라고 일러 줌으로써 아동이 다른 요소들을 함께 가져와서 일관성 있는 외상의 스냅사진을 만드는 작업에 부드럽게 직면하게 했다. 케숀에게 고정장치(anchor)로서 그림을 사용하여 무슨 일이 있었는지 나에게 보여 주도록 했고, 이후 그는 어머니의 눈물, 다리미 위의 뇌 조직 그리고 어머니 베개 위의 피에 대하여 정교한 언어로 잘 표현하였다. 내가 어머니께 그 그림을 보여 주자, 그녀는 케숀이 많은 것을 기억하는 것을 보고 큰 충격을 받았다. 어머니는 케숀이 그 방에 있었다는 것을 모르고 있었다. 그 폭행은 케숀이 그림을 그리기 두 달 전에 일어났고, 그동안 케숀은 어머니에게 자신의 외상적인 장면에 관해 한 번도 언급하지 않았다. 이것은 드문 일이 아니다.

외상적인 사건의 결과로서 아동들은 그들 자신이 내면에 지니고 있는 소름끼치는 장면이 자신의 양육자를 압도해 버린다는 것을 직관적으로 이해한다. 이 경우에 케숀은 이미 자신의 어머니를 약하고 보호가 필요한 사람으로 인식하였다. 만약에 케숀이 그의 머릿속의 악몽으로 자신에게 유일하게 남은 양육자인 어머니를 억누른다면 자신의 생존이 위협받게 되므로 그 모든 것을 깊은 내면에 감추어 버렸다.

그림은 많은 면에서 도움이 된다. 그림을 그린 종이는 내적인 두려움을 외현화할 수 있는 스크린 구실을 한다. 미술을 통한 영상의 외현화는 노출의 첫 번째 세트가 되고, 이어서 일어나는 외상 내용에 둔감해지는 출발점이 된다. 일관성 있는 그림을 창작하는 행동은 아동과 함께 그림을 탐색하는 치료사의 지원을 받아 연습하도록 하고, 또한 치료사는 아동이 외상 사건에 관련된 세부 사항을 순서대로 나열하도록 도와준다.

케숀이 회기를 끝마쳤을 때 세 살의 여동생 켄드라(Keandra)가 놀이치료실로 들어왔다. 켄드라는 전형적인 외상 후 증상을 많이 보였고, 회기의 초반부 내내 눈을 내리깐 채 어깨를 구부리고 있었다. 내가 켄드라에게 표현미술 재료를 소개하고, 가족들이 다 함께 무엇인가 하고 있는 그림(Kinetic Family Drawing, 동적 가족화)을 그리라고 하자 그녀의 표정은 상당히 밝아졌다. [그림 10-2]는 켄드라가 그린 그림이다.

오른쪽 끝에 있는 형상에 주목해 보면, 그 형상의 머리에 빨간 점 자국이

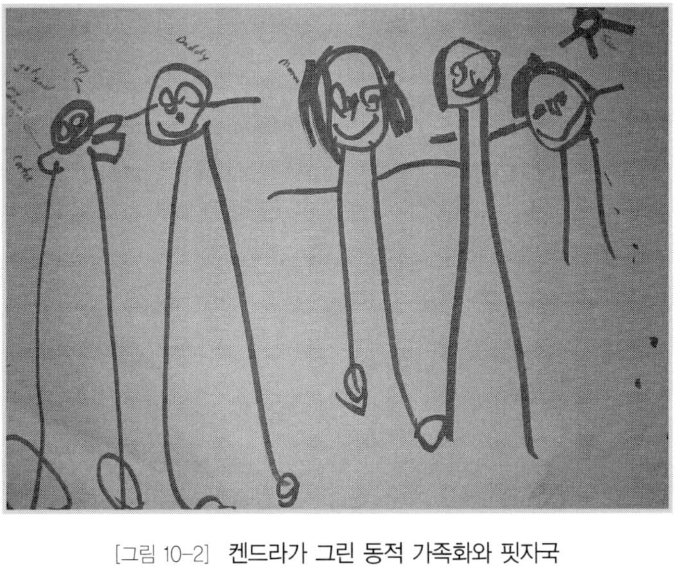

[그림 10-2] 켄드라가 그린 동적 가족화와 핏자국

보인다. 어머니는 예전에 공격자로부터 벗어나려고 발버둥 쳤을 때 아파트에 얼룩진 피의 흔적을 묘사했었다. 피의 흔적을 그리는 행동은 외상 내용에 대해 아동 스스로 적정하게 노출을 한 것이다. 이것을 그리기 위하여 켄드라는 의도적으로 자신의 내면에 있는 외상의 시각적인 장면에 집중하였다. 그녀는 이 회기에서는 그림에 대해 말하지 못했다. 피의 흔적을 그리는 것은 켄드라가 첫 번째 노출에서 다룰 수 있는 외상 내용으로 충분했다. 우리는 남은 시간을 점토 만들기를 하면서 보냈다.

그다음에 켄드라의 쌍둥이 형제인 조수에(Josue)가 들어왔다. 조수에는 장난감을 빠르게 바꾸면서 방 안 여기저기를 뛰어다녔다. 그런 후에 그는 어머니에 관한 그림을 그릴 것이라고 알려 주었다. 조수에는 어머니의 머리와 몸통을 검은색으로 윤곽을 그린 후에 사인펜을 앞뒤로 움직여 종이를 힘 있게 누르면서 어머니의 몸을 밝은 빨간색으로 색칠했다. 이 그림 옆쪽에 아래로 떨어지고 있는 동일한 피의 흔적을 주의 깊게 살펴보라([그림10-3] 참조).

삼 남매가 각각 그린 그림에서 명백한 하나의 패턴이 드러났다. 아동들은

[그림 10-3] 조수에가 그린 엄마와 핏자국

각자 그림을 통해 외상의 노골적인 재료인 피와 핏덩이에 접근한 것이다. 이 가족은 저소득층 정부보조 주택에서 살고 있었다. 이 공격적 사건이 발생한 후에 어머니는 다른 집으로 이사할 수 있게 해 달라고 요청하였지만 거절당했다. 친구들과 가족들이 최선을 다해서 핏자국을 청소했지만, 침실에서 거실에 이르기까지 흔적이 여전히 남아서 카펫 위에는 핏자국이 보였다. 일단 피에 대한 아동의 내면 이미지가 그림을 통해 외부로 표현되기만 하면, 아동들은 이 새롭고 구체적인 세부 사항을 좀 더 진전된 외상 이야기로 만들어 낼 수 있을 것이다.

반구의 내용 통합하기

최근 뇌의 반구 활동에 관한 개념은 외상 이야기 작업에서 다양한 경험을 통합할 필요성이 있다는 우리의 주장을 지지해 주고 있다. 뇌의 좌측 반구는 경험의 논리적이고 선형적이며(linear) 언어적인 부호화를 책임지고 있다. 좌측 반구는 우리 삶의 사건들을 언어적 이야기로 구조화하는 것을 돕는다. 뇌의 우측 반구는 시각적이고 공간적이다. 이것은 어조, 정서 그리고 다른 비언어적인 신체언어의 의사소통을 부호화하는 것으로 사건의 형태를 부호화한다. 좌측 반구는 우리에게 그 상황에 도착한 경찰관이 '미스터 존'이라고 말하지만, 우측 반구는 당신이 그에 대하여 어떻게 느끼는지를 해석할 것이다.

이 반구의 업무 분할은 외상을 처리하는 많은 단계에서 중요하다. 내가 상담실에서 가장 흔히 접하는 것은 자신에게 일어났던 끔찍한 사건의 전반적인 상세 목록표를 나에게 주는 청소년들의 진술이다. 이 목록은 정서적 표현이 결여된 방법으로만 전달된다. 이러한 청소년들은 그들의 삶 속에서 외상에 관련된 사건에 관하여 선형적이고 언어적이며 실제적인 사건에 대해서만 설명하도록 발달된다. 그러나 이러한 설명은 그들의 인생을 형성하는 사건에 관한 정서적 경험은 배제된 것이다. 그들의 이야기에는 감각 내용이 전혀 없다. 이것은 마치 외상과 연결된 신체감각의 기억과 정서적 경험이 분리되어 뇌 속의 다른 곳에 저장된 경우와 같다. 정의하자면 이러한 이야기들은 내적 일관성이 부족하다. 시겔(Siegel, 2003, p. 15)은 다음과 같은 해결책을 제시하였다. "일관성 있는 이야기가 되기 위해서 논리적 이야기를 말하는 좌측의 성향은 우측의 정보에 의지해야 한다. 외상 후 스트레스 장애가 발생하여 방해물이 있다면 이 이야기는 비일관적인 이야기가 될 수 있다."

뇌의 좌측과 우측 반구 사이에서 운영되는 신경조직의 연결 끈인 뇌량(corpus callosum)은 뇌의 두 반구가 서로 이야기하는 것을 돕는다. 이것은 두 개의 반구 사이에서 신경의 고속도로와 같은 기능을 한다. 그러나 학대 과거력이 있는 아동들은 뇌량에 발달적인 손상을 입는다(Arden & Linford, 2009; Siegel, 2003). 뇌량에서 수초화(myelination)가 부족하면 두 개의 반구를 가로질러서 정보를 전달하는 이러한 구조를 사용할 수 없다(Schore, 2003; Teicher, 2002). 바꿔 말하면, 상습적인 학대 속에서 살았던 아동들은 외상 기억에 관해 모든 양상을 통합할 수 있는 뇌의 능력이 제한되는 치명적 · 신경심리학적 결핍을 가진 뇌 구조가 형성될 수 있다. 그러므로 외상 내용에 관한 분리된 요소들을 일관된 이야기로 통합시키기 위해서는 의도적으로 전문가의 도움을 받아야 한다.

안드레아의 사례

안드레아(Andrea)의 사례는 이러한 현상을 잘 보여 준다. 어머니가 의뢰한 안드레아는 '통제할 수 없는 반항적인 행동'을 보였지만, 키가 크고 굉장히 아름다운 열일곱 살의 소녀였다. 처음에 나는 어머니를 따로 만나서 가족력에 대해 물어보았다. 안드레아는 두 살 때 미국 내에서 입양되었다. 안드레아가 방임 때문에 친부모에게서 분리되었다는 것을 제외하고는 그녀의 생물학적인 가족에 대해서 전혀 알지 못했다. 안드레아는 행복한 어린 소녀였지만 사춘기에 접어들면서 다루기 힘들었다고 어머니가 보고하였다. 안드레아가 부모를 언어적으로 학대하고 자해의 위협을 보이면서 어머니는 결국 집에서 도망쳤다.

첫 회기에서 안드레아는 치료에 비자발적으로 참여하는 십 대들의 전형적인 모습을 보였다. 그녀는 팔짱을 낀 채로 다리를 꼬고 앉아서 발꿈치를 찼다. 그리고 큰 소리로 껌을 씹으면서 내게 무례하게 말했다. 나는 "넌 여기에 있는 게 정말 싫은가 보구나."라고 말했다. 그녀는 콧방귀를 끼고 노려 보면서 "그래요"라고 대답했다. 이 한 단어가 시작이었다. 나의 그다음 질문은 "너는 누구 때문에 여기에 오게 되었니?"였다. 안드레아는 눈동자를 굴리면서 "우리 어머니요."라고 대답했다. 이 두 단어의 대답은 그녀가 준비 단계에 있다는 것을 의미하였고, 나는 솔직히 이야기하면서 그녀에게 다가갔다. "보렴, 너의 어머니와 아버지가 너를 이곳에 데리고 온 이유가 한 가지 있단다. 하지만 너는 열일곱 살로 거의 성인이고, 나는 네가 무엇 때문에 행복하지 못한지에 관해서 너 자신만의 생각이 있다고 본단다. 지금 우리는 남자나 유행에 관해 이야기하며 시간을 보낼 수도 있고, 너를 괴롭히는 무언가에 관해서 이야기할 수도 있단다."

안드레아는 한숨을 쉬더니 이내 발길질을 멈추었다. 그녀의 얼굴은 창백해졌다. "저는 두 살 때 입양되었어요. 제가 세 살이 되었을 때 유치원에 가기 시작했고 여섯 살 때부터 아홉 살 때까지 아버지에게 성학대를 당했어요. 4학년이 되었을 때는 모두가 저를 좋아하지 않았어요." 그녀는 계속해서 두 살부터 열일곱 살까지 자신의 상세한 목록표에서 중요한 부분을 정확히 표현하였다.

어머니는 초기 면접에서 구체적으로 물어보았음에도 불구하고 성과 관련된 행동에 관해 어떠한 것도 언급하지 않았기 때문에 이 폭로는 내게 새로운 소식이었다. 안드레아가 한숨을 쉴 때 나는 그녀에게로 되돌아가서 여섯 살과 아홉 살 사이에 발생한 일에 관해 좀 더 자세히 말해 줄 수 있는지 물었다. 안드레아는 눈동자를 굴리면서 다시 발길질을 하기 시작했다. 안드레아는 그녀가 아홉 살이 되었을 때 의사에게 갔던 것을 말하였다. 그때 그녀는 요로 감염증 진단을 받았다. 집으로 오는 길에 어머니는 안드레아에게 "누가 너의 음부를 만진 적이 있니?"라고 물었다. 안드레아는 "아버지요"라고 대답했다. 그들은 집에 도착했고, 어머니는 아버지에게 전화를 걸어 집으로 들어오도록 했다.

어머니는 안드레아를 부엌 테이블 한쪽에 앉게 하고, 아버지는 다른 쪽에 앉게 했다. 어머니는 안드레아의 주장에 대해 아버지에게 질문했다. 그는 눈물을 흘리며 자신이 어린 딸을 성적으로 학대했다고 고백했다. 어머니는 안드레아에게 "너는 아버지가 떠났으면 좋겠니?"라고 물었고, 안드레아는 "네"라고 말했다. 어머니는 울기 시작했고 안드레아는 당황한 나머지 "아니, 괜찮아요."라고 다시 말했다. 아버지는 다시는 그러지 않겠다고 약속하였고 도움을 받는 것에 동의하였다. 그는 교회에서 시행하는 개인적인 사역 세션에 참여하였다. 가족은 그 사건에 대하여 두 번 다시 이야기하지 않았고, 아버지와 안드레아를 위한 도움은 전혀 받지 않았다. 따라서 아동보호국에는 어떤 보고도 되지 않았다. 안드레아는 치료에 오는 이 순간까지 지난 8년간 아버지의 행동과 어머니의 방관에 대한 분노로 숨이 막혔다.

이 가족의 놀이에서 다른 역동은 입양된 많은 아동들 중 안드레아가 첫 번째라는 것이었다. 몇몇 어린 입양아들이 안드레아의 폭로가 있을 당시 같이 살고 있었다. 나는 안드레아에게 집에 있는 모든 사람들의 안전을 확인하기 위해서 관련된 몇 개의 다른 정부기관에 연락을 취해야 한다고 설명했다. 그녀는 "좋아요"라고 말하며, 성폭행의 심각성이 확인된 것에 만족스러운 미소를 지었다. 그런 후에 나는 어머니에게 내가 앞으로 취할 행동을 설명했다. 어머니가 방에 들어왔고, 나는 "어머니도 알다시피 저는 아버지와의 문제를 가진 많은 청소년기 소녀들을 보았지만 아버지를 향해 이 정도로 증오감을 갖고 있는 아이는 본 적이 없습니다. 왜 안드레아가 아버지를 향해 그렇게 부정적인 감정을 가지고 있는지 이유를 알 수 있을까요?"라고 말하며 대화를 시작했다. 안드레아의 어머니는 한숨을 쉬더니 무릎 위에 놓인 손을 잡으며 조용하게 "글쎄요, 나는 우리가 이 문제에 휘말리지 않기를 바랐어요."라고 말했다.

어머니의 이 말은 자녀를 제대로 보호하지 못하는 부모 병리학의 전형적인 예다. 어머니는 처음에 남편의 행위를 알고 나서 소름이 끼쳤다고 한다. 그러나 그녀는 자신이 입양한 모든 아동들에게 책임감을 가지고 있었고, 그들을 키우는 데 남편의 재정적 · 정서적 도움이 필요했다. 그녀는 안드레아의 성학대는 아홉 살에 끝났고, 집에 있는 다른 아이들 그 누구도 희생자가 될 가능성은 없다고 스스로 확신했다. 그녀의 합리화는 이 가족에게 큰 대가를 치르게 했다. 나는 어머니에게 내가 왜 보고를 해야 하는지 설명했다. 어머니는 매우 두려워하였다. 우리는 그녀의 두려움을 직접적으로 언급하였고 그녀의 괴로움에 공감하였다. 그러고 나서 나는 그녀가 이 사건에 일찍이 개입하지 않았던 것이 딸의 통제할 수 없는 행동에 영향을 주었다고 설명하였다. 수년 전 자신의 소극적 대처의 영향을 이해하기 시작한 어머니의 진전 과정을 지켜보는 것은 흥미진진했다.

치료사가 아동보호국에 보고서를 작성하여 처리하는 방법은 발전하고 있는 가족과의 관계에 중요한 영향을 준다. 부모들이 아동의 폭로를 알게 되면 아동의 안전이 위태로워지는 명백한 사례들이 있다. 그러나 나는 가능하면 아동보호국에 보고하기 전에 양육자에게 알리려고 한다. 보고의 의무와 가족의 치유에 대한 희망 모두를 도모하는 것은 가족이 치료를 포기하는 것을 누그러뜨릴 수 있다. 이 소식에 대한 초기 부모의 저항을 거치고 나면, 부모와 함께하는 것은 신뢰 관계의 구축을 지향하는 먼 길에 힘이 될 수 있다. 때때로 부모들은 이것이 자신들을 배신한 것이라고 여기기 때문에 심하게 화를 낸다. 그러나 일단 내가 부모의 분노를 담아내는 용기(container)가 되고 그들의 고통을 들어 주면, 나는 보고에 관한 의무를 단단히 고수하면서도 죄책감이나 수치심을 느끼는 그들의 정서를 다룰 수 있다. 이것은 부모들을 자기 인식의 새로운 수준으로 이끌고, 비보호적 선택을 했던 왜곡을 교정하는 미래의 작업에 도움이 된다.

안드레아의 경우 당일 저녁 늦게 아동보호국에 보고되었다. 아동보호국의 개입 속도는 놀라웠다. 아동보호국의 대표자들은 다음 날 오후에 아이들의 각 학교에 도착했다. 모든 아이들은 집에서 분리되어 그날 위탁보호가정에 배치되었다. 각각의 아이들은 평가를 위해서 의뢰되었다. 보고 과정에서 지지받는다는 느낌이 있었기에 어머니는 나에게 다른 아이들을 평가해 줄 것을 요청하였다. 평가를 통해 입양된 아이들 중 두 명으로부터 성폭행에 관한 폭로가 있었다.

안드레아의 만족감은 자신의 폭로가 가족을 해체시킨 것같이 보이자 갑자기 강한 죄책감으로 변했다. 성폭행은 보고되어야 했음에도 불구하고 학대조차 보고하지 않은 어머니는 안드레아에게 또 하나의 외상을 주었다. 아버지의 위법 행위가 안드레아가 아홉 살 때 보고되었다면, 그녀는 도움을 받았을 것이고 자신에게 권위적인 인물이 결국에는 자신을 안전하게 지켜 준다고 이해했을 것이다. 전형적인 청소년기 발달단계에 있는 안드레아는 성년의 끝에 존재하는 힘과 그에 수반되는 모든 선택과 맞붙어 싸웠다. 딸에게 필요한 보호와 치료를 할 기회 대신 병적인 남편에 대한 충성심을 선택한 어머니를 둔 안드레아는 그녀의 청소년기의 에너지를 비밀에 관한 힘과 배반당한 분노에 대처하는 데 소비하였다. 안드레아가 마침내 말할 기회와 용기를 갖게 되었을 때, 그녀의 최악의 두려움이 현실화되었고 그녀의 모든 남매들은 각기 다른 위탁가정에 맡겨졌다.

이 소녀의 치료 과정은 확장되었다. 베일이 벗겨졌을 때 사례의 복잡성, 시간의 경과 그리고 신속한 반응은 안드레아가 이야기 형태로 사건에 관한 일관성 있는 감각을 유지하기 어렵게 했다. 자신의 남매들을 잃어버리고, 말을 했다는 것에 대한 비난을 스스로 짊어진 현재의 외상은 원래의 외상 사건을 대체하였다. 성적인 학대 이야기의 일부분은 오래전에 일어났기 때문에, 또 일부는 현재의 어려운 상황이 그녀의 기억을 흐리고 있기 때문에 이야기를 정교하게 만드는 것은 어려웠다.

치료 과정에서 안드레아는 모래 상자에 반복적으로 매료되었다. 모래 상자는 많은 아동들과 청소년들이 그들의 외상 이야기를 고심하기 시작하는 장소다. 또한 모래 상자는 아동과 치료사에게 이야기를 드러내 주는 경계선상 텔레비전 화면과 같은 기능을 한다. 아동들은 자신의 과거에서 중요한 사람들을 나타내는 모형을 선택할 것이다. 이것이 나타날 때, 나는 보통 아동이 서술하는 방식으로 이야기하도록 격려한다. 즉, 우리는 어머니, 아버지 그리고 자신으로 분류해서 부르는 것과는 대조적으로 모형의 이름을 짓는다. 이 객관화 전략은 아동들이 다소 경계를 덜하는 수준에서 외상적 사건을 묘사할 수 있게끔 내담자들의 심리적인 상태에 변화를 준다.

안드레아가 이야기할 준비가 되었을 때, 나는 그녀가 3차원적으로 자신에 대해 말하고 싶어 한다는 것을 알아챘다. 내가 그녀에게 준 지시는 간단했다. "상자 안에 외상을 넣어 봐." 안드레아는 성폭력을 나타내기 위해 필요한 도구들을 선택하는 시간을 가졌다. 그녀가 완성한 모래 상자의 사진은 [그림 10-4]와 같다. 다음은 안드레아가 완성한 모래 상자에 관하여 우리가 함께 탐색한 내용이다.

패리스: 그럼 이것은 그것이 발생하는 순간의 너의 세계구나. 나를 이 세계로 데리고 가서 안에 무엇이 있는지 천천히 보여 주는 게 어떠니?

안드레아: (마법사를 가리키며) 이것이 아버지예요.

(이윽고 왕관을 가리키며) 그리고 이것은 그 당시에 그가 나를 덮쳤을 때 그의 작은 또는 큰 힘의 원형이고, 나는 갇힌 느낌이었기 때문에 저것은 나예요. 그래서 작은 거미줄 같은 것이 나를 덮고 있는 거

[그림 10-4] 안드레아가 꾸민 성학대 모래 상자

예요.

패리스: (치료사는 거미줄 아래의 모형을 가리켰다.) 이것은 아주 작은 아기니?

안드레아: 네, 그것이 내가 느꼈던 거예요. 나는 아주 작게 느껴졌어요. 그리고 이 화살은 내 마음이 그때 어떻게 느끼고 있는지를 표현해 줘요. 나는 마치 찔린 것 같았어요([그림 10-5] 참조).

그리고 이것은 도망가려고 노력하는 것을 상상하는 나예요.

패리스: 그래, 너는 이 일이 일어나는 동안 도망가는 상상을 했었구나.

안드레아: 예. 그러나 할 수가 없었어요. 왜냐하면 나는 안 될 거라는 걸…… 나는 할 수 없을 거라는 걸 알고 있었기 때문이죠.

패리스: 무슨 일이 발생했기에 그랬니?

안드레아: 그게…… 그가 나를 길들였기 때문이에요.

이 지점에서 안드레아는 눈에 보이게 창백해지면서 떨기 시작했다. 그녀의 정서는 무뎌졌고, 나는 그녀가 해리될까 봐 염려되었다. 나는 상자에 있는 모

[그림 10-5] 거미줄 밑에 있는 아기

형에 다시 집중하도록 하기 위해 현재 그녀를 진정시켜야 했다. 그래서 유머를 사용하여 그녀를 안심시키려 했다. 나는 상자의 왼쪽 면에 세워 둔 경비원을 가리켰다.

패리스: 이것들은 조금 크고, 나쁜 놈들이구나.

안드레아는 웃으면서 나와 눈을 맞추고는 미소를 지었다.

안드레아: 네, 그것이 바로 내가 느꼈던 거예요.
패리스: 너는 도망칠 곳이 없는 것처럼 느꼈구나.
안드레아: 그래요.

우리 둘 사이에 관계가 형성된 후에 나는 그녀의 관심을 다시 상자로 돌렸다. 나는 안드레아가 다음 단계에서 세부 사항을 알아차리고 상자 안에 다양한 등장인물의 경험을 확장하도록 도왔다.

패리스: 그래, 이것을 다시 한번 살펴보자. 그리고 이번에 나는 네가 모래 상자 안에 있는 사람들에 대해 이야기했으면 좋겠구나. 이 마법사부터 시작해 볼까? 그가 바라보는 세상은 어떨까? 세상에서 마법사로 사는 것은 어떨까?

안드레아: 음, 그는 자신이 모든 힘을 가지고 있다고 생각하기 때문에 깔깔거리며 웃고 있을 거예요. 이것은 어떤 것도 잘못될 수 있다는 생각을 하지 않는다는 의미예요. 왜냐하면 어떻게 사람들이 알 수 있겠어요?

패리스: 모래에 있는 그의 자세를 봐. 다른 사람들과는 다르게 이 어린 아기에게 특별히 뭐라고 말하는 것처럼 보이니?

내담자가 세상에 대한 특정한 언어적 처리 과정을 하는 동안 치료사는 상자 안에서 등장인물들이 신체적으로 어떻게 다루어지는지 집중하는 것이 중요하다. 내가 모래에서 그녀가 마법사에게 어떤 자세를 취하게 했는지 집중하고 있을 때, 안드레아는 두 손가락으로 마법사를 집어 올려 강제로 돌린 후에 거미줄에 덮여 있는 아기를 똑바로 쳐다보게 했다. 그런 다음 안드레아는 아무 말도 없이 다시 원래 자세로 돌려놓았다.

안드레아: 그것은 그가 나를 정복한 거예요.

패리스: 그가 너를 정복한 것처럼 느꼈구나. 그래서 그의 손은 공중에서 뭐라고 말하고 있는 것 같니? 한 손은…… 이것은 주먹이니?

이 지점에서 안드레아와 나는 상자의 아랫부분에서 모든 시선을 마법사에게로 돌렸다.

안드레아: 그는 '나는 모든 것을 가지고 있다.' 고 생각하고 있어요.

패리스: 그는 어디를 보고 있니? 그가 작은 아기를 보고 있니?

안드레아: 아니요, 아니요.

이때 안드레아는 조용히 눈물을 흘리기 시작했다. 그녀가 아버지는 진정으로 자신을 소중한 딸로 생각한 적이 없으며, 자신을 장난감처럼 다룬 사실에 슬퍼하는 동안 우리는 함께 머리를 맞대고 모래 상자를 응시했다.

나중에 나는 안드레아에게 마법사를 강제로 아기와 마주 보게 했다가 다시 원래 자리로 배치한 것에 대한 이야기를 나누었다. 안드레아는 얼마나 그녀가 아버지를 믿고 싶었는지에 관하여 이야기하면서 그녀 자신과 아버지 간의 연결을 만들었다. 나는 안드레아에게 모래 상자를 탐색한 후에 발생된 어떤 사고 또는 감정을 적어 보도록 했다. 안드레아는 다음 회기에 와서 자신의 통제 불능의 행동을 아버지가 진짜로 자신을 볼 수 있게 하기 위한 필사적인 시도로 보기 시작했다. 안드레아는 그것을 모래 상자에 투영함으로써 자신의 외상이 최고로 안전하게 다루어짐을 느꼈다. 거미줄 아래에 갇힌 취약한 아기에 관한 은유는 감각 처리에 대한 풍부한 내용을 준다.

에린의 발달 이야기

외상 이야기의 또 다른 예는 부모의 이혼으로 혼란을 경험한 에린(Erin)이라는 일곱 살 여자아이의 사례에서 볼 수 있다. 이혼 전에 에린의 아버지는 2년간 마약을 복용했다. 그러는 동안 그는 직장을 잃고 엄청난 빚을 져서 감옥에 갔다. 에린의 어머니는 이혼소송을 하였다. 이후 아버지는 감옥에서 출소하여 한밤중에 에린의 집에 쳐들어가서 마약을 사기 위해 컴퓨터 장비를 훔쳤다. 에린이 초기 면접을 했을 때 아버지는 다시 감옥에 들어갔고, 이혼한 지 6개월이 되었다. 에린은 학교에서 문제 행동을 보이기 시작했고, 집에서 어머니에게 유난히 반항적인 모습을 나타냈다.

[그림 10-6] 에린의 '환상의 가족'

에린의 첫 회기에서 나는 그녀에게 가족놀이 가계도를 만들어 보도록 권했다. 에린은 가족 구성원들 각각에 해당하는 인형을 선택했고 그들을 모래 상자에 놓았다. 그녀는 아버지를 경찰관으로, 어머니는 공주로 정하였다. 자신의 상징물로는 유니콘을 선택했다. 에린은 영원히 모두가 행복한 '환상의 가족'을 만들었다([그림10-6] 참조).

나는 에린이 부정(denial)에 갇혀 있거나 부모의 이혼을 수용할 수 없는 것은 아닌지 궁금했다. 그래서 현재의 부정이 그녀의 비탄 과정과 가족 내의 변화에 관한 궁극적인 수용을 저해하는 것은 아닌지 걱정되었다. 내가 에린에게 '이혼한' 가족을 그려 보라고 하자, 그녀는 "나는 우리가 결혼한 그림을 그릴 거예요!"라고 말했다([그림 10-7] 참조).

에린은 왼쪽에 자신을, 그리고 중앙에 아버지를, 오른쪽에 면사포를 쓴 어머니를 그렸다. 에린과 어머니는 모두 빨간색 드레스를 입었으며, 그들의 옷자락 끝에는 검정 그림자가 있었으나 이것은 별 문제가 아니었다. 하지만 완전히 검게 그려진 아버지는 아마도 아버지에 관한 아동의 위험한 연상을 암시하는 듯했다. 에린은 그림의 옆에 '이것은 나와 아버지 그리고 어머니가

[그림 10-7] 에린의 그림: 가족의 결혼식

결혼할 때다.' 라는 문구를 적어 달라고 했다. 그다음 두 회기는 이혼에 관한 심리교육을 하였다. 우리는 『공룡들의 이혼(Dinosaurs Divorce)』(Brown & Brown, 1988)을 읽었다. 또한 부모의 이혼에 관한 진실을 심리적으로 부정하는 아동들을 위한 『나는 그것에 관해서 말하고 싶지 않아요(I Don't Want to Talk About It)』(Ransom, 2000)를 읽었다. 책 읽기를 마쳤을 때 에린은 울면서 부모님의 이혼에 관해 말하고 싶지 않다고 했다. 그리고 처음으로 아버지가 감옥에 갔을 때를 말해 주었다. 나는 에린의 괴로운 마음과 아버지의 투옥에 대한 진실을 인정하였다. 그다음 주에 어머니는 에린이 상담실에 가져오고 싶어 했던, 집에서 그린 그림을 가지고 왔다([그림 10-8] 참조).

에린은 가족 세 사람 모두가 활짝 웃고 있는 얼굴을 그렸으며, 그들은 무지개로 둘러싸여 있었다. 그녀는 이 그림의 정중앙에 날아다니는 세 마리의 새를 함께 그렸다. 그리고 그녀는 자신을 가운데에 두고 어머니와 아버지를 양쪽에 두었다. 또한 아버지의 옷을 여러 색깔로 그렸고, 그의 의상을 '죄수복'으로 묘사했다. 에린의 미술 작품에서의 작은 변화는 그녀의 내면의 변화를 반영한다. 자신의 변화된 이야기를 시각적 이미지로 명백히 하는 것은 아동

[그림 10-8] 에린이 그린 죄수복을 입은 아버지

에게 잠정적으로 새로운 진실을 어떻게 느끼는지 시험하게 하고, 그것을 어떻게 감지하는지 볼 수 있게 한다. 에린은 이 그림을 나에게 보여 주고 아버지의 옷이 '죄수복'이라고 알려 준 후에 다른 놀이를 하며 함께 놀았다. 떠날 시간이 되었을 때 그녀는 "나는 이 그림을 아버지에게 보내고 싶어요. 그 위에 글을 써 줄래요?"라고 말했다. 나는 기꺼이 그러겠다고 했고, 에린은 '당신의 아이는 거의 죽었어요.'라고 쓰라고 했다.

다음 회기에서 나는 에린의 어머니를 만났다. 어머니는 집에서 에린의 공격적 행동이 크게 줄었고, 분노는 아버지와 아버지의 선택에 집중되어 있는 것 같다고 보고했다. 에린은 어머니에게 감옥에 있는 아버지를 방문할 수 있는지 물었고, 어머니는 이에 대해 나에게 조언을 구했다. 에린이 다음 회기에 왔을 때 나는 그녀에게 감옥에 있는 아버지를 상상할 때 그의 환경이 어떻게 연상되는지 물었다. 에린은 디즈니 영화 〈알라딘〉에서 봤던 것처럼 아버지가 쇠사슬을 차고 빵과 물만 먹어서 무척 야윈 모습을 하고 있다고 했다. 나는 아버지를 방문하는 것이 아버지의 상황에 관한 에린의 잘못된 인지를 교정하는 데 도움을 줄 것 같다고 말했다.

[그림 10-9] 감옥에 있는 에린의 아버지

에린은 주말에 아버지를 방문했고, 얼굴에 미소를 띠면서 그다음 회기에 왔다. 그녀는 나에게 아버지를 만난 이야기를 하기 시작했다. 그리고 눈을 반짝이면서 "아버지는 혼자서만 사용하는 싱크대랑 화장실이 있어요. 가끔은 밖에 나가서 농구도 해요."라고 아버지가 생활하는 공간을 묘사했다. 그런 후에 [그림 10-9]를 그렸다.

이 그림에서 아버지가 감옥에 있는 것을 주목하라. 에린과 어머니는 감옥 밖에 서 있다. 에린은 "이것은 나와 어머니가 아버지를 방문하는 거예요."라고 말했다. 나는 사람들의 얼굴에 갈색 표시가 있는 것을 언급했다. 에린은 "이것은 눈물이에요. 우리가 함께 있을 수 없어서 모두가 울고 있어요."라고 말했다. 에린의 내면의 이야기는 마침내 가족의 현실을 파악하였다. 이런 방법으로 아동들은 미술을 통해 자신의 내면의 이야기를 변화시키고 확장한다.

브라이언의 사례

나는 미술과 모래가 아동들이 자신의 외상 이야기를 정확하게 표현하고 정제하는 것을 돕는 데 어떻게 사용되는지에 관한 사례들을 제시하였다. 손 인형은 아동들이 일관성 있는 이야기를 구조화하는 데 도움을 주는 효과적인 놀이치료 매개체 중 하나다. 손 인형과 손가락 인형 모두 이 작업에 사용될 수 있다. 치료 초기 단계에서 아동들은 손가락 인형이 작고 관리가 용이하기 때문에 선호할 수 있다. 손 인형은 아동들을 압도하지 않고 이야기할 수 있도록 이용된다. 아주 어린 아동들은 무엇이 현실이고 무엇이 가상인지 잘 구분하지 못하므로, 손 인형도 압도적일 수 있다. 치료사가 손 인형으로 무섭고 공격적인 이야기를 조작할 때 아동은 이것이 실제라고 믿을 수 있기 때문에 아주 어린 아동에게는 공포스러울 수 있다. 그러나 친근한 캐릭터 손 인형이라면 어린 아동들에게도 효과적으로 사용될 수 있다.

외상 이야기 작업에 인형을 통합하는 전략은 단순히 무슨 일이 발생했는지 인형놀이를 통해 말하도록 하는 개입이다. 잠복기 단계의 아동은 특히 이 과제에 흥미를 갖는다. 이는 새로운 약에 대한 외상적 반응을 보이는 아홉 살 소년 브라이언(Brian)의 사례에서 잘 설명된다. 나에게 치료를 받기 전에 브라이언은 주의력 결핍 및 과잉행동 장애, 양극성장애, 반항장애의 진단을 받았다. 그는 이미 상담을 받기 위해 여러 치료사들을 만났으며, 약물치료를 위해 여러 의사들을 만났다. 그러던 중 위기를 겪은 어머니는 응급 회기를 갖기 위해 나에게 전화하였다. 어머니는 브라이언이 새로운 항정신성 약물을 일주일 정도 복용했는데, 턱이 완전히 고정되어서 움직일 수 없다고 보고했다. 브라이언과 어머니는 이 상황을 몹시 두려워하며 곧장 응급실로 향했다. 근무 중인 의사는 베나드릴(Benadryl, 알레르기를 치료하는 항히스타민제-역주)을 처방하였고 한두 시간 후에 브라이언의 턱은 부드러워졌지만 이 사건으로 브라이언은 정신적인 충격을 크게 받았다.

놀이치료실에 들어왔을 때 브라이언은 명백한 통제 불능 상태였다. 주의력 결핍이 있는 브라이언은 원래 놀이치료실에서 산만함을 보였지만, 이날은 외상 후 불안이 그의 과잉행동을 더욱 심각하게 만들었다. 브라이언은 놀잇감을 집거나 다시 내려놓으면서 놀이치료실 안을 뛰어다녔다. 자신의 놀이를 조직화하는 데 어려움을 보인 브라이언은 '가짜 의사' 라고 지나가듯 언급하기만 하고, 자신의 외상적 경험은 털어놓지 않았다. 나는 브라이언이 자신의 경험을 조직화하고 응급실로 향한 끔찍한 기억을 궁극적으로 처리할 발판을 마련할 수 있도록 어떻게 도와야 하는지 고민했다. 나는 "이번 주에 새로운 약물을 복용한 후에 너에게 무슨 일이 있었는지 어머니를 통해 들었단다. 네가 그것을 어떻게 느꼈는지 궁금하구나. 네가 이미 다른 몇 가지 약을 복용했던 것을 기억하는데……."라고 말하자, 브라이언은 눈동자를 이리저리 굴리면서 내 말을 끊고 "몇 가지? 다발을 말하는 거지요?"라고 말했다. 나는 약물 다발에 관해 브라이언이 가진 지각을 반영했다.

그리고 "너도 알다시피 나는 약을 복용하는 많은 아이들을 본단다. 어떤 아이들은 너보다 더 어려서 어떤 약이 효과가 있고, 어떤 약이 기분을 좋게 하는지 잘 모른단다. 내 생각에 네가 이야기를 해 주면 그 아이들을 도울 수 있을 것 같구나. 약에 관해 인형놀이를 할 수 있겠니?"라고 말했다. 브라이언은 관심을 보이더니 열심히 놀이의 등장인물을 선택했다. 그는 손가락 인형만 사용하기로 결정하고는 자신을 플라밍고(flamingo)로, 어머니를 파랗고 큰 어치로, 그리고 의사를 검정 박쥐로 선택했다. 다음은 그의 놀이 내용이다.

플라밍고: 안녕, 나는 미스터 플라밍고 듀드(Dude)야.
큰 어치: 안녕, 나는 미스터 플라밍고 듀드의 어머니야. 미스터 플라밍고 듀드는 네가 보다시피 상당히 과잉행동을 해.

브라이언은 플라밍고 인형이 여기저기 뛰어다니게 했다.

플라밍고: 아흐~아~아흐. 우후! 우히!
큰 어치: 그만해! 미스터 플라밍고 듀드.

브라이언: (이야기하면서) 그래서 다음 날 어머니는 우리가 의사에게 가야 한다고 말했어.

큰 어치: 미스터 플라밍고 듀드, 너는 반드시 치료사를 만나야 해!

플라밍고: 어? 치료사가 뭐야?

큰 어치: 그건 사람이야.

플라밍고: 오! 사람들은 그리 나쁘지 않아.

플라밍고와 큰 어치는 예약 시간에 맞추어 치료실에 갔다.

박쥐 1: 안녕, 나는 오늘 너의 치료사야.

플라밍고: 너는 박쥐 같아. 너는 가짜야.

브라이언은 플라밍고 인형이 박쥐를 때리게 했다.

박쥐 1: 이제 진정해 봐. 오! 이것 좋지 않니? 봐, 기분이 훨씬 나아지지 않았어? 우리가 어디까지 했더라? 나는 너에게 알약을 주고 싶어. 여기 있어.

플라밍고: 멍청한 저능아 같군.

박쥐 1: 어, 그래?

플라밍고: 그래, 바로 그거야.

박쥐 1: 글쎄, 나는 이것을 네 입속으로 처넣을 거야. 걱정 마, 이것은 전혀 상처를 주지 않으니까.

플라밍고: 아! 멈춰!

박쥐 1: 다했다. 기분이 나아졌니?

플라밍고: 오! 다 끝나서 다행이다. 너한테 응가할 거야.

브라이언은 플라밍고가 박쥐에게 응가하게 했다. 그러자 박쥐는 플라밍고 듀드를 사무실 밖으로 차 버렸다.

플라밍고: 야! 멈춰! 뭐하는 거야? 불쾌해!

큰 어치: 참으렴, 미스터 플라밍고 듀드!

브라이언이 치료사의 사무실에서 쫓겨나는 것을 연기할 때, 그의 목소리는 나에게 고조된 불안을 암시하듯 찢어질 듯 높았다. 나는 브라이언이 이야기를 완성할 수 있도록 그의 고조된 불안을 처리하는 데 도움을 주어야 했다. 브라이언이 부인한 불안 자체에 주의를 집중하는 대신에 불안의 심리학적 증상을 처리하도록 도와주었다. 나는 브라이언에게 그의 목소리가 비디오테이프에 정확하게 인식되도록 목소리를 좀 더 크게 하거나 말을 천천히 할 수 있는지 물었다. 나의 지시는 실제적인 목적을 달성하는 데 도움이 되었으므로 브라이언은 쉽게 받아들였다. 이 지시의 주요한 목적은 의도적으로 브라이언의 집중을 생리학적 반동으로 되돌리고, 아동에게 의식적으로 불안 반응을 통제할 수 있도록 하는 것이다. 브라이언은 숨을 깊게 들이마시고 의식적으로 목소리의 음조를 낮추었다.

브라이언: 그다음 날에…….

박쥐 2: 안녕!

플라밍고: 나는 너를 싫어해. 너는 나쁜 놈이야. 죽어라! 바보 천치야, 죽어.

플라밍고는 다시 박쥐를 때렸다. 이 재연으로 보아 브라이언은 자신이 만났던 전문직을 가진 사람들을 향하여 강한 분노를 갖고 있는 것이 분명했다.

박쥐 2: 도와줘!

박쥐는 플라밍고와 큰 어치를 사무실 밖으로 차 버렸다.

큰 어치: 참으렴, 미스터 플라밍고 듀드.

브라이언: 그리고 매일매일 그들은 쫓겨났어.

브라이언은 우리에게 자신이 방문한 각각의 치료실에서 쫓겨났던 상황을 보여 주었다. 플라밍고 듀드는 새로운 치료실로 갔다.

박쥐 3: 안녕! 내 이름은 의사야. 기다려! 이것을 알약이라 부른단다. 나는 이것을 네 입에 넣을 거야. 이것은 아프게 하지 않아.

플라밍고: 우으으! 우으으! 나 괴로워.

플라밍고는 소리를 지르고 토하는 소리를 냈다.

패리스: 그가 토하는구나. 그리고 그는 떨고 있는 것 같아.

브라이언은 내 말에 동의하면서 머리를 끄덕였다.

브라이언: 그다음 날에…….

큰 어치: 우리가 의사를 바꿔야겠구나, 아들아!

플라밍고: 싫어! 다시는 안 갈 거야!

플라밍고와 큰 어치는 새로운 치료실로 향했다.

박쥐 4: 안녕, 내 이름은 의사야.

플라밍고: 오, 나는 네가 뭐라고 말할지 정확하게 알고 있어. '내 이름은 의

사야. 일 분만 기다려. 여기에 알약이 있고, 내가 지금 이것을 네 입속 에 넣을 거야. 이것은 아프게 하지 않아.'

박쥐 4: 그래, 네가 정확히 알고 있구나.

플라밍고: 그래! 나는 그것을 토할 거야. 그리고 똑같은 일은 계속 일어날 거야. 우리는 계속해서 의사를 바꾸고 어떤 것도 잘되지 않을 거야!

브라이언은 등장인물들이 몸싸움하는 소리를 동반했다. 결국 박쥐는 내던져졌다.

패리스: 의사들이 죽었니?

브라이언: 네. 어떤 의사들도 다시는 일하지 않았고, 어머니도 만족했어요.

이 진술로 브라이언의 인형놀이는 끝났다. 놀이가 끝났을 때 브라이언은 비디오테이프를 큰 화면으로 다시 보고 싶다고 했다. 비디오로 촬영된 인형놀이와 다른 극놀이 제작은 일관된 이야기를 작성하는 데 가치가 있다. 처음에 아동은 놀잇감을 이용하여 만들어진 이야기를 운동감각적으로 경험한다. 그런 후에 그것을 필요에 따라 몇 번이고 다시 볼 수 있다. 비디오로 보는 것은 양육자가 장기간 반복해서 이야기하여 아동이 사건을 연속시키는 데 도움을 주는 것과 같은 방법으로 외상 이야기를 총연습하는 역할을 한다.

대니엘의 사례

외상의 재연은 아동이 단지 말로 하는 환경보다는 놀이 환경에서 쉽게 접근할 수 있다. 나는 이러한 생각을 최근의 사례에서 한 번 더 확신하게 되었다. 최근 어머니가 살해된 대니엘(Danielle)이라는 어린 여자아이를 한 동료가 내게 의뢰해 왔다. 대니엘의 어머니는 집에서 아이가 자고 있는 동안 살해되었다. 그녀의 부모는 대니엘의 삶에서 가정폭력과 밀접하게 연관되어 있었다. 그들의 다른 자녀들은 대니엘에게 개입을 시도했던 나의 동료가 담당했다. 대니엘은 나의 동료에게 눈 맞춤이 거의 없었고, 질문을 시작하자 점점 더 폐쇄적인 모습을 보이더니 결국 온몸으로 치료사를 거부하며 입을 닫아버렸다. 나의 동료는 대니엘의 외상적 사건에 접근할 수 있는 또 다른 매개체가 필요하다고 믿고 그녀를 놀이치료에 의뢰하였다.

나는 대니엘을 만나기 전에 그녀의 새로운 후견인들을 먼저 만났다. 존스(Jones) 부부는 그녀의 어머니가 죽고 난 후 치료를 시작하기 2주 전부터 그녀를 보살피고 있었다. 이 부부는 가족의 먼 친구였기 때문에 어머니가 죽기 전에 대니엘은 이 부부와 얼굴만 아는 정도였다. 이 부부는 어머니의 죽음으로 바뀌어 버린 대니엘의 반응에 당황해하고 있었다. 그들이 대니엘에게 어머니가 죽었다고 이야기했을 때, 대니엘은 2~3분 동안 울더니 그 뒤로 전혀 울지 않았다고 했다. 대니엘은 누가 만지면 흠칫 놀라서 피하고 학교에서나 집에서나 혼자 있었다.

존스 부부는 자신들이 대니엘을 보호했던 2주 동안 어머니가 어떻게 죽었는지 그녀가 전혀 묻지 않았다고 했다. 또한 아버지에 대해서도 묻지 않았고, 자신이 아버지와 살게 될 것인지도 묻지 않았다. 이 부부가 대니엘을 상담센터로 데려갔을 때 처음에는 모두 그녀를 측은하게 여겼다. 대니엘은 존스 부인에게 기대더니 "이곳은 소름 끼치는 곳이에요. 모두 심하게 친절해요."라고 말했다. 이것은 그녀가 접근하는 사람들에 대해 경계심을 갖고, 친절에 대해 일시적일 것이라는 의심을 갖고 있다는 것을 알려 주었다. 이 불신을 불식하기 위하여 나는 대니엘의 첫 번째 방문에서 실제적인 접근을 취하기로 했다. 나는 그녀를 놀이치료실에 초대하자마자 모래 상자를 치우고 그녀로부터 약간 돌아섰다. 내가 다소 거리를 두고 모래 상자 장난감을 정리하는 데 열중하는 모습이 그녀를 편안하게 하기를 바랐다. 다음은 이 회기의 처음 몇 분 동안의 대화다.

패리스: 내 이름은 패리스야. 이곳은 너만의 특별한 시간을 위한 놀이치료실이야. 여기서는 네가 안전하게 있을 수 있고, 네가 하고 싶은 모든 것을 거의 할 수 있단다. 존스 부부가 네 어머니의 죽음에 대해 말했단다. 여기서는 네가 언제 그 이야기를 하고 싶은지 결정할 수 있어. 존스 부부는 네 부모님이 평소에 자주 싸웠다고 말해 주었어. 나는 싸움이 잦은 부모를 둔 많은 아이들을 본단다. 그 아이들은 자신이 보았던 여러 가지 무서운 것들을 나에게 말해 주지. 우리는 그것을 '미치광이 행동'이라고 부른단다. 내가 확신하건대 너도 그 '미치광이 행동'을 봤을 거야.

대니엘은 머리를 끄떡이며 눈동자를 굴렸다.

대니엘은 내가 선반에 놀잇감을 놓는 것을 보더니 활동에 참여했다. 그녀는 선반에 있는 상징물로 되돌아가서 다음과 같은 폭로를 했다.

대니엘: 한번은 아버지가 창문으로 텔레비전을 던졌어요.

패리스: 아버지가 창문으로 텔레비전을 던진 것을 기억하고 있구나. 그것은 미치광이 행동의 훌륭한 예가 되지.

대니엘: 어머니는 아버지에게 뜨거운 수프를 부었어요. 수프 한 냄비 가득한…… 파스타…… 같은 것.

패리스: 무섭게 들리는구나.

대니엘: 나는 부모님께 남동생이 무서워하니까 멈추라고 했어요.

패리스: 그렇지.

대니엘: 그리고 나도 무서웠어요. 그리고 한 번은…….

패리스: 너 그거 아니? 아무래도 네게 많은 미치광이 행동이 일어났던 것 같구나. 우리가 그것을 잘 추적하기 위해서 내가 그 미치광이 행동의

목록을 만들게.

나는 대니엘의 옆 테이블로 자리를 옮겼다. 나는 빈 종이에 '미치광이 행동'이라고 적었다. 그리고 나는 대니엘이 말하는 것을 천천히 반복하면서 적어 갔다. 목록과 반복은 대니엘이 가지고 있는 폭력의 단편적인 삽화와 아이 내면에서 붕괴하고 있는 혼돈을 정리하도록 하는 데 이용하는 두 가지 도구다. 이것들은 또한 외상 내용에 대한 노출로서 작용한다. 대니엘은 나의 머리에 맞대고 종이에 고개를 숙이면서 자신의 과거력을 나타내는 언어를 살펴보았다. 나는 그 목록을 한 번 더 반복하였다.

대니엘: (목록을 심사숙고하면서) 고속 추격.

대니엘은 분명히 초기 면접 때 나에게 보고하지 않은 또 다른 불안한 사건을 기억하고 있었다. 나는 태연한 척하면서 자연스럽게 그것을 적었다.

패리스: 알았어, 내가 그것을 덧붙일게. 고속 추격.

대니엘: 내 여동생이 차 안에 있었어요.

대니엘의 태도는 바뀌었다. 그녀는 깊은 한숨을 내쉬며, 아버지가 어떻게 집에 왔고, 진입로 어디에 주차했으며, 무슨 말을 했고, 어떤 얼굴이었는지 등을 빠르게 이야기하기 시작했다. 그것은 마치 수문이 열리는 것 같았고, 이제 대니엘은 자신의 경험을 나누는 데 열성적이었다. 그녀는 호흡이 짧아지면서 기억에 휩싸이는 것 같았다.

패리스: 너는 그 추격에 관한 많은 것을 기억하는 것 같고, 네가 본 것을 나에게 보여 주고 싶은 것 같구나. 만약 도움이 된다면 모래 상자에 네

머릿속에 있는 그림을 분명히 보여 줄 수 있단다.

대니엘: 차와 그 밖의 다른 것들을 이용할 수 있나요?

대니엘은 모래 상자 쪽으로 옮겨 갔다.

대니엘: 경찰차가 필요해요. 아, 여기에 하나가 있다. 실제로는 두 개가 필요해요. 하나는 진입로로 들어왔고, 하나는 계속 아버지의 뒤를 쫓았어요. 집도 필요해요.

대니엘은 아버지가 여동생을 데리고 갔던 날, 자신의 집 앞의 장면을 만들고 있었다.

대니엘: 아버지는 신발을 벗고 창문을 두드리기 시작했어요. 어머니는 소리를 지르면서 밖으로 나갔어요. 아버지는 동생을 붙잡고 차에 탔는데, 우리도 함께 데리고 가려 했어요.

패리스: 아버지가 너도 차에 태우려 했구나.

대니엘: 아버지는 우리에게 차에 타라고 소리를 질렀지만, 어머니가 우리에게 옆집 마당으로 가라고 해서 우리는 그렇게 했어요. 아버지는 포기하고 여동생만 차에 데리고 탔어요.

패리스: 그래서 아버지가 차에 탔구나.

대니엘: 그래요. 그런 후에 그는 어머니의 차를 받았어요.

패리스: 아버지가 어머니의 차를 받았구나. 그때 상황이 어땠니?

대니엘: 정말 큰 소리가 났고, 뒷부분이 완전히 망가졌어요.

패리스: 그래, 아버지가 어머니의 차를 받았구나. 그런 후에 무슨 일이 일어났니?

대니엘: 아버지는 칼을 가지고 있었어요.

대니엘의 호흡은 다시 잦아들었다. 나는 다시 이야기에 끼어들어 마지막 세부 사항을 뚜렷하게 하면서 한 발자국 뒤로 물러서게 했다. 나는 의도적으로 이야기하는 속도를 늦추게 하였고, 대니엘이 현시점의 놀잇감에 근거를 두게 하면서 그녀가 사건을 순서대로 맞추는 것을 도와주었다.

패리스: 잠깐만! 좀 혼란스럽구나. 난 아버지가 차에 있는 줄 알았는데.

대니엘: 어머니가 휴대전화로 경찰에 전화하려고 했어요. 아버지는 뛰어가서 칼을 가져왔어요. 아버지는 휴대전화의 건전지를 빼려고 했어요.

패리스: 아, 알았어. 아버지는 칼을 가지고 와서 휴대전화의 건전지를 빼려고 했구나.

대니엘: 네, 아버지는 건전지를 뺐어요. 그리고 여동생을 차에 싣고 가 버렸어요. 여동생은 겨우 한 살이에요.

패리스: 아버지가 어린 여동생을 데리고 가는 것을 보는 것은 무서웠겠구나.

대니엘은 자신이 만든 모래 위의 진입로 아래로 차를 운전했다.

대니엘: 그래요, 나는 아버지가 어디로 가는지 몰랐어요.

패리스: 그래서 아버지는 경찰에게 제지되었구나.

대니엘: 네, 경찰이 막 도착했고, 어머니는 아버지의 차를 가리켰어요. 그리고 경찰은 아버지를 추격했고요. 경찰은 80마일(약 130km/h)로 아버지를 쫓고, 아버지도 여동생을 데리고 80마일로 달렸어요. 경찰은 아버지의 속력을 낮추게 하려고 자신들의 속력을 낮췄어요.

패리스: 경찰은 네 여동생이 안전하기를 원했구나.

대니엘: 네, 경찰은 내비게이션으로 아버지를 추적했고 호텔에서 붙잡았어요.

패리스: 경찰이 아버지를 잡았구나. 동생은?

대니엘: 동생은 괜찮았어요.

대니엘은 갑자기 모래놀이를 중단하더니 피라미드 모양의 부드러운 바위를 집어 들어 살폈다. 나는 시선을 바위로 옮겼다.

패리스: 너 바위를 발견했구나!

대니엘은 자신의 외상 사건에 대해 이야기하는 아동에게서 나타나는 유형을 반복하고 있었다. 이 아동들은 집중적인 방법으로 나에게 무슨 일이 일어났는지를 보여 주면서 동시에 말한다. 기억이나 정서의 강도가 너무 세지면, 아동은 신체적으로 현재 처리 중인 것에서 멀어지면서 그것에서 분리된다. 또한 종종 전에 관심을 가지지 않았던 장난감에 갑자기 마음이 빼앗겨서 놀이치료실 안을 돌아다닌다. 이런 행동을 '대처기제'라 하고, 이 같은 행동을 놀이치료사는 수용해 준다. 성인 내담자의 치료 과정에서 내담자가 너무 압도되면, 치료사에게 이야기 내용을 바꾸자는 신호를 보낸다. 지혜로운 치료사는 내담자를 따라간다. 아동의 치료에서 나는 아동과 똑같이 현재 아동의 주의를 끌고 있는 것에 흥미를 보이면서 즉각적으로 바꿔서 따라간다.

외상 내용과 안전하고 달래 주는 놀이 사이를 오가는 춤은 상반된 위치를 오가는 형태를 취한다. 여기서 기억해야 할 가장 중요한 역학은 이 춤에서 치료사가 협력자가 될 뿐만 아니라 외상 처리 놀이와 기본 놀이 행동 사이에서 유동성 있게 움직일 필요가 있다는 것이다. 분리하는 순간에는 아동이 궁극적으로 외상 내용으로 돌아올 수 있게 준비시키는 내적 재조정을 이행하게 한다. 치료사가 더 알고 싶은 외상 내용은 이 춤 안에서 효과적인 협력자가 되는 방법을 통해 알 수 있다. 그리고 치료사는 이 호기심을 경계해야 한다.

몇 분 후에 대니엘은 피라미드를 내려놓고 아름다운 돌로 만들어진 나무를 집었다. 우리가 함께 돌 나무에 감탄하는 동안, 대니엘은 외상 처리를 다시 시작하였다.

대니엘: 우리는 무슨 일이 일어났는지 몰랐어요.
패리스: 너는 아직 모르고 있구나.
대니엘: 그들은 그녀가 누군가에 의해 살해됐다고 생각해요.

대니엘이 어른들의 대화를 엿들은 것이 분명했다. 나는 어머니가 어떻게 죽었는지 대니엘이 질문을 전혀 하지 않았다는 후견인의 말을 기억한다.

패리스: 오! 그들은 그녀가 살해되었다고 생각하는구나.
대니엘: 이것은 정말 무거운 소파예요.

지금 우리는 아동들이 어떻게 분리된 조각들의 정보를 주는지에 관한 예를 보고 있다.

패리스: 너는 소파를 기억하고 있구나.
대니엘: 글쎄, 그 소파는 우리 방 붙박이장에 비스듬히 놓여 있었어요. 어머니는 허리가 아파서 우리 침대를 더 좋아했고, 그래서 우리는 어머니의 방에서 자고 있었어요.
패리스: 혼란스러운데…… 네가 네 방에 없었는데 넌 어떻게 소파가 붙박이장에 비스듬히 놓여 있는지 알고 있니?
대니엘: 나는 복도에서 붙박이장을 볼 수 있었어요. 소파는 기울어져 있었어요. 나는 어머니가 거기에 있는 게 아닌가 생각했어요.
패리스: 너는 어머니가 붙박이장 안에 있을지도 모른다고 생각했구나.
대니엘: 그래요. 이것은 침대로 변하는 크고 무거운 소파예요. 이것이 아버지에게는 너무 무겁기 때문에 아버지는 그것을 기울일 수 없어요.

패리스 : 그래서 너는 아버지가 그것을 운반할 수 없다고 생각하는구나.

대니엘: 네, 제 생각에는 아버지가 죽인 게 아니에요.

대니엘은 또다시 모래놀이로부터 떨어져서 자석을 가지고 놀았다. 나는 이 활동에 같이 참여했고, 우리는 그 회기가 끝날 때까지 모래 활동을 하지 않았다. 대니엘은 확실히 누군가에게 자신이 보았던 것을 말하고 싶었다. 대니엘은 외상에 관한 인지적인 내용과 이미지를 마음속에만 갖고 있었던 것이 스스로를 지치게 했으므로, 놀잇감에 기초한 외상 이야기의 공유가 필요했다. 대니엘은 외상 내용을 적정한 수치로 조절하기 위하여 필요하면 일탈을 했다. 나의 역할은 우선 대니엘이 나에게 보여 주는 것을 담아 주고, 반영하고, 정당성을 인정해 주는 것이다. 두 번째로, 대니엘이 필요할 때 신호를 보내면 내가 그녀가 외상 내용에 다가서거나 멀어질 때 함께하는 것이다.

대니엘의 경우는, 초기 회기에서 특정한 외상 내용을 처리하기 시작했다. 앞선 장에서 언급했듯이, 외상을 경험한 아동들에게 가장 안전한 치료 절차는 외상을 처리하기 전에 이완기술과 스트레스 관리 능력을 획득하도록 하는 것이다. 그러나 아동은 치료사가 놀이치료실 안에서 안정감과 안전감을 형성시키고자 할 때 임의적으로 외상 이야기를 시작할 수 있다. 6장에서 잠깐 언급된 알리(Allie)의 경우가 이에 해당한다.

알리는 치료받기 6개월 전에 자신의 친조부모 집에서 살게 된 여덟 살의 여자아이이다. 알리는 친어머니에게서 방치되고 학대받았으며, 세 살 때부터 외할머니의 보호하에 있었다. 그녀는 외할머니가 너무 아파서 자신을 보호할 수 없을 때까지 같이 살았다. 이후 알리는 새로운 양육자가 된 친할아버지와 그가 재혼한 할머니와 함께 살게 되었는데, 그때부터 그 할머니에 관해 이야기했다. 알리는 할머니가 깜깜한 방에 자신을 가둬 두고 잘못 행동하면 손찌검을 했다고 주장했다. 알리는 치료실에 세 번째로 방문했을 때, 치료실에서 가장 작은 감옥을 선택하여 놀이 상자에 놓았다. 알리는 젖병을 잡고 있는 금발에 파란 눈의 아기 모형을 선택했다. 나는 속으로 이 상징이 알리의 자기 상징물이 될 것인지 궁금해했다. 그런 후에 알리는 치료사의 도움을 받아 치료실에서 안정감과 안전감을 형성하는 것을 특징으로 하는 놀이 유형을 시작하였다.

알 리: 저 어린 여자 아기는 감옥에 갈 거예요!

패리스: 저런! 저 여자 아기가 감옥에 들어갈 거구나.

알 리: (격노하면서 치료사 쪽을 바라보며) 근데, 거기에 그냥 앉아 있을 거예요?

패리스: 내가 너를 도와주기를 바라는구나.

알리는 고개를 끄덕이면서 치료사에게 힘이 센 남자 모형을 주었다. 그녀는 내가 좀 더 적극적으로 개입하기를 원했다.

알 리: (아기인 척하면서) 도와줘요!

패리스: (힘센 남자인 척하면서) 내가 도와줄게, 아기야! 넌 감옥에 있을 필요가 없어. 너는 너를 돌봐 줄 새로운 부모가 필요해.

나는 감옥을 열고 여자 아기를 힘센 남자의 팔 위에 놓았다([그림 10-10] 참조). 다음 주에 알리가 돌아와서 모래 상자 위에 커다란 감옥을 놓아 달라고 요청하였다. 알리는 작은 말들을 많이 선택하여 감옥 안에 넣었다. 그녀는 우리가 지난주에 구조한 여자 아기를 선택하여 가장 큰 감옥 안의 말들 앞에 놓았다([그림 10-11] 참조)

알 리: 나는 구조되기를 원해요.

패리스: 너는 구조되기를 원하는구나.

[그림 10-10] **여자 아기를 구출하는 힘센 남자**

알 리: 아직 잠깐만요, 나는 아직 준비가 되지 않았어요.

패리스: 네가 준비가 되면 알려 주렴.

알 리: 어머니…… 새어머니가 아니고, 나의 첫 번째 어머니. 어머니가 나를 감옥에 넣었어요.

패리스: 어머니가 너를 감옥에 넣었니?

알 리: 나는 장난감을 던지며 소리를 질렀어요. 어머니는 경찰을 불러서 나를 감옥에 넣으려고 했어요.

패리스: 어린 소녀인 네게는 이런 일들이 무서워서 네가 감옥에 간다는 생각이 들었구나.

알리는 감옥 안에 있는 어린 여자아이를 심각하게 바라보더니 힘차게 고개를 끄덕였다.

알 리: 아마도 난 감옥이 하나 더 필요한 것 같아요.

[그림 10-11] 감옥에 있는 여자 아기

알리는 선반으로 가서 물놀이 장난감을 하나 집었다.

알　리: 돌고래를 찾았어요!

패리스: (아동의 기쁨을 반영하면서) 네가 돌고래 장난감을 찾았구나!

돌고래 모형은 알리에게 외상에서 잠시 벗어날 수 있는 휴식 시간을 주었다. 이 게임은 아동이 돌고래의 코에 고리를 끼워야 하는 것인데, 물을 통과해서 고리를 뒤집기 위해 버튼을 알맞게 눌러야 한다. 아동들이 자기 조절의 한 형태로 이러한 장난감을 사용한다는 것을 이해하고, 나는 의도적으로 이 비슷한 장난감들을 놀이치료실 곳곳에 둔다. 치료사가 아동이 외상 처리로부터 안전하고 중립적인 고정장치를 제공하는 놀이로 전환하는 것을 유연성 있게 따르는 것은 대단히 중요하다. 치료사들은 외상을 처리하는 도중의 휴식 시간이 외상을 처리하는 것만큼 중요하다는 사실을 반드시 이해해야 한다. 비외상 집중 놀이를 갖는 잠깐의 휴식은 아동에게 원기를 회복하는 낮잠 같은 역할을 한다. 이것은 아동들이 외상 관련 물질에 노출되는 데 스스로 적정 수준을 조절하게 해 준다. 탐색적이고 중립적이며 숙달 지향적인 놀이는 아동을 달래 주고 아동의 유능감을 다시 확인하도록 한다. 아동이 외상 처리 과정으로 되돌아갔을 때, 이것은 보다 명확한 집중을 하게 하거나 새로운 정보의 한 부분을 가져온다. 때때로 아동은 다른 감각적 출구를 통한 잠깐의 휴식에서 이내 되돌아온다. 아동은 잠깐의 휴식 전에 순차적으로 이야기하다가 나쁜 일이 발생했을 때 자기가 들었던 소리나 냄새 같은 것을 이야기하면서 다시 그 작업에 접근한다.

알리는 자신의 이 사이로 혀를 집어넣고 물탱크 위로 고리를 집어 올리는 데 집중했다. 마침내 그녀는 고리 하나를 돌고래의 코에 끼웠고, 나는 칭찬해 주었다. 알리는 미소를 짓고 돌고래를 내려놓으면서 두 번째 감옥을 집어 들고 다시 모래 상자와 외상 처리 과정으로 되돌아갔다.

회기 종결

놀이에 기반을 둔 외상 이야기 작업을 할 때 중요한 고려 사항 중 하나는 주어진 회기의 종결 시점에서 어떻게 놀이 재료가 남겨지느냐 하는 것이다. 아동이 활동적으로 외상 이야기를 처리하는 작업을 할 때 놀이치료사는 반드시 치료가 종결되기 이전에 아동이 그 작업을 마칠 수 있도록 해야 한다. 대부분의 아동들은 많은 방어기제를 발달시키면서 외상 과거력에 대처하는 것을 배운다. 물론 이 기술의 어떤 것은 최적은 아닐지라도 이 방어기제들은 아동이 치료에 참여했을 때 보호적인 기능으로 작용한다. 아동의 방어기제는 반드시 존중되어야 한다. 놀이치료 회기에서 우리는 방어벽을 무너뜨릴 수 있는 장소를 만든다. 아동과 치료사는 그것들의 주위를 슬쩍 보기 시작한다. 그러나 아동에게는 반드시 일상생활로 돌아오기 전에 다시 벽을 세우는 시간이 주어져야 한다. 나는 아동과 현재 양육자 간에 팽팽한 긴장감이 감도는 것을 가끔 본다. 상담을 받고 있는 아동은 위압적이고 조율되지 않는 양육자가 있는 가정으로 되돌아가야 할 것이다. 이 아동은 반드시 자신이 들어왔던 대기실을 거쳐 집으로 되돌아가기 위해 양육자의 손을 잡을 때 필요한 대처기제를 가져야 한다.

회기의 종결 과정은 아동이 놀이치료실을 떠날 시간을 알려 주는 진술과 함께 시작한다. 나는 아동에게 최소한 5분 전에 알릴 것을 제안한다. 많은 아동들은 가해자 상징은 봉쇄하고, 자기 상징물은 양육하면서 놀이 시간을 끝내고자 한다. 알리의 경우 내가 5분 전에 경고를 주자 좀 더 집중할 수 있었다. 알리는 구조가 이루어지는 중요한 일에 착수하였다. 그녀는 대기실로 달려 나가서 '새로운 어머니'를 데리고 놀이치료실로 들어왔다. 알리는 새어머니에게 자신이 감옥에 갇힌 여자 아기를 어떻게 구출했는지 정확하게 말했다. 어머니는 알리의 지시에 따라 모형을 쥐었고, 알리는 그것을 다시 어머니에게서 가져왔다. 알리는 아기 인형을 앉아 있는 자세에서 누워 있는 자세로 바꾸었다. 그런 후에 이렇게 말했다.

알　리: 패리스 선생님이 여자 아기를 유모차에 놓아요. 아기를 눕히면서 말이에요.

패리스: 너는 아기가 휴식을 취하기를 원하는구나. 아기가 감옥에서 나왔으니까 이제 네가 다시 돌아올 때까지 유모차에서 안전하게 휴식을 취할 수 있어.

알　리: 네, 아기가 여기서 잘 수 있어요. 아기 주위에는 말 친구들이 있어요.

패리스: 아기는 유모차 안에서 안전하다고 느끼겠구나. 아기를 지키고 있는 것들 때문에 아기는 편히 쉬겠구나([그림 10-12] 참조).

알리는 자신이 되돌아올 때까지 자신이 선택한 물체가 안전하게 놓인 것을 확인하고 놀이치료실을 떠났다.

[그림 10-12] 놀이치료실에서 안전하게 쉬는 여자 아기

지시적 개입

아동의 외상 처리가 임의적으로 발생할 때가 있다. 이 은유는 강력하고 쉽게 치료사와 아동에 의해서 드러날 수 있다. 이 양자적 춤(dyadic dance)은 외상 내용과 생기를 불어넣는 놀이 사이를 오가며 유동성 있게 춤을 추듯이 움직인다. 그러나 어떤 아동들은 치료사의 보다 지시적인 개입이 필요한 회피 증상에 사로잡혀 있다. 특정 개입의 요소들은 아동의 외상 처리에 적합한 수준으로 구조를 추가할 수 있다. 예를 들면, 소름 끼치고 섬뜩한 벌레 연습 활동의 변화는 아동이 처음으로 자신의 학대에 관해 순차적으로 살피는 것을 구조화하도록 해 준다. 리비(Libby)라는 열 살의 여자아이의 소름 끼치고 섬뜩한 그림은 이러한 예가 될 수 있다.

리비는 확대가족의 구성원으로부터 성폭행을 당했다. 이모는 리비의 행동 변화를 눈치채고 무슨 일인지 그녀에게 물었다. 리비는 삼촌에게 성폭행을 당했다고 폭로했다. 이모는 리비의 폭로에 지지적으로 반응하고, 리비의 부모님은 즉각적으로 혐의 가해자와의 모든 연락을 차단했다. 가해자는 기소되었고 가족이 리비를 위해 상담실을 찾았을 때 그녀의 삼촌은 이미 감옥에서 형을 치르고 있었다.

초기 수사에서 리비는 자신이 당했던 성적 행동에 관한 특정한 정보를 주었다. 그러나 리비의 부모들은 그 후에 리비가 서서히 움츠러드는 것을 알아차렸다. 부모들은 리비가 샐쭉하고 반항적이 되었다고 보고했다. 리비는 더 이상 웃지 않았고, 그 학대를 상기시키는 것은 모두 피했다. 또한 삼촌이 살았던 곳의 근처에도 가지 않으려 했다. 놀이치료실에서 안전감을 형성하고, 정서적 능력을 길러 주고, 스트레스 예방기법의 훈련을 한 후에 나는 외상 처리에 관한 아이디어를 제안했다. 나는 리비가 자신의 외상 내용을 억제하기 위해 스스로를 억압하는 것과 화산 안에 쌓인 억압을 비교했다. 이 비교는 리비의 관심을 끄는 것 같았다. 나는 "나쁜 일이 일어났던 것을 기억하는 것은 힘들 때가 있지. 기억하는 것이 무서워서 아이들은 그것을 생각하지 않으려고 해. 때때로 이 방법은 아무 탈이 없지. 아이들은 친구들과 잘 놀고, 숙제도 할 수 있고, 부모님과도 잘 지내. 그런데 '나는 그것은 생각 안 할 거야.'라는 태도 때문에 뒤통수를 맞을 수 있어. 나쁜 것을 생각 안 하려는 데는 너무 많은 에너지가 필요해서 아이에게는 어떠한 에너지도 남지 않게 되거든. 좋은 소식은 이 억압을 천천히 완화할 방법이 있어서 너는 화산처럼 터질 필요가 없다는 거야. 너와 내가 함께 억압을 조금씩 내보낼 수 있어. 네가 멈추고 싶을 때 나에게 말하렴."이라고 리비에게 말했다.

그런 후에 나는 소름 끼치고 섬뜩한 벌레의 활동을 설명하였다. 나는 리비에게 그녀가 원하는 만큼만 할 것이라고 알려 주었다. 우리는 그녀가 멈출 필요가 있거나 멈추고 싶을 때 나에게 알릴 신호를 설정했다.

이 활동은 비언어적이지만 떠올랐던 나쁜 느낌을 말로 명확하게 할 필요 없이 강력하게 환기시키는 방법이 된다. 리비는 주저하지 않고 자신의 그림에 여러 가지 곤충 스티커를 붙여 나갔다([그림 10-13] 참조). 리비는 첫 번째

[그림 10-13] 리비의 거미가 기어가고 있는 그림

는 자신의 왼쪽 귀에, 두 번째는 가슴에, 그리고 세 번째는 질 부분에 거미 스티커를 붙였다. 그리고 리비는 내가 생각지도 못한 자신의 이마에 개미 스티커를 붙여 나를 놀라게 했다. 마지막으로, 그녀는 딱정벌레 스티커를 골라서 자기 가슴에 붙어 있는 거미 스티커 옆에 붙였다. 리비는 입을 열지 않은 채 강력한 의사소통을 했다. 그녀는 자신의 그림을 내 쪽을 향해 움직였다. 나는 리비가 귀 옆에 붙인 거미 스티커를 주시했다.

패리스: 네 귀에 하나를 붙였구나.

리　비: (종이를 바라보면서) 그는 내 귀를 빨곤 했어요. 그건 정말로 구역질 나는 느낌이었어요.

패리스: 그래, 그가 네 귀를 빨았구나. 그건 다른 것들을 하기 전에 발생했니? 아니면 이후에 발생했니?

리　비: 그가 밑으로 내려가서 핥기 전에요.

이것은 리비 옆에서 그녀가 외상 이야기를 순차적으로 할 수 있도록 하는 첫 번째 단계다. 무엇이 처음으로 발생했는가? 그다음에는 무엇이 발생했는가? 리비가 전에는 회피했던 사건의 기억을 그녀와 단계적으로 걷는 것은 일관된 이야기를 형성하는 데 도움이 된다.

패리스: 좋아, 그래서 그가 다른 짓을 하기 전에 너의 귀를 빨았구나.

어려운 것을 말하지 않은 채 남겨 두는 것은 여분의 힘을 준다. 실제적 태도로 외상 내용을 다시 진술하는 것은 침묵 속에서 너무나 커 보였던 것으로부터 힘을 갖게 한다. 치료사에 의해서 나쁜 것이 언급되는 것을 듣는 것은 노출의 형식으로 행동하고, 아동이 순차적인 내용을 연습하도록 돕는 동안 외상 내용을 둔감화시킨다. 더 이상 회피 양식의 노예가 되는 일은 없다. 공포를 정복한 아동은 외상 내용을 숙달하기 시작한다.

언어적 이야기가 윤곽이 잡힌 후에 외상의 다른 감각적 차원을 탐색할 수 있다. 여러 가지 시도가 추가적인 신체감각에 관한 내용을 통합하려는 견해를 가지고 동일한 외상 내용의 조각을 만들 수 있다. 리비의 경우에 나는 조립이 가능한 인형 조각 세트를 제공하고, 삼촌을 나타내는 인형을 만들어 보라고 했다([그림 10-14] 참조).

인형 머리의 한쪽에 묶인 머리 다발에 주목하라. 내가 리비에게 인형에 관해 이야기해 보라고 했을 때, 그녀는 그 머리에 대해 이렇게 설명했다.

리 비: 그의 머리에 대머리 부분이 있어요. 때때로 그가 밑에서 그것을 하고 있을 때 나는 그 부분을 노려보았어요.

리비는 전에 나에게 삼촌이 자신에게 구강성교를 했다고 말하였다. 나는 외상 이야기에 이 새로운 이야기를 엮을 수 있도록 리비와 나눈 이야기 속에

[그림 10-14] 리비의 가해자 상징 손 인형

이 새로운 정보를 결합했다.

패리스: 그래, 그가 밑을 핥는 동안 너는 그의 대머리 부분을 보았구나.

리 비: 네, 나는 그렇게 생긴 남자들을 볼 때마다 소름이 끼쳐요.

이 소품의 간단한 추가는 우리의 첫 번째 시도에서는 통합되지 않았던 리비의 외상 기억 부분에 접근하고, 말할 수 있는 기회를 주었다. 더욱이 이것은 우리가 전에는 발음할 수 없었던 외상 상기물을 규정할 수 있게 도와주었다. 리비는 전에 대머리인 사람들을 보았을 때 공포감을 느꼈지만 그것을 표현하지 못했었다. 그러나 이 활동을 끝마쳤을 때 그것을 언급하였다. 그녀는 자신의 인형에 콧수염을 붙였다. 전에는 그렇게 콧수염을 그리지 않았었다. 나는 리비가 삼촌이 다른 성행위를 하기 전에 그녀의 귀를 빨았던, 앞서 작업했던 활동을 기억하고 있다. 이 인형의 콧수염은 자신의 귀에서 느꼈던 콧수염의 축축함과 간지러움과 연결된 감각기억을 통합하는 다리가 되었다. 이 많은 놀잇감을 통한 외상 내용에 대한 반복된 시도로, 아동에게 어떤 일이 발생했는지에 관한 언어적 이야기 속에 다양한 감각적 정보 조각을 통합하고 활용할 수 있었다.

신체감각 기억을 통합하는 데 목적을 둔 개입

함께 조각 맞추기

나는 외상에 관련된 감각기억을 이용할 수 있는 몇몇 놀이 개입을 창작했다. 이 중 첫 번째는 퍼즐을 사용하는 것이다(Goodyear-Brown, 2005). 나의 상담실에는 나무로 된 두 개의 퍼즐이 있다. 하나는 여자아이의 얼굴을 클로즈업한 것이고, 다른 하나는 남자아이의 얼굴을 클로즈업한 것이다. 각각의 퍼즐은 큰 얼굴 조각, 작은 조각의 눈, 코, 귀 그리고 입으로 구성되어 있다. 놀이치료실에서 나는 작은 조각들을 봉투에 넣어 둔다. 아동들은 봉투에서 한 조각을 꺼내어 자신이 선택한 부위에 대한 외상과 관련된 감각기억을 나

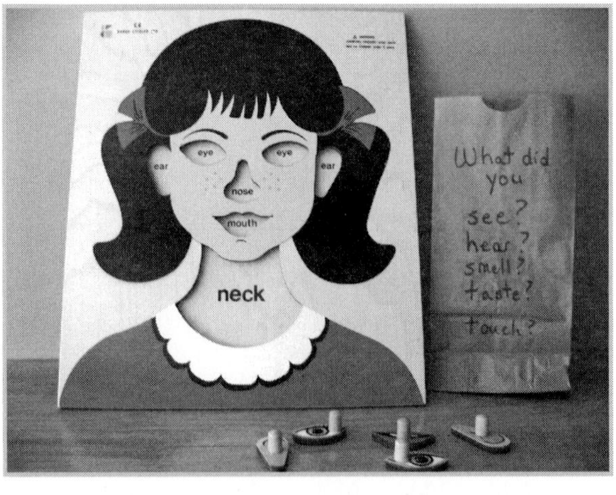

[그림 10-15] 조각을 끼워 넣는 얼굴 퍼즐

눈다. 만약 아동이 봉투에서 코 조각을 꺼낸다면, 나는 아동에게 외상 사건 중에 냄새를 맡았던 것에 대해 말하라고 한다. 그런 후에 아동은 퍼즐 조각을 맞춘다([그림 10-15] 참조).

모든 조각을 끼워 얼굴이 완성되면, 전체적 사건이 인지될 수 있다. 퍼즐 안에 조각을 끼워 넣는 것은 신체감각적 기억이 의식적으로 떠오르고 아동의 내적 이야기 속으로 동화되면서 아동의 내면에서 일어나는 통합 작업과 병행된다.

괴물의 귀

'괴물의 귀'(Goodyear-Brown, 2005)로 불리는 또 다른 개입은 아동들이 외상적 사건 중 들었던 소리를 이해하도록 해 준다. 몇 년 전에 나는 의상 가게에서 고무로 된 큰 귀 한 쌍을 발견했다. 이것이 잠복기 남자아이에게 특히 관심을 끈다는 것을 알고, 나는 청각기억 통합에 목적을 두고 개입을 고안했다. 이 연습 활동은 특별히 가정폭력을 경험한 아동의 청각적 기억과 관련되어 유용함이 입증되었다. 가정폭력 환경에 살고 있는 아동들은 식탁 밑에서, 구석에서 또는 담요 속에서 폭력을 '목격'한다. 나는 다음과 같은 자백을 하는 많은 내담자들을 만났다. "부모님은 내가 자는 줄 알았지만, 사실 나는 침대에서 나와 침대 벽 바로 뒤에서 그들이 소리치고 비명을 지르는 것을 들었어요." [그림 10-16]은 아동이 부모가 싸우는 것을 듣는 동안 소파 뒤에 숨어 있는 것을 묘사하고 있다.

이 아동들은 어떠한 실질적인 시각적 현실의 근거 없이 일련의 소리를 인지하고 있다. 때로 아동들은 괴물 귀를 끼고 특정 기억에 집중하다 보면 격렬했던 논쟁이 떠오를 것이다. 어떤 경우에는 유리 깨지는 소리, 메스꺼운 물건이 떨어지는 소리, 끔찍한 비명 또는 조용히 우는 소리가 기억날 것이다. 때때로 아동들은 자신이 들었던 가장 무서운 소리가 폭력적인 논쟁 후에 이어

[그림 10-16] **소파 뒤에 숨어 있는 소녀**

지는 긴 침묵이라고 말하곤 한다. 아동들은 이 청각적 기억을 취하고, 아주 자연스럽게 자신이 들은 소리를 이해할 수 있는 사건의 시각적 이야기를 창조하기 시작한다.

내가 이 개입을 사용할 때 아동은 괴물의 귀를 걸고, 거울 속 자신의 모습에 경탄하면서 낄낄거린다. 나는 먼저 외상적 사건 중에 들었던 소리를 구분해 보라고 아동에게 요구한다. 처음에는 이것들이 순차적으로 떠오르는 것이 쉽지 않기 때문에 보통 포스트잇에 적는다. 아동들이 기억하는 모든 소리를 적고, 모든 메모를 벽에 붙인 뒤에 아동에게 이 소리가 발생한 순서대로 놓아 보도록 한다. 마지막으로 아동에게 그 소리를 들을 때 생각했던 것을 물어본다. 아동이 자신의 내적 이미지에 대해 나누기를 원하든 그렇지 않든 간에, 아동은 이미 소리와 동시에 일어나는 일련의 그림을 만들었다. 종종 이 이야기는 실제 발생했던 것보다 더 나쁘다.

어떤 어린 여자아이는 어머니의 울음소리 이후에 들었던 유리 깨지는 소리를 묘사했다. 내가 아동에게 무슨 일이 있었던 것 같냐고 묻자, 아동은 소리와 함께 자신이 떠올렸던 시각적 이미지에 대해 이야기했다. 아동은 계단에 꼭 붙어 있으면서 유리 깨지는 소리를 들었고 어머니는 울기 시작했다. 아동은 자신이 할 수 있는 만큼 부엌을 슬쩍 엿보았고, 빨간색의 짙은 액체를 보았다. 아동은 낱낱의 정보 조각을 아버지가 어머니에게 유리를 던지고, 어머니가 얼굴을 다쳐서 피를 흘린 것으로 이해했다. 또한 자신이 본 것은 부엌 바닥에 고인 어머니의 피라고 믿었다. 그 이미지는 아동의 머리에서 떠나지 않았다.

내가 이 아동의 기억을 어머니와 나누었을 때, 어머니는 처음에는 어리둥절해하다가 곧 알아차렸다. 어머니가 아버지와 싸운 것은 사실이었고, 그녀가 화가 나서 와인을 던졌는데 그것은 레드 와인이었다. 이렇게 형성된 기억을 전환하기 위한 나의 지시는 앞서 이야기한 아동이 감옥에 있는 아버지를 방문해야 할지를 결정하는 데 이용된 것과 동일한 방법이다. 만약 진실이 만들어진 이야기보다 덜 끔찍하다면, 우리는 진실을 알기 위해 부모님의 도움을 받아야 한다. 이 경우에 나는 어머니를 상담실로 초대하여 딸에게 무슨 일이 발생했는지 말하게 하였다. 빨간 액체가 레드 와인으로 재정의된 후에 그 시각적 이미지는 힘을 잃었고, 아동은 더 이상 자신의 머릿속 이미지 때문에 괴롭지 않았다. 또한 아동은 깨지는 소리를 기억할 때, 피를 흘리는 얼굴을 한 어머니의 이미지를 병을 던지는 어머니의 이미지로 대체했다.

악을 보지 마, 악을 듣지 마

아동들이 외상적 경험의 감각적 측면을 정렬된 이야기 속에 통합하는 것이 목적인 세 번째 개입은 여러 개의 원숭이 모형을 사용하기도 한다(Goodyear-Brown, 2005). 내가 이 활동을 위해 사용하는 세 개의 모형은 '악을 보지 마' '악을 듣지 마' 그리고 '악을 말하지 마' 다. 나는 이 세 원숭이들을 모래 상자에 배치하고, 그들의 이야기를 설명한다([그림 10-17] 참조).

그리고 나는 아동에게 "나쁜 일이 발생했을 때 봤던 것 중 네가 보고 싶지

[그림 10-17] 악을 보지 마, 악을 듣지 마, 악을 말하지 마

않았던 것이 무엇이니?"라고 묻는다. 그러면 내담자는 답을 말하거나 그림을 그려서 모래 상자 안의 원숭이 모형 밑에 넣는다. 두 번째 원숭이에게 다가가서는 "네가 듣고 싶지 않았던 한 가지는 무엇이니?"라고 묻는다. 마지막으로 "외상과 관련해 말하고 싶지 않았던 것은 무엇이니?"라고 묻는다. 때때로 이러한 활동은 가슴 아픈 답을 유도하기도 한다. 나는 최근에 일곱 살의 소년에게 나쁜 일이 발생하는 동안 말하고 싶지 않았던 것이 무엇이었느냐고 물었다. 이 아동의 어머니는 마약중독자였고, 자신이 아프다고 아동에게 각인시켰다. 아동은 어머니가 하루 종일 얼굴을 묻고 있는 소파 옆에 자신이 서 있는 것을 그렸다. 아동은 반복적으로 "저녁을 해 줄 수 있나요? 배가 고파요." 라고 말했다. 어머니를 일으키려는 시도와 함께 아동의 요청은 점점 더 강해졌다. 어머니는 움직이지 않았고, 아동은 자신의 '아픈' 어머니를 향해 목소리를 높인 것에 죄책감을 느꼈다.

공작용 눈

내담자들이 외상 사건의 시각적 이미지를 순차적으로 떠올리도록 돕기 위해 내가 자주 사용하는 마지막 개입은 아동들이 미술 프로젝트를 할 때 흔히 사용하는 공작용 눈(google eyes)을 이용한 활동이다. 나는 이 많은 눈들을 모래 속에 숨기면서 시작한다. 아동이 이 눈을 찾도록 하고, 하나를 찾을 때마다 외상 사건 중에 보았던 것을 묘사하도록 한다. 이 게임 역시 치료사에 의해 질문이 순차적으로 만들어지는 또 다른 개입 중 하나다. "네가 처음 본 것은 무엇이니? 그다음에 본 것은 무엇이니?" 어떤 아동들은 추가적으로 도표를 만들어 도움을 받을 수 있다. 이 수정의 하나로 공작용 눈을 하나씩 찾으면서 종이의 왼쪽 면을 풀로 붙인다. 치료사는 각각의 공작용 눈 옆에 붙인 종이에 아동이 본 것에 관해서 '첫째로' '둘째로' '셋째로' '기타 등등'의 실제적 묘사를 적는다. 내담자들과 목록을 만들 때마다 나는 극본을 쓰면서 동시에 말로 나타낸다. 이것은 이야기가 순차적인 방법으로 기록되는 것을 보는 동안 말의 형태로 시연되는 것을 아동이 듣게 해 준다.

결 론

이 장에 소개된 많은 사례들은 아동들에게 일어난 사건을 이야기하는 다양한 방법을 보여 준다. 소수의 아동들만이 첫 회기부터 외상의 세부 사항을 언어로 제공하는 데 접근하고, 많은 내담자들은 미술이나 놀이의 창조를 통해 외상에 접근하기 시작한다. 아동들은 자신의 내적 진실에 대한 비밀스러운 눈길, 끔찍한 이미지의 갑작스러운 스냅샷 그리고 자신의 외상 후 인지에 대한 상징적인 전달을 한다. 또한 아동들은 어린 시절 자신을 달래던 도구에 기반을 두고 외상 내용을 향하다가 다시 멀어지는 '춤'을 반복적으로 춘다. 치료사의 입장에서는 이 춤에서 아동과 협력하고 아동의 통합된 이야기를 이끌어 내기 위하여 인내, 연습 그리고 주의 깊은 조율이 필요하다.

어떤 사례에서는 외상 사건에 관한 실제적 이야기를 제공하지만, 외상 후 증상 속에 머물러 있는 아동도 있다. 이 아동들은 대처하기 위하여 외상 내용과 관련된 정서적이고 감각적인 표현을 분리시키고, 그것들을 언어적 외상 이야기로부터 따로 떨어뜨려 놓을지도 모른다. 이런 경우 아동들이 외상의 모든 면을 통합할 수 있도록 치료사의 지시적인 개입이 필요하다. 여기에 제시된 일련의 지시적 개입은 아동들이 외상의 언어적 이야기로부터 따로 저장된 감각적 정보를 찾고, 이 조각들을 일관된 이야기로 짜깁기하도록 해 준다. 이 작업의 가장 중요한 목적은 기억의 독성을 완화시키면서, 아동의 경험에 대한 전체적인 이야기를 아동에게 선물하는 것이다. 때로는 외상 이야기를 정교하게 만드는 데 남아 있던 인지적 왜곡이 나타나기도 한다. 아동들이 탐색하고, 필요하면 이러한 인지를 바꾸거나 재구조화하는 것을 돕는 기법은 다음 장에서 언급할 것이다.

11 외상장애 아동을 위한 놀이치료

아동의 사고 세계에 관한 연설

11

아동의 사고 세계에 관한 연설

선 또는 악은 없다.
다만 생각이 그렇게 만들 뿐이다.

– 윌리엄 셰익스피어(William Shakespeare), 『햄릿(Hamlet)』

이 장은 치료 목표를 다룬 내용의 다음 순서에 해당된다. 이는 사고 세계의 중요함을 폄하하거나 사고 세계가 다른 것들보다 나중에 시작한다는 의미가 아니라 아동에게 남아 있는 거짓 성향이나 잘못된 인식이 치료를 끝내기 전에 다루어져야 한다는 사실에 마침표를 찍으려는 것이다. 본문에 기술된 치료 목표의 대다수가 겹치고, 심지어 치료 과정 중에 우선순위가 변하기도 하는데, 이러한 치료 목표는 되풀이될 만한 가치가 있다. 분명히 인지 왜곡은 그것이 발생되는 의미가 무엇이든지 간에 다루어질 수 있어야 한다. 그러나 인지 왜곡은 치료의 초기 단계에서 다루기가 쉽지 않다. 부적응적 사고 패턴을 정확히 집어낸다는 것은 새로운 것을 발굴하는 것과 같다. 특히, 심리적인 외상 사건 때문에 생긴 인지 왜곡은 심각한 불안감과 낮은 자아상을 불러일으킬 수 있어 조심스럽게 접근해야 한다.

게다가 이 장은 심리적 외상의 이야기 작업을 다룬 장의 바로 다음에 위치하고 있다. 심리적 외상에 대한 생각과 비합리적인 신념은 이야기 과정을 통해서 나타나기 때문이다. 일단 외상에 대한 아동들의 생각이 드러나면, 그들은 생각을 참아 내고, 도전하고, 재구조화하며 다른 생각으로 대처하는 법을 배우게 된다. 사고의 세계를 다루는 과정에서 아동들은 명확한 생각을 드러내고, 자신의 사고 세계가 자신을 조정하는 것이 아니라 자신이 사고 세계를 조정한다고 느낄 때까지 아동들을 운동감각적으로 다루어 주는 놀이에 기반을 둔 개입에 의해 많은 도움을 받게 된다. 사고 세계를 다루는 것이 목표인 놀이에 기반을 둔 개입을 시행하기 전에 안전감과 믿음 그리고 존경심이 기저에 있어야만 한다. 아동들은 제일 먼저 치료사와 함께 있는 것에 안전감을 느낄 수 있어야 하며, 그들의 믿음이 평가되거나 무시되지 않을 것이라는 확신을 주어야 한다. 5장의 '생리기능 조절하기'는 스트레스를 다루는 활동이 아동들이 비논리적인 사고와 부정적인 혼잣말하기 상태에 직면했을 때 야기되는 불안감의 증가를 다루는 도구가 되어 주기 때문에 사고 세계를 다루기 전에 먼저 기초를 두어야 할 부분이다.

감정 조절 능력의 연습은 내담자가 다양한 부적응적인 사고에 의해 일어나는 느낌을 보다 정확하게 알아내고 대처하도록 해 준다. 아동이 부적응적 사고를 하는 것은 아동이 무슨 일이 일어났는지 이야기하는 과정에서 드러난다(8장 '천천히 자기 개방하기'와 10장 '외상 이야기 작업하기'). 치료사는 내담자들이 분명히 알게 된 인지 왜곡을 기록하고, 아동들에게 문제가 있는 사고를 다루는 기술을 습득하도록 하면서 각각의 문제를 다루게 될 것이다.

심리적 외상과 관련 있는 아동의 잘못된 성향과 인지 왜곡을 다루는 것은 아동들의 외상 후 증상 완화에 필수적인 요소다. 외상 후 증상의 치료법으로 널리 지지받고 있는 인지행동치료(Chambless & Ollendick, 2001)는, 우리의 사고는 행동 및 감정과 불가분적 관계에 있다는 이론에 그 핵심을 두고 있다. 아론 벡(Aaron Beck, 1976)은 처음으로 사고가 우리의 행동과 감정에 영향을 미친다는 발상을 한 사람이다.

이러한 삼각 측량에 기인한 추론은 우리의 행동과 감정을 변화시킬 수 있다는 우리의 사고를 의도적으로 변화시킬 수 있다는 희망이다. 이 같은 자연스러운 가설의 확장은 긍정적으로 변화된 사고관이 우리의 감정과 행동에 긍정적 영향을 미친다는 것이다. 견고한 실증적 기반이 심리적 외상 후의 아동들과 인지행동적 치료의 효과를 위해 존재한다(Cohen, Deblinger, Mannarino, & Steer, 2004; Cohen, Mannarino, & Deblinger, 2006; Friedberg, & McClure, 2002; Knell, 1993, 1998). 나는 인지행동적 관점에서 아동들의 사고 세계에 대한 작업을 개념화하였다. 그리고 그러한 개념을 전달하는 데 놀이의 치료적 힘을 통합시켰다. 특히, 어린 아동들은 그들의 사고를 설명하고 접근하는 것을 어려워해서 사고의 탐색 과정이 운동적 활동이나 모래 및 예술 창작과 같은 활동과 함께 표현되도록 준비해 주는 것이 효율적이다.

심리교육에서 놀이에 기반을 둔 개입

사고 세계와 관련된 놀이에 기반을 둔 개입의 첫 번째 목표는 심리교육이다. 우리는 아동들이 사고와 감정 그리고 행동 사이의 상호작용을 이해할 수 있도록 도와주어야 한다. 아동들에게 이러한 과정을 설명하기 위해 나는 칠판에 커다란 삼각형을 그리고, 각 모서리에 사고, 감정, 행동과 같은 단어를 써넣는다. 그러고 나서 아동에게 자석 빌딩 세트를 준다. 이때 자석의 길이와 공의 모양은 각양각색이며, 아동이 그들 자신만의 삼차원적 삼각형을 창작하는 데 훌륭한 도구가 된다. 우리는 각본을 선택하여 자석 조각으로 특별한 삼각형을 만들어 낸다. 또한 사고와 느낌 및 각각의 상황에서 일어날 수 있는 행동을 표현한다. 나는 다음과 같은 예를 들어 준다.

샐리(Sally)는 학교 식당에 들어가 친한 친구 두 명을 본다. 그들은 머리를 맞대고 소곤거리고 있다. 그녀는 즉시 '그들이 내 이야기를 하는구나!' 라고 생각한다. 그리고 나는 내담자에게 샐리가 이러한 생각에 대한 반응으로 어떤 기분이 들지를 묻는다. 내담자들은 '기분 나쁜' '화난' 그리고 '배신감'과 같은 감정 언어를 만들어 낸다. 샐리가 그다음으로 할 행동에 대해 물으면, 내담자들은 그녀가 의도적으로 그 친구들을 회피하거나 직면적인 태도로 자신에 대해 험담한 것을 비난할 것이라고 예측한다.

일단 우리가 '생각–감정–행동' 패턴을 상징하는 자석 삼각형을 만들어 내면 나는 그 이야기를 바꾼다. 나는 아동에게 그의 머릿속에서 되감기 버튼을 누르라고 한다. 샐리는 학교 식당에 들어가 그녀의 친한 친구 두 명을 본다. 그들은 머리를 맞대고 속삭이고 있다. 그녀는 '그들이 무슨 말을 하고 있을까?' 하고 생각한다. 나는 내담자에게 '그녀가 이런 생각을 한다면 기분이 어떨까?' 라며 추측해 보라고 한다. 내담자들은 '호기심' '흥미' 와 같은 단어를 만들어 낸다. '샐리가 어떤 행동을 할 것 같니?' 라는 질문에 내담자들은 그녀가 친구들에게 다가가 대화에 참여한다는 추측을 했다. 두 상황에서 그녀의 친구들은 똑같이 머리를 맞대고 소곤거리고 있었다. 그러나 각 상황에서 그녀가 생각하는 방식에 따라 행동하는 방식도 달라졌다. 일단 아동들이 그 삼각형이 어떤 식으로 작용하는지를 이해하게 되면 우리는 다양한 상황의 치료에 여러 번 반복적으로 사용할 수 있다.

셸비와 버크(Shelby & Berk, 2009)는 생각, 감정, 행동의 상호 의존 개념의 전달을 도울 수 있는 도미노 게임을 수반한 또 다른 개입을 설명한다. 도미노는 원으로 세워지고 쓰러뜨려진다. 모두 쓰러질 때까지 서로에게 영향을 미친다. 그리고 원 주변의 등거리 지점에서 세 개로 분리된 도미노에 꼬리표를 붙인다. 각 꼬리표는 '생각, 감정 그리고 행동' 을 나타낸다. 그리고 아동들은 삼차원의 밀접한 관계를 알아채고 그것들을 다시 쓰러뜨린다. 음악적 삼각형도 인지적 3인조(생각, 감정, 행동)와 관련시켜 심리교육에 기반을 두고 도울 수 있는 또 다른 흥미로운 도구를 제공할 수 있다.

아동들의 사고 세계는 치료를 향한 여러 갈래의 길을 보여 준다. '왜 이런 끔찍한 일이 일어나는 거야?' 라는 질문에 답하기 위한 시도 속에서 아동의 잘못된 귀인이 확인될 수 있고 반박될 수 있다. 잘못된 귀인은 죄책감이나 수치심과 같은 곤란한 감정을 불러일으킨다. 따라서 잘못된 귀인을 바로잡음으로써 죄책감과 수치심으로부터 아동들의 고통을 줄일 수 있다. 심리적 외상에 대한 반응으로 불안 증세를 보이는 아동은 자신의 불안한 생각을 발견해 내고, 이러한 생각을 멈추는 전략을 배우며, 긍정적인 자기암시로 그것들에 의식적으로 대처할 수 있다.

우울증으로 괴로워하는 아동들은 우울증을 야기하는 일종의 비합리적 생각과 마주함으로써 효과를 볼 수 있다. 절망감과 무력감의 이중 상태는 왜곡된 생각에 의해 영속화된다. 치료사는 아동을 불안감, 우울증 또는 궁지에 몰아넣은 왜곡된 세계관을 가진 아동에게 대체할 수 있는 인식을 제공해 주어야 한다. 치료사는 고질적인 생각이 변화될 수 있다는 굳건한 믿음을 가지고 있어야 한다. 치료사들은 내담자들이 자신에 대한 희망을 가질 수 있는 용기를 다시 얻을 때까지 내담자를 위한 희망을 담는 그릇이 되어야 한다.

잘못된 귀인에 맞서기

심리적 외상을 경험한 아동들은 왜 특정한 충격적 경험이 그들에게 발생했는지에 대한 일종의 거짓 성향을 보이려고 한다. 한 어린 소녀는 어느 날 아침 학교에 가기 전에 자신이 아버지에게 소리를 질러서 아버지가 자동차 사고로 사망했다고 믿고 있었다. 한 십 대 소녀는 직장에 있는 어머니에게 학교로 뭔가를 가져다 달라고 한 것이 어머니의 죽음을 초래했다고 믿고 있었다. 그 십 대 소녀는 마음속에 '내가 학교에 와 달라고 엄마한테 고집 부리지 않았다면 엄마가 아직 살아 있을 텐데…….' 라는 생각을 가지고 있었다.

성폭행을 당한 어린 생존자들은 잘못된 귀인을 하고, 그들 중 몇몇은 가해자에 의해 직접적으로 주입된 것이다. 자신의 딸을 성폭행한 아버지는 딸이 잠잘 때 섹시한 잠옷을 입었기 때문이라고 말한다. 강간을 당한 십 대 소녀는 자신이 소년에게 추파를 던지지 않았다면 그가 유혹되지 않았을 것이라는 이야기를 듣는다. 이렇게 책임을 전가하는 공허한 말들이 사람들에게 타당하게 들릴지도 모르지만, 이러한 이야기를 받아들이는 아동들은 그것을 믿고 폭행에 대한 잘못된 귀인을 하게 된다. 심리적 외상을 다루는 치료사의 임무 중 하나는 이러한 잘못된 귀인에 이의를 제기하는 것이다.

이유의 연결 고리

내가 이러한 목표를 완수하기 위해 사용하는 활동 중 하나로 '이유의 연결 고리'라고 부르는 활동이 있다. 아동과 나는 다양한 색깔로 표시된 일련의 질문을 잘라 내는 활동으로 시작한다. 그런 다음 그녀 자신을 검열하는 대신 왜 자신에게 폭행이 일어났는지 생각해 보고 이유에 대해 말하도록 한다. 이러한 활동의 목표는 아동이 종이를 이용해 활동하는 사이 우리가 차례대로 그것을 분석할 수 있는 모든 가능한 귀인을 얻어 내는 것이다. 의문부호에 쓰인 각각의 이유를 이어서 연결 고리를 만든다. 이러한 개입 초기의 양상은 표현된 생각에 대해 평가하지 않는 창조적 시간과 유사하다. 연결 고리가 완성되면 우리는 순서대로 각각의 귀인이 폭행이 일어난 진정한 이유였는지 아닌지를 평가해 본다.

그 폭행에 대한 책임을 지울 수 있는 아동의 행동에 대한 어떤 이유도 심리교육으로 반박해 본다. 각각의 이유가 틀렸음이 입증되면, 아동은 물음표를 작은 조각으로 잘라 버린다. 각각의 이유에 대한 체계적인 비평이 계속되면서 다양한 색깔의 종이 더미는 쌓여 간다. 일단 모든 잘못된 귀인에 대한 이의가 제기되면, 가해자가 그러한 행동을 했던 진짜 이유만 남는다. 나는 커다란 종이의 맨 꼭대기에 ‘그것은 누구의 잘못이었을까?’ 라는 질문을 쓴다. 가해자가 남자라면 ‘그’ 라는 단어를 두 배로 크게 쓴다. 가해자가 여자라면 ‘그녀’ 라는 단어를 질문 아래에 쓴다. 아동은 폭행에 대한 책임을 정확히 배치하는 동안 모자이크 효과를 내며 크게 쓴 이름 안에 무지개 색의 찢어진 물음표 조각을 붙인다.

책임 열매 파이

잘못된 귀인에 도전하는 또 다른 유용한 개입은 ‘책임 열매 파이’ 라고 불리며, 제니 셸비(Janine Shelby)(Goodyear-Brown, Riviere, & Shelby, 2004)가 고안하였다. 개입을 위한 소도구는 빈 종이와 여러 개의 텅 빈 파이 깡통이다. 먼저 아동에게 종이 위에 귀인 목록을 자세히 쓰도록 한다. 다 쓴 종이는 공 모양으로 감아 책임 열매 파이가 된다. 처음에 모든 열매들은 같은 파이 통에 뒤섞인다. 하나씩 차례로 열매를 풀고, 읽고, 의논한다. 학교를 안 갔기 때문에 성폭행을 당했다고 믿는 한 십 대 소녀는 그러한 귀인에 이의를 제기할 필요가 있다. 이러한 일을 할 수 있는 한 가지 방법은 내담자가 좀 더 폭넓은 경험을 반영할 수 있는 질문을 하는 것이다. 대본은 다음과 같다.

치료사: 전에 학교를 결석한 적이 있니?

청소년: 네.

치료사: 네가 결석했을 때 무슨 일이 있었니?

청소년: 아무 일도 없었어요.

치료사: 너는 결석했던 다른 아동들을 알고 있니?

청소년: 네.

치료사: 그들이 결석했을 때 그들에게도 이런 일이 일어났니?

청소년: 제가 알기로는 그런 일이 없었어요.

치료사: 그렇다면 네가 결석해서 성폭행을 당했다는 이유가 타당하다고 생각하니?

청소년: 아니요.

이 시점에서는 다른 파이 통이 사용될 수 있다. '학교를 결석하다.'라는 표지를 붙인 파이 통은 다른 대화의 주제나 다른 분야의 개입에 사용될 수 있다. 그러나 성폭행이 일어난 이유와 분리된다. 개입이 끝났을 때 오직 남아 있을 수 있는 책임 열매 통은 '그가 그렇게 했기 때문에'다.

적응적 사고와 왜곡된 사고 확인하기

아동의 인지 왜곡에 따른 삼차원적의 규정하기 힘든 사고는 소품을 활용하거나 흥미 있는 신체 활동을 통해 아동들이 다룰 수 있게 도와준다. 무엇보다 인지 왜곡의 목록을 만드는 것이 첫 번째 단계다. 나는 종이 위에 사람의 뇌를 나타내는 커다란 원을 하나 그린다. 그리고 그 뇌 안에 여러 개의 칸을 그린다. 아동이 문제가 되는 생각을 말할 때 나는 그 생각을 각 칸에 써넣는다. 뇌가 다 채워지면 그 뇌에 이름을 붙인다. 아동들이 사용한 몇몇 이름표는 '아픈 뇌' '걱정이 있는 뇌' '슬픈 뇌' 등이다. 우리는 이 뇌 위에 두 번째 종이를 놓는다. 그리고 각 칸의 둘레를 따라 아동에게 의미 있고 무기가 될 수 있는 대체적인 표현을 만든다. 이후 두 번째 뇌에는 '건강한 뇌' '좋은 뇌' '행복한 뇌'라는 이름표를 붙인다.

이러한 대체적 표현에 대한 한 가지 중요한 경고는 그것들이 반드시 인지 왜곡의 반대적인 표현일 필요는 없다는 것이다. 예를 들면, 학교에서 성적이 C나 D인 아동이 부정적으로 "나는 바보야."라고 혼잣말하는 것을 "나는 너무 똑똑해."라고 바꾼다고 해서 얻는 이득은 없다. 이는 대체한 표현이 현실을 정확하게 묘사한 것이 아니기 때문이다. 그것은 부정적인 믿음에 대한 과잉 보상적 시도이며, 아동 스스로가 납득할 만한 진실이 결여되어 있다. 대체 표현은 그것을 사용한 아동에게 의미 있는 것이어야 한다. 대부분의 과목에서 학교 성적이 C나 D지만, 수학 성적이 B라면 '나는 바보야.'라는 생각은 '나는 수학을 잘해.' '나는 다른 것을 잘해.' 와 같은 생각으로 대체될 수 있다. 다시 말해, 대체 표현의 원동력은 아동이 그것을 믿을 수 있어야 하고, 그러한 생각을 갖고 싶다는 요구를 할 수 있어야 한다는 데 있다.

담아 주기, 사고 중지, 인지 재구성

일단 인지 왜곡이 표현되면 사고 중지와 생각 대체의 이중 과정이 도구의 집중적 조작을 통해 폭넓게 지원되어야 한다. 사고 중지와 생각의 대체를 훈련시키기 위한 놀이에 기반을 둔 방법은 많다. 아동이 생각이 달리듯이 떠오르고 그 생각이 자신을 앞지른다고 표현한다면, 그것을 억제하는 방법을 만들 수 있도록 도와주어야 한다. 예를 들어, 손위 사촌에게 성추행을 당한 에바(Eva)는 자신이 받은 학대와 관련된 한 가지 문제를 끊임없이 생각하게 되었다. 우리가 그 생각을 함께 쓰자, 그녀는 테이프를 가지고 가장자리를 모두 밀봉했다. 그러고 나서 [그림 11-1]의 사진의 상자를 고른 후에 그 안에 종이를 넣고 테이프로 상자의 가장자리를 밀봉했다.

그다음 치료 시간에 그녀는 그 상자를 열고 부정적인 생각이 적힌 종이를 가위로 잘랐다. 종이에 적힌 생각이 일주일 동안 그녀를 괴롭히지는 않았지만 영원히 그것을 없애 버릴 필요가 있다고 그녀는 말한다. 우리는 밖으로 나가 주차장에서 그 상자를 불태워 버렸다. 그러자 이 특정한 생각은 더 이상 그녀를 괴롭히지 않았다. 또 다른 아동은 아는 사람들 사이의 폭력을 목격한 후에 불쾌한 생각을 계속하게 되었다. 그는 '나쁜 생각 감옥'을 만들어 냈다([그림 11-2] 참조). 우리는 모든 불쾌한 생각을 상자 안에 넣어 두고, 이후 몇

[그림 11-1] **생각을 밀봉한 상자**

[그림 11-2] **나쁜 생각 감옥**

번의 치료 시간 동안 각각의 생각을 개별적으로 꺼내 적절하게 대응되는 표현으로 만들어 냈다. 마침내 그는 각각의 대체 표현이 무의식적으로 될 때까지 반복해서 연습했다.

상처 지우기

내가 가장 좋아하는 개입은 '상처 지우기' 다(Goodyear-Brown, 2005). 이 개입은 내담자의 부정적인 혼잣말이나 가해자에게서 들은 거짓말을 내담자가 찾아내도록 함으로써 그들을 돕는 방법이다. 우리는 어떻게 이러한 거짓말이 시간이 흐르면서 인지를 왜곡시키는지에 대해 이야기한다. 우리는 '그것은 모두 네 잘못이야.' '너는 쓸모없어.' '너는 더러워.' 와 같은 인지를 나타내는 뇌의 그림을 그린다. 일단 이러한 생각을 확인하고 나면 그 생각을 되돌려 지배할 수 있는 대체 표현을 만든다. 우리는 이 두 번째 뇌 그림을 방 안에서 잘 보이는 곳에 둔다. 나는 장난감 가게에서 사 온 킥볼을 손 가득히 가지고 있다. 그 공에는 밴드가 붙어 있고, 멍든 얼굴을 하고 있다. 또한 그것들은 여기저기 차인 작은 사람들같이 보인다. 나는 다 낡은 공은 그녀의 머릿속에서 반복해서 일어나는 부정적인 생각을 나타낸다고 설명해 준다. 이처럼 상처받는 생각을 멈출 수 있는 방법을 찾지 않으면 결국 그에게 멍 자국이 남을 것이다. 나는 부정적인 생각 중 하나를 크게 말하는 동안 그녀 쪽으로 멍든 공을 던질 것이라고 설명한다. 아동이 해야 할 일은 우리가 전 시간에 만든 목록에서 대체 표현을 말로 설명하면서 각각의 공을 막는 것이다.

트럭 길들이기

모래 상자 또한 사고 중지의 연습에 사용될 수 있다. 내가 사용한 개입은 '트럭 길들이기' 라고 불린다. 이러한 방법은 움직이는 차량을 좋아하는 남학생들에게 유용하다. 이 개입에서 치료사는 아동에게 그 자신을 대체할 트럭을 고르게 한다. 치료사는 모래 위에 두 개의 교차로를 만든다. 교차하는 두 도로에는 멈춤 신호가 있고 나머지 두 도로에는 신호가 없다. 우리는 계속해서 반복되는 부정적 사고를 같은 길로 반복해 내려가 같은 위험 속에서 계속 사고를 내는 트럭과 비교한다. 그러고 나서 치료사는 '나는 절대 안전하지 않아.'와 같은 비이성적이고 걱정스러운 사고를 내담자가 확인할 수 있도록 돕고, 이러한 단어를 말하는 동안 아동이 트럭을 길 아래로 움직이도록 한다. 우리는 부정적인 혼잣말이 너무 커져 버린 결과로 나타나는 행동이나 감정의 상징물을 고른다. 아마도 아동은 잠시 부정적인 사고를 듣고 난 후에 내면적인 혼란스러움을 느낄 것이다. 모래 상자 안에 있는 도로의 끝에 작은 회오리바람 모형을 놓는다. 아동이 그 트럭을 반복해서 같은 길 아래로 움직이면 그 트럭은 반복적으로 회오리바람에 휩쓸린다.

치료사는 그 트럭을 처음 시작했던 장소에 다시 갖다 놓는다. 그리고 아동에게 교차로에 놓을 멈춤 신호 모형을 준다. 내담자와 치료사는 다른 길을 선택함으로써 긍정적인 결과를 이끌어 낼 멋진 사고를 할 수 있다. 이처럼 더 나은 결과를 모래에 나타내기 위한 상징물을 만들어 내고, 옆 거리의 끝에 놓는다. 아동은 '나는 이것을 극복할 수 있어.' '나는 공포보다 더 강해.'와 같은 대체 표현을 선택한다. 치료사는 아동이 트럭을 운전하는 동안 부정적인 혼잣말을 한다. 어쨌든 그 트럭이 멈춤 신호에 다다르자마자 치료사는 멈추어야 한다. 이번에 아동은 다른 길을 선택하고 그의 대체 인지를 되풀이하는 동안 왼쪽이나 오른쪽으로 돌 수 있다. 특히, 생득적으로 재미있는 운동 활동과 친근한 장난감으로 어느 정도 자극을 받은 남자아이들은 이것을 되풀이해서 할 것이다. 아동은 운동적 변화(다른 방향으로 트럭을 움직이면서)와 말을 반복함으로써 사고를 강화할 수 있다.

이 개입의 중요한 부분은 아동이 걱정스러운 사고를 반복해서 말함으로써 그의 '걱정하는 뇌'를 멈추게 하는 운동적 개입을 한다는 것이다. 아동들은 개인적으로 멈춤 신호를 만들 수 있고, '걱정하는 뇌' 인지를 멈추기 위해 그것을 들어 올리는 연습을 할 수 있다. 그 멈춤 신호는 아동의 가정 또는 학교 환경에 비해 놀이방에서의 권한과 안전함 그리고 치료적 중재가 훈련되었음을 상기시키는, 변천하는 사물로 사용될 수 있다. 일단 아동이 문제 있는 사고에 대한 관심을 발전시키고, 이러한 사고를 행동적으로 침묵하는 연습이 되었다면 대체 사고를 자유롭게 사용할 수 있다.

낡은 모자, 새 모자

또 다른 놀이에 기반을 둔 개입인 '낡은 모자, 새 모자'는 아동들이 그들의 비이성적인 생각을 도구와, 그들의 대체 생각을 다른 도구와 짝짓게 한 다음, 그것들 사이에서 서로 바꾸는 연습을 한다(Goodyear-Brown, 2005). 아무것도 쓰이지 않은 야구 모자는 아동들이 그들의 걱정스러운 생각과 새로운 긍정적인 생각을 바꾸는 연습을 하는 데 도움을 주는 훌륭한 방법이다. 치료사는 두 개의 다른 색깔의 아무 장식이 없는 캔버스 천 야구 모자를 보여 준다. 그리고 이전에 확인된 부정적인 생각을 모자의 여기저기에 쓴다. 이후에 아동에게 그 문제 있는 생각에 따른 느낌을 나타내는 상징물이나 그림을 가지고 모자의 가장자리를 꾸미도록 권한다.

두 번째 모자는 내담자의 새롭게 조정된 인지의 구체적인 표현들로 꾸민다. 일단 모자가 완성되면 그것들은 내담자가 각각의 다른 인지로부터 결과적으로 나타날 수 있는 행동적 반응의 차이를 구별할 수 있도록 돕는 데 사용된다. 일곱 살 혹은 그보다 좀 더 나이가 든 아동들은 종종 그 모자를 써 볼 것이다. 나는 아동에게 실제 생활의 대본을 주고, 그의 반응이 머릿속에 있는 어느 부분의 인지에 묶이는지, 그것에 대한 아동의 반응을 역할극으로 해 본다. "네가 조금 전에 학교에서 집으로 왔다고 상상해 보자. 너는 간식을 먹고 잠시 밖으로 놀러 갈 거야. 그리고 이제 숙제를 해야 할 시간이야. 너는 책상에 앉는다고 말할 거야." 일단 내가 그 장면을 설명한 후에 나는 아동으로 하여금 그의 모자에 있는 부정적인 생각 중 하나를 말로 표현하게 한다. 아동은 "나는 절대로 이것을 다 끝내지 못할 거야."라고 말할 것이다. 그런 다음 아동에게 이러한 생각이 어떤 느낌을 불러오는지, 무엇을 하고 싶도록 만드는지 묻는다. 아동은 이 질문에 대해 책상을 떠나고 싶다거나 빨리 숙제를 끝내고 싶다는 등의 대답을 할 것이다. 그의 '절대로 끝내지 못할 것'이라는 생각은 그가 종이 위에 무기력하게 연필을 대고 꼼짝 않고 앉아 있거나 창밖을 바라보며 숙제를 안 해도 된다면 무엇을 할 수 있을까 하는 잡념을 떠올리도록 만들 것이다.

아동은 모자를 바꾸고 대체 표현의 목록이 적힌 모자를 쓴다. 우리는 똑같은 대본을 반복한다. 그러나 이번에는 아동이 새로운 모자에 쓰인 '나는 이 것을 할 수 있어.'와 같은 문구를 말로 표현한다. 나는 아동에게 이러한 표현이 그에게 어떤 느낌이 들게 하고, 결과적으로 어떤 행동을 낳을지에 대해 묻는다. 아동들은 보통 사기를 저하시키는 생각을 할 때보다 숙제를 빨리 시작하고 더 빨리 끝낼 것이라고 말한다([그림 11-3] 참조).

이러한 활동의 변형은 유아들에게도 사용될 수 있다. 유아들은 손가락 인형이나 이야기 듣기를 좋아한다. 이들은 인형이 어떤 모자를 쓰느냐에 따라 다른 행동을 하는 것을 보면서 생각이 행동에 어떤 영향을 미치는지를 처음으로 접할 수 있다. 아동들은 인형이 일련의 생각에 대한 반응으로 한 가지

[그림 11-3] 부정적 생각 모자, 긍정적 생각 모자

방식으로 행동하고, 또 다른 일련의 생각에 대한 반응으로 다른 방식으로 행동하는 것을 본다. 아동은 인형이 긍정적인 생각이 쓰인 모자로 바꿔 쓰고 나서 같은 상황임에도 다르게 반응하는 것을 본다. 그때 아동은 모자를 쓰고 긍정적으로 바꾼 문장을 큰 소리로 말하는 연습을 한다.

비논리적 생각에 구멍 뚫기

어린 내담자들에게 문제 있는 생각을 소도구의 조작에서 다룰 수 있도록 하는 또 다른 개입은 '비논리적 생각에 구멍 뚫기'라고 불린다(Goodyear-Brown, 2005). 이것은 비논리적 생각과 아동들이 가해자에게 들은 거짓말과 싸울 수 있도록 만들어졌다. 이제는 신체적으로 안전함에도 불구하고, 어린 피해자는 여전히 가해자의 거짓 목소리에 지배당하고 조종당한다고 느낀다. 심리적 외상을 경험한 아동들의 마음속에서 돌아가는 테이프는 멈추기가 힘들다. 서서히 진행되는 과정은 한 성인이 아동에게 아동에 대한 부정적인 견해를 말했을 때 일어난다. 성인은 아동에게 "너는 바보야."라고 말한다. 이러한 말을 여러 번 들은 아동은 그 말을 내면화하여 '나는 바보야.'라는 언어로 변형시킨다. 이제 내면적 소유와 부정적 혼잣말은 세상에 대한 미래의 접근을 인도하는 새로운 사실이 되어 버린다. 자신의 소유가 된 새로운 사실과 맞서는 첫 번째 단계는 심리적 외상과 폭행의 원동력의 심리교육이다. 이러한 교육을 통해 대응되는 인지를 만들 수 있다.

이 활동을 시작하기 위해서는 가해자가 아동에게 말한 핵심적 거짓말을 분명히 밝혀 종이에 써야 한다([그림 11-4] 참조). 치료사는 여러 가지 모양의 절단기와 함께 구멍 뚫기를 소개한다. 아동은 체계적으로 재구성된 인지 또는 대응되는 생각을 말로 하는 동안 부정적인 생각이 쓰인 단어 부분에 구멍을 뚫는다. 아동은 비논리적 생각을 파괴하는 운동적 경험을 하는 동안 언어적 연습을 하게 된다.

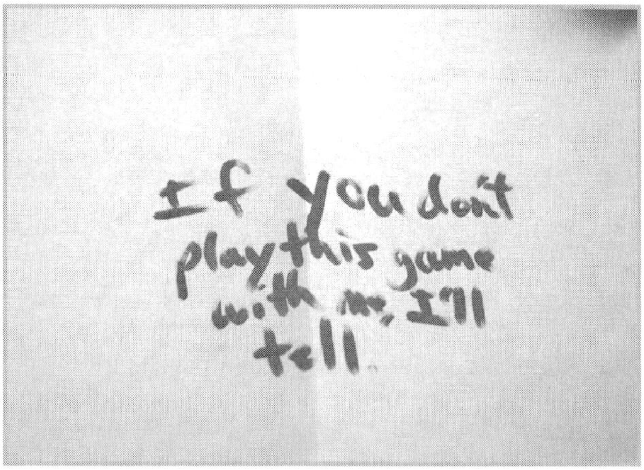

[그림 11-4] 종이에 쓴 가해자의 거짓말

[그림 11-4]는 십 대 소년이 여덟 살 소녀에게 한 거짓말을 기록한 것이다. 홍미롭게도 그 가해자는 그녀에게 그 말을 하고 나서 무슨 일이 일어났는지 더 이상 설명하지 않아도 되었다. 하지만 "내가 말할 거야."라는 한마디로 그는 그녀를 위협할 수 있었다. 이런 위협이 그녀를 불편한 신체 접촉 게임에 억지로 참여하게 만들었다. 이 치료 과정에서 그 작은 소녀는 내가 커다란 종이에 그 단어들을 써넣는 동안 가해자가 자신에게 했던 말을 되풀이해서 말했다. 나는 그 소녀에게 한 세트의 구멍 뚫기를 주었고, 그녀는 그것을 열심히 관찰했다. 그녀는 한참 동안 이 거짓말에 대응하는 진실을 말하면서 그 거짓말에 구멍을 뚫었다. 그녀는 구멍을 뚫으면서 가해자에게 말을 받아치는 것을 즐거워했다. 그녀는 그가 자신을 성추행하는 동안 그녀가 상상으로 말하려 했던 모든 말을 했다. 그녀의 말에 힘이 들어가는 것은 물론 단어에 구멍을 뚫어 조금씩 없어지는 것을 보며 만족스러워했다. 이러한 활동의 마지막에 거짓말의 흔적이 모두 사라지고 그 자리에는 아동이 만들어 낸 홍미로운 패턴이 자리 잡게 된다([그림 11-5] 참조).

[그림 11-5] 모두 사라진 거짓말

불꽃 끄기

내담자들이 부정적인 생각에 대응하여 싸울 수 있도록 도와주는 또 다른 개입으로 온몸으로 참여하는 '불꽃 끄기' 활동이 있다(Goodyear-Brown, 2005). 나는 장난감 소화기와 소방관 옷을 아동에게 준다. 어떤 아동들은 조그맣고 한 손에 쥐어지는 소화기를 좋아하고, 또 어떤 아동들은 호스가 달린 등에 메는 가방형 소화기를 좋아한다. 등에 메는 유형은 펌프질을 할 때마다 많은 양의 물이 뿜어져 나오기 때문에 아동용은 아니다. 아동은 어떻게 특정한 생각이 우리의 기분을 나쁘게 할 수 있는지에 대해 말하는 동안 흰 칠판 위에 물을 뿌린다. 나는 지속적인 불쾌한 생각을 제거할 수 있을 때 어떻게 느끼게 될지 큰 소리로 묻는다. 소방관이 불이 모든 것을 파괴하기 전에 불을 끄는 것과 마찬가지로, 우리는 부정적인 생각이 우리를 비참함에 휩싸이도록 하기 전에 완전히 없애 버리는 법을 배울 수 있다.

나는 아동에게 최근에 자신을 괴롭혀 왔던 부정적인 생각 하나를 찾아내도록 돕는다. 이 활동이 생각의 대체를 연습하는 동안 이러한 부정적 생각에 대한 아동의 지배감을 느낄 수 있도록 돕는 데 목표를 둔 활동이라면, 나는 앞에서 만들어 놓은 부정적 인지의 목록으로 돌아가기를 권한다. 아동이 찾아낸 생각을 흰 칠판 위에 써넣은 후에 주변에 불꽃을 그린다. 어린 아동들에게는 생각 그 자체를 쓰는 것보다는 생각을 나타내는 그림을 그리는 것이 더 효과적일 수 있다. 우리는 이 생각에서 뻗어 나온 감정이나 행동에 대해 이야기한다. 아동은 대체 표현을 말로 하면서 부정적인 생각에 물을 뿌려서 그것을 꺼 버린다. 글이 어느 정도 칠판에서 지워짐에 따라 아동은 힘이 생기는 느낌을 갖게 된다.

긍정적 혼잣말의 증가

심리적 외상을 경험한 아동이 반복해서 부정적인 혼잣말을 되풀이할 때 아동의 자존감이 훼손된다. 치료의 변화 과정은 부정적 혼잣말의 형태와 같다. 아동은 부정적 혼잣말의 표현을 찾아내고, 의미 있고 자아를 확인하는 반대 진술을 만들어 내어 부정적인 생각을 멈추고, 긍정적인 혼잣말로 그것을 대체한다. 적절한 소도구는 이러한 치료 목표를 성취할 수 있도록 아동을 도와주는 수단임에 틀림없다.

자아존중감 회복하기

'자아존중감 회복하기'(Goodyear-Brown, 2002) 개입은 간단한 도구를 이용해서 쉽게 할 수 있는 활동이다. 아동은 생강빵 사람 모양으로 오려 낸 종이를 받는다. 치료사는 아동이 부정적인 혼잣말을 진술할 수 있도록 도와준다. 각각의 진술을 오려 낸 몸의 일부에 적는다. 양팔과 양다리 등에 각각의 진술을 쓴다. 일단 부정적인 혼잣말을 오려 낸 생강빵 사람에 기록하고 나면, 아

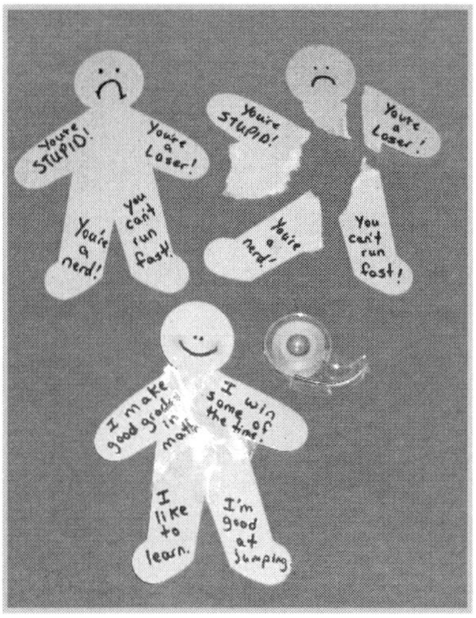

[그림 11-6] 자아존중감 회복하기

동은 그 모양을 받아 들고 각각의 부정적 혼잣말을 큰 소리로 말하며 여러 조각으로 자른다. 치료사는 마음을 상하게 하는 혼잣말의 반복이 문자 그대로 우리 자신을 얼마나 아프게 하는지에 대해 이야기한다([그림11-6] 참조). 일단 오려 낸 것이 조각나면, 그 조각들을 뒤집는다. 각각의 부정적인 혼잣말 진술 대신에 몸의 뒷면에 긍정적인 단어들을 적는다. 모든 긍정적 혼잣말 진술을 다 적으면, 아동에게 조각난 사람 모양을 다시 테이프로 붙이면서 큰 소리로 각각의 진술을 말하도록 한다. 치료사는 긍정적인 혼잣말을 반복함으로써 다시 자신감이 생긴다는 것을 강조한다.

'잘하는 것' 게임('장점' 게임)

'잘하는 것(Good-At)' 게임은 치료 회기에서 아동들이 긍정적인 혼잣말을 연습할 수 있는 또 다른 소도구 중심의 개입이다. 나는 아동에게 한 통의 플레이도우를 선택하도록 하고, 나도 한 통을 고른다. 뚜껑이 있는 용기 모양으로 플레이도우를 빚고, 아동에게도 비슷한 것을 만들라고 한다. 그런 다음 보물상자에서 한 줌의 보석, 동전과 예쁜 장식 방울을 꺼내서 플레이도우로 만든 용기 안에 넣는다. 아동도 자신의 용기 안에 같은 보물을 넣는다. 나는 용기의 뚜껑을 덮고 그 위에 얼굴을 하나 그려 넣었다. 그리고 나서 아동에게 용기 뚜껑을 보고서 그 안에 무엇이 들었는지 말할 수 있는지 물었다. 이것은 불가능하기 때문에 대부분의 아동들은 모른다고 말한다.

나는 "이것이 아름다운 것들로 가득 찬 사람이라고 가정하자. 그러나 그 스스로 자신을 열고 다른 사람에게 보여 주지 않으면 아무도 그것을 볼 수 없어. 나는 이것이 나 자신이라고 가정할 거야."라고 설명한다. 나는 용기의 뚜껑을 연 다음 이렇게 말한다. "나는 나의 용기 안의 각각의 보석을 보여 주면서 내가 잘하는 것을 너에게 말해 줄 거야." 그런 다음 보석 하나하나를 꺼내면서 '나는 ……을 잘해.' 라는 형식의 문장으로 내가 잘하는 것들의 목록을 만들어 간다. 나는 조심스럽게 '나는 좋은 친구야.' 라든가 '나는 남의 말을 잘 들어 줘.' 와 같이 아동들도 만들 수 있는 몇몇 표현을 만든다. 일단 내가 그 활동의 시범을 보이고 나면, 아동은 자신 안의 보물을 보여 줄 기회를 갖는다. 아동들은 가끔씩 즉각적으로 '나는 ……을 잘해.' 와 같은 문장으로 시작하는데, 이러한 표현은 모든 표현을 긍정적인 혼잣말로 바꾼다. 아동들은 이렇게 보석을 만지고 조작하는 활동에 열심히 참여한다. 심각하게 집중력이 부족한 아동들도 재료를 사용해서 자신이 잘하는 것을 10~12개의 목록으로 만드는 이러한 놀이에 기반을 둔 개입에 몰입하게 된다. 나는 아동들이 그것을 말하는 동안 그 목록을 적는다. 그리고 그들은 자신이 잘하는 모든 분야를 시각적으로 상기시키는 것으로 그 보물을 집으로 가지고 갈 수 있다. 치료의 또 다른 부분은 아동의 능숙함과 자존감을 회복할 수 있도록 돕는 것이 포함된다. 아동의 장점을 강조한 활동은 이러한 시도를 도울 수 있다. 예술에 천부적 소질을 가진 아동은 이 치료에서 도구를 활용하여 자신들의 장점을 새삼 깨닫는 경험을 하게 될 것이다. 탑 쌓기를 잘하는 아동은 놀이교실에서 쌓기 놀이를 하면서 그들의 장점을 깨달을 수 있을 것이다. 또한 아동이 본래 선호하는 놀이 재료를 사용하도록 하면 아동의 자신감을 향상시킬 수 있다. 힘과 통제력을 빼앗기는 심리적 외상 경험에 대해 다시 생각해 본다면, 우리는 심리적 충격을 받은 아동이 사고 이후의 세계에 대한 도전에서 자신의 능력을 얼마나 의심하는가를 쉽게 이해할 수 있다. 아동이 외상 경험 이전의 능력을 연습할 수 있도록 돕는 중재뿐만 아니라, 새로운 능력을 활성화시키는 중재는 내담자의 자신감을 향상시킬 수 있다.

아동의 유능감 강화

치료의 또 다른 측면은 아동이 자기 가치감과 유능감을 회복하도록 돕는 것을 포함해야 한다. 아동의 힘을 강조하는 활동은 이러한 노력에 도움이 되는 활동이다. 예술에 타고난 소질이 있는 아동은 치료에서 사용되는 이러한 매개물을 통해 유능감을 경험할 것이다. 탑을 잘 쌓는 아동은 놀이교실에서 쌓기놀이를 통해 유능감을 경험할 것이다. 아동이 놀이 재료를 자주 사용해서 자연스럽게 끌고 가는 활동은 아동의 자신감 향상에 도움이 된다. 우리가 외상 경험으로 힘과 통제를 잃는다고 생각한다면, 누구나 외상 아동이 하는 자신의 유능감에 대한 질문을 쉽게 이해할 수 있을 것이다. 아동이 외상 전의 유능감을 연습할 수 있도록 도와주는 개입뿐만 아니라, 새로운 유능감을 형성하도록 도와주는 개입 방법은 내담자의 자기 효능감을 강화시켜 준다.

'나는 할 수 있다' 모빌

아동의 외상 이전의 유능감을 연습하도록 돕는 한 가지 활동은 '나는 할 수 있다(I Can Mobile)' 다(Goodyear-Brown, 2002). 활동을 시작하기 위해 아동에게 비어 있는 깨끗한 음료수 캔과 줄 그리고 옷걸이가 주어진다. 아동은 음료수 캔 따개에 다양한 길이의 줄을 묶은 뒤 옷걸이에 붙인다. 이렇게 음료수 캔 모빌을 만든다. 그리고 외상을 경험하기 이전과 같이 여전히 자신이 능숙하게 할 수 있는 몇 가지 능력을 그림으로 그린다. 예를 들어, 자전거 타기, 동물 그리기, 농구공 넣기, 껴안기와 같은 것들이다. 이러한 그림을 오려 내서 모빌의 모형으로 쓰인 각각의 캔 위에 둘려 붙인다. 가능하다면 모빌을 만드는 과정에서 아동의 보호자가 함께 있는 것이 좋다. 부모들은 아동이 스스로 생각해 내지 못하는 그들의 장점을 알려 줄 수 있기 때문이다. 일단 모빌이 다 만들어지면 아동은 그것을 집으로 가져가서 자신의 침대 위에 매단다. 그 모빌은 매일같이 아동에게 여러 분야에 걸쳐 자신의 장점을 시각적으로 상기시켜 주는 역할을 한다([그림 11-7] 참조).

아동들은 가끔씩 심리적 외상 이전에 그들이 발달시켰던 능력을 잃기도 한다. 한 예로, 그들이 적당한 장소를 찾을 때까지 대소변을 참을 수 있는 능력이 해당된다. 심리적 외상을 입은 아동들은 이러한 상황에서 퇴행하는 경험을 하기도 한다. 깨끗이 씻고 잠자리에 들고, 그들의 침대에서 혼자 잠들던

[그림 11-7] **'나는 할 수 있다' 모빌**

아동들이 한동안 부모와 함께 잠을 자려고 할 수 있다. 이러한 아동들에게는 다른 분야에서 그들이 간직한 능력을 훈련시키는 것이 그들을 안심시킨다. 퇴행을 통한 손상된 능력의 회복은 이러한 개입을 완성시킴으로써 나타날 수 있다. 치료사와 아동은 두세 개의 캔을 더 고른 후에 검은 종이로 캔을 싼다. 이 캔은 놀이치료실에 두거나 집에 가져간다. 아동의 새로운 능력이 드러나면 남아 있는 캔을 장식하고, 아동의 능력이 드러남을 축하하기 위해 모빌 위에 덧붙인다. 아동의 자신감을 향상시켜 주는 또 다른 방법은 아동을 '전문가'의 역할에 포함시키는 것이다. 이 목표는 다양한 방법으로 완성될 수 있다. 나는 가끔씩 놀이치료실에서 역할을 바꾸는데, 이때 아동이 치료사가 되기도 한다. 이러한 활동을 하기 위한 준비로, 아동과 치료사가 각각 장난감 전화기를 한 대씩 갖는다. 치료사는 다양한 사람으로 변하여 아동에게 전화를 건다. 이때 웃기는 목소리를 사용하면 개입이 더욱 재미있다. 아동들은 전화를 건 사람이 그 자신보다 어릴 때 더 열심히 답한다. 치료사는 아동에게 능숙한 기술과 관계된 질문을 할 수 있다. 치료사는 스케이트 보드, 레고 만들기, 아동에게 친숙한 소재에 대해 이야기할 수 있다.

랜디가 핵심 신념과 레슬링하다

때때로 나이 든 아동과 청소년은 인지 왜곡을 정확하게 지적할 수 있으나, 그것을 분명하게 이야기하거나 기록하는 데 어려움이 있어서 이를 부끄럽게 생각하고 숨긴다. 내담자는 문자상으로나 구두상으로 잘못된 신념이 점점 더 강한 힘을 발휘한다고 생각할 수도 있다. 우울증으로 의뢰된 열 살의 소년 랜디(Randy)의 사례는 이러한 사실을 뒷받침해 준다. 랜디의 할머니는 첫 번째 방문 때 랜디와 함께 왔다. 할머니는 랜디의 어머니가 그를 통제할 수 없다는 이유로 자신에게 보내서 지금껏 함께 살고 있다고 설명했다. 치료 초기 동안 랜디는 자신의 어머니에 대해 이야기하는 것을 거부하였고, 자신을 괴롭히는 어떤 생각에 대해서도 언급하는 것을 꺼려 했다. 그는 시선을 내리깐 채 구부정한 자세로 의자에 앉아 있었다. 할머니는 상당히 심각한 태도를 갖고 있었는데, 이런 태도는 랜디에게 더욱 강력한 훈육이 필요한 관계로 그에 대한 어떤 긍정적 · 애정적 진술도 자발적으로 하지 않게끔 했다.

어느 날 오후 할머니는 내가 랜디를 만나기 전에 자신과 먼저 이야기할 수 있는지 물었다. 그녀는 지난주에 랜디의 잘못된 행동 때문에 매우 화가 나 있었다. 나는 랜디의 행동으로 좌절된 할머니의 마음을 수용해 준 다음, 그 주 동안 랜디가 보여 준 긍정적인 행동은 없었는지 물어보았다. 할머니는 "전혀 없어요. 랜디는 어린 무법자예요!"라고 말했다. 나는 할머니가 자신의 손자에 대해 어떤 긍정적인 면도 찾아볼 수 없다는 사실에 무능감에 빠졌다. 그녀는 치료실을 떠났고, 랜디는 그대로 앉아 있었다. 나는 "할머니가 항상 이러시니?"라고 물었다. 이는 전문적으로 회기를 시작하는 일반적인 상황은 아니었으나, 랜디는 내 질문에 씩 웃었고, 할머니의 이런 태도에 대한 나의 당황스러움을 감지한 것 같았다. 그는 눈을 굴리면서 "네!"라고 대답했다. 나는 "너는 할머니께서 이런 태도를 보여 주는 것에 대해 어떻게 느끼니? 그러니까 할머니께서 너에게 하고 싶은 말씀이 무엇 같니?"라고 물었다. 랜디는 주저하지 않고 "그것은 내가 실수라는 거예요."라고 대답했다. 랜디는 자신의 핵심 신념을 명확하게 들려준 것이다. 우리는 부모님이 그에게 자주 했던 말에 대해 이야기하였다. 이러한 모든 의사소통은 그가 자신은 실수의 산물이기 때문에 세상에 태어나지 않았다면 좋았을 것이라는 신념을 강화시켰다.

이제 그는 이처럼 핵심적인 부정적 신념을 언어로 표현했으며, 우리는 그것과 싸우기 시작했다. 나는 그에게 "나는 실수가 아니야."라는 말을 하도록 했다. 그러자 그는 고개를 끄덕였다. 하지만 그는 곧 여러 가지 이유를 대면서 그 말을 하지 않으려고 했다. 나는 작전을 바꾸기로 했다. 그는 신체적으로 움직일 때나 놀이 행동 안에 포함된 운동적인 상황이 되면 말이 느슨해지고 억제가 줄어들었다. 그는 항상 검은 조로 마스크와 옷을 입고 칼과 장난감

총을 차고 놀이를 시작했다. 랜디가 나에게 칼을 골라서 주었고 우리는 전투를 시작했다. 흥미롭게도 칼싸움 놀이에서 우리 둘의 안전을 위해 지켜야 할 속도나 거리를 랜디에게 의식적으로 이야기할 필요가 없었다. 나는 그와 함께 있을 때 제한을 설정할 필요가 없었다. 함께 놀이한 후에 랜디는 애완용 닌자 거북이의 움직임을 보여 주었고, 나는 다음과 같은 조언을 해 주었다.

패리스: 나한테 '나는 실수(mistake)가 아니야.' 라고 말해 주렴.
랜　디: (재빨리 미소를 지으면서) 나는 뱀(missnake)이 아니야.
패리스: 크게 말해 주렴.
랜　디: 나는 뱀(missnak)이 아니야.
패리스: 실수(mistake).
랜　디: (크게 웃으면서) 나는 뱀(missnake)이 아니야.
패리스: (웃으면서) 너는 뱀(missnake)이 아니라고?
맞아, 너는 뱀(missnake)도, 실수(mistake)도 둘 다 아니야.

이때 나는 랜디가 뱀이 아니라는 주장 속에 인지적 반대 진술을 변형해서 사용하고 있는 방어기제를 인식하였다. 그리고 내가 어떤 입장을 취하고 있는지, 우리가 그의 잘못된 신념을 초래하는 사람들에 대한 반대 진술에 초점을 맞추는 것은 아닌지 하는 생각이 들었다.

패리스: 네가 실수라고 생각하는 모든 사람들이 나라고 가정해 보자.
랜　디: (빨리 가로채며) 그러면 나는 칼을 사용하는 대신 당신을 때리는 것으로 끝낼게요.

이것은 할머니가 '파괴적인 아이' 라고 묘사한 이 소년이 치료사에게 부적절하게 어떤 분노도 표출하지 않기로 확신하는 것이 얼마나 어려운 일인지를 말해 준다. 그는 자신이 실수라는 핵심 신념과 얼마나 많은 분노감이 연관되어 있는지를 나에게 경고하고 있다. 내가 랜디에게 공격적인 행동을 하도록 허용한다면, 그것은 치료 관계에 해로울 것이다. 따라서 나는 그의 심각한 경고를 받아들였으며, 랜디를 위한 또 다른 선택을 찾았다. 나는 테이블 아래에 있는 거대한 개 모형을 끌어냈다.

패리스: 이 개가 그런 사람인 것처럼 가정해 보자.
랜　디: 하지만 나는 그것에 대해 더 이상 큰 소리로 말하지 않을 거예요.

랜디는 여전히 거래 중이다. 그는 '나는 실수가 아니야.'라는 새로운 진실을 표현할 수 있는 잠재력에 대해 아직 두려워하고 있다. 비록 그의 현재 핵심 신념은 그가 선택하는 행동과 세상에 대한 일반적인 접근 방식이 다루기 힘들고 부정적인 것으로 보이지만, 세상이 부정하고 있는 그 진실을 언어적으로 표현하고자 하는 모험심을 가지고 있다.

패리스: 그래.
랜　디: 나는 이미 큰 소리로 이야기했어요.
패리스: 네가 그 개를 때리는 동안 크게 이야기해 보렴.
랜　디: (동물 모형을 때리면서) 나는 뱀(missnake)이 아니야.

나는 랜디가 뱀(missnake)이라고 반복하는 것에 대해 아무런 언급도 하지 않았으나, 랜디는 그의 목 안에서 으르렁거리는 낮은 소리를 냈다.

패리스: 내가 도와줄까?
랜　디: 이게 의자에서 일어서 있는 게 더 나을 거예요.
패리스: 물론이지. 우리는 그것을 의자에 세워 놓을 수 있단다. 너는 스스로

개를 세워 놓기를 원하니? 아니면 내가 도와주기를 원하니?

랜 디: 괜찮아요.

랜디는 소유자의 자격을 갖추기 시작하면서 스스로 의자에 개를 세워 놓았다.

랜 디: (검으로 개를 때리면서) 나는 뱀(missnake)이 아니야.

패리스: (이번에는 직접적으로 잘못된 언급에 직면하기로 결정하고) 우아! 뱀(missnake)은 잘못된 단어란다.

랜 디: 나는 그 단어를 바르게 말할 수 없어요. 나는 뱀(missnake)이라고 계속 말할 거예요.

패리스: 아마 그건 여전히 네가 실수라고 생각하기 때문일 거야. 그래서 나는 네가 '나는 ……가 아니야.' 라고 이야기했으면 좋겠어.

랜 디: (치료사를 가로막듯이 큰 목소리로) 나는 실수가 아니야!

랜디가 그 단어들을 말했을 때, 그 단어들은 무언가 해방된 것처럼 보였다. 그는 자신의 칼로 개를 때리기 시작했다. 그리고 방 안에서 개를 던져 버렸다. 그 개는 접혀 있는 놀이용 텐트 꼭대기에 놓여졌다.

패리스: 너는 방을 가로질러서 개를 던졌구나.

랜 디: 미안해요.

패리스: 개가 떠나갔어. 잘됐어.

랜디는 텐트를 고정시키고 개를 집어 오려고 애를 썼다.

패리스: 맞아, 너는 필요하다면 그것을 버릴 수도 있어.

랜디는 여기서 어찌할 바를 모르는 것 같았다. 그는 장난감에 초점을 두지 않고 내 책상 앞에서 돌아다녔다. 그는 얼굴에 썼던 가면을 세게 잡아당기더니 탁 벗어 놓았다. 그리고 치료사와 눈 맞춤 하는 것을 조심스럽게 피하면서 다음과 같이 말했다.

랜　디: '나는 이제 더 이상 너를 때리지 않을 거야.'라고 이야기해요.

랜디는 자신의 행동에 당황해하는 것 같았다. 그는 자신의 상처받기 쉬운 감정을 내버려 둔 핵심 신념과 연관된 깊은 분노를 내게 보여 주었다. 그의 지각은 자신의 분노에 의해 채색되어서 자신이 나를 상처 입히고 있다고 생각하고, 정서적으로 긴장하여 나에게 압도당하고 있으며, 나를 두려워하는 것 같았다. 그는 자신의 가장 나쁜 일면을 보여 준 것이다. 나는 무엇이 일어나고 있는지에 대한 그의 왜곡된 관점을 수정하기로 했다.

패리스: 너는 나를 때리는 것을 끝내지 않았어. 나는 다치지 않았어. 그리고 이 방 안에서 다친 사람은 아무도 없단다.

랜　디: 만약 그것이 당신이라면 저는 당신을 때리는 것을 멈출지도 모르겠어요.

패리스: 나는 어떤 것이든 네가 결정해서 사용하기를 기꺼이 바란단다.

랜　디: 저는 당신에게 경고했어요.

랜디는 모래 상자로 가서 모래를 통과시키며 손을 움직이기 시작했다. 이것은 아동들이 놀이 행동 이후에 마음을 가라앉히기 위한 내부의 단계적 확대의 결과로 나타나는 전략이다. 랜디는 모래 상자 안에 자동차를 가져와서 그것을 묻어 두었다. 나는 재빨리 전동장치를 켜고, 모래 상자에 함께 참여하면서 새로운 놀이 활동을 반영해 주었다.

랜 디: 좋아! 여러분, 자신을 밝히는 시간(identity time)입니다.

그는 회기 내내 쓰고 있던 검은색 닌자 가면을 벗고 카메라를 똑바로 쳐다보았다. 그가 가면을 쓰지 않고 있다는 것은 엄청난 힘을 가졌다는 의미다. 이것은 처음으로 그가 치료 과정에서 자신의 얼굴을 가리지 않은 채 카메라에 노출시키도록 허락한 것이다.

랜 디: 이제는 당신이 나의 진짜 얼굴을 볼 수 있어요.
패리스: 이제 우리는 너의 진짜 얼굴을 보게 되었구나. 또한 네가 실수가 아니라는 사실을 진짜로 알게 되었단다.

이 사례에서 한 가지 중요한 사항은, 랜디가 모든 회기에서 내내 놀이실에서 검은색 가면을 선택했다는 것이다. 또한 그는 칼싸움 놀이를 요청하였으며, 다른 놀이 삽화는 비디오로 촬영되었으나, 항상 가면을 쓰고 녹화하였다. 방 안을 가로질러 개 모형을 던진 후에 그는 얼어 있었고, 치료사에게 압도당할 것이라는 두려움으로 잠시 마비되었다. 아무도 다치지 않았고 어떤 물건도 손상되지 않았는데, 그는 치료사에게 "내가 당신을 상처 입히게 될 것이라고 당신에게 말했었어요."라고 이야기했다. 그는 치료사를 외면하고 얼굴에 있던 가면을 재빨리 잡아당겨서 벗어 놓은 다음 자신의 얼굴을 살짝 때렸다. 그는 자신을 처벌함으로써 치료사에게 자신의 분노를 표현한 것이다. 나는 상처가 없다는 것을 그에게 보여 주면서 안심시켰다. 나는 그의 분노에 압도당하지 않으면서 우리의 관계가 완전하다는 명확한 메시지를 전해주었다.

그는 모래 상자로 직접 가서 손가락 사이로 모래를 통과시키면서 자신을 진정시키기 시작했다. 그리고 치료사에게 새롭게 보여 준 자신의 일면을, 가면을 벗고 카메라 앞에서 보여 주기로 결정한 것이다. 그의 표현대로 가면을 벗는 시간인 '밝히는 시간'은 이야기하는 시간으로 강력한 시간이다. 랜디는 자신을 나쁘게 이야기하는 사람들에 대한 분노감과 긴장을 치료사가 수용하고 있음을 보여 주었다. 그는 보호막을 포기하고 놀이실에서 자신의 드러나지 않은 일면을 보여 주었다. 그는 치료사와 함께 자신의 상처받기 쉬운 부분을 공유함으로써 스스로를 수용하기 시작했다.

그는 '나는 실수가 아니야.'라는 인지로 재구성하였으며, 그것은 자신이 실수가 아니라는 믿음을 보여 주었고, 자신의 정체성, 즉 존재 핵심에 도전하려는 신체적 능동적 움직임과 함께 짝을 이루었다. 그는 신체적 개입을 통해 자신의 부정적 핵심 신념에 쉽게 접근하였다. 이 회기 이후 랜디는 절대로 가면을 쓰지 않았다.

결 론

외상을 경험한 아동들은 부수적으로 인지 영역에서도 부정적 경험을 하게 된다. 아동들은 자신에게 나쁜 일이 일어나게 된 이유를 잘못 설명한다. 아동들이 부정적으로 자신을 말할 때 이것을 지적하지 않으면, 자기 손상 행동, 타인 또는 부모에 대한 공격성, 타인 앞에서 위축된 행동과 같은 자기 비난과 부정적인 자존감을 갖게 된다.

또한 아동들에게 인지, 정서, 행동이 서로에게 어떤 영향을 미치는지 가르칠 수 있다. 더욱이 아동들은 부적응적 사고를 확인하고, 그 사고를 멈추고, 재구성된 인지로 대체하는 기술을 배울 수도 있다. 성인은 아동의 내적 사고를 다룰 수 있기 때문에 아동들은 자신에게 문제가 되는 생각과 외부로 표현할 수 있는, 놀이에 기반을 둔 도구를 사용하면 굉장히 큰 이점이 있다. 일단 사고가 외부로 표현된다면 아동은 그 사고를 놀이로 다룰 수 있다. 놀이를 통해 사고를 다루는 것은 아동이 사고를 멈추고 전략을 재배치하도록 연습함으로써 아동의 회복을 도와 숙달감을 안겨 줄 것이다. 자기를 긍정적으로 이야기하는 것과 능력을 시연하는 것은 모두 이 장에서 언급한 놀이에 기반을 둔 중재를 통해 증진된다. 여기에 소개된 사례와 중재가 외상을 경험한 아동이 인지 왜곡을 효과적으로 극복하는 데 도움이 되는 특별한 기법이 되었으면 하는 것이 나의 바람이다.

12 외상장애 아동을 위한 놀이치료

외상 후 자기에 대해 긍정적 의미 만들기

12

외상 후 자기에 대해 긍정적 의미 만들기

"나는 거의 다녀 보지 않았던 곳으로 여행을 떠났고
모든 것이 예전과 달라졌어요."
– 로버트 프로스트(Robert Frost)

나이 든 현자의 영혼

고통스러운 경험을 겪으며 가까스로 터득한 지혜의 한 종류가 있다. 심하게 고통스럽거나 무서운 경험을 한 아동들은 다른 사람에 대해 놀라울 만큼 깊은 통찰을 보이는 반면에 어떤 영역에서는 발달지체가 나타나기도 한다. 방임과 상습적인 학대에서 살아남은 아동은 전형적 발달을 하는 또래와는 구별되는 신경생리학상의 구조적 변화에 직면할 수 있다. 이들 변화는 학습, 기억, 감정 조절과 수많은 다른 발달단계에 영향을 줄 수 있다. 이러한 아동은 읽기를 배우고, 다른 사람의 비언어적 신호를 정확히 읽어 내고, 자신의 감정을 억제하고, 조리 있게 이야기하는 것이 더욱 힘들 수 있다.

그러나 우리는 놀이치료실에서 외상 아동의 또 다른 차원의 자기(self)와 대면할 수 있는 행운을 만날지도 모른다. 나는 상처 입은 아동의 이 부분을 '나이 든 현자의 영혼'이라 부르기로 했다. 놀랄 만한 달변이나 깊은 통찰을 포함해서 아동의 나이를 뛰어넘는 지혜가 이따금씩 놀이치료실에서 드러난다. 이 현상은 나와 함께 작업한 외상 아동들의 특성이다. 놀이치료사, 내담자(아동) 그리고 놀이 도구 사이의 관계는 뜻밖의 환경을 제공한다. 외상 아동은 놀이치료 과정에서 자주 사용하는 비유와 치료사가 사용하는 반영적 언어를 자신의 가장 직관적인 부분으로 수용하고 확장한다. 아동은 모래 위에서 자동차로 '붕~' 소리를 내며 신체적으로 몰입할 수도 있지만, 반면에 그의 외상 경험에 대한 이해를 성인처럼 세련된 말로 표현할 수도 있다. 때때로 놀이 중간에 발달적으로 적합한 방법으로 자기의 어린이다운 부분에 몰입하고, 때로는 아이다운 의사소통이 없는 '나이 든 현자의 영혼'으로 떠나기도 한다.

9장에서, 자신을 학대한 친어머니와 새어머니를 표현하는 상징에 '전쟁의 장'을 구축한 아홉 살의 마이클(Michael)의 사례에서 나는 경험적 숙련놀이를 묘사했다. 그의 아동 자아는 상징물을 조작하고, 전쟁과 전투에 열중하는 데 몰두했다. 나는 그녀가 (전투에서) 패한 것처럼 보일 때, 어떻게 프랑켄슈타인(Frankenstein)의 신부(그의 친어머니의 상징)가 갑자기 뒤에 나타났는지에 대해 물었다. 그의 아동 자아가 놀이에 몰두하는 동안에도, 언어를 초월한 의사소통과 반응을 하는 그의 '나이 든 현자의 영혼'은 "친어머니는 나의 과거에 존재했는데도 나의 현재를 조정하고 있는 것 같아요."라고 말한다. 우리는 가끔 몇몇 성인 내담자들도 잘 모르는 세상 물정에 대해 아동이 잘 알며, 그의 삶의 중요한 딜레마를 분명히 말하는 능력에 매우 놀란다. 거기서부터 우리는 아동의 초기 경험이 일상생활의 스트레스를 다루는 그의 해결 방법을 어떻게 계속해서 오염시키는지 간단하게 말할 수 있었다. 이 토론 후에, 그는 트림과 방귀 뀌기를 포함해 엉뚱한 농담을 하는 아동으로 되돌아갔고 '나이 든 현자의 영혼'은 다시 격리되었다. 이러한 지혜 덩어리가 필요가 없게 된 것이다(그 지혜 덩어리는 아동이 그것을 선택할 때만 소중해진다). 또는 아동이 그것을 실마리로 꺼내지 않을 수도 있다. 대신에, 진행 중인 은유적 의사소통을 통해서 아동 내면의 공상적 지혜가 가장 효과적으로 자극을 받는다. 치료의 전 과정을 통틀어 놀이치료사의 역할 중 하나는 아동이 이런 부분을 드러내거나 입증하고 반영할 때, 이런 보석 같은 이해를 깨닫고 '나이 든 현자의 영혼'의 목소리를 정확히 기록하는 것이다. 더욱이 이러한 의사소통은 치료의 종결 단계에 다시 나타나 영향을 줄 수 있다.

종결 시기 정하기

치료사의 업무 중 가장 중요한 하나는 치료의 마지막에 의미 있는 작별 인사를 구성하는 것이다. 많은 사람들은 종결의 작별 과정에 대해 이야기한다. 비록 내가 부모에게 종결이라는 단어를 사용할지라도, 거의 대부분의 아동에게는 졸업이 작별 인사를 뜻한다. 이 용어는 아동에게 성취감을 주고 상실감을 누그러뜨리게 하는데, 이 상실감은 여전히 의도적으로 언급해야 한다. 그러나 적절히 개입하지 않으면 아동이 상실감에 압도될 수도 있다. 훈련 중에 내가 받은 공통적인 질문 중의 하나는 아동과 가족이 치료를 종결할 준비가 되었는지를 어떻게 아는가다. 이 질문에 대한 명확한 답은 없다.

이러한 결정을 내릴 때는 많은 변수를 고려해야 하고, 궁극적으로는 임상적 판단에 의지해야 한다. 외상 치료의 목표는 아동이 자신의 삶에서 외상 사건을 잊도록 하는 것이 결코 아니다. 어떤 피난처로 도망가서 자신이 겪은 고통스러운 경험을 잊고 싶은 소망이 있겠지만, 그 기억을 지운다면 우리는 더 이상 우리 자신이 될 수 없다는 사실을 기억해야 한다. 잊는 것은 분명 우리의 목표가 아니다. 그러나 고통을 덜 기억하는 것은 긍정적 치료 결과를 개념화하는 한 방법이 될 수 있다. 내담자가 외상에 압도되지 않고 외상 내용을 견딜 수 있는 것은 치료의 종결을 결정하는 또 다른 측면이다. 외상의 감정적 독성을 배출하고, 긍정적 자아감과 미래감으로 둘러싸인 내적 힘이 생긴 아동은 종결할 때가 된 것이다. 아동이 종결할 준비가 되었는지를 결정하는 데 사용하는 더 완벽한 체크리스트는 치료 목표를 검토하고 확장된 목표 중 어떤 것이 성공적으로 성취되었는지를 검토하는 것을 포함한다. 다음은 우리가 희망하는 긍정적인 결과물이다.

- 감정적 영역의 증가
- 생리적 반응의 감소
- 외상에 대해 조리 있게 이야기하기
- 왜곡된 인식을 효과적으로 재구성하기
- 사회적 지지자, 초기 양육자에게서 위안받고, 접근 가능한 내담자의 영역 증가시키기
- 건강한 대처기술의 활용 증가
- 특정한 장소와 사람과의 관계에서 안전감의 회복

이러한 차원에 덧붙여서, 외상적 놀이의 성공적 해결은 아동의 종결 준비 척도가 될 수 있다. 아동이 처음에 치료를 받게 되면, 안전감이 형성된 후에 그들의 외상 경험을 재현하는 데 심하게 집중하고, 이 책에 묘사된 과정을 통해 문제를 헤쳐 나간다. 치료의 연속선상에서 동일한 점은 아동의 놀이가 차분해지고, 외상 문제를 해결하는 데 집중하는 것이 줄어들면서 발달상 더 상징적으로 되는 것이다. 가해자 상징을 열성적으로 조종해 왔던 아동의 관심이 발달상 더 상징적인 놀이로 옮겨 간다. 아동이 치유되어 감에 따라 자신의 연령에 적합한 놀이를 하게 된다. 아동은 놀이가 주는 즐거움 때문에 놀이에 몰입하고, 치료 초기에 표현했던 감정적 맹렬함은 사라져 버린다.

때때로 놀이치료실을 떠나고 싶지 않은 아동의 경우, 얼마나 더 이곳에 올

수 있는지를 묻기 시작할 것이다. 아동은 축구팀에 합류하거나 방과 후 미술 수업에 관심을 표현할지도 모른다. 단지 방과 후에 밖에서 오래 놀기를 원할지도 모른다. 나는 일반적으로 이것을 긍정적 신호로 보는데, 이것은 한때 외상 반응에 빼앗겼던 아동의 발달 에너지를 나타내는 것이고, 아동기의 일반적인 발달 과업으로 관심을 돌리고 있는 것이다.

치료가 진척되지 않을 때

아동에게 어떤 통찰이나 직관의 시간이 없고, 진정한 마음의 변화가 일어나지 않았는데도 치료 계획은 서류상의 진도에 따라야만 할 수도 있다. 때때로 이것은 아동이 그의 가정환경에서 아직 안전하지 않기 때문에 일어난다. 비밀을 지키기 위해서 또는 진행 중인 사건이지만 살아남기 위해 아직 비밀을 폭로하지 못한 학대 상황에서 아동은 자신의 발달 에너지를 여전히 거짓으로 사용하게 되며, 그렇게 되면 치료 과정은 의미 있는 변화를 가져올 수 없다. 작업이 피상적으로 보일 때 아동의 학대가 진행 중일 가능성을 고려해야만 한다. 아동이 바람직하지 않은 비밀을 지키는 데 열중할 수도 있다. 간혹 치료의 초점은 아동이 비밀을 말하기에 자유로운 환경을 제공하기 위하여, 놀이치료실에서 안전감과 안정감을 주는 것을 강조한다. 치료사는 놀잇감을 통한 자기 개방을 위해 상황에 따라 수정 가능한 초대장을 만들 수 있다. 비밀을 지키기에 적절하고, 비밀을 말하기에 적절할 때쯤 심리교육에 착수할 수도 있다.

어떤 경우에는 치료가 발달상 민감한 방식으로 진행되지 않기 때문에 미궁에 빠져들기도 한다. 치료가 미궁에 빠질 때, 아동의 발달 수준과 선호 활동을 새로운 시각으로 보고, 아동이 쉽게 수용할 수 있는 개입 방법으로 재조정할 필요가 있다. 치료가 진척되지 않을 때, 또 다른 가설은 아동에게 치료의 연속선에서 초기에 세웠던 치료 목표에 더 많은 시간을 할애하고 집중해야 할 필요가 있다는 것이다. 예를 들면, 아동이 놀이치료실에서 초기의 안전감과 안정감을 발달시키고, 감정적 영역의 기술이 증가되고 있지만 외상 이야기 과정에서 고착될 수 있다. 그것은 외상 사건의 내용에 접근할 때 아동이 압도될지 모르는 아동의 심리적 분노를 다루기 위해 치료사와 아동이 개별 전략과 상호 전략에 관해 아동이 준비할 수 있는 더 많은 시간을 가질 필요가 있다는 의미다. FSPT 모델은 아동에게 이미 숙달한 목표는 건너뛰고, 특정한 대상을 연구하는 데 더 많은 시간을 보내고, 치료 과정에서 이루어져야 할 목표를 다시 세우는 데 융통성을 발휘해야 한다.

종결의 목표

일단 아동이 치료 목표를 더 일찍 성취하고 아동과 양육자 모두가 문제 되는 증상이 감소되었다고 보고하면, 이것은 종결 과정을 시작하기에 적당한 때다. 종결의 목표는 두 가지로 귀결된다. 첫 번째 목표는 목표 지향적 놀이에 기초한 중재, 가장 의미 있는 순간을 추려 내는 은유적 놀이 방법 그리고 이 새로운 지식에 긍정적 자아감을 통합하는 모든 심리교육 활동으로부터 아동이 한 발짝 뒤로 물러서도록 돕는 것이다. 나는 사람들이 외상을 경험한 아동을 '손상된 물건' 또는 '깨진 것'으로 묘사하는 것을 들었다. 외상 경험의 결과로 생긴 특별한 신념이나 대처 양식은 기능적이지 않을 수 있고, 자아의 어떤 관계나 양상은 수선이 필요하기도 하다. 실제로, 이것들은 치료에서 추구하는 치유 목표다. 이들 대처전략과 불완전한 신념과의 관계는 긍정적으로 강력한 영향을 미치며, 종결은 아동을 축하해 주고 의미 있는 작별로 마무리되어야 한다.

아동을 축하해 주기

나는 아동들이 치료와 치유 과정에서 힘든 작업을 하는 것을 지켜본다. 조금은 진부한 표현일지 모르지만, 이 과정에서 기적 같은 일이 일어난다. 부러진 뼈가 일단 치유되면 부러지기 전보다 더 단단해지는 것과 같이 많은 아동들은 외상이 발생하기 전보다 더 강해진 상태로 치료를 마친다. 더 강해진다는 것은, 나에게는 더 지혜롭고, 더 이성적으로 판단하는 것을 의미한다. 그리고 신경생리학적 균형이 온전히 재건되지 않았더라도, 자신을 진정시키는 방법과 타인의 위안을 수용하는 법을 전보다 더 잘 아는 것이 중요하다. 아동은 자신의 외상 반응을 해결하기 위해 힘들고 심지어 녹초가 되는 작업에 자주 몰입한다. 힘든 작업은 축하받아야 하고, 치료 과정에서 아동이 얻은 것은 구체화해야 한다.

의미 있는 작별 만들기

두 번째 목표는 치료사와 함께 의미 있는 작별을 만드는 것이다. 나는 '만들다(make)'라는 단어를 사용하는데, 이유인즉 '만들다'는 '갖다(have)'라는 단어보다 더 활동적인 동사이고, 창조적 경향성을 더 잘 표현하기 때문이다. 이것은 서로 작별을 고하는 아동과 치료사를 돕기 위해 긍정적이면서도 밀접한 관계를 어느 정도 지속시키는 데 필요하다. 많은 임상가들은 치료의 종결 단계에서 그들의 가장 강한 역전이 반응에 직면한다. 만약 관계가 의미 있었다면 작별 인사는 고통스러울 수도 있다. 고통을 피하는 것은 인간에게 자연스러운 일이다. 그러므로 우리 대다수는 관계의 특별한 시점을 관계의 마지막이라고 인식하는 방법인, 규정된 방법으로 작별 인사를 하는 것을 피한다. 우리는 다시 보지 못할지도 모르는 사람을 떠날 때 "곧 다시 보자!"라고 말한다. 치료사도 사람이고, 더구나 의미 있는 사람과의 고통스러운 이별을 피하고자 하는 여느 사람들처럼 감수성이 강하다.

나는 치료사 초기에 치료적 유치원 프로그램에서 선생님들을 위한 임상적 컨설팅을 제공하기 시작했다. 우리는 똑똑하고 아동에게 정이 많고 치료 약속에 충실한 선생님을 찾았는데, 그 선생님은 1~2년간 프로그램을 잘 받고 그 뒤에 심화연수를 계속 받기 위해 학교로 돌아갈 가능성이 높았다. 나의 업무 중 하나는 이 선생님들이 의미 있는 방법으로 그들에게 돌봄을 받는 아동들(일반적으로 학급당 10~12명)에게 작별 인사를 하는 것을 돕는 것이었다. 선생님과 나는 의미 있는 이별을 만들려고, 작별 인사를 하기 전 한 달 내내 다양한 개입 방법을 검토하기 위해 만나곤 했다. 그러나 선생님들은 몇 번이고 계속해서 그 개입 방법을 사용하지 않았다. 그들은 활동을 잊어버렸다거나 학교에서 다른 행사에 밀렸다고 말하곤 했다. 지속된 격려가 없으면, 선생님들은 그들이 떠나는 그 주까지 기다리다가 그제서야 아동들에게 자신이 떠날 것이라고 말하곤 했다. 작별 과정의 확장인 컵케이크를 갖춘 파티는 마지막 날에 열리곤 했다.

내가 이 패턴에 대해 곰곰이 생각해 보니 선생님들이 의미 있는 작별을 의도적으로 피할지도 모른다는 생각이 들었다. 왜냐하면, 작별 자체가 불편하기 때문이다. 나는 이 가설을 개별 슈퍼비전에서 시험해 보았다. 종결 의식을 피하는 순간에 직면했을 때, 몇몇 선생님들은 마치 자신들을 필요로 하는 아동들을 버리고 떠나는 것 같은 죄책감을 느낀다고 고백했다. 아동들은 취약한 존재다. 그들은 주위에서 자신들을 돌봐 주고 안내해 줄 어른을 찾는다. 전문성을 키우기 위해 학교를 옮기게 되는 정 많은 선생님은 자신과 관계를 맺은 아동들을 두고 떠나는 것에 죄책감을 느낄 수도 있다. 이 이행기 동안에 종결 절차와 관련한 슈퍼비전은 선생님들이 아동과의 작별 과정에서 느낄 수 있는 잘못된 책임감을 떨쳐 버리는 것을 다룬다. 반면에 '작별'에 대한 그들의 개념화는 아동을 포기하는 것에서 선생님이 아동에게 줄 수 있는 선물로 바꿀 수 있다.

상습적으로 외상을 경험한 아동들 대다수는 작별과 관련된 어떤 이야기도 듣지 않았으며, 작별이 갖는 어떤 의미도 모른 채 여러 번 양육이 중단되는 경험을 하였다. 어떤 사례에서, 한 어머니가 약물치료를 위해 떠나고 아동에게는 "어머니가 잠시 어디 갔다."라고 말한다. 나중에 어머니는 아동에게 자신이 어디에 갔다 왔는지에 대한 설명도 없이 앞으로의 생활에 대한 이야기만 하게 된다. 한 아버지가 감옥에 감금되었다. 어머니는 아버지가 없는 동안 그를 언급하지 않았다. 어느 날 아버지가 돌아왔고, 그것은 이탈만큼이나 갑작스러웠으며, 생활이 중단되었던 그 시점에서부터 다시 시작되었다. 다양하게 해체된 이별을 경험한 아동들은 조리 있게 삶의 이야기를 할 수 없다. 그들은 사람들이 멋대로 다가왔다가 멋대로 떠날 것이라고 생각하기 시작한다. 그들은 새로운 관계의 초기에 양육자가 사라질지도 모른다고 예상하고, 깊은 애착을 맺는 것으로부터 자신을 지키려 할지도 모른다. 아동의 삶에서 이런 사건들의 연속은 분별 없는 양육 패턴으로 이끌고, 평생 대상관계를 어렵게 할 수 있다.

한 예비 입양 어머니는 나의 치료실을 방문하는 동안 매우 혼란스러워하였다. 그녀는 며칠 전에 있었던 상황을 이야기했다. 거의 일 년 동안 자신이 보살피고 있는 네 살 된 예비 입양 아들과 함께 앞뜰에서 놀고 있었다. 그들이 놀고 있는 동안 잔디 깎는 기계 수리공이 구석에서 멈추었다. 어머니가 수리공에게 잔디 깎는 기계의 어느 부분이 고장 났는지 설명하고 있을 때, 아동은 어머니의 근처에서 놀고 있었다. 몇 분 후에 네 살배기 아동이 수리공의 소매를 잡아당기며 "나를 데려가려고 여기에 왔나요?"라고 물었다. 그녀가 아동을 돌봐 준 지 일 년이 지났는데도, 여전히 자신이 예고도 없이 다른 곳으로 가게 될 수 있다고 생각했다는 사실이 슬펐다.

작별은 고통스러울 수 있다. 대부분의 사례에서 관계가 중요해질수록 마지막 결별은 더 고통스럽다. 우리는 이 치료에서 관계가 형성되고, 치료 작업이 성공했다는 특성을 반영하여, 작별이 약간의 슬픔을 동반하기를 바랐다. 임상가가 내담자의 독립을 축하하는 동시에 슬픔을 느끼는 것은 괜찮다. 내담자가 치료의 종결을 열망하는 동시에 치료사를 그리워하는 것은 무방하다. 내담자에게 이별을 말할 때, 나는 아동에게 그가 나의 모습을 회상하고 싶을 때 이용할 수 있도록 나의 내적 표상을 심어 주려고 한다. 그래서 아동과 나는 차례로 눈을 감고 서로를 묘사한다. 나는 눈을 감고 아동의 머리 색깔, 눈 색깔, 미소 등을 재미있게 묘사한다. 이어서 아동에게 눈을 감고 나를 묘사하라고 한다. 때때로 아동은 나의 눈 색깔이 무엇인지 확인하기 위해 눈을 뜰 수도 있다.

아동은 우리가 함께 있는 그림을 그린다. 부모는 아동에게 주기 위해 디지털카메라로 아동과 나를 찍기도 한다. 일단 아동이 나에 대한 내적 표상을 가지면, 나는 아동이 특별한 단어, 구문 또는 이 관계에서 독특한 상호작용을 기억하도록 요청한다. 예를 들면, 아동과 내가 함께 연습한 힌두교 기도문은 우리와 관련된 이야기의 중요한 부분이 된다. 아마도 아동과 나는 각 회기의 초반에 '상처 돌보기'를 항상 했을 것이다. 이 일과는 우리의 과거를 기억하는 일부분이 될 수도 있다. "너는 (전투의) 생존자야." "너는 너의 두려움보다 더 강해."와 같은 말은 아동이 치료 과정과 치료사 개인을 관련지어 생각하는 말이 될 수도 있다.

종결 과정을 얼마나 오래 지속해야 하는가

임상가들이 자주 하는 또 다른 질문은 어느 정도의 시간을 종결 과정에 배분하는 것이 적당한지다. 예상되는 치료 기간이 짧고 하나의 특별한 외상 사건과 관련된다면, 종결은 첫 번째 회기 이후부터 언급될 수 있다. 정확한 치료 기간을 계획하기가 어려운 더 복합적인 사례의 경우, 나는 임상가가 아동에게 그들이 졸업을 향해 가고 있다고 말한 이후로, 아동이 실제로 종결할 때까지 네 번의 회기를 갖도록 제안한다. 그러나 이것을 실현하기 어려워지는 많은 상황들이 생긴다.

어떤 임상가들의 경우 갑자기 종결을 고해야 할 때가 있다. 이처럼 갑작스럽게 종결하는 치료사는 느닷없는 직업 상실, 직업윤리나 예상치 않은 이직 그리고 위급한 건강 문제 때문일 수 있다. 갑작스러운 종결에 영향을 미치는 내담자 요소에는 치료사와의 조율 부족, 가족이 직업을 바꾸거나 이혼하여 갑자기 이사하는 것, 아동이 한 입양 가정에서 다른 곳으로 갑자기 옮기는 것, 비용과 관련한 재정적 부담의 문제, 상담 서비스를 계속 받고자 하는 욕구의 결핍 또는 다른 생활 스트레스 등이 있다. 가장 문제가 되는 상황 중 하나는 아동의 증상이 호전되고 나서, 부모가 종결 과정의 중요성을 확신하지 않을 때 일어난다. 이때 부모에게 치료에서 얻은 열매를 숙성시키기 위해서는 최소한 한두 회기가 필요하다는 확실한 이론적 근거를 말해 주는 것이 치료사의 의무다.

기억을 위한 도구

메모리 책과 메모리 상자와 같은 기억을 위한 도구는 아동이 작별 인사를 준비하는 동안 자신의 종결 과정 이야기를 조직화하는 것을 돕는다. 나는 다양한 색깔의 카드 틀과 패턴이 그려진 종이와 선물 상자를 준비해 두고 있다. 종결을 준비하고 있는 아동들에게 이 중 하나를 고르게 한다. 만약 아동이 책 만들기를 선택한다면, 양면 칼라 종이를 고를 수 있다. 아동은 구멍을 내기 위해 모양 펀치를 고를 수도 있다. 책을 묶기 위해 리본 또는 못을 고를 수도 있다. 종결 활동을 마지막 회기 4주 전에 시작했다면, 남아 있는 각 회기에 방문 때마다 한두 페이지씩 완성하여 그 기간에 맞게 책 만들기를 하며 시간을 보낸다. 치료사는 아동에게 놀이치료실에 처음 왔던 날의 그림과 아

[그림 12-1] 캐리의 메모리 상자

동이 기억하는 그날의 경험이나 감정을 그림으로 그리도록 할 수 있다. 이후 회기에서는 아동에게 다음과 같은 것을 그려 보게 한다. 아동이 가장 좋아하는 활동, 감정적으로 가장 어려웠던 활동, 치료에서 재미있었던 순간, 가장 좋아하는 장난감 또는 그가 배운 중요한 것 등이다.

메모리 상자도 같은 기능을 할 수 있다. 성학대 때문에 치료를 받고 있는 아홉 살 소녀 캐리(Carrie)는 자신의 마지막 창작물(작품)로 꼭대기가 훤히 비치는 창문이 있는 하얀 상자를 골랐다. 나는 캐리에게 치료 과정에서 자신을 진정시키고, 안전감을 주는 이미지를 상자 바깥에 그리도록 요청했다. 캐리는 상자 안에 버팀목을 두었고, 자신에게 가장 중요했던 치료의 부분을 기억하는 것을 도울 수 있는 그림을 두었다([그림 12-1] 참조).

캐리는 상자 안에 작은 마라카(maraca, 쿠바 기원의 리듬 악기)를 두었다. 이것은 불편하거나 불안전하게 느낄 때 몸이 자신에게 주는 경고 신호에 관해 배웠던 교훈을 기억나게 했다. 또한 마라카는 몸의 신호가 올 때 그 경고 신호에 집중하도록 만들었다. 캐리는 담배 파이프 청소 도구 하나를 가지고 그것을 이용해 원 모양을 만든 다음, 자신의 개인 공간이라고 표현했다. 그것은 캐리에게 경계와 개인적 공간의 문제를 작업할 때 우리가 사용했던 훌라

후프 은유를 기억하도록 도왔다. 캐리는 큰 근육이 그려진 그림을 그렸고, "이것은 자신이 얼마나 강한지를 보여 줘요."라고 말했다. 캐리는 "나는 항상 친절해야 하는 건 아니에요."라는 문장을 썼다. 처음에 캐리는 자신이 다쳤음에도 불구하고, 자기보다 나이가 많은 소년인, 가해자가 자신의 쾌락을 위해 했던 일을 묵인해 주는 것이 그녀가 베풀어야 할 '친절함'이라고 생각했다. 종결 회기 동안 그녀는 "나는 다시는 실수하지 않을 거예요!"라고 단호하게 말했다. 캐리는 또한 상자 안에 작은 공을 넣었다. 이것은 그녀의 외상 이야기를 구성하기 전에 이완 훈련의 일부로 했던 횡경막 호흡 연습을 기억하도록 도왔다. 우리는 각자 배 위에 공을 올려놓고, 깊은 숨을 쉴 때 공이 오르내리는 것을 보곤 했다. 캐리는 특별히 이 활동을 즐겼고, 그것이 치료가 종결된 후에 집에서도 계속 사용하기에 적합하다고 생각했다. 종결 회기 동안 캐리는 자신의 메모리 상자와 그것의 내용물을 부모에게 보여 주었고, 각 목록의 의미를 설명했다. 상자는 놀이치료실에서 캐리의 가정환경으로 가는 마지막 대상이 되었고, 치료에서 했던 모든 작업의 상징이 되었다.

기억 도구와 치료사 내면화 그리고 치료사의 지지하는 말과 더불어, 각 아동은 놀이치료실에서 보낸 시간을 기억하도록 돕는 기념품으로 보물상자에 있는 돌을 고른다. 아동들이 촉각을 가진 사람이라는 생각을 다시 상기시키면서, 돌은 놀이치료실에 대한 아동의 기억을 돕는 한편 놀이치료실이라는 안전한 장소로부터 아동의 다른 삶의 무대로 가는 마지막 이행기 대상(transitional object)으로 제공되었다.

아동의 종결

나는 임상가들이 종결을 의미 있게 만들 수 있는 몇몇 계획적인 단계를 설명해 왔다. 게다가 일단 아동들이 종결이 임박했다는 것을 알게 되면, 작별의 일부로서 자발적인 놀이 종결에 몰입할 것이다. 어떤 경우, 아동은 치료의 종결 단계에서 이전에 보이지 않았던 행동을 보일지도 모른다. 예를 들면, 메리(Mary)라는 네 살배기 아이는 다음의 놀이 진행에서 종결하는 것에 약간의 실망을 표현했다.

메리는 마지막 회기까지 두 번을 남겨 두었다. 나는 메리에게 우리가 오늘 놀고 다음에 한 번 더 만나고 나면, 그때 우리는 작별하게 될 것이라고 상기시켰다. 메리는 즉시 장난감 전화 쪽으로 걸어갔다. 메리는 전화기 하나를 가졌고 치료사에게도 하나를 주었다. 메리는 치료사에게 자신의 전화를 기다리라고 지시했다. 그녀는 다이얼을 눌렀고 따르릉 소리를 냈다. 내가 전화를 받아 "여보세요"라고 말하자, 메리는 전화를 "꽝!" 하고 떨어뜨렸고 "깨졌어"라며 화를 냈다. 이 놀이 패턴은 그 회기에서 여러 번 반복되었다. 나는 메리의 분노가 지금까지 치료사와 유지하였던 개방된 의사소통 통로가 차단되는 것에 대한 분노라고 인정하고 반영할 수 있었다. 메리는 연속된 놀이를 통한 치료 관계에서 자신의 분노를 처리하였다. 치료를 통틀어 치료사는 아동의 외상 히스테리를 해결할 수 있는 환경을 만들기 위해 유머와 인정, 수용과 반영하기의 기술을 사용한다. 이와 같은 방법으로, 아동이 임박한 종결을 받아들이는 어려움을 헤쳐 나가도록 돕기 위하여, 종결에 관한 아동의 반응에 치료사는 유머러스하고, 인정해 주고, 수용하고, 반영해야만 한다. 메리는 마지막 회기에서는 수용적인 태도를 보였고, 전화기가 깨지는 상황을 재연하지 않았다.

성학대 치료를 위해 의뢰된 다섯 살 소녀 줄리안(Jullian)은 마지막 회기에서 새로운 행동에 열중하였다. 줄리안이 놀이치료실에 들어왔을 때, 나는 그녀에게 이번이 우리가 함께하는 마지막 회기라고 상기시켰다. 줄리안은 잠시 머뭇거리다가 자신이 한 번도 사용하지 않았던 장난감 물총을 향해 의도적으로 다가가더니 그것에 물을 채우러 가자고 했다. 우리가 수돗가에서 돌아왔을 때, 줄리안은 내가 치료실에서 키우던 한 식물에 조심스럽게 물을 주었다.

나는 이 작별 행동을 곰곰이 생각한 끝에 줄리안이 나에게 선물을 주고 싶어 한다는 것을 깨달았다. 줄리안은 놀이치료실을 돌보는 무언가를 하기를 원했다. 아마도 줄리안이 놀이치료실을 떠난 이후에도 계속해서 자신이 건강하게 자랄 수 있기를 바랐던 것 같다. 어느 쪽이든, 줄리안은 놀이 과정에서 자신이 하지 않았던 작별 행동을 만들어야 할 필요를 느꼈다.

마지막 사례는, 마지막 회기에서 전에 자신이 결코 만지지 않았던 장난감을 선택한 케이샤(Keisha)라는 일곱 살 소녀의 이야기다. 케이샤는 가짜 카메라를 골랐고, 나에게 다양한 포즈를 취하라고 지시하는 데 회기의 대부분을 보냈다. 그녀는 '모래에서 놀이하는 나' '독서치료를 위해 책을 크게 읽고 있는 나' 그리고 '아기 인형을 돌보는 나'의 모습을 사진 찍었다. 그때 케이샤는 나에게 카메라를 주었다. 케이샤는 치료 과정 중 자신이 가장 좋아했던 몇몇 순간을 재연하였고, 내가 가짜로 그것을 찍어 주었다. 카메라는 자신이 나중에 회상하고 싶은 놀이치료실 안에서의 명료한 순간을 강조하고 더 깊이 기억하는 것을 돕는 보조기구가 된 것처럼 보였다.

지시적 개입

나는 외상 내용을 긍정적 자아감으로 통합하는 것을 돕기 위해 아동들에게 일련의 연속된 개입을 사용한다. 외상 이야기를 완성하는 마지막 단계에서 나는 아동에게 내가 '~이전, ~중, ~이후'라고 부르는 개입에 참여하도록 한다. 이 활동은 모래 상자, 미술 작업, 인형, 콜라주 작품 또는 개별 소품을 사용해서 할 수 있다. 다음에 제시된 사례에서는 몇 가지 매개물을 통한 아동들의 작업을 보여 준다.

일 년 동안 삼촌에게 강간당한 열 살 소녀 베시(Betsy)가 모래 상자에 창조한 세트가 [그림 12-2]~[그림 12-6]에 묘사되어 있다. 우선, 나는 베시가 삼

[그림 12-2] 베시가 꾸민 외상 이전의 모래 상자

촌에게서 상처받기 전 자신의 모습 또는 생활을 모래 상자에 표현하도록 하였다([그림 12-2] 참조).

모래 상자의 뒤쪽 중앙에 금발에 푸른 눈의 소녀가 베시의 자기 상징물이다. 그녀는 친구들, 가족 그리고 애완동물에 둘러싸였다. 베시의 학대당하기 전 자신의 삶에 대한 묘사는 확장된 사회적 네트워크와 무질서하지만 행복한 집을 포함했다. 일단 우리는 이 모래 상자를 진행시켰고, 나는 베시에게 학대받는 동안 자신의 삶이 어떻게 달라졌는지 나에게 보여 주는 두 번째 모래 상자를 만들도록 했다([그림 12-3] 참조).

모래 상자의 저쪽 끝에 베시의 부모님과 그녀를 데려가는 것을 방해하고 있는 머리가 둘 달린 괴물이 있다. 그녀의 어머니는 모래 상자의 오른쪽 끝에 있고, 자신의 딸이 갇혀 있는 감옥을 응시하고 있다. 베시는 자신의 어머니에 대해 "엄마는 무슨 일이 있었는지 정말로 보지 못했어요."라고 진술했다. 상자의 중앙에는 사자가 있다. 마침내 가슴을 드러낸 강한 남자가 감옥을 향하고 있다. 아동은 자신의 아버지가 정말 강함에도 불구하고, 사자는 그의 길에 있었고, 그 또한 무슨 일이 일어나고 있는지 볼 수 없었다고 설명

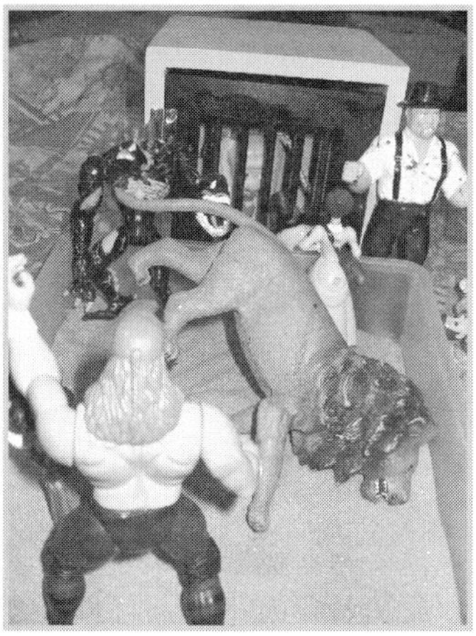

[그림 12-3] 베시가 꾸민, 외상이 진행되던 상황의 모래 상자

[그림 12-4] 외상이 진행되던 때 구속감을 느꼈던 베시

했다. [그림 12-4]는 소녀를 가까이서 찍은 사진이다.

베시는 자신을 나무 감옥 안에 넣었고, 자신의 가족을 배치한 모래 상자의 경계 밖에 감옥을 놔두었다. 게다가 베시는 감옥 안 자신의 발 근처에 작은 공과 체인을 놓았고, 감옥의 밖을 열쇠로 채웠다. 베시가 절실히 느낀 몇 겹의 덫과 고립은 자신이 선택한 도구에서 뚜렷하게 표현되었다. 베시는 자신의 가해자 상징으로 멜빵바지를 입은 건장한 남자를 선택했고, 자신을 지켜주는 감옥 바로 바깥에 그를 놓았다. 또한 그해 내내 자신의 행동이 바뀐 것을 알아차리고, 자신에게 무슨 안 좋은 일이 있는지 계속해서 물어보았던 친구를 표현하기 위해 어린 소년을 골랐다. 비록 베시가 그에게 말할 수는 없었지만, 그가 자신의 변화를 알아차릴 만큼 충분히 자신에 대해 잘 알고 있다는 사실과 그의 인내심에 고마워했다. 또한 그는 감옥 철창을 잡고 있고 주시하고 있었지만, 감옥에서 자신을 풀어 주려는 그의 노력은 소용없었다. 이 모래 상자 작업을 진행하면서, 베시는 학대가 일어난 그해 자신이 느낀 구속감에 대해 이야기했다. 그녀는 조금도 벗어날 수 없다고 느꼈다. 가해자가 항상 지켜보고 있었고, 자신이 누구에게든 말하면, 자신이나 가족에게 나쁜 일이 일어날 것이라고 했다. 우리가 이 상자 작업을 진행한 이후에, 나는 그녀가 자신의 비밀을 말한 이후로 자신의 생활이 어떻게 되었는지를 보여주는 또 다른 모래 상자를 창조하도록 그녀에게 요청했다([그림 12-5] 참조).

이 모래 상자에서 감옥의 문은 팽개쳐지고 활짝 열렸다. 베시는 친구의 손

[그림 12-5] '내가 비밀을 말한 이후'를 표현한 베시의 모래 상자: 감옥에서 풀려난 그녀

[그림 12-6] **감옥으로 수감되는 베시의 가해자**

을 잡고 감옥 꼭대기에 서 있다. 그녀의 아버지는 그녀를 보면서 그 두 사람 뒤에 서 있다. 베시는 비밀을 말한 이후 느꼈던 굉장한 해방감을 묘사했다. 또한 가해자에게 무슨 일이 일어났는지를 묘사하기 위해 이 상자를 사용했다([그림 12-6] 참조).

그녀가 공과 체인을 자신에게서 가해자에게로 옮긴 것에 주목하라. 베시는 또한 가해자를 들어서 감방으로 옮기는 데 애완동물뿐만 아니라 어머니와 다른 가족 구성원을 가져와서 배치했다. 이것은 정의가 집행되는 강력한 이미지이고, 그녀가 아동기를 되찾기 위해 전진할 때 이 어린 숙녀를 위한 중요한 이미지가 되었다. '~이전, ~중, ~이후'는 여기서 학대받은 그해 내내 가족이 경험한 가혹한 시련에서 그녀가 안전감과 사랑을 경험했던 시간으로 그녀를 끌어냈고, 다른 한편으로는 자신이 해방되고 사람들의 사랑과 지지를 받으며, 가해자가 감옥에 갇히는 새로운 현실로 베시를 데리고 나왔다.

이 '~이전, ~중, ~이후' 개입법의 또 다른 사례에서, 성학대 아동은 자신이 창조하는 일련의 이미지로 인형을 선택했다([그림12-7]~[12-9] 참조).

이 활동에서 사용된 도구는 두 개의 얼굴 없는 손 인형과 벨크로를 이용해

[그림 12-7] **'학대 이전' 손 인형**

[그림 12-8] **'학대 중' 손 인형**

[그림 12-9] '학대 이후' 손 인형

얼굴 없는 인형에 붙일 수 있는 여러 조각의 얼굴 부분, 손, 다리 그리고 머리카락을 포함한 인형 세트다. 이것은 아동의 내면의 이야기를 가장 잘 표현할 수 있는 인형을 디자인함으로써, 아동에게 중요하게 다루어질 내용을 융통성 있게 표현하도록 한다. [그림 12-7]은 외상이 일어나기 전 그녀의 삶을 표현하는 인형 창조물이다. 인형은 눈을 크게 뜬 채로 앞을 보고 있다. 입은 함박웃음을 짓고 있다. 그녀는 자신이 다치기 전에 친구들과 얼마나 많이 즐거웠는지에 관해 이야기했다. 또한 자신의 강아지와 함께 침대에서 구르는 소박한 즐거움을 묘사했다. 일단 우리는 이 인형놀이를 진행시켰고, 나는 그녀에게 학대받는 동안에 무엇 같았는지를 보여 줄 수 있게 몇 가지 조각을 바꾸도록 요청했다([그림 12-8] 참조).

이 아동이 만든 주된 변화 중 하나는 '눈'이었다. 그녀는 처음의 두 눈을 [그림 12-8]에 표현된 핏발이 선 한 쌍의 눈으로 덮었다. 이것은 학대가 일어나는 동안 그녀가 겪은 소모적인 과잉 각성을 명확히 표현한 비언어적 표현이다. 그러나 그녀는 그것이 언제 일어날지 결코 알지 못했고, 그가 또다시 그녀의 침대로 오고 있는지 그 신호를 항상 관찰하고 있는 것으로 자신을 묘사했다. 또한 인형으로 만든 또 다른 변화는 코가 위쪽으로 향한 것이다. 마지막으로, 아동은 함박웃음을 톱니 모양 미소로 바꾸었다. 우리가 인형을 사용한 그녀의 작업을 계속해서 진행시켰을 때, 그녀는 자신이 속으로 그렇게 심한 상처를 입었을 때 모든 것이 괜찮은 것처럼 행동하고 웃으려고 있는 힘을 모두 소진한 것에 대해 이야기했다.

그리고 지금은 그녀가 어떤지 나에게 보여 주도록 인형을 다시 바꾸도록 했다([그림 12-9] 참조). 그녀가 했던 첫 번째 일은 핏발이 선 눈을 떼어 내는 것이었다. 그녀는 더 이상 그가 밤에 올까 봐 노심초사하지 않았다. 또한 자신의 비밀이 알려지는 것을 걱정하지 않았고, 반격에 대해서도 걱정하지 않았다. 그녀는 자신이 경계하고 있는 자세를 이완할 수 있었다. 또한 코를 다시 아래로 향하게 바꾸었다. 마지막으로, 톱니 모양의 미소를 떼어서 그것을 아래로 향하게 했다. 그녀에게 변화된 자신의 모습을 다른 인형의 모습으로 바꾸도록 했을 때, 그가 자신에게 했던 것에 대해 생각하면서 지금 많이 슬프다고 말했다. 또한 자신이 빼앗겼던 모든 것을 막 실감하기 시작한 깨달음이 자라고 있다고 묘사했다. 학대가 일어나는 동안, 그녀의 모든 에너지는 비밀을 지키는 것과 밤의 방문에서 살아남는 것에 집중되었다. 그러나 지금은 자신의 순결을 잃어버린 것에 대해 가슴 아파했다.

성학대력을 가진 열다섯 살의 소녀 재키(Jackie)는 세 부분으로 나눈 한 개의 모래 상자를 창조했다. 그녀는 그때 한 가지 상징을 선택해서 상자의 각 부분에 놓았는데, 이는 '~이전, ~중, ~이후'에 그녀 자신이 경험한 일부를 각각 표현하기 위한 것이었다([그림 12-10] 참조).

패리스: 나에게 '사건 이전의 대상'을 표현하는 단어를 말해 줘.

[그림 12-10] 재키가 '~이전, ~중, ~이후'를 표현한 모래 상자

재　키: 순수, 손상되지 않음, 자신 있음, 내가 어떤 것이든지 할 수 있을 것 같은 느낌.

패리스: 그녀의 눈은 크고, 그녀는 귀엽고, 깜찍한 포니테일 머리 스타일을 했구나!

재　키: 네.

패리스: 그녀는 무척이나 사랑스러워 보여.

나는 상징의 서술적 묘사를 통해 외상 이전의 자아를 증언하였다.

패리스: 나에게 그것에 관해 말해 줘.

나는 학대가 일어나는 동안의 경험을 표현하기 위해 재키가 선택했던 두 번째 상징을 가리켰다.

재　키: 도와달라고 울면서 으르렁거려요.

패리스: 도와달라고 울면서 으르렁거리는구나! 이것은 사실 네가 고른 소품과는 다른 물질로 만들어졌어.

재키가 모래 상자 작업을 진행하는 것을 도와주면서, 나는 선택된 대상의 다양한 특징을 큰 소리로 언급한다. 내담자는 더 어린 시절 이전에 탐색하지 못했던, 자신이 경험한 상징의 또 다른 부분을 알아차릴 것이다. 재키의 중간 상징, 돌로 만든 늑대는 모래 상자에서 돌로 만들어진 유일한 소품이라는 것이 독특하다.

패리스: 그것의 재료가 무엇인지 궁금하니?

재　키: 나도 몰라요. 그것은 딱딱하고, 나(나의 딱딱해진 마음)를 상기시켜요.

패리스: 너의 마음이 딱딱하구나!

재　키: 네.

패리스: 이것은 '사건 이후의 상징'이야. 그러나 바로 이후. 그것이 너의 가족에게 여전히 비밀이었을 때지. 나에게 그녀에 대해 말해 줘.

재　키: 그녀는 팔을 밖으로 뻗었고, '왜 그 일이 그녀에게 일어났지?' 하는 것처럼요.

패리스: 그래서 그녀는 '왜'라고 묻고 있니?

재　키: 음…… 흠…….

패리스: 그녀는 모자 위에 '날다(fly)'라고 쓰인 모자를 가졌어요.

재　키: (웃으면서) 바보! 그녀는 비행 소녀예요!

패리스: 오! 오!

재　키: 모든 것으로부터 멀리 날아라.

패리스: 나에게 그녀의 얼굴에 대해 말해 줘. 너는 그녀의 눈을 볼 수 없어.

재　키: 오! 오!

패리스: 나는 그것이 그녀에게 무엇과 같은지 궁금해.

재　키: 그건 그녀가 좀 숨고 싶어 하는 것 같은, 그녀에게 벌어진 일을 부끄러워하는 것 같은 거예요.

패리스: 음…… 흠……, 그렇지만 그녀는 여전히 차가운 소녀야.

재　키: (치료사에게 싱긋 웃으면서) 맞아요!

재키의 '~이전, ~중, ~이후' 개입법은 추가 단계가 필요했다. 그녀의 폭행은 훨씬 더 어릴 때 일어났으나, 그녀는 최근에서야 그것을 폭로했다. 이것은 아버지의 결정과 재키의 가족 체계의 대변동의 결과로 생겼다. 나는 그녀에게 자신의 현재 경험을 표현하는 네 번째 상징을 고르도록 했고 그녀는 암사자를 골랐다.

패리스: 이 마지막 것은 네가 나에게 비밀을 말한 후에 경찰이 개입하면서 아버지는 잠시 다른 곳으로 가고, 너는 상담받은 이후의 것이야. 네가 고른 것에 관해 나에게 말해 줘.

재　키: 나는 그것이 나의 잘못이 아니었다는 것과 내가 살아갈 나의 모든 인생과 모든 것이 있다는 것과 내가 그것 때문에 나 자신을 비난하지 말아야 한다는 것을 알았어요.

패리스: 이 동물의 수식어를 말해 줘.

재　키: 사납고…… 그리고 용감한…….

재키는 자아상을 '겁에 질린' '얼은' '무기력한 희생자'에서 '사납고 용감한 사자'를 닮은 것으로 바꾸었다. 그녀의 경우에, 외상 경험에 대한 마지막 요약은 '~이전, ~중, ~이후'를 포함해야만 했다. 그녀의 경우 학대는 몇 년 전에 갑자기 중단되었다. 그러나 그녀가 치료를 시작할 때까지 비밀은 여전히 말할 수 없었다. 그녀는 학대가 중단되었던 때와 비밀을 폭로했던 때 사이의 시간을 표현할 상징이 필요했다. 이런 활동의 많은 변화는 아동의 외상의 힘과 회복 과정에 의존하여 사용될 수 있다.

'~이전, ~중, ~이후' 기법을 사용한 마지막 사례로, 에이즈(AIDS)로 어머니를 잃은 열한 살의 소년 앤디(Andy)의 그림을 소개한다. 처음 회기에서 앤디가 어머니의 죽음을 둘러싼 작은 사건을 이야기했을 때 그것이 분명해졌다. 그는 외할머니와 함께 살았고 어머니의 병 초기에 몇 번 병문안을 갔었다. 그는 어머니가 죽었다는 말 대신에, 어머니가 사망한 몇 주 후에 그녀가 죽었다는 것을 할머니가 친척에게 말하는 것을 우연히 엿들었다. 그는 어머니가 돌아가신 지 얼마나 되었는지 알 수 없었다. 그는 어머니의 장례가 어떻게 진행되었는지도 몰랐다. 우리가 함께한 처음 회기에서 그는 "어머니가 화장되었는지, 땅에 묻혔는지도 몰라요."라고 말했다. 외관상으로도 외할머니는 고통이 너무 커서 앤디와 함께 어머니에 관해 이야기할 수 없었다.

내가 할머니를 만났을 때, 그녀는 앤디가 모든 것을 이해하도록 자신이 도와주지 못했다는 죄책감을 표현했고, 내가 자신의 손자를 도와주기를 갈망했다. 치료 초반에 그는 무슨 일이 일어났는지 물었고, 우리는 함께 그가 경험한 이야기의 빈칸을 메우곤 했다. 우리는 함께 많은 작별 의식을 행했다. 앤디는 점토로 어머니의 형상을 만들었다. 그는 관이 될 만한 상자를 골라 꾸몄다. 그리고 아이스캔디의 나무 막대에 실을 감아 십자가를 만들었다. 그런 뒤에 아름다운 공원의 한 지점을 선택해서 무덤을 만들고, 그녀가 가장 좋아하는 꽃들로 주변을 꾸몄다. 일단 그의 작별 의식의 대부분을 행한 다음, 그녀가 아프기 전에 어떤 모습이었는지 그림을 통해 그리도록 했다([그림 12-11] 참조).

어머니의 모습이 종이의 대부분을 차지할 정도로 커다란 형상인 것을 주목하라. 또한 그녀의 치마 끝자락이 넝마로 누벼진 것을 주목하라. 이 가족은 가난하게 살았고, 앤디는 어머니가 거친 모든 직업을 묘사했다. 그는 어머니가 자신과 함께 있을 때 행복한 것처럼 그녀를 묘사했다. 또한 어머니가 부재중인 때가 많았다고 했다. 일단 우리는 그가 아프기 전의 어머니를 어떻게 기억하는지 그림으로 그리도록 했고, 어머니가 아팠을 때의 모습도 그리도록 했다([그림 12-12] 참조).

어머니가 아팠을 때 그녀의 몸은 그가 이전에 그린 그림보다 상대적으로 작았다. 그는 "어머니가 작아졌어요."라고 진술했고, 이것은 사람이 죽을 때 일어날 수 있는, 점차 쇠약해지는 것에 대한 앤디의 묘사였다. 그녀의 얼굴이 다른 것과 구별될 정도로 차이가 있는 것에 주목하라. 그는 그녀의 얼굴에 있는 멍과 튜브가 들어갔다 나왔다 하는 것에 관해 이야기했다. 그리고 "어머니의 얼굴이 좀 더러웠어요."라고 말했다. 그녀의 머리는 앤디가 앞에서 그린 그림과 달랐다. 나는 이것에 관해 물었고, "어머니는 자신의 머리를 단장할 수 없어서 덥수룩하고 지저분했어요."라고 말했다. 치마 끝단이 넝마로 누벼진 것은 어머니의 치마에 똑같이 표현되었다. 그는 어머니의 병실에 마지막으로 방문했을 때 그녀가 얼마만큼 아팠는지에 관해 말했는데, 말을 제대로 할 수 없을 정도였다고 했다. 앤디는 어머니에 관해 생각할 때면 마지막 병원 방문에서 본 그녀의 찌푸린 이미지가 갑자기 떠오르는 것을 그림으로 보고했다.

이 사례에서 사건 이후의 이미지를 창조하는 힘의 일부는 앤디에게 편안함을 느끼게 하는 대체 이미지를 주는 것이었다. 일단 우리는 어머니가 아픈 동안에 어떻게 보였는지에 관한 그림을 온전히 작업했고, 나는 앤디에게 지금 그가 보는 어머니의 모습을 그리도록 했다([그림 12-13] 참조).

그는 어머니가 천국의 진주 빛 문 안에 있는 것을 상상했다. 일단 어머니의 이미지는 다시 변했다. 그녀의 머리는 완벽하게 단장되어 있었고, 더 이상 넝마로 기운 치마를 입지 않았다. 앤디는 하느님이 어머니를 얼마나 잘 단장시켰는지에 관해 이야기했고, 그녀에게 예쁜 새 옷도 주었다고 말했다. 게다가 그녀는 날개를 달고 있었으며, 환하게 웃고 있었다. 앤디는 어머니가 천국에서 자신을 지켜보고 있다는 확신을 묘사했다. 이 사례에서 '사후 그림'은 앤디에게 큰 안정을 주는 것이다.

앤디의 경우, 작별 의식과 '~이전, ~중, ~이후' 기법을 통한 이야기 만들

[그림 12-11] **앤디의 그림:**
엄마가 아프기 전의 모습

[그림 12-12] **앤디의 그림:**
엄마가 아팠을 때의 모습

[그림 12-13] **앤디의 그림: 지금은 천국에 계신 엄마**

기의 조합은 그에게 의미 있는 이별을 표현할 수 있도록 도왔다. 그는 뒤늦은 의식을 통해 작별을 느낄 수 있었다. 아동이 사랑하는 사람을 상실했을 때, 특히 부모처럼 소중한 사람을 상실했을 때, 잃어버린 부모와 관련된 의미 있는 작별을 창조하도록 돕는 것이 우리의 일이다. 만약 부모 중 한 사람이 죽으면, 또 다른 부모는 배우자를 잃은 슬픔에 휩싸여서 애도 과정을 거치며 자녀를 지지해 주지 못한다. 이 사례에서 할머니는 자신의 딸을 잃어버린 슬픔에 너무 깊이 빠져서 앤디에게 어떤 종류의 지지도 제공해 줄 수 없었는데, 앤디는 확실히 외상을 충분히 처리할 필요가 있었다. 앤디는 어머니를 상실한 외상을 긍정적인 자아감으로 통합하기 위하여, 모래에서 의미 있는 작별의 순간을 점검할 필요가 있었다. 또한 어머니가 어떻게 죽었는지, 어머니의 몸이 어떻게 되었는지에 관한 정확한 정보가 필요했다. 이 사례에서 치료사는 정보를 제공하고, 작별 인사를 구조화하고, 조리 있는 이야기를 만들었으며, 슬픔에 빠져 있는 그를 지지해 주는 다양한 역할을 하였다.

죽음 이후에 사람의 몸과 정신 그리고 영혼에 무슨 일이 일어나는지에 관한 내담자의 신념을 탐색하는 것이 중요하다. 어떤 내담자는 죽음과 내세에 대한 확신이 없을 수 있고, 어떤 이들은 내세와 지옥에 관한 확신을 가지고 있을 수 있다. 독서치료는 이 논점을 도울 수 있다. 『공룡이 죽었을 때(When Dinosaurs Die)』(Brown, 1996)라는 책에는 죽은 후에 사람에게 무슨 일이 일어나는지에 관한 대여섯 가지 논점을 포함하여 죽음의 대여섯 가지 양상에 대한 훌륭한 심리교육적 개관을 제공한다. 심리학의 범위가 점점 더 심리적 문제로부터 분리될 수 없는 전체 자아와 대상이라는 중요한 관점에서 영혼의 영역을 포함하고 있다. 죽음 이후 사람에게 무슨 일이 일어나는지에 관한 아동의 신념은 치료의 구성 방법에 큰 영향을 줄 것이다.

죽음 이후 일어나는 일들이 긍정적인 경험이라고 믿는 아동은, 죽음 이후에 일어나는 것들이 부정적이거나 아무것도 없는 것이라고 믿는 아동보다 사랑하는 사람의 죽음에 대해 더 쉽게 순응할 것이다. 내가 다루었던 사례들

중 가장 어려웠던 것은 자살로 사랑하는 사람이 죽은 경우다. 나는 자살한 사람은 하느님과 격리될 운명이라는 믿음을 가진, 대여섯 명의 가족들과 작업을 했다. 부모나 형제를 잃은 그들의 지당한 슬픔은 그 사람이 이제 지옥에 있다는 걱정으로 더 복잡하게 뒤얽히게 된다.

이들 사례에서 슈퍼바이저들은 '~이전, ~중, ~이후' 기법이 더욱 효과적이라고 강조한다. 자살로 한쪽 부모를 잃은 아동과 청소년들의 경우에, 나는 고인이 그들에게 남긴 영원한 선물을 강조한다. 자살로 생을 마감한 어머니를 둔 청소년은 그녀를 떠난 어머니의 결정에 심한 분노로 몸부림쳤다. 그녀가 낫기 시작한 것은 우리가 그녀의 어머니가 그녀에게 준 영원한 선물을 감사히 받는 것으로 치료의 초점을 옮길 때였다. 우리는 그녀가 어머니에게서 배운, 어떻게 살아야 하는지에 대한 교훈과 그녀가 반복해서 선택하면 안 되는 실제 가족 패턴의 일부에 관한 교훈을 탐구하느라 시간을 보냈다. 그녀는 어머니가 안아 주고 웃어 주었던 선물과 그녀에게 긍정적 언어로 확신을 주었던 선물 그리고 그녀를 낳기로 선택한 영원한 선물에 대해 이야기했다.

[그림 12-14]에서 여동생이 끔찍한 사고로 죽은 여덟 살의 소녀는 여동생이 자신에게 남긴 영원한 선물을 그림으로 표현했다.

[그림 12-14] 여동생이 남긴 영원한 선물

소녀의 여동생이 준 선물은 달콤하고 조용한 목소리와 익살맞은 얼굴과 같은 것 등이었다. 이 그리기 활동을 구조화하는 또 다른 방법은 색도화지로 하트 모양을 오리고, 하트 안에 많은 문들을 오리는 것이다. 아동이 하트에 풀칠하여 하얀 종이 위에 많은 문을 붙이도록 하라. 치료사는 안내된 대화를 통해 상실한 부모나 형제가 아동에게 주는 선물로 각각의 문 뒤쪽 공간을 아동이 채우는 데 도움을 줄 수 있다. 이 활동은 고인과의 긍정적 상호작용이 긍정적 자아로 통합되는 것을 촉진한다.

파트너로서의 부모

파트너로서 부모의 중요성은 이 책의 앞부분에서 다루었다. 양육자들이 치료 목표를 달성하는 데 참여하는 것처럼 외상 내용을 긍정적 자아감으로 통합할 때도 그들의 역할은 중요하다. 치료의 종결 단계에서 부모들은 자녀가 외상 이후 긍정적 정체성을 발달시키도록 도울 수 있다. 더욱이 부모들은 스스로 치료 과정을 종결할 필요가 있다.

지혜의 날개

이런 시도에 도움이 되는 한 가지 활동은 '지혜의 날개'라고 불린다(Goodyear-Brown, 2002). 나는 그 가족에게 점토로 부엉이를 함께 만들자고 요청했다. 일단 부엉이는 결눈의 정교한 눈으로 완성하여 끝내고, 나는 가족에게 다양한 깃털을 소개한다. 몇몇 깃털은 진짜 털이고 약간 밝게 색을 입힌 인조털도 있다. 어떤 것들은 크고 어떤 것들은 작다. 우리는 풍부한 삶을 보여주는 지혜로운 늙은 부엉이의 비유에 대해 이야기한다. 나는 외상 이후의 가족을 이 지혜로운 늙은 부엉이에 비교한다. 각각의 가족 구성원들은 외상 사건으로부터 회복하는 과정에서 새로운 것과 성숙하고 진화된 것을 배웠다. 그들은 태풍을 견뎌 냈고, 각각의 가족 구성원은 이제 전보다 더 지혜롭다.

각 가족 구성원은 외상의 회복 과정을 통해 획득한 지혜의 한 부분을 가장 잘 상징하는 깃털을 고른다. 그들은 점토로 만든 부엉이의 몸체에 깃털을 붙이면서, 각자 획득한 중요한 지식의 부분을 분명하게 표현한다. 가족에게는 집으로 가져가는 것을 배려해서 더 많은 깃털을 주고, 그들이 그들의 치유에 직접적이거나 간접적인 결과를 가져오는 새로운 지혜, 지식 또는 성장을 인식할 때 깃털을 계속해서 덧붙이라고 격려해 준다.

종결 테이크아웃

치료의 마지막 단계에서 내가 가족들에게 제공하는 또 다른 활동은 '종결 테이크아웃'이라고 불린다(Goodyear-Brown, 2005). 나는 중국 음식점의 테이크아웃 상자와 비슷한 상자들을 다양하게 늘어놓는다. 어떤 상자는 크고, 어떤 상자는 작다. 어떤 상자는 상자 위에 과감한 색을 입혔고, 몇몇은 하트 모양이며, 몇몇은 평범하다. 그것은 모두 치료에서 이루어진 긍정적 확신 또는 상징으로 꾸며질 수 있다. 나는 아동에게 전에 이 상자들 중에서 하나를 본 적이 있는지 묻는다. 일반적으로 아동은 식당에서 남은 음식을 집으로 가져올 때 사용했던 상자라고 얼른 알아차린다. 나는 가족들이 놀이치료실로부터 중요한 아이디어나 이미지를 집으로 가져가는 것을 이 상자들이 도와준다고 설명한다. 각각의 가족 구성원에게 대여섯 개의 기다란 종이를 주고, 치료에서 얻은 중요한 아이디어나 기억에 대해 쓰거나 그리라고 한다. 가족 구성원들은 그들 각각의 종이를 테이크아웃 상자에 붙이면서 각자 종이에 무엇을 적었는지 교대로 말한다([그림 12-15] 참조). 이 활동의 또 다른 재미는 가족이 간단한 문장을 쓴 다음, 지혜 쿠키를 굽는 것이다. 쿠키는 가족에게 종결 선물로 주어진다.

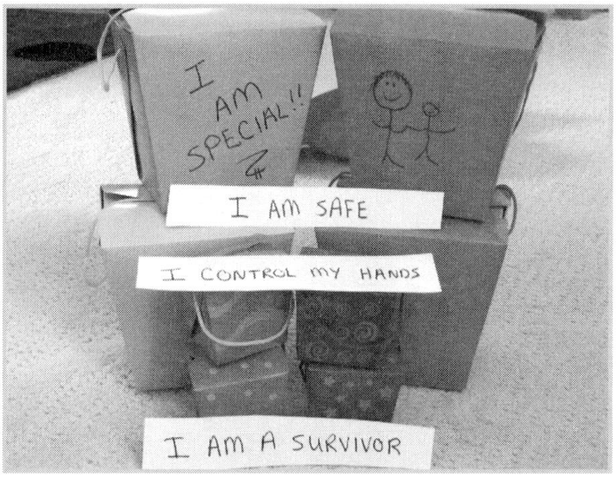

[그림 12-15] **종결 테이크아웃**

붕대 감은 현수막

또 다른 종결 활동인 '붕대 감은 현수막'(Goodyear-Brown, 2005)은 특히 아동들에게 의미 있는 개입이다. 나는 크고 우스꽝스러워 보이는 미라를 치료실에 둔다. 아동이 처음 들어왔을 때 미라에 관심을 보이면, 나는 상처를 치유하는 데 필요한 토론을 위해 붕대를 감은 상징을 첫 회기에 사용하기도 한다. 아동에게 자신이 경험했던 외상의 결과로 짊어져야 했던 상처가 무엇이든지 간에 이야기해 보도록 한다. 그리고 우리가 토론하며 종이에 적은 상처 목록, 즉 아동의 각 상처를 붕대로 감는다. 치료의 끝 부분에는 미라를 다시 초청한다. 나는 붕대를 되감는다. 우리는 아동을 감고, 그 뒤에 아동이 어떻게 치유되었는지에 관해 말하면서 붕대를 푼다. 그리고 아동에게 붕대로 장식을 꾸미라고 준다. 우리는 다음과 같은 주문을 붕대 위에 쓴다. '나는 생존자다!' 그리고 그것을 아동의 방에 전시할 수 있는 현수막으로 옮긴다.

등 쓰다듬기

전체 가족이나 개별적으로 할 수 있는 또 다른 종결 활동은 '등 쓰다듬기'다(Goodyear-Brown, 2005). 나는 아동에게 다양한 형태의 핸드 프린트를 소개하면서 시작한다. 나는 작은 형태의 핸드 프린트와 더 크게 찍은 핸드 프린트를 가지고 있다. 이 개입법의 한 가지 좋은 요소는 각 가족 구성원의 현재 핸드 프린트를 그린 다음, 이것을 오리고, 실제 가족 구성원의 핸드 프린트를 아동의 등을 쓰다듬는 것으로 사용하는 것이다. 두꺼운 방습지 위에 아동의 몸의 윤곽을 그리거나 한 사람을 조금 작게 세공한 본(주형)을 사용하기도 한다. 그때 우리는 가족 구성원들이 외상의 폭풍을 견디고, 전진하는 내담자를 자랑스러워할 수 있는 방법에 대해 탐색한다. 각각의 증언을 핸드 프린트 위에 쓰고, 내담자의 초상화 뒤에 붙인다. 증언하는 말의 초점은 아동이 시작할 수 있지만, 그다음에는 각 가족 구성원들과 아동의 치유 행로에서 그들이 한 역할로 옮긴다. 그것은 아동의 성취와 가족의 치유 행로를 기억하는 기념품으로 집에 가져갈 수 있다.

졸업 모자

마지막 회기 전에 만들 수 있는 또 다른 기념품은 졸업 모자다. 나는 각자 꾸밀 수 있는 두꺼운 종이로 된 졸업 모자를 산다. 모자의 밴드 둘레에 우리는 아동이 완성한 치유 목표를 쓴다. 그리고 꼭대기에 부모들과 내가 교대로 긍정적인 지지 문장을 쓴다([그림 12-16] 참조).

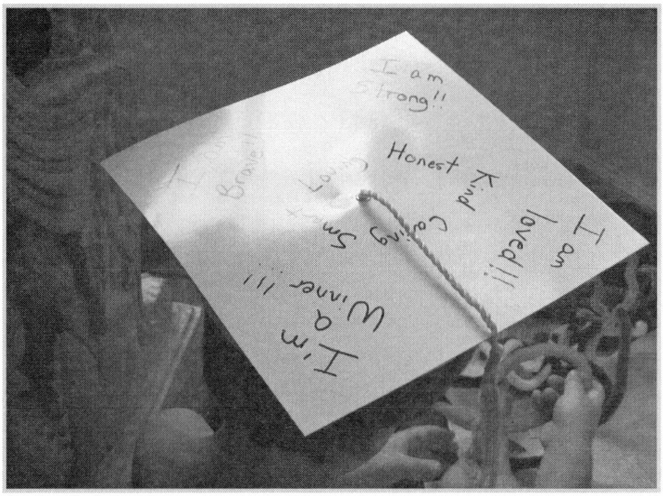

[그림 12-16] 긍정 문장을 쓴 졸업 모자

마지막 회기

일단 모든 준비가 되면, 마지막 회기는 의미심장한 축하를 하고, 의미 있는 의식으로 채운다. 아동과 나는 마지막 회기를 위한 초대 손님 목록을 함께 만든다. 대부분의 사례에서 양육자들이 초대되었다. 양육자에게는 아동이 완수한 힘든 작업과 양육자가 증언하는 아동의 긍정적 변화 그리고 그들에게 용기를 주는 말에 관한 편지를 쓰도록 한다. 이 마지막 회기의 진행에서, 아동은 자신에게 주는 상장을 만들거나 치료 중 부모가 내담자를 지지해 주었던 특별한 방법을 인정하면서 양육자에게 감사의 편지를 쓴다. 아동은 부모가 편지를 읽는 동안 졸업 모자를 쓰고, 그들에게 자신의 창작물을 선물한다. 이때 아동은 또 다른 기념품으로 모자를 가져갈 수도 있다.

나는 아동의 이름과 마지막 치료 날짜가 적힌 졸업증명서를 만든다. 아랫부분에는 내 사인을 하고, 그 밑에 아동이 사인하고, 마지막으로 양육자들이 사인한다. 나는 조금 당당하게 증명서를 수여하고, 부모가 웃고 아동이 킬킬거려도 내버려 둔다. 그리고 아동이 미리 고른 특별한 음식을 가져와서 함께 나눈다. 마지막으로 치료 과정에서 다양한 관점에서 사용되었던 보물상자에서 돌이나 보석을 골라 집에 가져가도록 한다. 돌은 놀이치료실의 기억으로부터 그들의 가정으로 가는 마지막 이행기 대상으로 제공된다.

결 론

치료의 마무리에 아동과 가족이 마침표를 찍으며 완성하는 작업은 힘들지만 결정적으로 중요하다. 축하 의식은 가족마다, 문화마다 다르다. 그러나 모든 사례에서 외상의 회복 과정 중에 얻은 열매는 응집되어야 하고 이행되어야 한다. 일단 외상 사건의 독소를 제거하고, 이야기를 구성하고, 다른 문제가 되는 증상을 완화시키고, 아동이 미래에 대한 구상을 할 수 있도록 돕고, 궁극적으로는 외상 사건을 긍정적 자아감으로 통합하도록 도와야 한다.

우리가 치료한 몇몇 아동은 납득할 만한 이유로, 치료사와 의미 있는 작별 인사는 하지 않았다. 그것은 이 장의 첫 부분에서 가장 바라는 것을 "나는 거의 다녀 보지 않았던 곳으로 여행을 떠났고 모든 것이 예전과 달라졌어요."라는 말로 인용했던 사례다. 놀이치료실에서 보낸 시간은 아동의 치유 여행을 위해 엄밀히 따로 마련한 장소에서 진행되는 일련의 독특한 경험으로, 아동에게 거의 다녀 보지 않은 길이 될 수 있다. 또한 아동은 놀이치료사와 자신이 전에 했던 경험과는 다른, 독특하고 치유적인 관계를 경험할 수도 있다. 이러한 일련의 경험은 아동의 마음과 몸을 스스로 조정하여 또 다른 길이 제공하는 어떤 것들과 대등하게 견줄 수 있다는 것이 나의 믿음이다. 다시 말하면, 우리 임상가들이 이 아동들에게 제공하는 서비스는 아동에게 '덜 다녀 본 길'을 제공하는 것이다. 우리의 친밀한 관계를 끝내는 것은 우리가 치료한 아동들의 삶에서 의미 있고, 긍정적인 차이를 만들어 낼 수 있다.

참고문헌

Ainsworth, M. S., Blehar, M. C., Walters, E., & Wall, S. (1978). *Patterns of attachment: A psychological study of the strange situation.* Oxford, England: Erlbaum.

American Psychiatric Association (2000). *Diagnostic and statistical manual of mental disorders*, 4th ed. (text revision DSM IV–TR). Washington, DC: American Psychiatric Association.

Anda, R. F., Felitti, V. J., Bremner, J. D., Walker, J. D., Whitfield, C., Perry, B. D., Dube, S. R., & Giles, W. H. (2006). The enduring effects of abuse and related adverse experiences in childhood: A convergence of evidence from neurobiology and epidemiology. *European Archives of Psychiatry and Clinical Neuroscience, 256*, 174–186.

Arden, J. B., & Linford, L. (2009). *Brain–based therapy with children and adolescents: evidence–based treatment for everyday practice.* New Jersey: John Wiley & Sons.

Asarnow, J. R., Tompson, M. C., & Berk, M. S. (2005). Adolescent depression: Family focused treatment strategies. In W. Pinsof and J. Lebow (Eds.), *Family psychology: The art of the science* (pp. 425–450). New York: Oxford University Press.

Axline, V. M. (1947). *Play therapy: The inner dynamics of childhood.* Boston: Houghton–Mifflin.

Baggerly, J. (2006). Preparing play therapists for disaster response: Principles and practices. *International Journal of Play Therapy, 15*, 59-81.

Barnes, J. (Ed.) (1984). *The complete works of Aristotle: The revised oxford translation*. 2 vols. Princeton, NJ: Princeton University Press.

Beck, A. T. (1975). *Cognitive therapy and the emotional disorders*. NY: International Universities Press.

Beck, A. T., Shaw, B. F., & Emery, G. (1979). *Cognitive therapy of depression*. New York: Guilford Press.

Beck, A. T., Emery, G., & Greenberg, R. L. (2005). *Anxiety disorders and phobias: A cognitive perspective*. New York: Basic Books.

Beck, J. S. (1995). *Cognitive therapy: Basics and beyond*. New York: Guilford.

Beck, J. S., Rush, A. J., Shaw, B. F., & Emery, G. (1979). *Cognitive therapy of depression*. Sussex, England, Wiley & Sons, Ltd.

Beck, A. T. (1972). *Depression: Causes and treatment*. Philadelphia: University of Pennsylvania Press.

Bell, S., & Eyberg, S. M. (2002). Parent-child interaction therapy. In L. VandeCreek, S. Knapp, & T. L. Jackson (Eds.), *Innovations in clinical practice: A sourcebook* (Vol. 20). Sarasota, FL: Professional Resource Press.

Boxer, P., Morris, A. S., Terranova, A. M., Kithakye, M., Savoy, S. C., & McFaul, A. F. (2008). Coping with exposure to violence: Relationship to emotional symptoms and aggression in three urban samples. *Journal of Child and Family Studies, 17*, 881-893.

Bowlby, J. (1973). *Attachment and loss: Vol. 1. Attachment*. New York: Basic Books.

Bowlby, J. (1988). *A secure base*. New York: Basic Books.

Bleich, A., Gelkopf, M., & Solomon, Z. (2003). Exposure to terrorism, stress-related mental health symptoms, and coping behaviors among a nationally representative sample in Israel. *Journal of the American Medical Association, 290*, 612-620.

Boggs, S. R., Eyberg, S. M., Edwards, D. L., Rayfield, A., Jacobs, J., Bagner, D., & Hood, K. K. (2004). Outcomes of parent-child interaction therapy: A comparison of treatment completers and study dropouts one to three years later. *Child and Family Behavior Therapy, Vol 26*, 1–22.

Borysenko, J., & Borysenko, M. (1994). *The power of the mind to heal.* Carson, CA: The Hay House, Inc.

Bratton, S., Ray, D., Rhine, T., & Jones, L. (2005). The efficacy of play therapy with children: A meta-analytic review of the outcome research. *Professional Psychology: Research and Practice, 36*, 376–390.

Bratton, S., Landreth, G., Kellam, T., & Blackard, S. (2006). *Child parent relationship therapy (CPRT) treatment manual: A 10 session filial therapy model for training parents.* New York: Taylor & Francis.

Bremner, J. D., Vythilingham, M., Vermetten, E., Adil, J., Khan, S., Nazeer, A., Afzal, N., McGlashan, T., Elzinga, B., Anderson, G. M., Heninger, G., Southwick, S. M., & Charney, D. S. (2003). Cortisol response to a cognitive stress challenge in posttraumatic stress disorder (PTSD) related to childhood abuse. *Psychoneuroendocrinology, 28*, 733–750.

Brestan, E., & Eyberg, S. (1998). Effective psychosocial treatments of conduct-disordered children and adolescents: 29 years, 82 studies, and 5272 kids. *Journal of Clinical Child Psychology, 27*, 180–189.

Briere, J., & Scott, C. (2006). *Principles of trauma therapy: A guide to symptoms, evaluation, and treatment.* Thousand Oaks, CA: Sage Publications.

Bronfenbrenner, U. (1979). *The ecology of human development: Experiments by nature and design.* Cambridge, MA: Harvard University Press.

Brown, L. K., & Brown, M. (1988). *Dinosaurs divorce: A guide for changing families.* Boston: Little Brown & Co.

Brunhoff, Laurent de. (2002). *Babar yoga.* New York: Harry N. Abrams, Inc.

Burns, G. W. (2005). *101 Healing stories for kids and teens: Using metaphors in therapy.* New Jersey: John Wiley and Sons.

Carle, Eric. (1990). *The very quiet cricket.* New York: Philomel Books.

Carle, Eric. (1996). *Little cloud.* New York: Philomel Books.

Carrion, V., Weems, C. F., Ray, R. D., Glaser, B., Hessl, D., & Reiss, A. (2002). Diurnal salivary cortisol in pediatric posttraumatic stress disorder. *Biological Psychiatry, 51*, 575–582.

Cassidy, J. (1994). Emotion regulation: Influences of attachment relationships. In N. Fox (Ed.), *The development of emotion regulation. Monographs of the Society of Research in Child Development, 59*, 228–249.

Cassidy, J., & Shaver, P. R. (1999). *Handbook of attachment: Theory, research, and clinical applications.* New York: Guilford Press.

Cattanach, A., (2008). *Narrative approaches in play with children.* London: Jessica Kingsley Publishers.

Cattanach, A. (2002). *The story so far: Play therapy narratives.* London: Jessica Kingsley Publishers.

Causey, D. L., & Dubow, E. F. (1992). Development of a self–report coping measure for elementary school children. *Journal of Clinical Psychology, 2*, 47–59.

Cicchetti, D., & Tucker, D. (1994). Development and self–regulatory structures of the mind. *Development and Psychopathology, 6*, 533–549.

Cicchetti, D., & Rogosch, F. A. (2001). Diverse Patterns of neuroendocrine activity in maltreated children. *Development and Psychopathology, 13*, 677–693.

Cicchetti, D., & Curtis, J. (2006). The developing brain and neural plasticity: Implications for normality, psychopathology, and resilience. In D. Cicchetti and D. Cohen (Eds.), *Handbook of developmental psychopathology* (2nd ed., pp. 2–64). Hoboken, NJ: John Wiley & Sons.

Christiano, B., & Russ, S. (1996). Play as a predictor of coping and distress in children during an invasive dental procedure. *Journal of Clinical Child Psychology, 25*, 130–138.

Chambless, D. L., & Ollendick, T. H. (2001). Empirically supported psychological interventions: Controversies and evidence. *Annual Review of Psychology, 52*, 685–716.

Choate, M. L., Pincus, D. B., Eyberg, S. M., & Barlow, D. H. (2005). Parent–child interaction therapy for treatment of separation anxiety disorder in young children: A pilot study. *Cognitive and Behavioral Practice, 12*, 126–135.

Cohen, J. A., Deblinger, E., Mannarino, A. P., & Steer, R. (2004). A multi–site, randomized, controlled trial for children with sex abuse–related PTSD symptoms. *Journal of the American Academy of Child and Adolescent Psychiatry, 42*, 393–402.

Cohen, J., Mannarino, A., & Deblinger, E. (2006). *Treating trauma and traumatic grief in children and adolescents*. New York: Guilford Press.

Constantino, M. J., Castonguay, L. G., & Schut A. J. (2000). The working alliance: A flagship for the scientist–practitioner model in psychotherapy. In E. S. Tryon (Ed.), *Counseling based on process research: Applying what we know* (pp. 81–131). Needham Heights, MA: Allyn & Bacon.

Cooper, G., Hoffman, K., Powell, B., & Marvin, B. (2005). The circle of security intervention: Differential diagnosis and differential treatment. In L. J. Berlin, Y. Ziv, L. Amaya–Jackson, M. T. Greenberg (Eds.), *Enhancing early attachments* (pp. 127–151). New York: The Guilford Press.

Craig, W., Pepler, D., & Blais, J. (2007). Responding to bullying: What works. *School Psychology International, 28*, 465–477.

Culbert, T. (2003). Integrative approaches in pediatrics: Biofeedback in the context of complementary/alternative medicine. *Biofeedback, 31*, 4–8.

Curtis, Jamie Lee. (2000). *Where do balloons go? An uplifting mystery*. New York: Harper Collins.

Cyr, L. R., Culbert, T., & Kaiser, P. (2003). Helping children with stress and anxiety: An integrative medicine approach. *Biofeedback, 31*, 12–17.

Davis, Nancy. (1990). *Therapeutic stories that teach and heal*. Burke, VA: Self–Published.

Davis, M., & Whalen, P. J. (2001). The amygdala: Vigilance and emotion. *Molecular Psychiatry, 6*, 13–34.

De Bellis, M. D., Chrousos, G. P., Dorn, L. D., Burke, L., Helmers, K., Kling, M. A., et al. (1994). Hypothalamic–pituitary–adrenal axis dysregulation in sexually abused girls. *Journal of Clinical Endocrinology and Metabolism, 78*, 249–255.

De Bellis, M. D., Leffer, L., Trickett, P. K., & Putnam, F. W. (1994). Urinary catecholamine excretion in sexually abuse girls. *Journal of American Academy of Child and Adolescent Psychiatry, 22*, 320–327.

De Bellis, M. D., & Putnam, F. W. (1994). The psychobiology of childhood maltreatment. *Child and Adolescent Psychiatric Clinics of North America, 3*, 663–678.

De Bellis, M. D., Birmaher, B., Keshavan, M. S., Eccard, C. H., Boring, A. M., et al. (1999). Developmental traumatology: I. Biological stress systems. *Biological Psychiatry, 45*, 1259–1270.

De Bellis, M. D., Keshavan, M., Clark, D. B., Casey, B. J., Giedd, J., Boring, A. M., Frustraci, K., & Ryan, N. D. (1999). Developmental traumatology Part II: Characteristics of trauma and psychiatric symptoms and adverse brain development in maltreated children and adolescents with PTSD. *Biological Psychiatry, 45*, 1271–1284.

De Bellis, M. D., & Thomas, L. A. (2003). Biological findings of posttraumatic stress disorder and child maltreatment. *Current Psychiatry Reports, 5*, 108–117.

Deblinger, E., Lippmann, J., & Steer, R. (1996). Sexually abused children suffering posttraumatic stress symptoms: Initial treatment outcome findings. *Child Maltreatment, 1*, 310–321.

Delahanty, D. L., Nugent, N. R., Christopher, N. C., & Walsh, M. (2005). Initial urinary epinephrine and cortisol levels predict acute PTSD symptoms in child trauma victims. *Psychoneuroendocrinology, 30*, 121–128.

Dempsey, M., Overstreet, S., & Moely, B. (2000). "Approach" and "Avoidance" coping and PTSD symptoms in inner–city youth. *Current Psychology, 19*, 28–45.

DiMario, F., & Emery, E. S. (1987). The natural history of night terrors. *Clinical Pediatrics, 26*, 505–511.

Drewes, A. A. (2008). Bobo revisited: What the research says. *International Journal of Play Therapy, 17*, 52–65.

Dubow, E. F., Tisak, J., Causey, D., Hryshko, A., & Reid, G. (1991). A two–year longitudinal study of stressful life events, social support, and social problem solving skills: Contributions to children's behavioral and academic adjustment. *Child Development, 62*, 583–599.

Duncan, D. F. (1996). Growing up under the gun: Children and adolescents coping with violent neighborhoods. *Journal of Primary Prevention, 16*, 343–356.

Duncan, S., & Barrett, L. F. (2007). Affect is a form of cognition: A neurobiological analysis. *Cognition and Emotion, 21*, 1184–1211.

Durand, V. M., & Mindell, J. A. (1999). Behavioral intervention for childhood sleep terrors. *Behavior Therapy, 30*, 705–715.

Durlak, J. A., Fuhrman, T., Lampman, C. (1991). Effectiveness of cognitive–behavior therapy for maladapting children: A meta–analysis. *Psychology Bulletin, 110*, 204–214.

Eisen, A. R., & Kearney, C. A. (1995). *Practitioners guide to treating fear and anxiety in children and adolescents: A cognitive behavioral approach*. New Jersey: Jason Aronson.

Endler, N. S., & Parker, J. D. (1990). Multidimensional assessment of coping: A critical evaluation. *Journal of Personality and Social Psychology, 58*, 844–854.

Erikson, E. (1950). Childhood and Society. New York: Norton & Company.

Erath, S. A., Flanagan, K. S., & Bierman, K. L. (2007). Social anxiety and peer relations in early adolescence: Behavioral and cognitive factors. *Journal of Abnormal Child Psychology, 35*, 405–416.

Evans, L. G., & Oehler–Stinnett, J. (2006). Structure and prevalence of PTSD symptomatology in children who have experienced a severe tornado. *Psychology in the Schools, 43*, 283–295.

Eyberg, S. M. (1992). Parent and teacher behavior inventories for the assessment of conduct problem behaviors. In L. VandeCreek, S. Knapp, & T. L. Jackson (Eds.), *Innovations in clinical practice: A sourcebook* (Vol. 11). Sarasota, FL: Professional Resource Press.

Eyberg, S. M. (1993). Consumer satisfaction measures for assessing parent training programs. In L. VandeCreek, S. Knapp, & T. L. Jackson (Eds.), *Innovations in clinical practice: A sourcebook* (Vol. 12). Sarasota, FL: Professional Resource Press.

Hood, K. K. (2001). Parent–child interaction therapy with behavior problem children: One and two year maintenance of treatment effects in the family. *Child & Family Behavior Therapy, 23*, 1–20.

Eyberg, S. (2004). The PCIT Story. Part one: The conceptual foundation of PCIT. *Parent–Child Interaction Newsletter, 1*, 1–2.

Famiglietti, J. F. (1984). Delinquency prevention: Four developmentally oriented strategies. *Social Work in Education, 6*, 259–273.

Felix, E., Bond, D., & Shelby, J. (2006). Coping with disaster: Psychosocial interventions for children in international disaster relief. In C. Schaefer & H. Kaduson (Eds.), *Contemporary play therapy: Theory, research, and practice* (pp. 307–329). New York.

Fleming, N. D., & Mills, C. (1992). Not another inventory, rather a catalyst for reflection. to *improve the academy, 11*, 137–155.

Folkman, S., & Lazarus, R. S. (1980). An analysis of coping in a middle–aged community sample. *Journal of Health and Social Behavior, 21*, 219–239.

Folkman, S., & Lazarus, R. S. (1985). If it changes it must be process: A study of emotion and coping during three stages of college examination. *Journal of Personality and Social Psychology, 48*, 150–170.

Frey, D. (2002). *Play therapy solutions for bullies and victims*. Dayton, OH: Mandala Publishing.

Friedberg, R. D., & McClure, J. M. (2002). *Clinical practice of cognitive therapy with children and adolescents: The nuts and bolts*. New York: Guilford Press.

Galantino, M. L., Galbavy, R., & Quinn, L. (2008). Therapeutic effects of yoga for children: A systematic review of the literature. *Pediatric Physical Therapy, 20*, 66–80.

Gallese, V., Keysers, C., & Rizzolati, G. (2004). A unifying view of the basis of social cognition. *Trends in Cognitive Sciences, 8*, 396–403.

Galvaby, R. J. (2003). Juvenile delinquency: Peer influences, gender differences and prevention. *Journal of Prevention & Intervention in the Community. 25*, 65–78.

Garavan, H., Pendergrass, J. C., Ross, T. J., Stein, E. A., & Risinger, R. C. (2001). Amygdala response to both positively and negatively valenced stimuli. *Neuro Report, 12*, 2779–2783.

Garbarino, J. (1992). *Children and Families in the Social Environment*, 2nd ed. New York: Aldine De Gruyter.

Gardner, H. (1993). *Multiple intelligences: The theory in practice*. New York: Basic Books.

Gerik, S. (2005). Pain Management in Children: Developmental considerations and mind–body therapies. *Southern Medical Journal, 98*, 295–302.

Gil, E. (1994). *Play in family therapy*. New York: Guilford Press.

Gil, E. (2003). Art and play therapy with sexually abused children. In C. A. Malchiodi (Ed.), *Handbook of art therapy* (pp. 152–166). New York: Guilford Press.

Gil, E. (2006). *Helping abused and traumatized children: Integrating directive and nondirective approaches*. New York: Guilford Press.

Goldstein, A. (1980). Thrills in response to music and other stimuli. *Physiological Psychology, 8*, 126–129.

Goleman, D. (1995). *Emotional intelligence: Why it can matter more than IQ*. New York: Bantam Books.

Gonzales, N. A., & Kim, L. S. (1997). Stress and coping in an ethnic minority context: Children's cultural ecologies. In S. A. Wolchik and I. N. Sandler (Eds.), *Handbook for children's coping: Linking theory and intervention* (pp. 481–511). New York: Plenum.

Goodyear–Brown, P. (2001). "Postcards in Motion", "The preschool Play Geno–Game", and "The Good–At Playdoh Figures". In H. G. Kaduson., & C. E. Schaefer (Eds.), *101 More favorite play therapy techniques, Volume 2*. New Jersey: Jason Aronson, Inc.

Goodyear–Brown, P. (2002). *Digging for buried treasure: 52 prop–based play therapy interventions for treating the problems of childhood*. Nashville: Sundog, Ltd.

Goodyear-Brown, P. (2003a). "I'm Sick of Eggs" and "All Tangled Up". In H. G. Kaduson, & C. E. Schaefer, (Eds.), *101 More favorite play therapy techniques, Volume 3.* New Jersey: Jason Aronson, Inc.

Goodyear-Brown, P. (2003b). *Gabby the Gecko.* Nashville: Sundog, Ltd.

Goodyear-Brown, P., Riviere, S., & Shelby, J. (2004). *10 Peas in the pod.* DVD.

Goodyear-Brown, P. (2005). *Digging for Buried Treasure 2: 52 more prop-based play therapy interventions for treating the problems of childhood.* Nashville: Sundog, Ltd.

Goodyear-Brown, P. (2007). *You are my speedbump.* APT Magazine, March 2007.

Goodyear-Brown, P. (2009). Theraplay approaches for children with autism spectrum disorders. In E. Munns (Ed.), *Applications of theraplay with families and groups.* Rowman Littlefield.

Goodyear-Brown, P. (in press). Play therapy with anxious preschoolers. In C. Schaefer (Eds.), *Play therepy with preschoolers.* Washington, DC: American Psychological Association.

Gordon, J., King, N. J., Gullone, E., Mursi, P., & Ollendick, T. H. (2007). Treatment of children's nighttime fears: The need for a modern randomized controlled trial. *Clinical Psychology Review, 27,* 98-113.

Gravea, J., & Blissett, J. (2004). Is cognitive behavior therapy developmentally appropriate for young children? A critical review of the evidence? *Clinical Psychology Review, 24,* 399-420.

Guerney, L. (1964). Filial Therapy: Description and rationale. *Journal of Consulting Psychology, 28,* 304-310.

Guerney, B. G. Jr., Guerney, L., & Andronico, M. (1999). Filial therapy. In C. Schaefer (Ed.), *The therapeutic use of child's play* (pp. 553-566). Northvale, NJ: Jason Aronson.

Haley, D. W., & Stansbury, K. (2003). Infant stress and parent responsiveness: Regulation of physiology and behavior during still-face and reunion. *Child Development, 74,* 1534-1546.

Harris, J. (1998). *The nurture assumption: Why children turn out the way they do*. New York: Free Press.

Hart, J., Gunnar, M., & Cicchetti, D. (1996). Altered neuroendocrine activity in maltreated children related to depression. *Development and Psychopathology, 8*, 201–214.

Hembree–Kigin, T., & McNeil, C. B. (1995). *Parent child interaction therapy*. New York: Plenum.

Herschell, A. D., & McNeil, C. B. (2007). Parent–child interaction therapy with physically abusive families. In J. M. Briesmeister & C. E. Schaefer. (Eds.), *Handbook of parent training: Helping parents prevent and solve problem behaviors* (3rd ed.). New Jersey: John Wiley & Sons.

Hiscock, H. (2008). The Child who will not sleep. *Pediatrics and Child Health, 18*, 250–251.

Hoffman, K. T., Marvin, R. S., Cooper, G., & Powell, B. (2006). Changing toddlers' and preschoolers' attachment classifications: The circle of security intervention. *Journal of Consulting and Clinical Psychology, 74*(6), 1017–1026.

Holmbeck, G. N., Greenley, R. N., & Franks, E. A. (2003). Developmental issues and considerations in research and practice. In A. E. Kazdin & J. R. Weisz (Eds.), *Evidence–based psychotherapies for children and adolescents* (pp. 21–41). New York: Guilford.

Isabella, R. (1993). "Origins of attachment: Maternal interactive behavior across the first year." *Child Development, 64*, 605–621.

James, B. (1989). *Treating traumatized children: New insights and clinical intervention*. New York: The Free Press.

Jernberg, A., & Booth, P. (2001). *Theraplay*. San Francisco: Jossey–Bass Publishers.

Johnson, D., & Lubin, H. (2006). The counting method: Applying the rule of parsimony to the treatment of posttraumatic stress disorder. *Traumatology, 12*, 83–99.

Kabat–Zinn, J. (1990). *Full catastrophe living: Using the wisdom of your body and mind to face pain, stress and illness*. New York: Delta.

Kabat-Zinn, J., Massion, A. O., Kristeller, J., Peterson, L. G., Gletcher, K. E., Pbert, L., Lenderking, W. R., & Santorelli, S. F. (1992). The effectiveness of a mediation-based stress reduction program in the treatment of anxiety disorders. *American Journal of Psychiatry, 149*, 936–943.

Kabat-Zinn, J. (2005). *Coming to our senses: Healing ourselves and the world through mindfulness*. New York: Hyperion.

Kaduson, H., Cangelosi, D., & Schaefer, C. (1997). *The playing cure: Individualized play therapy for specific childhood problems*. Northvale, NJ: Jason Aronson.

Kagan, R. (2007). *Real life Heroes: A life storybook for children* (2nd ed.). New York: The Haworth Press.

Kajander, R., & Peper, E. (1998). Teaching diaphragmatic breathing to children. *Biofeedback, 26*, 14–17.

Kaufman, J. (1991). Depressive disorders in maltreated children. *Journal of the American Academy of Child and Adolescent Psychiatry, 30*, 257–265.

Kazdin, A. E. (1993). Treatment of conduct disorder: Progress and directions in psychotherapy research. *Development and Psychopathology, 5*, 277–310.

Kimball, W., Nelson, W. M., & Politano, P. M. (1993). The role of developmental variables in cognitive-behavioral interventions with children. In A. J. Finch, W. M. Nelson, & E. S. Ott (Eds.), *Cognitive-behavioral procedures with children and adolescents: A practical guide* (pp. 25–66). Needham Heights, MA: Allyn & Bacon.

King, J. A., Mandansky, D., King, S. M., Fletcher, K. E., & Brewer, J. (2001). Early sexual abuse and low cortisol. *Psychiatry & Clinical Neurosciences, 55*, 71–74.

Knapp, L. G., Stark, L. J., Kurkijan, J. A., & Spirito, A. (1991). Assessing coping in children and adolescents: Research and practice. *Educational Psychology Review, 3*, 309–334.

Knell, S. M. (1993). *Cognitive-behavioral play therapy*. Northvale, NJ: Jason Aronson.

Knell, S. M. (1998). Cognitive-behavioral play therapy. *Journal of Clinical Child Psychology, 27*, 28–33.

Kochenderfer-Ladd, B. (2004). Peer victimization: The role of emotions in adaptive and maladaptive coping. *Social Development, 13*, 329-349.

Kubler-Ross, E. (1969). *On death and dying*. New York: Macmillan.

Landreth, G. L. (1991). *Play Therapy: The art of the relationship*. Muncie, IN: Accelerated Development.

Landreth, G. L. (1993). Self-expressive communication. In C. E. Schaefer (Ed.), *The therapeutic powers of play* (pp. 41-63). Northvale, NJ: Jason Aronson.

Landreth, G. L., & Bratton, S. C. (2006). *Child Parent relationship therapy: A 10-session filial therapy model*. New York: Taylor & Francis Group.

Layne, C. M., Saltzman, W. R., Poppleton, L., Burlingame, G. M., Pasalic, A., Durakovic, E., Music, M., Campara, N., Dapo, N., Arslanagic, B., Steinberg, A. M., & Pynoos, R. S. (2008). Effectiveness of a school-based group psychotherapy program for war-exposed adolescents: A randomized controlled trial. *Journal of the American Academy of Child and Adolescent Psychiatry, 47*, 1048-1062.

Leiberman, A. F., Van Horn, P., & Ippen, C. G. (2005). Toward evidence-based treatment: Child-parent psychotherapy with preschoolers exposed to marital violence. *Journal of the American Academy of Child and Adolescent Psychiatry, 44*, 1241-1248.

Leiberman, A. F., Van Horn, P., & Ippen, C. G. (2006). Child-parent psychotherapy: 6-month follow-up of a randomized control trial. *Journal of the American Academy of Child and Adolescent Psychiatry, 45*, 913-918.

Litz, B. T., Gray, M. J., Bryant, R. A., & Adler, A. B. (2002). Early intervention for trauma: Current status and future directions. *Clinical Psychology: Science and Practice, 9*, 112-134.

Loumeau-May, L. V. (2008). Grieving in the public eye: Art therapy with children who lost parents in the world trade center attacks. In C. A. Malchiodi (Ed.), *Creative interventions with traumatized children* (pp. 81-111). New York: Guilford Press.

Main, M. (1995). Attachment: Overview, with implications for clinical social work. In S. Goldberg, R. Muir, & J. Kerr (Eds.), *Attachment theory: Social developmental and clinical perspectives* (pp. 407–474). Hillsdale, NJ: Analytic Press.

Malchiodi, C. (1998). *Understanding children's drawing.* New York: Guilford Press.

Malchiodi, C. (2003). Effective practice with traumatized children: Ethics, evidence, and cultural sensitivity. In C. Malchiodi (Ed.), *Creative interventions with traumatized children.* New York: Guilford Press.

Martin, D. J., Garske, J. P., & Davis, M. K. (2000). Relation of the therapeutic alliance with outcome and other variables: A meta-analytic review. *Journal of Consulting and Clinical Psychology, 68,* 438–450.

Martin, E. E., Snow, M. S., & Sullivan, K. (2008). Patterns of relating between mothers and preschool-aged children using the Marschak Interaction Method Rathing System. *Early Child Development and Care, 178,* 305–314.

Marvin, R. S., Cooper, G., Hoffman, K., & Powell, B. (2002). The circle of security project: Attachment-based intervention with caregiver-preschool child dyads. *Attachment and Human Development, 1,* 107–124.

McCallie, M., Blum, C., & Hood, C. (2006). Progressive muscle relaxation. *Journal of Human Behavior in the Social Environment, 13,* 51–66.

McGoldrick, M., Gerson, R., & Shellenberger, S. (1999). *Genograms: Assessment and intervention.* New York: Norton and Company.

Mills, J. C., & Crowley, R. J. (2001). *Therapeutic metaphors for children and the child within.* Philadelphia: Brunner/Mazel.

Mindell, J. A. (1993). Sleep disorders in children. *Health Psychology, 12,* 151–162.

Moore, G. A., & Calkins, S. D. (2004). Infants' vagal regulation in the still-face paradigm is related to dyadic coordination of mother-infant interaction. *Developmental Psychology, 40,* 1068–1080.

Munns, E. (2009). Applications of family and group theraplay. Jason Aronson, Inc.

Muris, P., Merckelbach, H., Ollendick, T. H., King, N. J., & Bogie, N. (2001). Children's nighttime fears: Parent-child ratings of frequency, content, origins, coping behaviors and severity. *Behaviour Research and Therapy, 39,* 13–28.

National Child Traumatic Stress Network and National Center for PTSD (2005).

Psychological first aid: Field operations guid (2nd ed.). http://www.ncptsd.va.gov/pfa/PFA.html.

Nebrosky, R. J. (2003). A clinical model for the comprehensive treatment of trauma using an affect experiencing–attachment theory approach. In M. F. Solomon, & D. Siegel (Eds.), *Healing trauma: attachment, mind, body, and brain.* New York: Norton & Co.

Ng–Mak, D. S., Salzinger, S., Feldman, R., & Stueve, C. A. (2004). Pathological adaptation to community violence among inner–city youth. *American Journal of Orthopsychiatry, 74,* 196–208.

Nielsen, T., & Levin, R. (2007). Nightmares: A new neurocognitive model. *Sleep Medicine Reviews, 11,* 295–310.

Newman, R. (2008). Adaptive and nonadaptive help seeking with peer harassment: An integrative perspective of coping and self–regulation. *Educational Psychologist, 43,* 1–15.

Norton, C. C., & Norton, B. E. (2002). *Reaching children through play therapy: An experiential approach.* White Apple Press.

O'onnell, T. O., Hegadoren, K. M., & Coupland, N. C. (2004). Noradrenergic mechanisms in the pathophysiology of post–traumatic stress disorder. *Neuropsychobiology, 50,* 273–283.

Parkinson, F. (2000). *Post–trauma stress: A personal guide to reduce the long–term effects and hidden emotional damage caused by violence and disater.* Tucson, AZ: Fisher Books.

Paule, S. T. (2009). Play therapy techniques for affect regulation. In A. Drewes (Ed.), *Blending play therapy with cognitive behavioral therapy: Evidence–based and other effective treatments and techniques* (pp. 353–372). New Jersey: John Wiley & Sons.

Pelletier, C. L. (2004). The effect of music on decreasing arousal due to stress: A meta–analysis. *Journal of Music Therapy, 41,* 192–214.

Pervanidou, P. (2008). Biology of post–traumatic stress disorder in childhood and adolescence. *Journal of Neuroendicronology, 20,* 632–638.

Perry, B., Pollard, R., Blakely, T., Baker, W., & Vigilante, D. (1995). Childhood trauma, the neurobiological adaptation and 'use–dependent' development of the brain: How "states become traits". *Infant Mental Health Journal, 16,* 271–291.

Perry, B. D., & Azad, I. (1999). Posttraumatic stress disorders in children and adolescents. *Current Opinion in Pediatrics, 11,* 310–316.

Phelps, A. J., Forbes, D., & Creamer, M. (2008). Understanding posttraumatic nightmares: An empirical and conceptual review. *Clinical Psychology Review, 28,* 338–355.

Piaget, J. (1954). *The construction of reality in the child.* Translated by Margaret Cook. New York: Basic Books, Inc.

Pincus, D. B., Eyberg, S. M., & Choate, M. L. (2005). Adapting parent–child inter–action therapy for young children with separation anxiety disorder. *Education and Treatment of Children, 28,* 163–181.

Pollak, S. D., & Tolley–Schell, S. A. (2003). Selective attention to facial emotion. *Journal of Abnormal Psychology, 112,* 323–338.

Pollak, S. D., Cicchetti, D., Klorman, R., & Brumaghim, J. T. (1997). Cognitive brain event–related potentials and emotion processing in maltreated children. *Child Development, 68,* 773–787.

Pollak, S. D., & Sinha, P. (2002). Effects of early experience on children's recognition of facial displays of emotion. *Developmental Psychology, 38,* 784–791.

Powell, B., Cooper, G., Hoffman, K., & Marvin, R. (2007). The circle of security project: A case study— "It hurts to give that which you did not receive". In D. Oppenheim, & D. Goldsmith (Eds.), *Attachment theory in clinical work with children: Bridging the gap between research and practice* (pp. 172–202). New York: Guilford Press.

Powers, S., Mitchell, M., Byars, K., Bentti, A., Lecates, S., & Hershey, A. (2001). A pilot study of one–session biofeedback training in pediatric headache. *Neurology, 56,* 133.

Ransom, J. F. (2000). *I don't want to talk about it.* Magination Press.

Rauhala, E., Alho, H., Hanninen, O., et al. (1990). Relaxation training combined with increased physical activity lowers the physiological activation in community home boys. *International Journal of Psychophysiology, 10,* 63–68.

Ray, D., Bratton, S., Rhine, T., & Jones, L. (2001). The effectiveness of play therapy: Responding to the critics. *International Journal of Play Therapy, 10,* 85–108.

Ray, D. C. (2006). Evidence-Based play therapy. In C. E. Schaefer & H. G. Kaduson (Eds.), *Contemporary play therapy: Theory, research and practice* (pp. 136–157). New York: Guilford.

Read, J., Perry, B. D., Moskowitz, A., & Connolly, J. (2001). The contribution of early traumatic events to schizophrenia in some patients: A traumagenic neurodevelopmental model. *Psychiatry: Interpersonal and Biological Processes, 64,* 319–345.

Reinecke, M., Dattilio, F., & Freeman, A. (Eds.) (2003). *Cognitive therapy with children and adolescents: A Casebook for clinical practice* (2nd ed.). New York: Guilford Press.

Rizzolatti, G., Fadiga, L., & Gallese, V. (2001). Neurophysiological mechanisms underlying understanding and imitation. *Nature Reviews Neuroscience, 2,* 66–70.

Robinson, G., & Maines, B. (2008). *Bullying: A complete guide to the support group method.* Thousand Oaks, CA: Sage Publications.

Roger, D., Jarvis, G., & Najarian, B. (1993). Detachment and coping: The construction and validation of a new scale for measuring coping strategies. *Personal and individual Differences.* Vol. 15, 619–626.

Rothschild, B. (2000). *The body remembers: The psychophysiology of trauma and trauma treatment.* New York: Norton and Company.

Russ, S. W. (2007). Pretend Play: A resource for children who are coping with stress and managing anxiety. *NYS Psychologist, XIX, 5,* 13–17.

Rusy, L., & Weisman, S. (2000). Complementary therapies for acute pediatric pain management. *Pediatric Clinics of North America, 47,* 589–599.

Ruzek, J. I., Brymer, M. J., Jacobs, A. K., Layne, C. M., Vernberg, E. M., & Watson, P. J. Psychological first aid. *Journal of Mental Health Counseling, 29,* 17–49.

Sadeh, A. (2005). Cognitive behavioral treatment for childhood sleep disorders. *Clinical Psychology Review, 25,* 612–628.

Sapolsky, R. M. (2004). *Why zebras don't get ulcers* (3rd ed.). New York: Henry Holt and Company.

Schaefer, C. E. (1993). *The therapeutic powers of play.* Northvale, NJ: Jason Aronson.

Schaefer, C. E., & Drewes, A. A. (2009). Therapeutic powers of play and play therapy. In A. A. Drewes (Ed.), *Blending play therapy with cognitive behavioral therapy: Evidence–based and other effective treatments and techniques* (pp. 3–15). New Jersey: John Wiley and Sons.

Schore, A. (1997). Early organization of the nonlinear right brain and development of the predisposition to psychiatric disorders. *Development and Psychopathology, 9,* 595–631.

Schore, A. (1998). The experience–dependent maturation of an evaluative system in the cortex. In K. Pribram (Ed.), *Brain and values: Is a biological science of values possible* (pp. 337–358). Mahwah, NJ: Erlbaum.

Schore, A. (2003). Early relational trauma, disorganized attachment, and the development of a predisposition to violence. In M. F. Solomon, & D. Siegel (Eds.), *Healing Trauma: Attachment, mind, body, and brain* (pp. 107–167). New York: Norton & Company.

Schredl, M. (2009). Nightmares. *Encyclopedia of Neuroscience.* 1145–1150.

Schulte, D., & Eifert, G. H. (2002). What to do when manuals fail? The dual model of psychotherapy. *Clinical Psychology: Science and Practice, 9,* 312–328.

Schwartz, S., & Andrasik. (2003). *Biofeedback, third Edition: A practitioner's guide.* New York: Guilford Press.

Segal, Z. V., Williams, M. G., & Teasdale, J. D. (2002). *Mindfulness–based cognitive therapy for depression: A new approach to preventing relapse.* New York: Guilford Press.

Shapiro, F. (1995). *Eye movement desensitization and reprocessing: Basic principles, protocols and procedures.* New York: Guilford Press.

Shapiro, F., & Maxfield, L. (2003). EMDR and information processing in psychotherapy treatment: Personal developmental and global implications. In M. F. Solomon, & D. Siegel (Eds.), *Healing trauma: Attachment, mind, body, and brain* (pp. 196–220). New York: Norton & Company.

Shelby, J. S. (1997). Rubble, disruption, and tears: Helping young survivors of natural disaster (pp. 143–169). In H. Kaduson, D. M. Cangelosi, & C. E. Schaefer (Eds.). *The playing cure: Individualized play therapy for specific childhood problems.* Lanham, MD: Jason Aronson.

Shelby, J. S., & Felix, E. D. (1997). Rubble, disruption, and tears: Helping young survivors of natural disaster. In H. Kaduson, D. Cangelosi, & C. Schaefer (Eds.), *The Playing Cure* (pp. 143–170). Northvale, NJ: Aronson.

Shelby, J. S., Bond, D., Hall, S., & Hsu, C. (2004). *Enhancing coping among young tsunami survivors.* Los Angeles: Authors.

Shelby, J. S., & Berk, M. S. (2009). Play therapy, pedagogy and CBT: An argument for interdisciplinary synthesis. In A. A. Drewes (Ed.), *Blending play therapy with cognitive behavioral therapy: Evidence–based and other effective treatments and techniques* (pp. 17–40). New Jersey: John Wiley and Sons.

Shelby, J. S., & Felix, E. D. (2005). Posttraumatic play therapy: The need for an integrated model of directive and nondirective approaches. In L. Reddy, T. M. Files–Hall, & C. E. Schaefer (Eds.), *Empirically based play Interventions for children* (pp. 79–103). Washington, DC: American Psychological Association.

Siegel, D. (2003). An Interpersonal Neurobiology of Psychotherapy: The Developing Mind and the resolution of trauma. In M. F. Solomon & D. J. Siegel (Eds.), *Healing trauma: Attachment, mind, body and brain.* New York: Norton and Company.

Siegel, D., & Hartzell, M. (2003). *Parenting from the inside out: How a deeper self–understanding can help you raise children who thrive.* New York: Penguin/Putnam.

Solomon, M. F., & Siegel, D. J. (2003). *Healing trauma: Attachment, mind, body, and brain.* New York: Norton and Company.

Southwick, S. M., Bremner, J. D., Rasmusson, A., Morgan, C. A., Arnsten, A., & Charney, D. S. (1999). Role of norepinephrine in the pathophysiology and treatment of posttraumatic stress disorder. *Biological Psychiatry, 46,* 1192–1204.

Spirito, A., Stark, L. J., & Williams, C. (1988). Development of a brief checklist to assess coping in pediatric patients. *Journal of Pediatric Psychology, 13,* 555–574.

Sroufe, L. A. (1996). *Emotional development: The organization of emotional life in the early years.* New York: Cambridge University Press.

Stein, B. D., Tanielian, T. L., Vaiana, M. E., Rhodes, H. J., & Burnam, M. A. (2003). The role of schools in meeting community needs during bioterrorism. *Biosecurity and bioterrorism: Biodefense strategy, practice, and science, 1,* 273–281.

Stueck, M., & Gloeckner, N. (2005). Yoga for children in the mirror of science: Working spectrum and practice fields of the training of relaxation with elements of yoga for children. *Early Child Dev Care, 175,* 371–377.

Teicher, M. (2002). Scars that won't heal: The neurobiology of child abuse. *Scientific American, 286,* 68–75.

Teicher, M. H., Anderson, S. L., Polcari, A., Anderson, C. M., & Navalta, C. P. (2002). Developmental neurobiology of childhood stress and trauma. *Psychiatric Clinics of North American, 25,* 397–426.

Teisl, M., & Ciccheti, D. (2008). Physical abuse, cognitive and emotional processes, and aggressive/disruptive behavior problems. *Social Development, 17,* 1–23.

Terr, L. (1990). *Too scared to cry: Psychic trauma in childhood.* New York: Harper & Row Publishers.

Timmer, S. G., Urquiza, A. J., & Zebell, N. (2006). Challenging foster–caregiver–maltreated child relationships: The effectiveness of parent–child interaction therapy. *Children and Youth Services Review, 28,* 1–19.

Timmer, S. G., Urquiza, A. J., Zebell, N., & McGrath, J. M. (2005). Parent–child interaction therapy: Application to maltreating parent–child dyads. *Child Abuse & Neglect, 29,* 825–842.

Timmer, S. G., Urquiza, A. J., Herschell, A. D., McGrath, J. M., Zebell, N. M., Porter, A.

L., & Vargas, E. C. (2006). Parent–child interaction therapy: Applications of an empirically supported treatment to maltreated children in Foster Care. *Child Welfare Journal, 85*, 919–939.

Tronick, E. Z., Als, H., Adamson, L., Wise, S., & Brazelton, B. (1978). The infant's response to entrapment between contradictory messages in face–to–face interaction. *Journal of the American Academy of Child Psychiatry, 1*, 1–13.

Tronick, E. Z. (1989). Emotions and emotional communication in infants. *American Psychologist, 44*, 112–119.

Tronick, E. Z., & Cohn, J. F. (1989). Infant–mother face–to–face interaction: Age and gender differences in coordination and the occurrence of miscoordination. *Child Development, 60*, 85–92.

Urquiza, A., & Mc, Neail, C. B. (1996). Parent–Child Interaction Therapy: An Intensive Dyadic Intervention for Physically Abusive Families. *Child Maltreatment, 1*, 134–144.

Urquiza, A. J., Zebell, N. M., & Blacker, D. (2009). Innovation and integration: Parent–child interaction therapy as play therapy. In A. Drewes (Ed.), *Blending Play therapy with cognitive behavioral therapy: Evidence–based and other effective treatments and techniques* (pp. 199–218).

van der Kolk, B. A. (2003). The neurobiology of childhood trauma and abuse. *Child and Adolescent Psychiatric Clinics of North America, 12*, 293–317.

van der Kolk, B. A. (1994). *The body keeps the score*. Harvard Review.

van der Kolk, B. A., McFarlane, A. C., & Weisaeth, L. (1996). *Traumatic stress: The effects of overwhelming experiences on mind, body, and society*. New York: Guilford Press.

van der Kolk, B. A. (2003). The neurobiology of childhood trauma and abuse. *Child and Adolescent Psychiatric Clinics of North America, 2*, 293–317.

van der Kolk, B. A. (2005). Developmental trauma disorder: Towards a rational diagnosis for children with complex trauma histories. *Psychiatric Annals, 35*, 401–408.

VanFleet, R., Ryan, S. D., & Smith, S. (2005). Filial therapy: A critical review. In L.

Reddy, T. Files-Hall, & C. E. Schaefer (Eds.), *Empirically-based play interventions* (pp. 241-264). Washington, DC: American Psychological Association.

Van Horn, P. J., & Lieberman, A. F. (2006). Using play in child-parent psychotherapy to treat trauma. In J. L. Luby (Ed.), *Handbook of Preschool Mental Health: Development, Disorders, and Treatment* (pp. 372-387). New York: Guilford Press.

Vernberg, E. M., LaGreca, A. M., Silverman, W. K., & Prinstein, M. J. (1996). Prediction of post-traumatic stress symptoms in children after hurrican Andrew. *Journal of Abnormal Psychology, 105*(2), 237-248.

Vitaliano, P. P., Russo, J., Carr, J. E., Maiuro, R. D., & Becker, J. (1985). The ways of coping checklist: Revision and psychometric properties. *Multivariate Behavioral Research, 20,* 3-26.

Vygotsky, L. S. (1967). Play and its role in the mental development of the child. *Soviet Psychology, 5,* 6-18.

Vygotsky, L. S. (1978). *Mind in society: The development of higher psychological processes.* Cambridge, MA: Harvard University Press.

Webb, N. B. (Ed.) (2004). Mass trauma and violence. *Helping families and children cope.* New York: Guilford Press.

Weisz, J. R., Southam-Gerow, M. A., & McCarty, C. A. (2001). Control-related beliefs and depressive symptoms in clinic-referred children and adolescents: Developmental differences and model specificity. *Journal of Abnormal Psychology, 110,* 97-109.

Weisz, J. R., Weiss, B., Han, S. S., Granger, D. G., & Morton, T. (1995). Effects of psychotherapy with children and adolescents revisited: A meta-analysis of treatment outcome studies. *Psychological Bulletin, 177,* 450-468.

Wolpe, J. (1958). *Psychotherapy by reciprocal inhibition.* Stanford, CA: Stanford University Press.

Wolpe, J. (1984). Deconditioning and ad hoc uses of relaxation: An overview. *Journal of Behavior Therapy and Experimental Psychiatry, 15,* 299-304.

Wright, C. I., Fisher, H., Whalen, P. J., McInerney, S. C., Shin, L. M., & Rauch, S. L.

(2001). Differential prefrontal cortex and amygdala habituation to repeatedly presented emotional stimuli. *Neuro Report, 12*, 379–383.

Ziegler, D. (2002). *Traumatic experiences and the brain: A handbook for understanding and treating those traumatized as children*. Phoenix, AZ: Acacia Publishing.

찾아보기

인 명

내 용

저자 소개

패리스 굿이어-브라운(Paris Goodyear-Brown)

외상을 경험한 아동과 가족치료에 전문성을 가지고 있는 임상사회복지사(LCSW)이자, 미국의 놀이치료사 겸 슈퍼바이저(RPT-S)다. 그녀는 늘 새롭고, 영향력 있는 강연자로서 국제적 명성을 떨치고 있고, 놀이치료 분야의 많은 저서와 논문을 집필하여 공헌하고 있다. 임상과 연구뿐만 아니라 많은 기관에서 교육과 슈퍼비전을 제공하고 있으며, 밴더빌트 대학교(Vanderbilt University)와 트래베카 나자랜 대학교(Trevecca Nazarene University)에서 외래교수로 재직하면서 미국 내 여러 학교에서 강연자로서 활약하고 있다.

역자 소개

유미숙
숙명여자대학교 아동복지학과 졸업(학사, 석사, 박사)
현 숙명여자대학교 아동복지학부 교수, 놀이치료 전공 주임교수
한국놀이치료학회 회장 역임
미국놀이치료협회(APT) 공인 Play Therapist & Supervisor
한국놀이치료학회 공인 놀이치료전문가
한국상담심리학회 공인 상담심리전문가

이상희
숙명여자대학교 대학원 아동복지학과 졸업(아동복지 전공, 문학박사)
현 두원공과대학 아동복지과 교수
남서울대학교 아동복지학과 교수, 더하트심리연구소 소장 역임
한국임상모래놀이치료학회 부회장, 모래상자치료전문가(한국모래상자치료학회)
공인된 치료놀이 치료사, 수련슈퍼바이저

홍라나
미국 일리노이 주립대학 제인아담스대학원 사회복지학과 졸업(석사)
미국 시카고 로욜라 대학교 사회사업학과 박사과정 수료
현 미국 시카고 로욜라 대학 외래교수
　미국 시카고 플레이플힐링센터 소장
미국놀이치료협회(APT) 공식 트레이너(Approved Provider)
미국치료놀이협회(TTI) 치료놀이 치료사
공인된 치료놀이 치료사, 슈퍼바이저, 수련트레이너
미국놀이치료협회(APT) 공인 Play Therapist & Supervisor, LCSW

김세영
숙명여자대학교 아동복지학과 졸업(학사, 석사)
숙명여자대학교 대학원 아동복지학과 박사과정(아동심리치료 전공)
미국 플로리다 대학교 PCIT(부모-자녀 상호작용) 과정 수료
경민대학 영유아보육과 겸임교수, 의정부시 보육정보센터장 역임
공인된 치료놀이 치료사

외상장애 아동을 위한 놀이치료
-규정적인 접근 방법-

Play Therapy with Traumatized Children: A Prescriptive Approach

2012년 8월 1일 1판 1쇄 발행
2021년 9월 20일 1판 2쇄 발행

지은이 • Paris Goodyear-Brown
옮긴이 • 유미숙 · 이상희 · 홍라나 · 김세영
펴낸이 • 김 진 환
펴낸곳 • (주) 학지사
04031 서울특별시 마포구 양화로 15길 20 마인드월드빌딩 5층
대표전화 • 02) 330-5114 팩스 • 02) 324-2345
등록번호 • 제313-2006-000265호

홈페이지 • http://www.hakjisa.co.kr
페이스북 • https://www.facebook.com/hakjisabook

ISBN 978-89-6330-958-3 93180

정가 **20,000원**

역자와의 협약으로 인지는 생략합니다.
파본은 구입처에서 교환하여 드립니다.